Verdeckte Gewinnausschüttung und Wettbewerbsverbot

Springer-Verlag Berlin Heidelberg GmbH

Andrea Walter

Verdeckte Gewinnausschüttung und Wettbewerbsverbot

Springer

Dr. Andrea Walter
Rechtsanwälte Blase und Remmert
Von-Kluck-Str. 17-23
D-48151 Münster

ISBN 978-3-540-64255-8

Die Deutsche Bibliothek - CIP-Einheitsaufnahme
Walter, Andrea:
Verdeckte Gewinnausschüttung und Wettbewerbsverbot / Andrea Walter. -
Springer-Verlag Berlin Heidelberg GmbH

ISBN 978-3-540-64255-8 ISBN 978-3-642-58895-2 (eBook)
DOI 10.1007/978-3-642-58895-2

Ursprünglich erschienen bei Springer-Verlag Berlin Heidelberg New York 1998

Umschlaggestaltung: Erich Kirchner, Heidelberg

SPIN 10673318 64/2202-5 4 3 2 1 0 - Gedruckt auf säurefreiem Papier

Vorwort

Die vorliegende Arbeit wurde von dem Fachbereich Rechtswissenschaften der Universität Osnabrück als Dissertation zur Erlangung des Doktorgrades im Wintersemester 1997/98 angenommen. Rechtsprechung und Literatur wurden bis Oktober 1997 eingearbeitet.

Mein Dank gilt Herrn Prof. Dr. Jörg Manfred Mössner, meinem Doktorvater und Herrn Prof. Siegbert Seeger als Zweitgutachter.

Auch dem Förderungswerk der Hanns-Seidel-Stiftung e.V., München sei an dieser Stelle gedankt für das mir entgegengebrachte Vertrauen mit Gewährung eines Promotionsstipendiums.

Jens Pape hat mir bei der Umsetzung der graphischen Darstellung hilfreich zur Seite gestanden. Herzlichen Dank hierfür.

Mein ganz besonderer Dank für die vielfältige Unterstützung und ein überaus hohes Maß an Geduld und Verständnis gebührt meinen Eltern und meinem Freund Jörn Peters. Ihnen widme ich diese Arbeit.

Osnabrück, im Januar 1998

Andrea Walter

Vorbemerkungen

Der BFH hat mit Urteil vom 30.08.1995 I R 155/94[1] seine Rechtsprechung zur Annahme einer verdeckten Gewinnausschüttung im Zusammenhang mit einem Verstoß gegen das Wettbewerbsverbot geändert. Die auf der bisherigen Linie ergangenen Entscheidungen des BFH, zu dem von ihm für das Steuerrecht "entdeckten" Wettbewerbsverbot, ließen die Praxis aufschrecken und waren Anlaß lebhafter Kritik, die über ein Massen-Petitionsverfahren in der Anrufung des Petitionsausschusses des Deutschen Bundestages mündete. Der BMF hatte versucht, die Auswirkungen des "Schreckgespenstes" einer verdeckten Gewinnausschüttung zu mildern und praktisch beherrschbar zu halten. Angesichts der sich aus dieser Rechtsprechung ergebenden Folgen aber vermochten auch diverse BMF-Schreiben[2] nur unzulänglich und vorübergehend Abhilfe zu schaffen.

Inzwischen sind einige weitere Entscheidungen[3] ergangen, so daß bereits die Strukturen der geänderten Marschroute des BFH erkennbar sind, weitere Entscheidungen stehen noch aus[4].

---

1 BFH v. 30.08.1995 I R 155/94, BFHE 178, 371, DStR 1995, 1873, FR 1995, 905, DB 1995, 2451.

2 BMF-Schreiben IV B 7 - S 2742 - 6/92 v. 04.02.1992, BStBl 1992 I 137, DStR 1992, 253; v. 18.08.1992, Wpg 1992, 625; v. 15.12.1992, BStBl 1993 I 24, NJW 1993, 248 und v. 29.06.1993, BStBl 1993 I 556, DStR 1993, 1146, NJW 1993, 2288.

3 BFH v. 12.10.1995 I R 127/94, BFHE 179, 258, DStR 1996, 337; v. 22.11.1995 I R 45/95, BFH NV 1996, 645, HFR 1996, 591; v. 11.06.1996 I R 97/95, DStR 1996, 1769; v. 13.11.1996 I R 149/94, DStR 1997, 323, DB 1997, 506, BB 1997, 508; v. 18.12.1996 I R 26/95, DStR 1997, 575, GmbHR 1997, 362.

4 So die Entscheidung über die Revision gegen das Urteil des FG Rheinland-Pfalz v. 22.04.1996 5 K 2401/95, beim BFH geführt unter dem AZ: I R 39/96; sie steht in Kürze zur Entscheidung an. In dem Verfahren I R 58/95 ist Antrag auf mündliche Verhandlung gestellt, der Termin steht noch nicht fest. Weiter hat der BFH das Urteil des FG Köln v. 01.10.1996 13 K 1554/95 zu überprüfen (AZ: I R 93/96). In dem Verfahren unter dem AZ: I R 96/95 ist der Entscheidungszeitpunkt noch ungewiß; I R 126/95 und I R 31/96 sind Gerichtsbescheide ergangen, die Rechtsmittelfristen laufen noch.

Thema dieser Arbeit ist es, diese Rechtsauffassung des BFH zu hinterfragen. Es sollen zunächst die Grundlagen einer verdeckten Gewinnausschüttung wie auch des gesellschaftsrechtlichen Wettbewerbsverbotes aufgezeigt werden, um letztlich - diese Bereiche im Wege der Subsumtion vereinend - einer wertenden Betrachtung zuzuführen.

Inhaltsverzeichnis

Abkürzungsverzeichnis

a.A.	andere Auffassung
Abs.	Absatz
AcP	Archiv für die civilistische Praxis
ADHGB	Allgemeines deutsches Handelsgesetzbuch
AG	Aktiengesellschaft
AktG	Aktiengesetz
a.M.	andere Meinung
Anh.	Anhang
Anm.	Anmerkung
AO	Abgabenordnung
Art.	Artikel
AStG	Außensteuergesetz
BB	Der Betriebs-Berater
Begr.	Begründer
BFH	Bundesfinanzhof
BFHE	Sammlung der Entscheidungen des Bundesfinanzhofs, hrsg. von den Mitgliedern des Bundesfinanzhofs
BFH NV	Sammlung amtlich nicht veröffentlichter Entscheidungen des Bundesfinanzhofs, hrsg. Von den Mitgliedern des Bundesfinanzhofs
BGBl	Bundesgesetzblatt
BGH	Bundesgerichtshof
BGHZ	Entscheidungen des Bundesgerichtshofs in Zivilsachen
BMF	Bundesminister der Finanzen
BMJ	Bundesminister der Justiz
BStBl	Bundessteuerblatt
BT-Drucksache	Bundestagsdrucksache
BVerfG	Bundesverfassungsgericht
BVerfGE	Entscheidungen des Bundesverfassungsgerichts
DB	Der Betrieb
ders.	derselbe, dieselbe
DNotZ	Deutsche Notar-Zeitschrift
DStR	Deutsches Steuerrecht
DStZ	Deutsche Steuer-Zeitung
Einf.	Einführung
Einl.	Einleitung
ErbStG	Erbschaftsteuergesetz
Erg.Liefg.	Ergänzungslieferung
EFG	Entscheidungen der Finanzgerichte

EGAO	Einführungsgesetz zur Abgabenordnung
EK	Eigenkapital
EStG	Einkommensteuergesetz
f.	folgende Seite
F.	Fach
ff.	folgende Seiten
Fn.	Fußnote
FR	Finanzrundschau
FS	Festschrift
GenG	Genossenschaftsgesetz
GewStG	Gewerbesteuergesetz
GG	Grundgesetz
GmbH	Gesellschaft mit beschränkter Haftung
GmbHG	Gesetz betreffend die Gesellschaften mit beschränkter Haftung
GmbHR	GmbH-Rundschau
GWB	Gesetz gegen Wettbewerbsbeschränkungen
Hb.	Halbband
HFR	Höchstrichterliche Finanzrechtsprechung
HGB	Handelsgesetzbuch
h.M., H.M.	herrschende Meinung
Hrsg.	Herausgeber
i.S.v.	im Sinne von
JbFSt	Jahrbuch der Fachanwälte für Steuerrecht
JuS	Juristische Schulung
JW	Juristische Wochenschrift
JZ	Juristenzeitung
KG	Kommanditgesellschaft
KÖSDI	Kölner Steuerdialog
KStG	Körperschaftsteuergesetz
KStR	Körperschaftsteuerrichtlinien
LM	Nachschlagewerk des Bundesgerichtshofs, hrsg. von Lindemaier, Möhring
m.a.W.	mit anderen Worten
MittBayNot	Mitteilungen des bayrischen Notarvereins
m.w.N.	mit weiteren Nachweisen
n.F.	neue Fassung
NJW	Neue Juristische Wochenschrift
NJW-RR	NJW-Rechtsprechungs-Report
NWB	Neue Wirtschafts-Briefe für Steuer- und Wirtschaftsrecht
o.A.	ohne Autor
oHG	Offene Handelsgesellschaft
OLG	Oberlandesgericht
OLGZ	Entscheidungen der Oberlandesgerichte in Zivilsachen

RG	Reichsgericht
RGZ	Entscheidungen des Reichsgerichts in Zivilsachen
Rn.	Randnummer
Rspr.	Rechtsprechung
RStBl	Reichssteuerblatt
Rz.	Randzahl
S.	Seite
StAnpG	Steueranpassungsgesetz
StBg	Die Steuerberatung
StbJB	Steuerberater-Jahrbuch
StGB	Strafgesetzbuch
StRefKomm.	Steuerreformkommission
StuW	Steuer und Wirtschaft
StVj	Steuerliche Vierteljahresschrift
v.	vom
vEK	verwendbares Eigenkapital
vGA	verdeckte Gewinnausschüttung
vgl.	vergleiche
WiB	Wirtschaftsrechtliche Beratung
WM	Wertpapier-Mitteilungen
WPg	Die Wirtschaftsprüfung
ZGR	Zeitschrift für Unternehmens- und Gesellschaftsrecht
ZHR	Zeitschrift für das gesamte Handelsrecht und Wirtschaftsrecht
ZIP	Zeitschrift für Wirtschaftsrecht

1 Verdeckte Gewinnausschüttung i. S. d. § 8 Abs. 3 Satz 2 KStG

§ 8 Abs. 3 Satz 2 KStG bestimmt, daß verdeckte Gewinnausschüttungen das Einkommen der Körperschaft nicht mindern. Ist hiermit die Rechtsfolge einer verdeckten Gewinnausschüttung genannt, so läßt das Gesetz die Frage nach ihren Voraussetzungen unbeantwortet. Unterwirft sich damit die Gesetzgebung der finanzgerichtlichen Spruchpraxis, so ist diese in der Vergangenheit der Versuchung wechselnder Formulierungen[1] unterlegen. Die seit dem 01.02.1989 gebräuchliche Begriffsbestimmung lautet:
"Eine verdeckte Gewinnausschüttung (...) ist bei der Kapitalgesellschaft eine Vermögensminderung oder verhinderte Vermögensmehrung, die durch das Gesellschaftsverhältnis veranlaßt ist, sich auf die Höhe des Einkommens auswirkt und in keinem Zusammenhang mit einer offenen Ausschüttung steht."[2]
Mit dieser Definition hat der BFH seine bisherige Rechtsprechung zu § 8 Abs. 3 Satz 2 KStG geändert. Dies sei erforderlich gewesen, um der begrifflichen Unterscheidung zwischen einer verdeckten Gewinnausschüttung im Sinne des § 8 Abs. 3 Satz 2 KStG und einer anderen Ausschüttung im Sinne des § 27 Abs. 3 Satz 2 KStG verstärkt Rechnung zu tragen.[3]

1.1 Funktion der verdeckten Gewinnausschüttung

Bis zur Reform durch das Körperschaftsteuergesetz 1977 bestand ein großes Interesse seitens der Kapitalgesellschaft und der Gesellschafter, zur Vermeidung der Doppelbelastung ausgeschütteter Gewinne mit Körperschaft- und Einkommensteuer, diese "getarnt" den Gesellschaftern zuzuführen. Mit der Aufhebung der Doppelbelastung und der Maßgeblichkeit des individuellen Steuersatzes des

---

1 Vgl. die Nachweise bei *Pezzer*, Die verdeckte Gewinnausschüttung, S. 39 ff; *Rose*, DB 1968, 1874 ff; *Wassermeyer*, GmbHR 1989, 298; *Bellerstedt*, FR 1990, 65 ff..

2 BFH v. 01.02.1989 I R 73/85, BFHE 156, 155, 156; nachfolgend BFH v. 12.12.1990 I R 73/89, BStBl 1991 II 593, 594; v. 28.11.1991 I R 13/90, BStBl 1992 II 59, 360 ; v. 23.06.1993 I R 72/92, BStBl 1993 II 801, 802; v. 02.02.1994 I R 78/92, BStBl 1994 II 479, 480; v. 31.05.1995 I R 64/94, BB 1996, 198; zuletzt BFH v. 18.12.1996 I R 26/95, DStR 1997, 575, GmbHR 1997, 362.

3 Vgl. Pressemitteilung des Bundesfinanzhofs Nr. 13/89 v. 26.05.1989 in DStZ/E 1989, 183.

Anteilseigners bei Gewinnausschüttungen (§§ 20 Abs. 1 Nr. 1 bis 3, 36 Abs. 2 Nr. 3 EStG) wurde diesem wesentlichen Motiv, Gewinne der Körperschaft nicht offen auszuschütten, die Grundlage entzogen.

Gleichwohl wurde nicht darauf verzichtet, Gewinnausschüttungen der Körpeschaft bei dieser mit einer Belastung von 30 v.H. zu versehen (§ 27 Abs. 1 KStG). Der Grund für die Erfassung des ausgeschütteten Gewinns bei der Körperschaft liegt darin, daß gemäß § 7 GewStG der Gewinn der Körperschaft Grundlage der Gewerbesteuer ist; es ist deshalb wesentlich, den Gewinn der Körperschaft vor Ausschüttungen zu ermitteln. Ferner wird durch die Herstellung der Ausschüttungsbelastung erreicht, daß auch jene ausgeschütteten Gewinne erfaßt werden, die einem nicht unbeschränkt steuerpflichtigen Anteilseigner zufließen.[4] Macht nun also die Erfassung des ausgeschütteten Gewinns bei der Körperschaft Sinn, so kann zwangsläufig auch nicht darauf verzichtet werden, verdeckte Gewinnausschüttungen dem Gewinn der Körperschaft hinzuzurechnen, da sie steuerlich wie offen ausgeschüttete Gewinne behandelt werden. Überdies wird so sichergestellt, daß Zuwendungen an einen Gesellschafter erfaßt werden, die bei diesem nur als Einkünfte aus Kapitalvermögen steuerbar sind[5], so wenn beispielsweise ein Gegenstand aus dem Betriebsvermögen an ihn zum Buchwert verkauft wird, obwohl ein höherer Preis angebracht gewesen wäre.

1.2 Verschiedene Ebenen einer verdeckten Gewinnausschüttung

Die Rechtsprechung legt nach der aktuellen Definition einer verdeckten Gewinnausschüttung ihr Augenmerk ausschließlich auf einer Vermögensminderung bzw. verhinderte Vermögensmehrung bei der Kapitalgesellschaft. Damit bringt sie zum Ausdruck, daß die Rechtsfolge des § 8 Abs. 3 Satz 2 KStG unabhängig dvon eintritt, ob eine Ausschüttung gemäß § 27 KStG und ein Zufluß beim Anteilseiner gemäß §§ 20 Abs. 1 Nr. 1, 11 Abs. 1 Satz 1 EStG erfolgen.[6]

Gegen diese Rechtsprechung wird zum Teil vorgebracht, sie habe ohne Not die Einheitlichkeit der Begriffsbestimmungen aufgegeben.[7]

4 Vgl. *Streck*, KStG, § 8 Ziff. 55; v. *Wallis/Brandmüller/Schulze zur Wiesche*, Rn. 373.

5 *Pezzer*, Die verdeckte Gewinnausschüttung, S. 9; *Jakob*, § 7 Rz. 40; *Wrede*, DStR 1976, 327, 331.

6 BFH v. 11.09.1968 I 89/63, BFHE 93, 382, BStBl 1968 II 809, BB 1968, 1321; v. 03.02.1971 I R 51/66, BFHE 101, 501, BStBl 1971 II 408, BB 1971, 643; v. 22.02.1989 I R 44/85, BFHE 156, 177, BStBl 1989 II 475, BB 1989, 1174; v. 09.08.1989 I R 4/84, BStBl 1990 II 237, 240.

7 So z.B. *Wrede*, in: Herrmann/Heuer/Raupach, § 27 Anm. 24; *Scholz*, FR 1990, 321, 350.

Anstoß hierzu gegeben haben die klärenden Worte des BFH: "Beiden Vorschriften [§ 8 Abs. 3 Satz 2 KStG und § 27 Abs. 3 KStG] ist gemeinsam, daß es sich bei der verdeckten Gewinnausschüttung um eine bei einer Kapitalgesellschaft eingetretenen Vermögensminderung (verhinderte Vermögensmehrung) handeln muß, die durch das Gesellschaftsverhältnis veranlaßt ist und in keinem Zusammenhang mit einer offenen Ausschüttung steht. Die verdeckte Gewinnausschüttung im Sinne des § 8 Abs. 3 Satz 2 KStG setzt zusätzlich voraus, daß die Vermögensminderung gleichzeitig Einkommensminderung ist. Eine Ausschüttung im Sinne des § 27 Abs. 3 KStG ist dagegen unabhängig von einer eingetretenen Einkommensminderung dann anzunehmen, wenn der Vermögensminderung entsprechende Mittel bei der Kapitalgesellschaft tatsächlich abfließen."[8]

Bei verständiger Würdigung des Sinn und Zwecks, dem diese beiden Vorschriften dienen, wird deutlich, daß diese voneinander unabhängige Intentionen verfolgen, was derjenige verkennt, der eine Einheitlichkeit der Begriffsbestimmungen propagiert.

§ 8 Abs. 3 Satz 2 KStG ist eine Vorschrift der Einkommensermittlung bei der Kapitalgesellschaft. Die verdeckte Gewinnausschüttung ist dem Grunde nach dadurch gekennzeichnet, daß der Gewinn der Körperschaft entweder durch den Ansatz eines betrieblichen Aufwandes oder durch nicht erzielte Einnahmen "künstlich" gemindert wurde. Diese Gewinnminderung wird sodann nach § 8 Abs. 3 Satz 2 KStG durch Hinzurechnung dieses "künstlichen" Minderungsbetrages rückgängig gemacht. Die Korrektur setzt dabei in dem Zeitpunkt ein bzw. wirkt auf den Zeitpunkt zurück, in dem die Gewinnminderung eintritt. Der Betrag der anrechenbaren KSt spielt im Rahmen von § 8 Abs. 3 Satz 2 KStG keine Rolle.

Demgegenüber geht es bei § 27 Abs. 3 KStG als einer Tarifvorschrift[9] um die Herstellung der Ausschüttungsbelastung als eine Folge - offener oder verdeckter - Ausschüttungen. Eine etwaige Gewinnminderung bei der Kapitalgesellschaft im ertragsteuerlichen Sinne ist hierfür ohne jede Bedeutung. Entscheidend ist allein der tatsächliche Vermögensabfluß in Erfüllung eines Gwinnverwendungsbeschlusses (§ 27 Abs. 3 Satz 1 KStG) oder einer verdeckten Gewinnausschüttung (§ 27 Abs. 3 Satz 1 KStG). Erst im Zeitpunkt des tatsächlichen Abflusses setzt der Anwendungsbereich des § 27 Abs. 3 KStG ein.

---

8 BFH v. 12.04.1989 I R 142-143/85, BFHE 156, 485, 488; vgl. auch BFH v. 20.08.1986 I R 87/83, BStBl 1987 II 75; v. 11.02.1987 I R 177/83, BStBl 1987 II 461; v. 26.08.1987 I R 141/86, BStBl 1988 II 143; v. 09.12.1987 I R 260/83, BStBl 1988 II 460; v. 30.05.1990 I R 41/87, BStBl 1991 II 588; vgl. auch Pressemitteilung des Bundesfinanzhofs v. 26.05.1989 in DStZ/E 1989, 183.

9 *Wrede*, in: Herrmann/Heuer/Raupach, Vor § 27 Anm. 17.

In gleicher Weise läßt sich die Systematik des § 20 Abs. 1 Nr. 1 EStG darstellen. Ein Beteiligungsertrag und damit Einkünfte aus Kapitalvermögen - gemäß § 20 Abs. 1 Nr. 1 Satz 2 EStG, sofern die Anteile im Privatvermögen gehalten werden - erzielt der Gesellschafter erst mit deren Zufluß (§ 11 EStG). Bei einem bilanzierenden Anteilseigner, der seine Beteiligung im Betriebsvermögen hält, richtet sich der Besteuerungszeitpunkt unter Umständen bereits nach der vorangehenden Forderungsaktivierung in der Steuerbilanz. Die Besteuerung der Kapitaleinkünfte jedoch ist in jedem Fall losgelöst von einer etwaigen Einkommensminderung im Sinne des § 8 Abs. 3 Satz 2 KStG bei der Kapitalgesellschaft. Eine Wechselbeziehung zu der "anderen Ausschüttung" im Sinne des § 27 Abs. 3 Satz 2 KStG besteht nur insofern, als die mit Abfluß der Mittel hergestellte bzw. herzustellende Ausschüttungsbelastung zu anrechenbaren Kapitalerträgen führt (§ 36 Abs. 2 Nr. 3 i.V.m. § 20 Abs. 1 Nr. 3 EStG).
Es sind also drei Ebenen der verdeckten Gewinnausschüttung zu unterscheiden: auf seiten der Kapitalgesellschaft zum einen die Ebene der Einkommensermittlung (§ 8 Abs. 3 Satz 2 KStG) sowie zum anderen die Herstellung der Ausschüttungsbelastung (§ 27 Abs. 3 Satz 2 KStG) und letztlich auf seiten des Anteilseigners die Ebene der Einkünfte aus Kapitalvermögen (§ 20 Abs. 1 Nr. 1 Satz 2 EStG oder §§ 20 Abs. 3, 15 Abs. 1 EStG).

Wassermeyer[10] führt zur Verdeutlichung der Systematik das Beispiel einer unangemessen hohen Pensionszusage an: Die Pensionszusage löst bei der GmbH eine Rückstellung aus, die der Höhe nach unangemessen ist. Der unangemessen hohe Teil dieser Pensionsrückstellung ist als eine verdeckte Gewinnausschüttung im Sinne des § 8 Abs. 3 Satz 2 KStG zu qualifizieren. Die Rückstellung löst jedoch weder die Herstellung der Ausschüttungsbelastung (§ 27 Abs. 3 Satz 2 KStG) aus, noch den Zufluß eines Beteiligungsertrages beim Gesellschafter (§ 20 Abs. 1 Nr. 1 Satz 2 EStG). Denn hierzu bedürfe es eines entsprechenden Mittelabflusses bei der Kapitalgesellschaft bzw. Zuflusses des Beteiligungsertrages bei dem Gesellschafter.

Die §§ 8 Abs. 3 Satz 2, 27 Abs. 3 Satz 2 KStG und § 20 Abs. 1 Nr. 1 Satz 2 EStG betreffen zusammenfassend zwar übereinstimmend Ausschüttungen, legen ihr jeweiliges Augenmerk jedoch auf unterschiedliche feststellungsbedürftige Tatsachen, die sich letztlich in unterschiedlichen Tatbestandsvoraussetzungen[11]

---

10 *Wassermeyer*, StVj 1993, 208, 209.

11 BFH v. 20.08.1986 I R 87/83, BStBl 1987 II 75; v. 11.02.1987 I R 177/83, BStBl 1987 II 461; v. 29.04.1987 I R 118/83, BFH/NV 1988, 122; v. 26.08.1987 I R 141/86, BStBl 1988 II 143; v. 14.03.1989 I R 8/85, BStBl 1989 II 633; v. 28.06.1989 I R 89/85, BStBl 1989 II 854.

niederschlagen. Infolgedessen bestehen zwischen diesen Vorschriften auch keine wechselseitigen Bindungswirkungen im Sinne des § 182 Abs. 1 AO, was jedoch unvermeidbare Folge des Einheitsgedanken wäre.[12]

1.3 Tatbestand der verdeckten Gewinnausschüttung

Nach der aktuellen Begriffsbestimmung des § 8 Abs. 3 Satz 2 KStG setzt der Tatbestand einer verdeckten Gewinnausschüttung vier Merkmale voraus:
- Vermögensminderung bzw. verhinderte Vermögensmehrung,
- Veranlassung durch das Gesellschaftsverhältnis,
- Einkommensauswirkung und
- kein Zusammenhang mit einer offenen Ausschüttung.

Die zu den einzelnen Tatbestandsmerkmalen wie auch zu dem Institut der verdeckten Gewinnausschüttung in Literatur und Rechtsprechung vertretenen Auffassungen sind vielschichtig und werden zuweilen sehr kontrovers diskutiert. Eine verständige, wenn auch kritische Würdigung des Tatbestandes des § 8 Abs. 3 Satz 2 KStG scheint daher nicht möglich, ohne sich zuvor die Bedeutung verdeckter Gewinnausschüttungen, insbesondere ihre Systematik, zu verdeutlichen.

1.3.1 Veranlassungsprinzip

Den Ausgangspunkt der Betrachtung liefert das Einkommensteuerrecht, da § 8 Abs. 1 KStG hinsichtlich des Einkommensbegriffs und der Einkommensermittlung überwiegend[13] auf die Vorschriften des Einkommensteuergesetzes verweist.

§ 8 Abs. 1 EStG definiert Einnahmen als sämtliche Güter, "die in Geld oder Geldeswert bestehen und dem Steuerpflichtigen im Rahmen einer der Einkunftsarten des § 2 Abs. 1 Nr. 4 bis 7 EStG zufließen".
Ihr "negativer Partner" sind Betriebsausgaben als "Ausgaben, die durch den Betrieb veranlaßt sind" (§ 4 Abs. 4 EStG).
Die Ratio dieser Vorschriften zusammenfassend müssen Einnahmen oder Ausgaben auf eine steuerbare Tätigkeit zurückgehen.[14] Es muß also ein objektiver Zusammenhang mit der betrieblichen, beruflichen oder sonstigen steuerbaren Tätigkeit bestehen. Nur unter dieser Maßgabe sind sie steuerrechtlich beachtlich. Ist eine Zuordnung zu den Einkunftsarten des § 2 Abs. 1 EStG hingegen nicht möglich, so sind die positiven oder negativen Wertposten steuerlich irrelevant.[15] Die-

---

12 Vgl. Abschn. 31 Abs. 1 Satz 6 und Abschn. 80 Abs. 1 KStR.
13 Vgl. die Aufzählung der anwendbaren Vorschriften in Abschn. 26 KStR.
14 *Jakob*, § 2 Rz. 7.
15 *Tipke/Lang*, § 9 Rn. 54.

se gesetzgeberische Entscheidung einer Differenzierung zwischen der steuerbaren betrieblichen Einkunftserzielung und der nicht steuerbaren außerbetrieblichen Einkunftsverwendung des Steuerpflichtigen dient dem Zweck, ausschließlich die wirtschaftliche Leistungsfähigkeit[16] des Steuerpflichtigen - diese aber umfassend - der Besteuerung zu unterwerfen, sog. objektives Nettoprinzip.

Auch das Körperschaftsteuerrecht folgt dieser Abgrenzung in betriebliche und außerbetriebliche Sphäre der Körperschaft[17]. Der Verweis in § 8 Abs. 1 KStG hinsichtlich des Einkommens und der Einkommensermittlung auf das Einkommensteuerrecht kann nichts anderes bedeuten, als daß die Tätigkeit einer Körperschaft steuerbar ist, sofern sie einer der Einkunftsarten des § 2 Abs. 1 EStG unterfällt und damit dem betrieblichen Bereich der Einkommenserzielung zuzuordnen ist, während der außerbetriebliche Bereich der Einkommensverwendung steuerlich unbeachtlich ist.

Der wohl wichtigste Bereich der außerbetrieblichen Sphäre einer Kapitalgesellschaft betrifft die im Gesellschaftsverhältnis begründeten Beziehungen zwischen der Gesellschaft und dem Gesellschafter.[18] Angesprochen sind hiermit Ausschüttungen, seien sie offen oder verdeckt. Diese stellen eine Verwendung des Gewinns der Gesellschaft dar und sind damit steuerlich Bestandteile des Einkommens der Kapitalgesellschaft.

Das in der Neudefinition der verdeckten Gewinnausschüttung zum Ausdruck kommende Veranlassungsprinzip ist somit nicht nur Grundsatz der Ertragsbesteuerung[19], sondern gleichfalls die Rechtfertigung und dogmatischer Ansatzpunkt für die in § 8 Abs. 3 Satz 2 KStG angeordnete Korrektur des Einkommens der Kapitalgesellschaft. Die "Veranlassung durch das Gesellschaftsverhältnis" beschreibt damit das Wesensmerkmal[20] einer verdeckten Gewinnausschüttung.

Ihre gesellschaftliche Veranlassung in Abgrenzung zur betrieblichen Ursächlichkeit legt die Qualifizierung verdeckter Gewinnausschüttungen als Nicht-Betriebsausgaben nahe.[21] Das Abzugsverbot würde damit bereits aus § 4 Abs. 4

---

16 *Tipke/Lang*, § 9 Rn. 42, m.w.N..

17 Die in der Literatur teilweise vertretene weitere Unterteilung der betriebsfremden (oder auch privaten) Sphäre, ist für die Einordnung der verdeckten Gewinnausschüttung ohne Bedeutung und daher hier zu vernachlässigen; vgl. hierzu *Pezzer*, Die verdeckte Gewinnausschüttung, S. 50 ff..

18 *Knobbe-Keuk*, Bilanz- und Unternehmenssteuerrecht, 9. Auflage, S. 643.

19 *Wassermeyer*, StuW 1982, 352, 353; *von Bornhaupt* in: Kirchhoff/Söhn, EStG, § 9 Rn. B 177.

20 *Döllerer*, Verdeckte Gewinnausschüttungen, S. 58.

21 So *Pezzer*, Die verdeckten Gewinnausschüttung, S. 60 ff und 88 ff; *Wassermeyer*, DStR 1987, 484, 489; *ders.*, FR 1989, 218, 223; *ders.*, DB 1987, 1113, 1115.

EStG i.V.m. § 8 Abs. 1 KStG folgen, so daß § 8 Abs. 3 Satz 2 KStG lediglich deklaratorischer Natur wäre.[22]

Diese Schlußfolgerung geht hingegen fehl. Verdeckte Gewinnausschüttungen sind nicht mit Nicht-Betriebsausgaben identisch, was anhand einer Gegenüberstellung beider Begriffe verdeutlicht sei.
Der BFH legt dem Betriebsausgabenabzug in Anlehnung an den Werbungskostenbegriff des § 9 Abs. 1 Satz 1 EStG einen kausal-finalen Sinn[23] bei und anerkennt die betriebliche Veranlassung im Sinne von § 4 Abs. 4 EStG, wenn es sich um Aufwendungen handelt, die in einem objektiven Zusammenhang mit der Einkunftsart stehen und subjektiv dem Betrieb zu dienen bestimmt sind.[24] Nur soweit der Steuerpflichtige positive Kenntnis davon hat, daß die Aufwendungen überhöht sind oder er mit dieser Möglichkeit rechnet und sie billigend in Kauf nimmt, ist die betriebliche Veranlassung gänzlich[25] zu versagen.[26]
Demgegenüber nimmt die Rechtsprechung eine gesellschaftliche Veranlassung an, wenn ein ordentlicher und gewissenhafter Geschäftsleiter - als objektiv-normativer Vergleichsmaßstab - das Mißverhältnis zwischen Leistung und Gegenleistung hätte erkennen können.[27] Subjektive Erwägungen, wie die Kenntnis des konkret handelnden Geschäftsführers, indizieren zwar eine gesellschaftliche Veranlassung, sind jedoch nicht Voraussetzung.

Diese Gegenüberstellung verdeutlicht, daß an Betriebsausgaben bzw. Nicht-Betriebsausgaben und verdeckten Gewinnausschüttungen zutreffend unterschiedliche Anforderungen gestellt werden. Das Abzugsverbot für verdeckte Gewinnausschüttungen rechtfertigt sich nicht schlicht aus der mangelnden betrieblichen Veranlassung, es geht vielmehr um Gewinnverteilung an die Gesellschafter mit der Folge, daß diese nicht - wie andere Nicht-Betriebsausgaben - dem allgemeinen Körperschaftsteuersatz unterliegen, sondern für sie die Ausschüttungsbelastung herzustellen ist (§§ 27 ff KStG); darüber hinaus führen sie beim Gesellschafter zur Anrechnung der Körperschaftsteuer (§§ 36 Abs. 2 Nr. 3, 20 Abs. 1 Nr. 3 EStG). Die diese Besteuerungsfolgen auslösende gesellschaftliche Veranlassung bedarf damit der positiven Feststellung, ein reines "Negativtestat" im

---

22 In diesem Sinne *Pezzer*, Verdeckte Gewinnausschüttung, S. 88.

23 Zu Betriebsausgaben: BFH v. 16.12.1981 I R 140/81, BFHE 135, 278, BStBl 1982 II 465; zu Werbungskosten: BFH v. 28.11.1980 VI R 193/77, BFHE 132, 431, BStBl 1981 II 368; BFH-Beschluß v. 21.11.1983 GrS 2/82, BStBl 1984, 160, 163.

24 Vgl. *Tipke/Lang*, § 9 Rn. 206 ff..

25 Fehlende Notwendigkeit, Unüblichkeit oder Unzweckmäßigkeit indizieren eine nichtbetriebliche Veranlassung. Diese Aufwendungen dürfen gem. § 4 Abs. 5 Nr. 7 EStG den Gewinn nicht mindern, soweit sie unangemessen sind.

26 BFH v. 04.03.1986 VIII R 188/84, BStBl 1986 II 373, 374; v. 07.06.1988 VIII R 76/85, BStBl 1989 II 97, 99.

27 BFH v. 10.01.1973 I R 119/70, BFHE 108, 183, BB 1973, 694.

Sinne mangelnder betrieblicher Veranlassung kann hier nicht genügen. Zur Beurteilung stehen damit unterschiedliche Sachverhalte, die lediglich in ihrer Rechtsfolge, dem Abzugsverbot, konform gehen.[28]

Eine Gleichstellung von verdeckten Gewinnausschüttungen und Nicht-Betriebsausgaben in den Voraussetzungen hätte weiterhin zur Konsequenz, daß nicht nur verdeckte Gewinnausschüttungen mit Nicht-Betriebsausgaben identisch wären, sondern auch umgekehrt, Nicht-Betriebsausgaben als durch das Gesellschaftsverhältnis veranlaßt wären. Ausgaben im nicht-betrieblichen Bereich können, müssen aber nicht zwangsläufig, dem gesellschaftlichen Bereich zuzuordnen sein. Genannt seien hier beispielhaft nur Geldstrafen im Sinne des § 10 Nr. 3 KStG, die dem Abzugsverbot unterliegen und damit keine Betriebsausgaben sind, ebensowenig aber der gesellschaftlichen Sphäre zugeordnet werden können.[29]

Selbst wenn man sich die Vorschrift des § 8 Abs. 3 Satz 2 KStG hinwegdächte, so würde das Institut der verdeckten Gewinnausschüttung seine gesetzliche Grundlage nicht in der für Nicht-Betriebsausgaben maßgeblichen Regelung des § 4 Abs. 4 EStG, § 8 Abs. 1 KStG finden.
Das Abzugsverbot verdeckter Gewinnausschüttungen wäre vielmehr aus § 8 Abs. 3 Satz 1 KStG abzuleiten, nach dessen Regelungsinhalt es für die Ermittlung des Einkommens ohne Bedeutung ist, "ob das Einkommen verteilt wird". An die Gesellschafter verteilte Beträge dürfen den Gewinn somit nicht mindern, sind ihm folglich wieder hinzuzurechnen. Eine Gewinnverteilung kann jedoch offen und verdeckt erfolgen, so daß nach seinem Sinn und Zweck § 8 Abs. 3 Satz 1 KStG bereits verdecke Gewinnausschüttungen erfassen würde.

1.3.2 Vermögensminderung bzw. verhinderte Vermögensmehrung

Das Erfordernis der Vermögensminderung bzw. verhinderten Vermögensmehrung bezieht sich auf das für die Gewinnermittlung bei der Kapitalgesellschaft maßgebliche Betriebsvermögen. Gemäß §§ 4 Abs. 1 Satz 1, 5 Abs. 1 EStG i.V.m. § 8 Abs. 1 KStG ist der Gewinn einer Kapitalgesellschaft durch Betriebsvermögensvergleich zu ermitteln.
Einer Minderung des Betriebsvermögens liegt in der Regel Aufwand der Kapitalgesellschaft zugrunde, wie zum Beispiel für die Inanspruchnahme von Dienstleistungen oder Entrichtung von Miet- oder Pachtzinsen. Hierdurch wird Betriebsvermögen verbraucht mit der Folge, daß das Ergebnis des Betriebsvermögensvergleichs gemindert wurde.

---

28 *Mössner*, Gewinnausschüttung, S. 277, 291.

29 Zur sonstigen betriebsfremden Sphäre vgl. *Lange*, in: Mössner/Seeger, KStG, § 8 Rz. 20 ff.; *Habammer*, S. 10 ff..

Eine Vermögensmehrung wird verhindert, wenn der Leistung der Kapitalgesellschaft keine oder keine angemessene Gegenleistung gegenübersteht.[30] Dies sind insbesondere Fälle des Ertragsverzichts, wie zum Beispiel die Gewährung eines zinslosen Darlehens. In Höhe der Zinseinbuße wird eine Erhöhung des Betriebsvermögens unterbunden, so daß das Ergebnis des Betriebsvermögensvergleichs geringer ausfällt.
Ob eine Vermögensminderung bzw. eine verhinderte Vermögensmehrung eingetreten ist und ggf. in welcher Höhe, ist mittels der Steuerbilanz zu ermitteln, wie sie ohne Berücksichtigung der Rechtsfolge des § 8 Abs. 3 Satz 2 KStG aufzustellen ist.[31]

Das Vermögen der Gesellschaft mindern können jedoch nur solche Werte, die zum einen als Betriebsvermögen zu qualifizieren und zum anderen dem Vermögen der Gesellschaft zuzurechnen sind.

In Anlehnung an den handelsrechtlichen Vermögensbegriff[32] verlangt ein bilanzierungsfähiges Wirtschaftsgut einen Vermögensvorteil, der einzeln oder im Zusammenhang mit dem Betrieb übertragbar ist und nach der Verkehrsauffassung einer selbständigen Bewertung fähig ist.[33] Von letzterer wird insbesondere dann auszugehen sein, wenn gedanklich ein fremder Dritter bei Fortführung des Unternehmens diesen Vermögensvorteil im Rahmen der Kaufpreisbemessung berücksichtigen würde.[34]

Da vermögenswerte Rechtspositionen diese Voraussetzungen erfüllen, kann der Verzicht der Gesellschaft hierauf eine Vermögensminderung begründen. Beispielhaft genannt seien hier der Verzicht auf die Rückzahlung eines dem Gesellschafter gewährten Darlehens oder auf die Geltendmachung eines Schadensersatzanspruchs.

Obgleich es die angeführten Beispiele vermuten ließen, ist es nicht Voraussetzung einer verdeckten Gewinnausschüttung, daß der verzichtbare Anspruch bereits zivilrechtlich wirksam entstanden ist.[35]
Vielmehr kann auch der Verzicht einer Kapitalgesellschaft auf eine Gewinn- oder Geschäftschance zugunsten ihres Gesellschafters eine verdeckte Gewinnausschüttung begründen, wie beispielsweise der Verzicht auf die Annahme eines

---

30 Zum sog. Vorteilsausgleich siehe unten unter 1.3.2, S. 5 ff..

31 BFH v. 23.06.1993 I R 72/92, BStBl 1993 II 801.

32 *Knobbe-Keuk*, Bilanz- und Unternehmenssteuerrecht, 9. Auflage, S. 87.

33 BFH-Beschluß v. 02.03.1970 GrS 1/69, BStBl 1970 II 382; BFH v. 26.02.1975 I R 72/73, BStBl 1976 II 13; v. 09.02.1978 IV R 201/74, BStBl 1978 II 370; v. 09.07.1986 I R 218/82, BStBl 1987 II 14 m.w.N..

34 BFH v. 09.07.1986 I R 218/82, BStBl 1987 II 14.

35 BFH v. 18.11.1980 VIII R 8/78, BStBl 1981 II 260.

günstigen Kaufangebots[36] oder der Verzicht auf den Erwerb eines Grundstücks zu einem unter dem Verehrswert liegenden Preis[37].
In den Entscheidungsgründen hierzu hatte der BFH noch ausführlich begründet, daß es einer vor der Vorteilszuwendung an den Gesellschafter konkretisierten Mehrung des Gesellschaftsvermögens nicht bedürfe. Durch die Neudefinition der verdeckten Gewinnausschüttung, die die verhinderte Vermögensmehrung als Tatbestandsalternative neben der Vermögensminderung ausdrücklich nennt, ist dieser Erklärungsbedarf nunmehr entbehrlich geworden.
Eine verhinderte Vermögensmehrung begründet der Verzicht auf eine Gewinn- oder Geschäftschance jedoch nur unter der Voraussetzung, daß sie hinreichend konkret ist und der rechtlichen oder tatsächlichen Verfügungsgewalt der Gesellschaft unterliegt. Denn einerseits wird der hier maßgebliche ordentliche und gewissenhafte Geschäftsleiter diese zwar noch nicht realisierte, doch hinreichend konkretisierte Chance einem fiktiven Erwerber des Unternehmens sicherlich nicht unentgeltlich überlassen.[38] Andererseits wird der fiktive Erwerber des Unternehmens nicht bereit sein, für eine bloß vage Hoffnung oder allgemeine Möglichkeit ein Entgelt zu entrichten, so daß diese nicht die Voraussetzungen eines bilanzierungsfähigen Wirtschaftsgutes erfüllen und damit keine Auswirkungen auf das Betriebsvermögen der Gesellschaft zeigen können.

Insbesondere bei gegenseitigen Verträgen vermindert sich das Vermögen der Gesellschaft nicht nur, es erhält durch die Gegenleistung des Gesellschafters gleichfalls einen Zuwachs.
In der Grundsatzentscheidung vom 08.06.1977 I R 95/75[39] hat der BFH zum sog. Vorteilsausgleich Stellung genommen.
Hiernach sind Leistungen aus gegenseitigen Verträgen immer auszugleichen. Eine Vermögensminderung liegt nur insofern vor, als der Wert der Leistung der Kapitalgesellschaft den Wert der Gegenleistung des Gesellschafters übersteigt. Zugewendet ist insofern also nur der verbleibende Saldo.[40] Sind die beiderseitigen Leistungen hingegen annähernd gleichwertig oder diejenige des Gesellschafters höherwertig, so entfällt die Annahme einer verdeckten Gewinnausschüttung.[41]
"Sind" somit die Leistungen eines gegenseitigen Vertrages "auszugleichen", hat eine Überprüfung des Rechtsverhältnisses im Hinblick auf einen Verstoß gegen

[36] BFH v. 03.11.1971 I R 68/70, BStBl 1972 II 227.

[37] FG Münster v. 08.06.1979 VI 647/76 K, EFG 1980, 44.

[38] BFH v. 03.11.1971 I R 68/70 , BStBl 1972 II 227.

[39] BFH v. 08.06.1977 I R 95/75, BFHE 122, 491, BStBl 1977 II 704, BB 1977, 1233; vgl. auch BFH v. 07.12.1988 I R 25/82, BFHE 155, 349, BStBl 1989 II 248, BB 1989, 761.

[40] BFH v. 20.08.1986 I R 87/83, BFHE 147, 521, BStBl 1987 II 75, BB 1986, 220.

[41] Der Saldo zugunsten der Kapitalgesellschaft ist eine verdeckte Einlage, vgl. BFH v. 20.08.1986 I R 87/83, BFHE 147, 521, BStBl 1987 II 75, BB 1986, 220.

das Rückzahlungs- oder Nachzahlungsverbot[42] selbst dann zu unterbleiben, wenn eine Ausgleichsvereinbarung im voraus nicht getroffen wurde.
Dies jedoch nur unter der Prämisse, daß die zugrunde liegenden Vereinbarungen zeitgleich geschlossen wurden. Basieren die beiderseitigen Leistungen insbesondere bei laufenden Geschäftsbeziehungen zum Teil auf später vereinbarten Ergänzungsverträgen oder Vertragsänderungen, dürfte der Vorteilsausgleich zumindest fraglich sein, da die Rechtsgeschäfte - trotz wirtschaftlicher Einheit - nicht zu verschiedenen Zeiten abgeschlossen sein dürfen.

Ein Ausgleich findet auch statt bei Leistungen aus Rechtsgeschäften, die so eng zusammenhängen, daß sie wirtschaftlich als einheitliches Rechtsgeschäft anzusehen sind. Dies kann nur für zeitgleich abgeschlossene Vereinbarungen bejaht werden.

Weiter unterscheidet der BFH zwischen einem Vorteilsausgleich mit der Gegenleistung eines beherrschenden und mit der eines nicht beherrschenden Gesellschafters.[43]
Handelt es sich um die eines nicht beherrschenden Gesellschafter, so müssen sich Leistung und Gegenleistung ausgleichen. Dabei dürfen Vorteile im Hinblick auf künftige Gegenvorteile nur gewährt werden, wenn diese im Zeitpunkt der Gewährung dem Grunde und der Höhe nach gesichert sind. Erforderlich ist hierzu im allgemeinen eine im voraus getroffene Vereinbarung, die nicht einen gegenseitigen Vertrag bedingt; es genügt auch eine Verknüpfung anderer Art.
Bei einem beherrschenden Gesellschafter dagegen bedarf es zur Vermeidung der Annahme einer verdeckten Gewinnausschüttung stets einer im voraus getroffenen klaren und eindeutigen Vereinbarung.

Braucht die erforderliche "rechtliche Verknüpfung" inhaltlich nicht einem gegenseitigen Vertrag zu entsprechen, läuft doch die geforderte "Vereinbarung zur Sicherung künftiger Gegenvorteile" im Ergebnis auf einen solchen hinaus:
Denn jeder der Beteiligten wird seine Leistung nur im Hinblick auf die jeweilige - künftige - Gegenleistung erbringen, so daß ein Abhängigkeitsverhältnis im Sinne eines synallagmatischen Zusammenhangs besteht, das aber gerade Wesen eines gegenseitigen Vertrages ist. Die vom BFH zumindest geforderte "rechtliche Verknüpfung" scheint damit nichts anderes zu sein als ein gegenseitiger Vertrag.

Unzweifelhaft steht seit dem Urteil vom 08.06.1977 I R 95/75[44] jedenfalls fest, daß eine Vorteilszuwendung der Gesellschaft nicht durch eine erst nachträglich vereinbarte Gegenleistung des Gesellschafters ausgeglichen werden kann und

---

[42] Vgl. BFH v. 22.02.1989 I R 44/85, BFHE 156, 177, 179, BStBl 1989 II 475.

[43] Zum Sonderrecht des beherrschenden Gesellschafters vgl. oben unter 1.3.6.8, S. 27 ff..

[44] BFH v. 08.06.1977 I R 95/75, BFHE 122, 491, BStBl 1977 II 704, BB 1977, 1233.

auch eine spätere Vorteilszuwendung der Gesellschaft nicht damit gerechtfertigt werden kann, daß die bisherigen Zuwendungen an den Gesellschafter unangemessen waren.[45]

1.3.3 Auswirkung auf die Höhe des Einkommens

Die Vermögensminderung bzw. verhinderte Vermögensmehrung muß sich auf die Höhe des Einkommens auswirken. Mit der Aufnahme dieses Kriteriums als Tatbestandsmerkmal in die Begriffsbestimmung bringt der I. Senat zum Ausdruck, daß es - in Abgrenzung zu dem Tatbestand einer verdeckten Gewinnausschüttung im Sinne des § 20 Abs. 1 EStG oder § 27 Abs. 1 KStG - nur auf die Verhältnisse bei der Kapitalgesellschaft ankommt.[46]

Gemäß § 8 Abs. 3 Satz 2 KStG ist in den Fällen verminderter Einnahmen der Gesellschaft der Ist-Bilanzgewinn um den Betrag zu ergänzen, der bei sachgerechten Konditionen der Gesellschaft gegenüber ihrem Gesellschafter den Bilanzgewinn erhöht hätte. Im Falle einer Vermögensminderung durch eine unangemessen hohe Zuwendung der Gesellschaft an ihren Gesellschafter wird bilanziell der überhöhte Betrag nicht als Betriebsausgabe erfaßt.[47]
Wirkt sich die Vermögensminderung bzw. verhinderte Vermögensmehrung hingegen nicht auf das Einkommen aus, so besteht für eine Einkommenskorrektur keine Veranlassung, die Vorschrift des § 8 Abs. 3 Satz 2 KStG ist nicht berührt. Der zu beurteilende Geschäftsvorfall verwirklicht keine verdeckte Gewinnausschüttung im Sinne des § 8 Abs. 3 Satz 2 KStG.

1.3.4 Nebeneinander von Vermögensminderung (verhinderter Vermögensmehrung) und Einkommensauswirkung

Das tatbestandliche Nebeneinander von Vermögensminderung bzw. verhinderter Vermögensmehrung und Einkommensauswirkung erfährt in der Literatur nicht nur Zustimmung. Einige Autoren messen der Vermögensminderung[48] keine eigenständige Bedeutung zu, auf sie könne daher verzichtet werden.[49] Andere sehen in der Einkommensauswirkung keine Tatbestandsvoraussetzung, sondern eine "irgendwann eintretende Wirkung"[50] einer verdeckten Gewinnausschüttung.

---

45 Sog. Rückzahlungs- oder Nachzahlungsverbot.

46 Vgl. oben 1.2, S. 2 ff..

47 Vgl. Abschn. 31 Abs. 1 Satz 2 KStR.

48 Dies gilt gleichermaßen für die verhinderte Vermögensmehrung.

49 *Habammer*, S. 40, 42; ebenso *Wassermeyer*, BB 1989, 1382, 1383; *ders.*, Handbuch, Kap. G, Rn. 463.

50 *Wrede*, in: Herrmann/Heuer/Raupach, § 8 KStG, Rn. 39, m.w.N..

Eine verständige Würdigung dieser Auffassungen macht es erforderlich, sich mit den Wechselbeziehungen der steuerrechtlichen Begriffe von Vermögen und Einkommen zu befassen.
Die Ermittlung des Einkommens der Kapitalgesellschaft erfolgt nach den Vorschriften des Einkommensteuergesetzes, modifiziert durch die §§ 8 ff KStG (§ 8 Abs. 1 KStG). Nach der Gewinnermittlungsvorschrift des § 4 Abs. 1 EStG, die auch für die Gewinnermittlung nach § 5 Abs. 1 EStG und damit für Kapitalgesellschaften als Gewerbetreibende kraft Rechtsform (§ 8 Abs. 2 KStG, § 2 Abs. 1 Nr. 2 EStG) Anwendung findet, ist der Steuerbilanzgewinn durch Vermögensvergleich zu ermitteln. Aufgrund des § 5 Abs. 1 EStG gelten der Grundsatz der Maßgeblichkeit der Handelsbilanz und damit die Grundsätze ordnungsgemäßer Bilanzierung auch für die Gewinnermittlung von Kapitalgesellschaften.
Würde sich nun ausnahmslos jede Vermögensminderung in einer entsprechenden bilanziellen Einkommensminderung niederschlagen und ebenso eine Einkommensminderung nicht ohne Vermögensminderung denkbar sein, so könnte in der Tat auf einen dieser Vorgänge zur Beurteilung einer verdeckten Gewinnausschüttung im Sinne des § 8 Abs. 3 Satz 2 KStG verzichtet werden.
Dem ist jedoch nicht so. Vielmehr ist sowohl eine Einkommensminderung ohne Vermögensminderung denkbar, als auch umgekehrt, eine Vermögensminderung ohne Einkommensminderung.
Verdeutlicht anhand eines Beispiels sei zunächst der erstgenannte Fall einer Einkommensminderung ohne Vermögensminderung:
§ 5 Abs. 2 EStG (in Verbindung mit § 8 Abs. 1 KStG) normiert ein Aktivierungsverbot für unentgeltlich erworbene immaterielle Wirtschaftsgüter, wie beispielsweise des Kundenstammes oder Firmenwertes des Unternehmens.
Die unentgeltliche Überlassung dieses immateriellen Gutes an den Gesellschafter läßt den Vermögensbestand der Kapitalgesellschaft aufgrund des untersagten Bilanzansatzes unberührt. Das Geschäft bringt keine Veränderung bilanzieller Vermögenspositionen mit sich. Eine Vermögensminderung tritt nicht ein. Damit aber ist die Anwendung des § 8 Abs. 3 Satz 2 KStG nicht ausgeschlossen. Da § 8 Abs. 3 Satz 2 KStG Einkommensminderungen erfassen soll, die der betriebsfremden Sphäre (Sphäre der Einkünfteverwendung)[51] zuzuordnen sind, ist für die Feststellung, ob sich ein Vorgang gewinnmindernd ausgewirkt hat, der tatsächlich ausgewiesene Gewinn mit dem hypothetischen Gewinn zu vergleichen, der sich ergeben hätte, wenn der zu untersuchende Vorgang zu angemessenen Bedingungen abgewickelt worden wäre.[52] Auf dem insofern maßgeblichen allgemeinen Markt stellt der Kundenstamm bzw. Firmenwert einen Wert dar, der im Rahmen eines Rechtsgeschäfts mit einem fremden Dritten vernünftigerweise nur entgeltlich überlassen werden würde. In Höhe dieses erzielbaren Wertes liegt damit eine Einkommensminderung vor.

---

[51] Vgl. oben 1.3.1, S. 5 ff..

[52] *Döllerer*, Verdeckte Gewinnausschüttungen, S. 21; FG Düsseldorf, Senate in Köln v. 03.03.1980 VII 596/77 K, EFG 1980, 306.

Den Fall einer Vermögensminderung ohne Einkommensminderung skizziert *Mössner* in Anlehnung an die Entscheidung des FG Niedersachsen -VI 379/89 [53]: Eine GmbH erwirbt von einem Gesellschafter entgeltlich ein - betrieblich nicht verwendbares - Wirtschaftsgut und bucht dieses in entsprechender Höhe in die Bilanz ein. In den folgenden Jahren schreibt sie dieses Wirtschaftsgut linear ab. Bei unterstellter Ausgewogenheit von Leistung und Gegenleistung liegt im Jahr des Erwerbs eine Einkommensminderung nicht vor, da im Wege des Aktivtausches oder Aktiv-Passiv-Tausches das Wirtschaftsgut in die Bilanz eingestellt wurde. Dieser Vorgang erfolgt damit erfolgsneutral. Da das Wirtschaftsgut jedoch für die GmbH keinen realisierbaren, wirtschaftlich ausnutzbaren Vermögenswert darstellt, führt die Zahlung an den Gesellschafter zu einer Vermögensminderung. Denn unter wirtschaftlicher Betrachtung steht dem Wirtschaftsgut eine überhöhte Zahlung gegenüber. Eine Einkommensminderung tritt demgegenüber erst in den Folgejahren aufgrund der vorgenommenen Abschreibung ein. In diesem Umfang erfolgt dann eine entsprechende Korrektur gemäß § 8 Abs. 3 Satz 2 KStG. Dies ist auch folgerichtig, denn die die Rechtsfolgen des § 8 Abs. 3 Satz 2 KStG auslösende und rechtfertigende Beeinträchtigung der wirtschaftlichen Leistungsfähigkeit einer Gesellschaft liegt erst und nur dann vor, wenn sich eine Vermögenseinbuße auch auf das Einkommen niederschlägt.

Bestehen damit zwischen Vermögensminderung und Einkommensminderung keine Wechselbeziehungen im Sinne eines Abhängigkeitsverhältnisses, ist es folgerichtig, daß der BFH beide Vorgänge einer isolierten Betrachtung unterzieht[54] und nebeneinander als Voraussetzungen einer verdeckten Gewinnausschüttung im Sinne des § 8 Abs. 3 Satz 2 KStG benennt.[55]

1.3.5 Kein Zusammenhang mit einer offenen Ausschüttung

Die Vermögensminderung oder verhinderte Vermögensmehrung darf nicht im Zusammenhang mit einer offenen Ausschüttung stehen.

Ob der BFH diese Voraussetzung einer verdeckten Gewinnausschüttung im wörtlichen Sinne verstanden wissen will, erscheint angesichts der Konsequenzen zumindest zweifelhaft.

Denn es gibt durchaus Fälle, in denen ein derartiger Zusammenhang zwischen offenen und verdeckten Gewinnausschüttungen besteht.

Eine Kapitalgesellschaft gewährt ihrem Gesellschafter gesellschaftlich veranlaßt eine Sachleistung, die jedoch auf die sich aus einem Gewinnverteilungsbeschluß ergebene Bardividende anzurechnen ist. Ist diese Sachleistung höherwertig ge-

---

53 FG Niedersachsen, v. 14.05.1991 - VI 379/89, GmbHR 1991, 599.

54 A.A. *Habammer*, S. 42, der die Voraussetzungen der Vermögensminderung für überflüssig erachtet.

55 So auch *Mössner*, GmbHR 1991, 600.

genüber dem Nennbetrag der Bardividende, vermindert sich das Vermögen der Kapitalgesellschaft um diesen Differenzbetrag, wie auch deren steuerbilanzielles Einkommen.[56] Der Tatbestand einer verdeckten Gewinnausschüttung im Sinne des § 8 Abs. 3 Satz 2 KStG ist erfüllt, gleichwohl ein enger Zusammenhang zwischen der verdeckten Gewinnausschüttung und der offenen Ausschüttung besteht.

Es ist mehr als zweifelhaft, daß der BFH diesen Fällen bei der Einkommensermittlung keine Berücksichtigung schenken will. Dies jedoch wäre die Konsequenz nach dem wörtlichen Verständnis der Definition.

Gemeint ist offensichtlich jedoch etwas anderes:

Verdeckte Gewinnausschüttungen sind letztlich eine Form der Gewinnausschüttung, die jedoch nicht offenkundig gemacht wird, sondern in einer Form erfolgt, die ihren Charakter als Einkommensverteilung (vgl. § 8 Abs. 3 Satz 1 KStG) verschleiert, indem ihnen das Gewand einer schuldrechtlichen Vereinbarung verliehen wird (beispielhaft genannt seien die unangemessen hohen Gehaltsbezüge eines Gesellschafter-Geschäftsführers). Diese Form der Gewinnausschüttung bedarf aufgrund der durch § 8 Abs. 3 Satz 2 KStG angeordneten Korrektur durch Hinzurechnung der Abgrenzung zu Ausschüttungen, die auf einem den gesellschaftsrechtlichen Vorschriften entsprechenden Gewinnverteilungsbeschluß beruhen (vgl. § 27 Abs. 3 Satz 1 und § 28 Abs. 2 Satz 1 KStG) und entsprechend - offen - bilanziell ausgewiesen werden.

Diese Voraussetzung "nicht im Zusammenhang mit einer offenen Ausschüttung" ist somit nach ihrem Sinn und Zweck als "nicht auf einem den gesellschaftsrechtlichen Vorschriften entsprechenden Gewinnverteilungsbeschluß beruhend" auszulegen.[57]

In diesem Sinne hält nicht nur der VIII. Senat des BFH an seiner Formulierung fest[58], sie hat daneben in der gleichermaßen korrigierten Fassung Eingang in die Körperschaftsteuerrichtlinien[59] gefunden.

1.3.6 Veranlassung durch das Gesellschaftsverhältnis

Die Vermögensminderung oder verhinderte Vermögensmehrung muß durch das Gesellschaftsverhältnis veranlaßt sein. In diesem Tatbestandsmerkmal kommt das Wesen der verdeckten Gewinnausschüttung sowie die rechtssystematische Grundlage ihrer Besteuerung zum Ausdruck: der Unterscheidung von betrieblicher und außerbetrieblicher Sphäre sowie der Zuordnung verdeckter Gewinnaus-

---

[56] Weitere Beispiele bei *Maas*, StVj 1990, 42, 47.

[57] Ebenso *Scholtz*, FR 1990, 386, 387; *W. Winter*, GmbHR 1992, 32; *Döllerer*, BB 1989, 1174, 1175; *Maas*, StVj 1990, S. 42 ff, 47.

[58] BFH v. 24.01.1989 VIII R 74/88, BStBl 1989 II 419, BFHE 156, 126, GmbHR 1989, 268.

[59] Abschn. 31 Abs. 3 Satz 1 KStR.

schüttungen zu letzteren mit der Folge, daß diese das Einkommen der Gesellschaft nicht verringern.[60]

Damit ist aber noch nichts darüber ausgesagt, wann bzw. unter welchen Voraussetzungen eine gesellschaftliche Veranlassung anzunehmen ist.

Der BFH differenziert danach, ob der den Vorteil empfangene Gesellschafter ein beherrschender ist oder nicht. Bei einem Minderheitsgesellschafter beurteile sich die gesellschaftliche Veranlassung anhand einer Angemessenheitsprüfung, bei dem beherrschenden Gesellschafter sei vorrangig auf das Vorliegen einer vorherigen klaren und eindeutigen Vereinbarung abzustellen.

1.3.6.1 Vermutungsregelungen

Verfolgt man diese Rechtsprechung bis zu ihren Ursprüngen zurück, so zeigt sich, daß es sich bei diesen Maßstäben zur Beurteilung einer gesellschaftlichen Veranlassung lediglich um widerlegbare Vermutungsregelungen handelt.[61]
Der RFH hatte ausdrücklich die Vermutung aufgestellt, daß die Beziehungen zwischen Gesellschaft und Gesellschafter, solange sie sich im Bereich des Angemessenen bewegten, schuldrechtlicher Natur seien.
Dieser Vermutung ist der BFH entgegen getreten: "Wenn es auch üblich ist, einen Mietvertrag zu schließen, so besteht doch keine Vermutung, daß der Überlassung von Betriebsanlagen ein Mietvertrag zugrunde liegt."[62] Da vielmehr ein Gesellschafter mit einer von ihm beherrschten Kapitalgesellschaft aufgrund gesellschaftsrechtlicher wie auch schuldrechtlicher Vereinbarung in Beziehung treten könne, obliege die Bestimmung des Rechtsgrundes im Einzelfall der Willensentschließung des Gesellschafters. Damit aber wäre ihm zugleich die Möglichkeit nachträglicher Beeinflussung des Betriebsergebnisses der Kapitalgesellschaft eröffnet. Um dieser vorzubeugen, müsse der Rechtsgrund von Anfang an feststehen. Dies selbst dann, wenn sich die Leistungsbeziehung im Rahmen des Angemessenen hielte. Nur auf diese Weise ließe sich ein Mißbrauch durch willkürliche Gewinnbeeinflussung verhindern. Diese Schutzrichtung rechtfertige es, bei Nichtvorliegen einer vorab getroffenen klaren und eindeutigen Vereinbarung, diesen Umstand gegen die Beteiligten zu verwerten.

---

60 Vgl. oben unter 1.3.1, S. 5 ff.

61 So auch BFH v. 27.07.1988 I R 68/84, BStBl 1989 II 57, 59; *Heinicke*, in: L. Schmidt, EStG, § 20 Rz. 61; *Wassermeyer*, Handbuch, Kap. G, Rn. 477; *Mössner*, Gewinnausschüttung, S. 277, 293.

62 BFH v. 31.07.1956 I 45/55 U, BStBl 1956 III, 288, 289; vgl. auch BFH v. 11.10.1955 I 47/55 U, BStBl 1955 III 397.

Obliegt es sonach der Willensentscheidung der Beteiligten, die Art ihrer Rechtsbeziehungen zu definieren, so muß für den Fall des Nichtvorliegens einer entsprechend dokumentierten Abrede eine Vermutungsregel eingreifen, wie es der RFH im Falle der Angemessenheit der Leistungsbeziehung zugunsten einer schuldrechtlichen Grundlage angenommen hatte.

Bezeichnenderweise ist der BFH dieser Vermutungsregel des RFH weder durch ausdrückliche Aufgabe noch durch Aufstellen einer abweichenden Regelung entgegen getreten.
Beurteilt sich nunmehr die gesellschaftliche Veranlassung im Falle eines Minderheitsgesellschafters anhand des Maßstabes eines ordentlichen und gewissenhaften Geschäftsleiters, so wird eine schuldrechtliche Veranlassung anzunehmen sein, wenn sich die Leistungsbeziehung im Rahmen der Angemessenheit bewegt. Bei dessen Überschreitung wird hingegen von einer gesellschaftlichen Veranlassung auszugehen sein, sofern nicht auch ein ordentlicher und gewissenhafter Geschäftsleiter die unangemessene Beziehung vereinbart hätte.
Nach dem Mißbrauchsgedanken des BFH wird man bei einem beherrschenden Gesellschafter von der Vermutung einer gesellschaftlichen Veranlassung ausgehen müssen. Zur Widerlegung dieser Vermutung bedarf es einer vorherigen klaren und eindeutigen Vereinbarung der Beteiligten. Hierbei ist jedoch gleichfalls - wenn auch nachrangig - auf die Angemessenheit abzustellen. Selbst wenn eine klare und eindeutige Vereinbarung getroffen wurde, so kann diese den die Angemessenheit übersteigenden Teil nicht rechtfertigen, dieser bleibt gesellschaftlich veranlaßt und begründet, bei Vorliegen der weiteren Voraussetzungen, eine verdeckte Gewinnausschüttung im Sinne des § 8 Abs. 3 Satz 2 KStG.

1.3.6.2
Maßstab eines ordentlichen und gewissenhaften Geschäftsleiters

Im Falle eines Minderheitsgesellschafters ist eine Vermögensminderung (verhinderte Vermögensmehrung) durch das Gesellschaftsverhältnis veranlaßt, wenn ein ordentlicher und gewissenhafter Geschäftsleiter den Vorteil einer Person, die nicht Gesellschafter ist, unter sonst gleichen Umständen nicht gewährt hätte.[63] Diese aus dem Handelsrecht entlehnte sorgfältig handelnde Denkfigur

---

[63] BFH v. 16.03.1967 I 261/63, BFHE 89, 208, BStBl 1967 III 626; v. 10.05.1967 I 187/64, BFHE 88, 518, BStBl 1967 III 498, BB 1967, 912; v. 01.04.1971 I R 129-131/69, BStBl 1971 II 538; v. 03.11.1971 I R 68/70, BStBl 1972 II 227; v. 19.04.1972 I R 62/70, BStBl 1972 II 594; v. 25.11.1976 IV 38/73, BStBl 1977 II 477; v. 25.11.1976 IV R 90/72, BStBl 1977 II 467; v. 03.02.1977 IV R 122/73, BStBl 1977 II 346; v. 16.02.1977 I R 94/75, BStBl 1977 II 568; v. 23.06.1981 VIII R 102/80, BStBl 1982 II 245; v. 29.09.1981 VIII R 8/77, BStBl 1982 II 248; v. 01.12.1982 I R 69-70/80, BStBl 1983 II 152; v. 07.12.1983 I R 70/77, BStBl 1984 II 84; v. 07.12.1988 I R 25/82, BFHE 155, 349, BStBl 1989 II 248, BB 1989, 761; v. 28.06.1989 I R 89/85,

(vgl. § 93 Abs. 1 Satz 2 AktG, § 43 Abs. 1 GmbHG) wird in einem Vergleich dem konkreten Geschäftsführer der Kapitalgesellschaft gegenübergestellt, um auf diese Weise Indizien und Umstände zu gewinnen, die auf eine gesellschaftliche Veranlassung im Einzelfall schließen lassen. Ergibt dieser Vergleich, daß ein ordentlicher und gewissenhafter Geschäftsführer den Vorteil gleichfalls einem fremden Dritten gewährt haben würde, so bestehen keine Anhaltspunkte für eine gesellschaftliche Veranlassung.[64]

Dieser Beurteilungsmaßstab eines ordentlichen und gewissenhaften Geschäftsleiters wird vereinzelt kritisiert mit dem Argument, er führe im Ergebnis zu einer Soll-Besteuerung, indem nicht das reale Einkommen der Gesellschaft der Besteuerung unterworfen werde, sondern ein vorgegebenes optimiertes Einkommen. Dies sei jedoch mit dem Grundsatz der individuellen Besteuerung nicht vereinbar.[65]

Der ordentliche und gewissenhafte Geschäftsleiter sei daher im Sinne eines subjektiven Maßstabs auszulegen: eine Veranlassung durch das Gesellschaftsverhältnis könne nur angenommen werden, wenn das Gesellschaftsverhältnis Motiv für die Vorteilsgewährung an den Gesellschafter gewesen sei, was seinerseits bedinge, daß die konkret für die Kapitalgesellschaft handelnde Person gewußt und gewollt habe, daß dem Gesellschafter ein Vermögensvorteil gewährt werde.[66]

Vergegenwärtigt man sich jedoch die Grundlagen des Abzugsverbots des § 8 Abs. 3 Satz 2 KStG, gelangt man unwillkürlich zu dem Schluß, daß subjektiven Elementen im Sinne von Wissen und Wollen der Vorteilszuwendung keinerlei Bedeutung zukommen kann.

Der Tatbestand einer verdeckten Gewinnausschüttung basiert auf der Trennung zwischen betrieblicher Einkommenserzielungs- und außerbetrieblicher bzw. gesellschaftlicher Einkommensverwendungssphäre der Gesellschaft, um letztlich eine der Leistungsfähigkeit entsprechende Besteuerung des Einkommens sicherzustellen.[67] Die Leistungsfähigkeit der Gesellschafter aber korrespondiert mit dem objektiv richtig ermittelten Gewinn[68].

Dabei sind Maßnahmen, die einer richtigen, an dem Gesellschaftszweck orientierten Geschäftsführung dienen, betriebliche Vorgänge, die bei Körperschaften

---

BStBl 1989 II 854; v. 08.11.1989 I R 16/86, BStBl 1990 II 244; v. 20.01.1993 I R 55/93, BStBl 1993 II 376, 377.

64 Vgl. BFH v. 07.12.1988 I R 25/82, BStBl 1989 II 248.

65 *Pezzer*, Die verdeckte Gewinnausschüttung, S. 42; *Röhrkasten*, S. 171 f; *Wassermeyer*, StVj 1993, 208, 215.

66 *Ranft*, StbJb 1972/73, S. 269, 287 ff.; *Lange*, Verdeckte Gewinnausschüttungen, Rn. 95 ff, 97; *Pezzer*, Die verdeckte Gewinnausschüttung, S. 51 ff, 66 ff; *Brezing*, StbJb 1983/84,
S. 215, 225 ff; *Gaffron*, GmbHR 1971, 38, 39.

67 Vgl. oben 1.3.1, S. 5 ff..

68 *Wassermeyer*, DStR 1990, 158, 161.

ebensowenig der gesellschaftsrechtlichen Sphäre zugeordnet werden können, wie bei Personenunternehmen dem privaten Bereich des Unternehmers. Ist also die Vermögensverschiebung der Gesellschaft durch ihr geschäftliches Interesse entsprechend dem Satzungszweck gerechtfertigt, hätte also auch der dieses beachtende sorgfältige Geschäftsführer die fragliche Leistung nicht nur dem Gesellschafter, sondern auch einem fremden Dritten gewährt, liegt keine verdeckte Gewinnausschüttung im Sinne des § 8 Abs. 3 Satz 2 KStG vor. Denn kein sorgfältiger und gewissenhafter Geschäftsleiter erbringt Leistungen, ohne hierzu verpflichtet zu sein oder gibt großzügig Vermögenswerte der Gesellschaft ohne entsprechende Gegenleistung auf.

Der Maßstab eines ordentlichen und gewissenhaften Geschäftsleiters ist damit nichts anderes als ein Hilfsmittel zur Beantwortung der Frage, ob der konkrete Geschäftsleiter dem Gesellschafter eine "Sonderbehandlung" hat zukommen lassen, oder ob es sich um ein von der gesellschaftlichen Verbundenheit losgelöstes "neutrales" Austauschgeschäft handelt.

Dies jedoch richtet sich ausschließlich nach dem objektiven Inhalt des jeweiligen Rechtsgeschäfts. Subjektive Vorstellungen oder Kenntnisse des konkret handelnden Geschäftsführers, wie insbesondere die Beurteilung, ob dieser die subjektiven Sorgfaltsanforderungen erfüllt hat und daher wußte, was er tat[69], spielen hierbei - jedenfalls primär - keine Rolle.

Zugegebenermaßen können subjektive Elemente nicht gänzlich in Abrede gestellt werden, die ich jedoch nicht im Sinne von subjektivem Wissen und Wollen verstanden wissen will.

Subjektive Vorstellungen des Geschäftsleiters spielen sekundär insofern eine Rolle, als sie bei der Beurteilung der Ausgeglichenheit von Leistung und Gegenleistung und dessen Erkennbarkeit für einen ordentlichen und gewissenhaften Geschäftsleiter sowie dessen ökonomischen oder gesellschaftspolitischen Erwägungen zum Geschäftsabschluß von Bedeutung sind.[70]

Denn auch ein sorgfältiger Geschäftsleiter würde unter Umständen zunächst ein für die Kapitalgesellschaft nachteiliges Geschäft in Kauf nehmen, um sich anbahnende profitversprechende Folgegeschäfte realisieren zu können. Dies sind durchaus legitime, von kaufmännischen Erwägungen geprägte betriebliche Gründe im Rahmen eines zu billigenden Handlungs- und Ermessensspielraums, die es zu berücksichtigen gilt, die jedoch nichts mit Wissen und Wollen der Vorteilszuwendung zu tun haben.[71]

---

69 Vgl. *Lange*, Verdecke Gewinnausschüttungen, Rn. 104.

70 Vgl. BFH v. 10.7.1973 I R 119/70, BFHE 108, 183, BStBl 1973 II 322, BB 1973, 694.

71 In diesem Sinne auch BFH v. 03.12.1969 I R 107/69, BFHE 97, 524, BStBl 1970 II 229, BB 1970, 434; v. 10.01.1973 I R 119/70, BFHE 108, 183, BStBl 1973 II 322, BB 1973, 694, DB 1973, 951.

Ungeachtet aller Bedenken[72] gegen die subjektive Sichtweise wird sie in der überwiegenden Zahl der Fälle zu den gleichen Ergebnissen führen wie die rein objektive Betrachtungsweise.
Denn der Beurteilungsmaßstab eines ordentlichen und gewissenhaften Geschäftsleiters dient lediglich der Würdigung von Indizien und Umständen im Einzelfall und ist damit eine Denkhilfe. Weder jedoch ist er notwendiges Tatbestandsmerkmal[73] noch begründet er eine unwiderlegbare Vermutung. Es steht daher dem Steuerpflichtigen frei, anhand objektiver Tatsachen darzulegen, daß die Vermögensminderung sowie Einkommensminderung betrieblich veranlaßt war.[74]

1.3.6.3
Richtlinien für das Handeln eines ordentlichen und gewissenhaften Geschäftsleiters

Der ordentliche und gewissenhafte Geschäftsleiter hat die gesetzlichen Anforderungen zu beachten, die handelsrechtlich an die Vorstandsmitglieder einer Aktiengesellschaft (§ 93 Abs. 1 AktG), den Geschäftsführer einer GmbH (§ 43 Abs. 1 GmbHG) und an die Vorstandsmitglieder einer Genossenschaft (§ 34 GenG) gestellt werden. Er ist also insbesondere verpflichtet, den erklärten Gesellschaftszweck aktiv zu verfolgen.[75]

Der BFH anerkennt demgegenüber jedoch auch rechtliche oder betriebliche Gründe, die eine Entscheidung des Geschäftsleiters trotz erkannten Mißverhältnisses der Leistungen rechtfertigen können. Dem ordentlichen und gewissenhaften Geschäftsleiter ist demnach ein gewisser Handlungs- und Ermessensspielraum zu gewähren.[76] Innerhalb dieser Bandbreite wird jede Entscheidung und darauf basierende Durchführung anerkannt werden müssen, die sich innerhalb der Grenzen gesicherter Erkenntnisse und bewährter Erfahrungen unternehmerischen Verhaltens und den Vorgaben durch den Gesellschaftszweck bewegen. Solange sich ein Geschäftsleiter im Rahmen dieses kaufmännischen Ermessensspielraumes bewegt, kann ihm nicht der Vorwurf einer verdeckten Gewinnausschüttung im Sinne des § 8 Abs. 3 Satz 2 KStG gemacht werden, auch wenn sich

---

72 Vgl. *Döllerer*, Verdeckte Gewinnausschüttungen, S. 62; *v. Wallis*, GmbHR 1968, 87, 91.

73 Dies wird insbesondere darin deutlich, daß der I. Senat des BFH in seiner Neudefinition den ordentlichen und gewissenhaften Geschäftsleiter nicht mehr erwähnt.

74 Vgl. *Mössner*, Gewinnausschüttung, S. 277, 293; *Heinicke*, in: L. Schmidt, EStG, § 20 Rz. 61; *Wassermeyer*, Handbuch, Kap. G, Rn. 477; BFH 27.07.1988 I R 68/84, BStBl 1989 II 57, 59.

75 *Schneider*, in: Scholz, GmbHG, § 43 Rn. 26.

76 BFH v. 10.1.1973 I R 119/70, BFHE 108, 183, BStBl 1973 II 322, BB 1973, 694, DB 1973, 951.

ein anderer Geschäftsleiter in einem vergleichbaren Fall tatsächlich anders verhalten haben sollte.[77]

1.3.6.4
Maßstab eines gedachten Vertragspartners

Der Maßstab eines ordentlichen und gewissenhaften Geschäftsleiters ist dadurch gekennzeichnet, daß der gebotene Fremdvergleich aus der Sicht der Kapitalgesellschaft geführt wird. In einer jüngsten Entscheidung hat der BFH[78] darauf hingewiesen, daß diese einseitige Betrachtungsweise jedoch insbesondere in den Fällen zu eng sei, in denen die zu beurteilende Vereinbarung für die Kapitalgesellschaft ausschließlich vorteilhaft ist; auch ein ordentlicher und gewissenhafter Geschäftsleiter würde einer derartigen Vereinbarung immer zustimmen. Daher erfordere der Fremdvergleich in derartigen Fällen ebenso die Einbeziehung eines gedachten Vertragspartners: "Es ist darauf abzustellen, was unabhängige Dritte unter gleichen oder ähnlichen Verhältnissen untereinander vereinbart hätten."[79]

Führt der Vergleich mit einem ordentlichen und gewissenhaften Geschäftsleiter nicht zu der Annahme einer verdeckten Gewinnausschüttung im Sinne des § 8 Abs. 3 Satz 2 KStG, ist zu fragen, ob nicht andere Aspekte des Fremdvergleichs für eine solche sprechen. Dies sind insbesondere Umstände, die darauf schließen lassen, daß die Vereinbarung als solche von Anfang an nicht ernstlich gemeint war. Davon wird immer dann auszugehen sein, wenn das Verhalten des Gesellschafters als Vertragspartner nicht dem eines fremden Dritten entspricht. Im Gegensatz zu der Angemessenheitsprüfung anhand des Fremdvergleichs erfolgt hier eine Überprüfung der konkreten Vereinbarung im Hinblick auf ihre Üblichkeit. Die Unüblichkeit begründet jedoch - ebenso wie der Fremdvergleich anhand des ordentlichen und gewissenhaften Geschäftsleiters - lediglich eine widerlegbare Vermutung, so daß die mangelnde Ernstlichkeit und damit die gesellschaftliche Veranlassung der Vermögensverschiebung letztlich der positiven Überzeugungsbildung der Finanzgerichte bedarf.[80]

---

77 *Flick/Wassermeyer/Becker*, AStG, § 1 AStG, Anm. 166.

78 BFH v. 06.12.1995 I R 88/94, DStR 1996, 703, 704.

79 BFH v. 06.12.1995 I R 88/94, DStR 1996, 703, 704.

80 In diesem Sinne hat auch der BFH - Urteil v. 19.03.1997 I R 75/96, DB 1997, 1596, 1597 - ausgeführt, daß die Unüblichkeit der Zuwendung eines Vermögensvorteils - in dem Streitfall ging es um eine Überstundenvergütung des Gesellschafter-Geschäftsführers - weder ein (ungeschriebenes) Tatbestandsmerkmal der verdeckten Gewinnausschüttung noch ein Element der von der Rechtsprechung entwickelten Definition der verdeckten Gewinnausschüttung ist. Es handele sich vielmehr um ein als Indiz wirkendes Kriterium bei der Prüfung, ob eine Vereinbarung dem Fremdvergleich standhält. Der BFH verweist darauf, daß ein Vergleich mit dem unter fremden Dritten üblichen Verhalten am ehesten erkennen ließe, ob die zu beurteilende Zuwendung durch das Gesellschaftsverhältnis veranlaßt ist. Die Unüblichkeit jedoch indizie-

1.3.6.5
Sonderfälle

Nach eigenem Bekunden des BFH[81] gibt es Sachverhalte, in denen auf den Verhaltensmaßstab eines ordentlichen und gewissenhaften Geschäftsleiters nicht abgestellt werden kann, so daß auf den allgemeinen Angemessenheitsmaßstab zurückzugreifen ist.[82]

Ein erster Ausnahmefall eröffnet sich aus dem Regelfall des Maßstabes eines ordentlichen und gewissenhaften Geschäftsleiters selbst. Dient dieser dazu, im Wege des Fremdvergleichs das Verhalten der für die Kapitalgesellschaft handelnden Personen gegenüber dem Gesellschafter mit deren fiktiven Verhalten einem fremden Dritten[83] gegenüber zu stellen, so kann er dann keine Anwendung finden, wenn es eine derartige Vergleichsmöglichkeit nicht gibt. Hierbei handelt es sich um Fälle von Zuwendungen der Kapitalgesellschaft an ihre Gesellschafter, welche per se die gesellschaftliche Veranlassung in sich tragen, da als Empfänger der Zuwendung ausschließlich ein Gesellschafter in Betracht kommt.[84]
In der Rechtsprechung finden sich hierzu der handelsrechtlich erlaubte Erwerb eigener Geschäftsanteile durch eine GmbH gegen ein unangemessen hohes Entgelt[85], der handelsrechtlich verbotene Erwerb eigener Aktien durch eine AG[86], die garantierte Dividende[87] und die Nichteinforderung der Mindeststammeinlage durch eine GmbH[88]. Gleiches gilt, wenn es sich um ein Rechtsgeschäft handelt, das im Zusammenhang mit der Erstausstattung einer Kapitalgesellschaft durch ihre Gesellschafter steht.[89] Zusammenfassend sind dies Fälle handelsrechtlich verbotener Einlagenrückgewähr, die steuerrechtlich den Tatbestand einer verdeckten Gewinnausschüttung verwirklichen.

---

re nicht stets diese causa in dem Sinn, daß ein ordentlicher und gewissenhafter Geschäftsführer die Vereinbarung mit einem Nichtgesellschafter nicht abgeschlossen hätte. Dann jedoch obliege es dem Steuerpflichtigen, die im Einzelfall vorliegenden und die Vereinbarung unüblicher Konditionen rechtfertigenden betrieblichen Gründe zur Überzeugung des Gerichts darzulegen.

81 BFH v. 23.05.1984 I R 294/81, BFHE 141, 266, BStBl 1984 II 673; v. 17.10.1984 I R 22/79, BFHE 142, 276, BStBl 1985 II 69.

82 BFH v. 07.12.1983 I R 70/77, BStBl 1984 II 384, GmbHR 1984, 190 mit HFR-Anm. 1984, 292.

83 BFH v. 07.12.1988 I R 25/82, BFHE 155, 349, BStBl 1989 II 248, BB 1989, 761.

84 *Flume*, Die juristische Person, S. 286 ff..

85 BFH v. 27.03.1979 VIII R 95/76, BFHE 128, 44, BStBl 1979 II 553, BB 1979, 1181.

86 BFH v. 16.02.1977 I R 163/75, BFHE 122, 52, BStBl 1977 II 572, BB 1977, 830.

87 BFH v. 17.10.1984 I R 22/79, BFHE 142, 276, BStBl 1985 II 69, BB 1985, 1246.

88 BFH v. 14.08.1985 I R 149/81, BFHE 144, 548, BStBl 1986 II 86, BB 1986, 117.

89 BFH v. 07.12.1983 I R 70/77, BStBl 1984 II 384; v. 23.05.1984 I R 294/81, BStBl 1984 II 673; v. 14.08.1985 I R 149/81, BFHE 144, 548, BStBl 1986 II 86, BB 1986, 117.

Gleichfalls ohne Zuhilfenahme des Vergleichsmaßstabes eines ordentlichen und gewissenhaften Geschäftsleiters ist eine verdeckte Gewinnausschüttung im Sinne des § 8 Abs. 3 Satz 2 KStG zu beurteilen, wenn Begünstigter ein sog. beherrschender Gesellschafter[90] ist.[91] Statt die Ursächlichkeit mittels des Fremdvergleichs festzustellen, verlangt die Rechtsprechung eine klare und von vornherein abgeschlossene Vereinbarung darüber, ob und in welcher Höhe ein Entgelt von der Kapitalgesellschaft gezahlt werden soll.[92]

1.3.6.6
Rechtshandlung der Organe

Während vor der Neudefinition einer verdeckten Gewinnausschüttung im Sinne des § 8 Abs. 3 Satz 2 KStG die höchstrichterliche Rechtsprechung nur bei einer, auf einer finalen Handlung der Organe der Kapitalgesellschaft beruhenden Vermögensverschiebung eine verdeckte Gewinnausschüttung annahm,[93] verzichtet der BFH nunmehr auf diese Voraussetzung. Es soll ausreichen, wenn einem Gesellschafter oder einer ihm nahestehenden Person von einem Organ die Möglichkeit verschafft wird[94], über Gesellschaftsvermögen zu disponieren.[95]

Keine Abweichungen zu der alten Rechtsprechung werden sich gegenüber einem beherrschenden Gesellschafter ergeben, so daß eine infolge seines eigenmächtigen Handelns eingetretene Vermögensverschiebung gesellschaftlich veranlaßt und der Kapitalgesellschaft als verdeckte Gewinnausschüttung im Sinne des § 8 Abs. 3 Satz 2 KStG zuzurechnen ist.
Der beherrschende Gesellschafter besitzt aufgrund seiner Stimmenmehrheit die Kompetenz, Vermögensverschiebungen zwischen Gesellschaft und Gesellschafter wirksam vorzunehmen. Willensbildungsorgan ist zwar nicht der einzelne Gesellschafter, sondern sind die Gesellschafter in ihrer Gesamtheit. Da aber nach § 47 Abs. 1 GmbHG für Beschlußfassungen regelmäßig die einfache Stimmenmehrheit ausreicht, hat der beherrschende Gesellschafter den maßgeblichen Einfluß. Zwar kann die Gesellschafterversammlung die GmbH nicht nach außen vertre-

---

90 Zum Sonderrecht des beherrschenden Gesellschafters vgl. unten 1.3.6.8, S. 27 ff..

91 BFH v. 22.02.1989 I R 44/85, BFHE 156, 177, BStBl 1989 II 475, BB 1989, 1174; v. 14.03.1989 I R 8/85, BFHE 156, 433, BStBl 1989 II 452, BB 1989, 1390; *Woerner*, in: FS v. Wallis, S. 327, 329.

92 BFH v. 23.05.1984 I R 294/81, BFHE 141, 266, BStBl 1984 II 673; v. 01.02.1989 I R 73/85, BFHE 156, 155, BStBl 1989 II 522.

93 Der BFH umschrieb dieses Kriterium als "Rechtshandlung der Organe"; vgl. BFH v. 13.08.1957 I 161/56, HFR 1961, 230; v. 13.09.1989 I R 41/86, BStBl 1989 II 1029 im Leitsatz; v. 18.07.1990 I R 32/88, BStBl 1991 II 484.

94 Beispielsweise durch Vollmachtserteilung.

95 Die Finanzverwaltung hat diese Rechtsprechung übernommen; vgl. Abschn. 31 Abs. 3 Sätze 5 und 6 KStR 1995.

ten, sie ist aber oberstes Organ der GmbH und hat eine allumfassende Zuständigkeit.[96]
Eine Ausweitung des Anwendungsbereichs gegenüber der alten Rechtsprechung[97] erfährt die neue Rechtsprechung gegenüber (Minderheits-) Gesellschafter-Geschäftsführern. Ist der Geschäftsführer von dem Selbstkontrahierungsverbot des § 181 BGB befreit, ist es ihm gestattet, im Namen der GmbH Rechtsgeschäfte mit sich selbst vorzunehmen.[98] Nach § 37 Abs. 2 Satz 1 GmbHG ist die Vertretungsmacht des Geschäftsführers gegenüber Dritten nicht beschränkbar. Gleiches gilt jedoch nicht im Innenverhältnis gegenüber den Gesellschaftern.[99] Nach § 46 Nr. 1 GmbHG unterliegt die Verwendung des Ergebnisses, also auch die Gewinnausschüttung, allein der Bestimmung durch die Gesellschafter. Geschäftsführer einer GmbH sind somit im Innenverhältnis nicht befugt, über die Ergebnisverwendung zu entscheiden.[100] Der Geschäftsführer hat demnach nicht die Möglichkeit, rechtswirksam Vermögensverschiebungen zugunsten der Anteilseigner vorzunehmen. Eine der GmbH zurechenbare Handlung und damit eine gesellschaftliche Veranlassung ist demnach nicht gegeben.[101]
Würde man eine Vertretungsmacht im Außenverhältnis allein ausreichen lassen, wäre auch eine Unterschlagung oder Untreue des Gesellschafter-Geschäftsführers, der nur mit einem minimalen Anteil am Stammkapital beteiligt ist, eine der Kapitalgesellschaft zurechenbare verdeckte Gewinnausschüttung.[102]

Nach der Rechtsprechung jedoch läge eine verdeckte Gewinnausschüttung vor, da allein die Möglichkeit ausreicht, über Gesellschaftsvermögen zu disponieren.

---

[96] Vgl. *K. Schmidt*, Gesellschaftsrecht, § 36 III 2, S. 909; *K. Schmidt*, in: Scholz, GmbHG, § 45 Anm. 5.

[97] Vgl. *o.A.*, Anmerkung zu BFH v. 14.10.1992 I R 17/92, HFR 1993, 192.

[98] Vgl. *Schneider*, in: Scholz, GmbHG, § 35 Anm. 328 ff..

[99] Vgl. *Schneider*, in: Scholz, GmbHG, § 35 Anm. 25 ff..

[100] Vgl. *Schneider*, in: Scholz, GmbHG, § 35 Anm. 6.

[101] Vgl. FG Niedersachsen v. 14.05.1991 - VI 379/89, GmbHR 1991, 599, 600; FG Rheinland-Pfalz v. 16.11.1971 I 42/68, EFG 1972, 255; *Flume*, DB 1993, 1945, 1947; *Lempenau*, BB 1991, 1095; *Paus*, DB 1993, 1258; *Seeger*, FR 1990, 53; a.A. BFH v. 18.07.1990 I R 32/88, BStBl 1991 II 484, 485; v. 14.10.1992 I R 14/92, BStBl 1993 II 351, 352; FG Niedersachsen, v. 14.11.1991 VI 494/90, DStR 1992, 464; *W. Winter*, GmbHR 1992, 32, 34; *Wassermeyer*, DB 1993, 1258, 1260; keine Aussage zu diesem Problem macht die von der Literatur teilweise zitierte Entscheidung des BFH v. 13.09.1989 I R 41/86, BStBl 1989 II 1029, da in diesem Fall der handelnde Gesellschafter 75 v.H. der Anteile hielt und Geschäftsführer war; der BFH gibt nicht zu erkennen, durch welches Merkmal eine Rechtshandlung der Organe begründet wird.

[102] So in dem dem Urteil des BFH v. 14.10.1992 I R 17/92, BStBl 1993 II 352 zugrunde liegenden Fall; vgl. hierzu kritisch *Knobbe-Keuk*, Bilanz- und Unternehmenssteuerrecht, 9. Auflage, S. 646 f; *Hoffmann*, DStR 1993, 352, 353; *Paus*, DB 1993, 1258; *ders.*, DStZ 1993, 595.

Diesem Ergebnis kann aus folgenden Gründen jedoch nicht zugestimmt werden:[103]
Kapitalgesellschaften sind juristische Personen und als solche selbst Träger von Rechten und Pflichten. Als selbständige Rechtssubjekte werden ihnen Vermögensgüter und Rechte zivil- und steuerrechtlich allein und endgültig zugeordnet. Wegen dieser Eigenständigkeit kann eine Vermögensverschiebung nur dann gesellschaftlich veranlaßt sein und der Körperschaft steuerlich zugerechnet werden, wenn die Kapitalgesellschaft durch ihre Organe handelt.[104] *Wassermeyer*[105] wendet hiergegen ein, daß bei einer Verneinung der gesellschaftlichen Veranlassung der kriminelle Aufwand des handelnden Gesellschafters noch belohnt werde. Die Erfüllung von Straftatbeständen ist jedoch nach § 40 AO für die Besteuerung unerheblich. Die Besteuerung verdeckter Gewinnausschüttungen hat keinen Sanktionscharakter. Erst wenn die GmbH zugunsten ihres eigenmächtig handelnden Gesellschafters auf zivilrechtliche Rückgewähransprüche verzichtet, ist zu diesem Zeitpunkt eine gesellschaftlich veranlaßte Vermögensverschiebung gegeben.

Der Gesellschaft zuzurechnen sind jedoch nicht nur Vermögensverschiebungen der Gesellschaftermehrheit, denen ein Rechtsgeschäft zugrunde liegt. Verdeckte Gewinnausschüttungen können vielmehr auch durch einfaches Dulden oder Unterlassen vorgenommen werden. Zu denken ist etwa an ein Dulden des Verhaltens eines Gesellschafters und in dessen Folge die Gesellschaft - wirtschaftlich betrachtet - auf Schadensersatzansprüche verzichtet und damit eine Einkommensmehrung bei ihr verhindert. Indiz dafür ist eine fehlende Forderungseinbuchung in der Bilanz ab Kenntnis des Sachverhalts durch die Gesellschaftermehrheit. Daneben kann auch durch bloßes Unterlassen auf Gewinnerzielung verzichtet werden. Die Gesellschaft kann zugunsten eines Anteilseigners sichere Gewinnchancen nicht wahrnehmen. Verzichtet die Gesellschaft zum Vorteil ihres Gesellschafters auf die Annahme eines günstigen Vertrages, ist eine gesellschaftlich veranlaßte verhinderte Vermögensmehrung gegeben. Jedoch sind bei bloßem Unterlassen der Kapitalgesellschaft hohe Anforderungen an den Sicherheitsgrad des nicht erzielten Gewinns zu stellen.[106] Nur wenn der profitversprechende Vertrag mit Sicherheit auch mit der Kapitalgesellschaft abgeschlossen worden wäre, führt der Gewinnchancenverzicht zu einer verdeckten Gewinnausschüttung.

---

[103] Vgl. auch *Knobbe-Keuk*, Bilanz- und Unternehmenssteuerrecht, 9. Auflage, S. 646.
[104] Vgl. *Buyer*, S. 29; *ders.*, BB 1990, 1809, 1810.
[105] *Wassermeyer*, DB 1993, 1258, 1260.
[106] Vgl. *Döllerer*, Verdeckte Gewinnausschüttungen, S. 35.

1.3.6.7 Beurteilungszeitpunkt der gesellschaftlichen Veranlassung

Der maßgebliche Zeitpunkt für die Beurteilung einer gesellschaftsrechtlich veranlaßten Vermögensverschiebung zwischen Kapitalgesellschaft und ihrem Gesellschafter kann verständlicherweise nur der Zeitpunkt sein, in dem die Kapitalgesellschaft handelt und dadurch die Grundlage für die Minderung ihres Vermögens schafft.
Basiert die Vermögensverschiebung auf einem Rechtsgeschäft, so unterliegen der Beurteilung einer gesellschaftsrechtlichen Veranlassung sämtliche Umstände, die ein ordentlicher und gewissenhafter Geschäftsleiter im Zeitpunkt des schuldrechtlichen Verpflichtungsgeschäfts erkannt hätte oder hätte erkennen müssen. Diejenigen Umstände, die auch ihm in nicht vorwerfbarer Weise verborgen geblieben wären, bleiben demnach unberücksichtigt.
Gleichfalls unberücksichtigt bleiben spätere Entwicklungen und Änderungen der Verhältnisse, die insbesondere bis zu dem möglicherweise zeitlich nachfolgenden Verfügungsgeschäft eintreten.[107]
Ist ein gegenseitiges Austauschgeschäft im Zeitpunkt der schuldrechtlichen Vereinbarung ausgeglichen, so können bis zum Erfüllungszeitpunkt eintretende Wertveränderungen eine verdeckte Gewinnausschüttung nicht mehr begründen.

Gleiches gilt für sogenannte Risikogeschäfte.
Aus der Rechtsprechung lassen sich hierzu die Fälle der Übernahme einer risikobehafteten Bürgschaft oder eines ungesicherten Darlehens[108] beispielhaft nennen. Übernimmt die Kapitalgesellschaft zugunsten ihres Gesellschafters eine risikobehaftete Bürgschaft oder gewährt sie diesem ein ungesichertes Darlehen, so ist auf den Zeitpunkt der Übernahme der Bürgschaft bzw. der Gewährung des Darlehens zu prüfen, ob ein ordentlicher und gewissenhafter Geschäftsleiter diese Risiken auch für einen Nichtgesellschafter übernommen hätte. Ist dies der Fall, so kann eine verdeckte Gewinnausschüttung nicht angenommen werden, selbst wenn die Kapitalgesellschaft später eine Vermögenseinbuße erleidet.

Insbesondere bei Dauerschuldverhältnissen besteht jedoch die Besonderheit, daß, gleichwohl ein ordentlicher und gewissenhafter Geschäftsleiter das Rechtsgeschäft getätigt hätte, spätere Gründe die Annahme einer verdeckten Gewinnausschüttung rechtfertigen können. Dies ist insbesondere dann der Fall, wenn die

---

[107] BFH v. 22.04.1971 I R 114/70, BStBl 1971 II 600; v. 09.04.1975 I R 166/73, BStBl 1975 II 617, 618; v. 28.06.1989 I R 89/85, BStBl 1989 II 854, 856; vgl. auch *Frotscher/Maas*, KStG, Anh. zu § 8 Anm. 71; *Lange*, in: Mössner/Seeger, KStG, § 8, Anm. 144/1; *Döllerer*, BB 1967, 1437, 1442; *Lange*, Verdeckte Gewinnausschüttungen, Rn. 73; *Streck*, KStG, § 8 Anm. 83.

[108] BFH v. 19.03.1975 I R 173/73, BFHE 115, 359, BStBl 1975 II 614, BB 1975, 775; v. 31.07.1974 I R 238/72, BFHE 113, 434, BStBl 1975 II 48, BB 1974, 1565.

Kapitalgesellschaft trotz Änderung der Verhältnisse zu ihrem Nachteil von einem Recht, sich von dem Vertrag zu lösen, keinen Gebrauch macht; beispielsweise von einem Kündigungsrecht oder dem Einwand des Wegfalls der Geschäftsgrundlage.[109]

Basiert die Vermögensverschiebung auf einer tatsächlichen Handlung der Kapitalgesellschaft, so kann der Zeitpunkt der Kenntniserlangung von der Vermögensverschiebung allein nicht entscheidend sein. Denn das subjektive Bewußtsein beeinträchtigt nicht den Vermögensbestand der Kapitalgesellschaft. Hinzukommen muß vielmehr der nach außen hin dokumentierte Wille der Vertretungsorgane, dem Gesellschafter den Vermögensvorteil endgültig zu belassen, indem sie die Ausgleichsforderung gegen den Gesellschafter insbesondere nicht in der Bilanz aktivieren und so zu erkennen geben, diese nicht geltend machen zu wollen.[110]

1.3.6.8 Sonderrecht des beherrschenden Gesellschafters

Ein Gesellschafter beherrscht eine Kapitalgesellschaft, wenn er den Abschluß des zu beurteilenden Geschäfts erzwingen kann, wenn ihm also die absolute Mehrheit der Stimmrechte in der Gesellschaft zusteht.[111]
Dies ist insbesondere dann der Fall, wenn dem Gesellschafter mehr als 50 v.H. der Anteile an der Kapitalgesellschaft gehören - sofern nicht besondere Umstände, wie etwa Stimmrechtsbeschränkungen, eine Beherrschung ausschließen.
Eine Beherrschung ist aber auch dann anzunehmen, wenn die Geschäftsanteile mehrerer Minderheitsgesellschafter zusammenzurechnen sind, weil sie mit gleichgerichteten Interessen zusammenwirken, so daß das zu beurteilende Rechtsgeschäft Ausdruck dieser einheitlichen Willensbildung ist.[112]

Seine maßgebliche Stellung eröffnet dem beherrschenden Gesellschafter die Möglichkeit, seinem Willen und seinen Interessen entsprechend für eigene Leistungen an die Gesellschaft einen gesellschaftsrechtlichen oder auch schuldrechtlichen Ausgleich zu suchen und in der Gesellschaft durchzusetzen.

---

[109] BFH-Beschluß v. 05.02.1986 I S 15/86, GmbHR 1987, 69; BFH v. 13.10.1983 I R 4/81, BFHE 139, 393, BStBl 1984 II 65, BB 1984, 193; FG München v. 12.11.1992, 15 K 2612/88, EFG 1993, 404.

[110] BFH v. 23.05.1984 I R 266/81, BFHE 141, 261, BStBl 1984 II 723, 725 f.; *Knobbe-Keuk*, Bilanz- und Unternehmenssteuerrecht, 9. Auflage, S. 674 ff.; *Döllerer*, BB 1986, 97, 98; *Brezing*, StbJb 1983/84, 215, 235; *Wassermeyer*, DStR 1991, 1065, 1068.

[111] BFH v. 13.12.1989 I R 99/87, BStBl 1990 II 454, DStR 1990, 247 Nr. 84.

[112] BFH v. 26.07.1978 I R 138/76, BFHE 125, 557, BStBl 1978 II 659; v. 11.12.1985 I R 164/82, BFHE 146, 126, BStBl 1986 II 469, BB 1986, 995; v. 01.02.1989 I R 73/85, BFHE 156, 155, BStBl 1989 II 522.

Andererseits kommen Leistungen des Anteilseigners an die Gesellschaft ohne oder gegen ein unangemessen niedriges Entgelt den Gesellschaftern in Gestalt eines höheren Ertrages aus der Beteiligung oder Werterhöhung ihrer Geschäftsanteile zugute.
Der hierin begründete Anreiz auf Beeinflussung der Gesellschaft zeigt sich insbesondere bei der rückwirkenden Gestaltung von Rechtsbeziehungen. Der beherrschende Gesellschafter könnte inzwischen gewonnene Erkenntnisse über den Geschäftsverlauf nach seinen Wünschen auswerten und sodann den Gewinn der Gesellschaft mehr oder weniger beliebig so festsetzen und beeinflussen, wie es bei der steuerlichen Gesamtbetrachtung des Einkommens der Kapitalgesellschaft jeweils am günstigsten ist.[113]

Um dieser Mißbrauchsgefahr entgegenzuwirken, verlangt die Finanzrechtsprechung eine im voraus getroffene klare und eindeutige, wie auch zivilrechtlich wirksame Vereinbarung zwischen GmbH und ihrem Gesellschafter darüber, ob und welche Gegenleistung letzterer erhalten soll. Liegt eine solche nicht vor, bleibt sie hinter den genannten Anforderungen zurück oder wird sie nicht abredegemäß durchgeführt, spricht dies für eine gesellschaftliche Veranlassung im Sinne einer widerlegbaren Vermutung.[114][115]
Die Voraussetzung einer im voraus getroffenen Vereinbarung dient damit zwei unterschiedlichen Zielen: zum einen als Abgrenzungskriterium schuldrechtlich oder gesellschaftsrechtlich begründeter Rechtsverhältnisse, zum anderen der Vorbeugung vor Mißbrauch durch nachträgliche Korrektur des Betriebsergebnisses (sogenanntes Rückwirkungs- oder Nachzahlungsverbot).[116]

Das Sonderrecht des beherrschenden Gesellschafters bedarf angesichts der Vorschrift des § 41 Abs. 1 Satz 1 AO[117] einer kritischen rechtlichen Betrachtung.
§ 41 Abs. 1 AO entspricht dem steuerlichen Rechtsgrundsatz, daß es auf das wirtschaftliche Ergebnis und damit auf die tatsächliche Behandlung eines Vor-

---

[113] BFH v. 07.12.1988 I R 25/82, DStR 1989, 181; v. 22.02.1989 I R 9/85, BStBl 1989 II 631; v. 26.4.1989 I R 172/87, BStBl 1987 II 673; v. 04.12.1991 I R 63/90, BStBl 1992 II 362; v. 23.6.1993 I R 72/92, BStBl 1993 II 801.

[114] BFH v. 23.05.1984 I R 294/81, BFHE 141, 266, BStBl 1984 II 673; v. 01.02.1989 I R 73/85, BFHE 156, 155, BStBl 1989 II 522; v. 17.09.1992 I R 89-98/91, BStBl 1993 II 141; v. 02.05.1974 I R 194/72, BStBl 1974 II 585.

[115] Erst im Anschluß an diese formale Überprüfung findet eine Angemessenheitsprüfung statt. Der die Grenze der Angemessenheit überschreitende Anteil wird dabei immer gesellschaftlich veranlaßt sein, auch wenn er auf einer entsprechenden Abrede beruht.

[116] BFH v. 07.12.1988 I R 25/82, DStR 1989, 181; v. 22.02.1989 I R 9/85, BFHE 156, 177, 179, BStBl 1989 II 631.

[117] § 41 Abs. 1 Satz 1 AO entspricht inhaltlich dem mit Inkrafttreten der Abgabenordnung am 1.1.1977 außer Kraft getretenen § 5 Abs. 3 StAnpG; vgl. Art 96 Ziffer 5 EGAO; *Tipke-Kruse*, AO, § 41 Rn. 1.

gangs durch die Beteiligten zur Besteuerung gemäß der wirtschaftlichen Leistungsfähigkeit ankommt und nicht auf die juristische Rechtslage.[118]
§ 41 Abs. 1 AO tritt jedoch nach der Rechtsprechung des BFH im Sonderrecht des beherrschenden Gesellschafters zurück.[119] In der Begründung des hierzu erstmals ergangenen Urteils wird lediglich das BFH-Urteil vom 1.2.1973 IV R 49/68[120] zitiert mit dem Hinweis, daß dieser Fall - er betrifft die Frage der steuerlichen Anerkennung eines Gesellschaftsvertrages zwischen nahen Angehörigen - "ähnlich gelagert sei".
Die höchstrichterlichen Entscheidungen betreffend Verträge zwischen Familienangehörigen zurückverfolgend, stößt man auf eine Entscheidung des BFH aus dem Jahre 1956[121], die erstmalig mit den folgenden Sätzen zu dem Konflikt mit § 5 Abs. 3 StAnpG Stellung nimmt:
"Das Einkommensteuerrecht beurteilt den Tatbestand wirtschaftlich und ist nicht streng an die Form gebunden (§ 5 Abs. 3 StAnpG). Dem steht aber nicht entgegen, daß bei der Beurteilung der Frage, ob ernsthaft gemeinte Vereinbarungen zwischen Familienangehörigen vorliegen, der Erfüllung der vom bürgerlichen Recht vorgeschriebenen Formen wesentliche Bedeutung zukommt. Bürgerlichrechtlich wegen Formmangels nichtige Vereinbarungen sprechen gegen die Ernsthaftigkeit."
Mit Urteil vom 1.2.1973 IV R 49/68[122] stellte der BFH schließlich Rechtsverhältnisse zwischen Gesellschaft und beherrschendem Gesellschafter denen zwischen Familienangehörigen gleich.
Zugrunde liegt offensichtlich ein Mißtrauen gegenüber den beschriebenen Nähebeziehungen, denen zumindest die Tendenz eigen zu sein scheint, aufgrund gleichgerichteter wirtschaftlicher Interessen Besteuerungsgrundlagen von einem Steuersubjekt auf ein anderes zu verlagern.[123]
Schon der Grundsatz, daß zwischen Familienangehörigen durch zivilrechtlich wirksame Verträge klare Verhältnisse geschaffen werden müssen[124], entbehrt

---

[118] Vgl. *Tipke/Lang*, § 16 Rn. 58; *Tipke/Kruse*, AO, § 41, Rn. 1.
[119] BFH v. 22.09.1976 I R 68/74, BStBl 1977 II 15, 16.
[120] BFH v. 01.02.1973 IV R 49/68, BFHE 108, 197, BStBl 1973 II 307.
[121] BFH v. 13.09.1956 IV 317/55 U, BStBl 1956 III 380.
[122] BFH v. 01.02.1973 IV R 49/68, BFHE 108, 197, BStBl 1973 II 307.
[123] Zu der im Hinblick auf Art. 3 Abs. 1 i.V.m. Art. 6 Abs. 1 GG bestehenden Problematik vgl. BVerfG-Beschluß v. 23.12.1969 1 BvR 769/69, HFR 1970, 128, BVerfGE 69, 188.
[124] Vgl. hierzu BFH-Beschluß v. 27.11.1989 GrS 1/88, BStBl 1990 II 160, 163 f; BFH v. 31.10.1989 IX R 216/84, BStBl 1992 II 506; v. 07.02.1990 X R 14/86, BStBl 1990 II 429; v. 18.12.1990 VIII R 1/88, BStBl 1991 II 911; v. 18.12.1990 VIII R 290/82, BStBl 1991 II 391, 394; v. 04.07.1991 IX R 150/85, BStBl 1991 II 838; v. 25.7.1991 XI R 30,31/89, BStBl 1991 II 842; v. 17.11.1991 IV R 132/85, BStBl 1991 II 607, 609.

jeglicher Rechtsgrundlage[125] und widerspricht dem eindeutigen Wortlaut des § 41 Abs. 1 AO. Gleiches gilt somit für das hiervon abgeleitete Sonderrecht des beherrschenden Gesellschafters.

Aufgrund des Art 20 Abs. 3 GG eröffnet nur eine sogenannte verdeckte, d.h. planwidrige Lücke eine teleologische Reduktion des Gesetzeswortlautes.[126]
Der Wortsinn des § 41 AO jedoch ist eindeutig und insofern einer Auslegung nicht zugänglich: für die Besteuerung ist die wirtschaftliche Lage maßgeblich, so, wie sie die Beteiligten gelten lassen.[127] Daß bei nahen Familienangehörigen hier etwas anderes gelten soll, ist nicht nachzuvollziehen. Vielmehr wurde § 11 ErbStG[128] gerade aufgehoben, weil der dieser Vorschrift zugrunde liegende Rechtsgedanke bereits in § 5 Abs. 3 StAnpG verankert war.[129] Da aber von dem ErbStG insbesondere Beziehungen zwischen nahen Angehörigen, namentlich zwischen Erblasser und Erben, erfaßt wurden, war die in § 11 ErbStG enthaltene Regelung nur überflüssig, wenn auch § 5 StAnpG diese Rechtsbeziehungen erfaßte.
Auch kann der BFH seine Rechtsfortbildung nicht mit einem Widerspruch zwischen gesetztem Recht und materieller Gerechtigkeit begründen.
Indem Art. 20 Abs. 3 GG die vollziehende Gewalt und Rechtsprechung an "Gesetz und Recht" bindet, anerkennt er zwar die Möglichkeit eines solchen Wertungswiderspruchs und läßt damit eine Abweichung vom kodifizierten Recht zur Wahrung materieller Gerechtigkeit zu.[130] Der BFH hat, soweit ersichtlich, aber noch nicht dargelegt, wo dieser Widerspruch zu sehen ist, wäre es doch auch erstaunlich, wenn er hierfür einen Ansatzpunkt fände.
Die Besteuerung knüpft an die wirtschaftliche Leistungsfähigkeit an. Diese ist eine Meßgröße, die sich folglich an wirtschaftlichen Vorgängen und Zuständen orientiert[131] und nicht an zivilrechtlichen Wirksamkeitsanforderungen. Letztere geben kein zuverlässiges Bild der wirtschaftlichen Leistungsfähigkeit wieder. In diesem Zusammenhang sei auf § 39 Abs. 2 AO hingewiesen, der in Abweichung von der Zivilrechtsordnung Wirtschaftsgüter entsprechend der tatsächlichen

---

125 Vgl. *Meyer-Arndt*, StbJb 1987/88, 190; *Schütte*, S. 189 f. Zu der im Hinblick auf Art. 3 Abs. 1 i.V.m. Art. 6 Abs. 1 GG bestehenden Problematik vgl. BVerfG-Beschluß v. 23.12.1969 1 BvR 769/69, BVerfGE 69, 188, HFR 1970, 128.

126 *Larenz*, S. 377.

127 Vgl. Begründung zu § 5 StAnpG, RStBl 1934, 1398, 1400.

128 Nach § 11 ErbStG war Erbschaftsteuer zu entrichten, wenn ein Erbe eine aufgrund Formmangels nichtige Verfügung von Todes wegen erfüllte.

129 Vgl. Begründung zum Gesetz zur Änderung des Erbschaftsteuergesetzes v. 30.06.1951 (BGBl. I 759) in BStBl 1951 I 571, 573.

130 Vgl. *Maunz/Dürig/Herzog*, GG, Art. 20 Anm. 58 f..

131 Vgl. BFH v. 22.11.1962 II 19/58 S, BStBl 1963 III 64, 65 f..

Herrschaftsmacht zurechnet und damit gleichfalls den wirtschaftlichen Zustand für maßgeblich erklärt.[132]

Hervorgehoben sei nochmals der zentrale Satz aus dem grundlegenden Urteil des BFH[133]:
"Bürgerlich-rechtlich wegen Formmangels nichtige Vereinbarungen sprechen gegen die Ernsthaftigkeit."
Mangelnde Ernsthaftigkeit folgt aus der Verletzung bürgerlich-rechtlicher Formvorschriften. Mit anderen Worten: die Nichtigkeit eines Rechtsgeschäfts ist ursächlich für mangelnde Ernsthaftigkeit.
Unterliegt der BFH mit dieser Folgerung nicht aber einem Gedankenfehler ?
§ 118 BGB geht von einer spiegelbildlichen Kausalität aus: aus der mangelnden Ernsthaftigkeit folgt die Nichtigkeit einer Willenserklärung.
Wenn aber der BFH mit den erhöhten Anforderungen an die steuerliche Anerkennung von Rechtsgeschäften zwischen Familienangehörigen, sowie zwischen Gesellschaft und beherrschendem Gesellschafter, Umgehungsgeschäften den Riegel vorschieben möchte, so ist doch die kausale Verknüpfung von Nichtigkeit und Ernsthaftigkeit hierzu kein geeignetes Mittel.
Zum einen unterscheidet sich das Umgehungsgeschäft vom Scheingeschäft gerade dadurch, daß es ernsthaft gewollt ist, indem es eine Umgehungsabsicht verlangt.[134] Zum anderen wird in der Praxis doch jeder Steuerpflichtige, der mit einem Umgehungsgeschäft seinen steuerlichen Vorteil sucht, peinlich genau sämtliche Wirksamkeitsvoraussetzungen beachten, um nicht durch derartige "Fehler" unnötig die Aufmerksamkeit der Finanzbehörde zu erregen.

Auch die Anforderungen von Klarheit und Eindeutigkeit an die Vereinbarung halten der kritischen Betrachtung nicht stand.
Ist der Inhalt einer Vereinbarung unklar oder mehrdeutig, so ist er auslegungsbedürftig; unvollständige Abreden sind durch ergänzende Vertragsauslegung zu vervollständigen.[135] Aus einem unklaren und/oder unvollständigen Vertragsinhalt folgt keinesfalls die Nichtigkeit der Vereinbarung. Ist ein übereinstimmender Wille der Beteiligten durch Auslegung nicht zu ermitteln, liegt gar keine Vereinbarung vor, nicht aber eine nichtige.[136]

Das Sonderrecht des beherrschenden Gesellschafters entbehrt somit jeder Rechtsgrundlage. Auch auf Gewohnheitsrecht läßt sich der "Grundsatz" des BFH nicht

---

132 *Tipke/Kruse*, AO, § 39 Rn. 1.
133 BFH v. 13.09.1956 IV 317/55 U, BStBl 1956 III 380.
134 *Tipke/Kruse*, AO, § 41 Rn. 28, m.w.N..
135 *Heinrichs*, in: Palandt, BGB, § 157 Rn. 3.
136 Vgl. §§ 154 Abs. 1 Satz 1, 155 BGB.

stützen, denn Steuertatbestände können durch Gewohnheitsrecht nicht geschaffen werden[137].

Wie auch bei dem Minderheitsgesellschafter ist bei dem beherrschenden Gesellschafter die gesellschaftliche Veranlassung einer Zuwendung an ihn anhand des Fremdvergleichs mit dem ordentlichen und gewissenhaften Geschäftsleiter - hilfsweise anhand der allgemeinen Angemessenheitsprüfung - zu beurteilen.

1.3.7 Zusammenfassung

Das allgemeine steuerliche Veranlassungsprinzip gebietet eine Differenzierung zwischen der steuerbaren betrieblichen Einkunftserzielung und der nicht steuerbaren außerbetrieblichen Einkunftsverwendung. In diesem Prinzip findet die Korrekturvorschrift des § 8 Abs. 3 Satz 2 KStG ihren richtigen dogmatischen Ansatzpunkt. Verdeckte Gewinnausschüttungen sind nicht mit Nicht-Betriebsausgaben identisch. Das Abzugsverbot ergibt sich nicht bereits aus § 4 Abs. 4 EStG in Verbindung mit § 8 Abs. 1 KStG.
Das Tatbestandsmerkmal der Vermögensminderung bzw. verhinderten Vermögensmehrung bezieht sich auf das für die Gewinnermittlung bei der Kapitalgesellschaft maßgebliche Vermögen. Eine Geschäftschance ist erst dann als ein bilanzierungsfähiges Wirtschaftsgut Vermögensbestandteil, wenn sie hinreichend konkret ist und der rechtlichen und tatsächlichen Verfügungsmacht der Gesellschaft unterliegt. Es bedarf der positiven Feststellung einer Einkommensminderung neben einer bereits ermittelten Vermögensminderung. Die Zuwendung an den Gesellschafter darf nicht auf einem den gesellschaftsrechtlichen Vorschriften entsprechenden Gewinnverteilungsbeschluß beruhen. Eine Veranlassung durch das Gesellschaftsverhältnis ist widerlegbar zu vermuten, wenn sie dem Fremdvergleich mit einem ordentlichen und gewissenhaften Geschäftsleiter nicht standhält. Die Forderung der Rechtsprechung nach einer im voraus getroffenen klaren und eindeutigen Abgrenzungsvereinbarung entbehrt der Rechtsgrundlage. Die Vermögensverschiebung muß der Gesellschaft zuzurechnen sein. Zu verlagen ist ein rechtsgeschäftliches Handeln oder auch einfaches Dulden oder Unterlassen; allein die Möglichkeit, über das Gesellschaftsvermögen zu disponieren, reicht nicht aus. Maßgeblich ist auf den Zeitpunkt des schuldrechtlichen Verpflichtungsgeschäfts abzustellen. Spätere Entwicklungen finden ausnahmsweise nur bei Dauerschuldverhältnissen Berücksichtigung.

---

137 *Tipke/Kruse*, AO, § 4 Rn. 41, m.w.N..

1.4 Rechtsfolgen der verdeckten Gewinnausschüttung

Gemäß § 8 Abs. 3 Satz 2 KStG mindern verdeckte Gewinnausschüttungen das Einkommen der Gesellschaft nicht. Die verdeckte Gewinnausschüttung ist bei der Ermittlung des Einkommens hinzuzurechnen, unabhängig davon, ob bzw. wann eine Ausschüttung gemäß § 27 KStG und ein Zufluß beim Gesellschafter gemäß § 20 Abs. 1 Nr. 1 bzw. § 20 Abs. 3 in Verbindung mit § 11 Abs. 1 EStG erfolgt. Dies ist die Konsequenz der drei, insofern isoliert voneinander zu beurteilenden Ebenen einer verdeckten Gewinnausschüttung.[138]

1.4.1 Einkommensverwendung bei der Kapitalgesellschaft gemäß § 27 Abs. 3 Satz 2 KStG

Auf der zweiten Ebene der verdeckten Gewinnausschüttung muß die Kapitalgesellschaft die Ausschüttungsbelastung gemäß § 27 Abs. 3 Satz 2 KStG herstellen. Nachdem lange Zeit umstritten war, wann eine "andere Ausschüttung" im Sinne des § 27 Abs. 3 Satz 2 KStG vorliegt[139], hat der BFH mit seinem Urteil vom 09.12.1987[140] klargestellt, daß eine Ausschüttung erst mit einem Vermögensabfluß bei der Kapitalgesellschaft verwirklicht ist. Die Entscheidung betraf zwar eine offene Gewinnausschüttung gemäß § 27 Abs. 3 Satz 1 KStG, seine Aussage wurde jedoch in der Folgezeit auch auf verdeckte Gewinnausschüttungen angewendet.[141] Der Abflußzeitpunkt bestimmt sich nach § 11 Abs. 2 Satz 1 EStG analog. Eine Leistung gemäß § 11 Abs. 2 Satz 1 EStG analog liegt vor, wenn die Körperschaft durch eine Vermögensverschiebung objektiv entreichert wird und zugunsten ihres Gesellschafters die wirtschaftliche Verfügungsmacht verliert.[142] Dieser Zeitpunkt wird regelmäßig mit dem Zufluß beim Gesellschafter (§ 11 Abs. 2 Satz 1 EStG) zeitlich zusammenfallen, so daß die mit dem Anrechnungsverfah-

---

138 Vgl. oben unter 1.2, S. 2 ff..

139 Vgl. Nachweise bei *Wrede*, in: Herrmann/Heuer/Raupach, § 27 KStG, Anm. 28.

140 BFH v. 09.12.1987 I R 260/83, BStBl 1988, 460.

141 Vgl. BFH v. 02.03.1988 I R 58/87, BFH NV 1989, 460; v. 20.04.1988 I R 129/84, BFH NV 1988, 807, 808; v. 14.03.1989 I R 7/85, BStBl 1989 II 633, 635; v. 04.12.1991 I R 63/90, BStBl 1992 II 362, 365; v. 29.07.1992 I R 18/91, BStBl 1993 II 189; v. 02.12.1992 I R 54/91, BStBl 1993, 311, 314; vgl. auch *Döllerer*, ZGR 1989, 500, 510; *ders.*, Verdeckte Gewinnausschüttungen, S. 134; *Wrede*, in: Herrmann/Heuer/Raupach, § 27 Anm. 29; *Lange*, Verdeckte Gewinnausschüttungen, Rn. 257; *Pezzer*, StuW 1990, 259, 265; *Heinicke*, in: L. Schmidt, EStG, § 20 Rz. 75; *Wassermeyer*, GmbHR 1989, 298, 299; *ders.*, StVj 1993, 208, 223; a.A. *Streck*, KStG § 27 Anm. 10, der auf den Zeitpunkt der bilanziellen Vermögensminderung abstellt.

142 Vgl. *Birk*, in: Herrmann/Heuer/Raupach, EStG, § 11 Anm. 105.

ren angestrebte wertmäßige Kongruenz der Ausschüttungsbelastung bei der Kapitalgesellschaft und Anrechnung bei dem Gesellschafter erreicht wird.[143]

Durch Einführung des Anrechnungsverfahrens im Jahre 1977 hat die Aufdekkung verdeckter Gewinnausschüttungen durch die Betriebsprüfung seinen großen Schrecken verloren. War sie früher zunächst auf seiten der Kapitalgesellschaft mit dem Ausschüttungstarif belastet und weiterhin auf seiten des Gesellschafters als Einkünfte aus Kapitalvermögen bzw. Gewerbebetrieb dessen individuellem Steuersatz unterworfen, so ist diese Doppelbelastung entfallen.

Das erklärte Ziel des einkommensteuerlichen Anrechnungsverfahrens, die verdeckte Gewinnausschüttung im Ergebnis nur mit dem persönlichen Einkommensteuersatz des Gesellschafters zu belasten, vollzieht sich in zwei Schritten: in dem ersten Schritt wird die KSt-Belastung bei der ausschüttenden Kapitalgesellschaft gemäß § 27 KStG auf 30 v.H. gesenkt bzw. erhöht - je nachdem, welches Eigenkapital im Sinne der §§ 29, 30 KStG gemäß § 28 Abs. 3 KStG für die Ausschüttung als verwendet gilt.
In einem zweiten Schritt wird die Körperschaftsteuer in Höhe von 30 v.H. gemäß § 36 Abs. 2 Nr. 3 EStG auf die Steuerschuld des Gesellschafters angerechnet.

Eine Vollentlastung von der Körperschaftsteuer bedingt folglich, daß die Bemessungsgrundlage für die Herstellung der Ausschüttungsbelastung bei der Kapitalgesellschaft nach § 27 KStG einerseits mit der Bemesssungsgrundlage für die Besteuerung und die KSt-Anrechnung beim Gesellschafter andererseits identisch ist. Dies wird dadurch erreicht, daß die anzurechnende Körperschaftsteuer neben den Gewinnanteilen als zu besteuernder Kapitalertrag erfaßt wird (§ 20 Abs. 1 Nr. 3 EStG).

Damit aber sollte alles im Lot sein; das erklärte Ziel des Anrechnungsverfahrens, die Gleichbehandlung von offenen und verdeckten Ausschüttungen[144] scheint erreicht zu sein.
Eine steuerliche Mehrbelastung verdeckter Gewinnausschüttung entsteht jedoch in den Fällen, in denen am Schluß des letzten vor der verdeckten Gewinnausschüttung abgelaufenen Wirtschaftsjahres (§ 29 Abs. 2 Satz 2 KStG) nur EK 0 vorhanden war, d.h. das Jahresergebnis vor der verdeckten Gewinnausschüttung Null betrug.
Dies sei an folgendem Rechenbeispiel verdeutlicht:
Eine verdeckte Gewinnausschüttung von 100 führt zu einem Zugang beim EK 45 von 55, der als für die verdeckte Gewinnausschüttung verwendet gilt.[145] Da

[143] Näher hierzu sogleich.
[144] BTDrucksache 7/1470, S. 363; Gutachten der StRefKomm. 1971, Schriftenreihe des BdF, Heft 17, IV KSt., Tz. 232.

gleichfalls die KSt-Minderung von 15/55 des insofern verbrauchten EK 45 als für die verdeckte Gewinnausschüttung verwendet gilt, beträgt die Bruttodividende im Ergebnis 70.[146] Es bleibt folglich ein Finanzierungsbedarf in Höhe von 30, für den nur EK 0 zur Verfügung steht. Für diesen ist eine KSt-Erhöhung von 3/7, entspricht 12.86[147], vorzunehmen. Im Ergebnis beträgt damit die KSt-Zahllast 42.86.[148] Die Mehrbelastung gegenüber einer offenen Ausschüttung bei einer Ausschüttungsbelastung von 30 beträgt damit 12.86. Diese Mehrbelastung trägt im Ergebnis der Gesellschafter, wie die Vergleichsrechnung zeigt: 53 v.H. der Bruttodividende von 142.86 ergeben 75.72, abzüglich KSt-Anrechnung von 42.86, verbleibt eine ESt-Zahllast von 32.86; gegenüber einer Zahllast von 23 (53 v.H. der Gewinnanteile von 100 abzüglich KSt-Anrechnung von 30) bei einer offenen Ausschüttung. Diese zusätzliche Steuerbelastung läßt sich ausdrücken in der Formel:

individueller Steuersatz des Gesellschafters   *x*   *42.86 v.H.*
(anrechenbare KSt)

Bei dem Höchststeuersatz von 53 v.H. beträgt damit die effektive Steuermehrbelastung bei verdeckten Gewinnausschüttungen 22.72 v.H. gegenüber einer offenen Ausschüttung.[149]

Auf seiten des Gesellschafters führt die Aufdeckung einer verdeckten Gewinnausschüttung - beispielsweise aufgrund überhöhter Gehaltszahlungen von 100 - zu dem skurrilen Ergebnis, daß ihm nach Aufdeckung ein höheres Netto-Einkommen verbleibt als vor der Aufdeckung der verdeckten Gewinnausschüttung:
Vor Aufdeckung der verdeckten Gewinnausschüttung verbleiben ihm bei einem persönlichen Steuersatz von 53 v.H. Einkünfte aus nichtselbständiger Arbeit in Höhe von 47.
Nach Aufdeckung der verdeckten Gewinnausschüttung jedoch verbleiben ihm nach einer ESt-Zahllast von 32.86 Netto-Einkünfte von 67.14, mithin ein Vorteil von 20.14 gegenüber den Einkünften von 47.00 vor der Aufdeckung.

---

[145] Verdeckte Gewinnausschüttungen sollen das für sie verwendbare Eigenkapital selbst liefern und sind daher in der Gliederung des verwendbaren Eigenkapitals als Zugang zum EK 45 auszuweisen, § 28 Abs. 2 Satz 2 KStG.

[146] KSt-Minderung 15/55 aus 55 EK 45 = 15; 15 + 55 vEK 45 = 70 Bruttodividende.

[147] 30/70 = 3/7 von 30 verbrauchtem EK 0 ergibt 12.86.

[148] Tarifbelastung von 45 abzüglich KSt-Minderung von 15 zuzüglich KSt-Erhöhung von 12.86 ergibt 42.86.

[149] Verdeckte Gewinnausschüttung: 75.72 (KSt-Zahllast 42.86 zuzüglich ESt-Zahllast 32.86), gegenüber offener Ausschüttung: 53.00 (KSt-Zahllast 30.00 zuzüglich ESt-Zahllast 23.00).

Ursache dieser nach wie vor bestehenden ungleichen Besteuerung von offenen und verdeckten Gewinnausschüttungen ist letztlich die fehlende Voraussicht und das daraus resultierende unterschiedliche Ausschüttungsverhalten der Gesellschaft.
Während sich die Gesellschaft bei Ausschüttungen aus dem ausgewiesenen Gewinn auf die KSt-Minderung von 45 auf 30 v.H. einstellen kann, also die auszuschüttene Bardividende um diesen anrechenbaren Minderungsanspruch des Gesellschafters von vornherein kürzen kann, ist es ihr bei verdeckten Gewinnausschüttungen - die regelmäßig unbewußt erfolgen - nicht möglich, die Konsequenzen des Anrechnungsverfahrens zu berücksichtigen. Zusätzlich zu der Ausschüttungsbelastung kommt eine zu finanzierende KSt-Belastung von 3/7 auf sie zu.[150]
Diese unbefriedigende Rechtslage hat in der Literatur alternative Lösungsmodelle zum Anrechnungsverfahren hervorgebracht.[151]
So stellt Thiel[152] die Überlegung an, dem Gesellschafter die Bescheinigung nach § 44 KStG zu versagen, um ihm hierdurch die Anrechnungsmöglichkeit zu nehmen. Die Besteuerung des Ausschüttungsbetrages würde auf diese Weise durch den Gesellschafter sichergestellt. Von der Erhebung der KSt bei der Kapitalgesellschaft könnte abgesehen werden.

Diese Vorgehensweise bedingt jedoch, daß in jedem Fall eine Anrechnungsmöglichkeit besteht. Dies ist aber insbesondere bei beschränkt Steuerpflichtigen nicht der Fall (§ 36 e EStG).
Zudem würde die ausschließliche Erfassung der verdeckten Gewinnausschüttung bei dem Anteilseigner die Gewerbesteuer unberücksichtigt lassen. Denn Berechnungsgröße für die Ermittlung des Gewerbeertrages der Kapitalgesellschaft ist der nach EStG und KStG ermittelte Gewinn (§ 7 GewStG). Dieser darf daher nicht um verdeckte Gewinnausschüttungen vermindert sein. Hier müßte somit eine zusätzliche Regelung geschaffen werden.

1.4.2 Einkommensermittlung beim Gesellschafter

Hält der Gesellschafter die Beteiligung an der Kapitalgesellschaft in seinem Privatvermögen, so führt die verdeckte Gewinnausschüttung zu Einkünften aus Kapitalvermögen, § 20 Abs. 1 Satz 2 EStG.

---

150 Weiterhin ergibt sich eine Mehrbelastung durch Gewerbesteuer sowie Umsatzsteuer; vgl. zu letzterer BFH v. 25.11.1987 X R 12/81, BFHE 151, 492, BStBl 1988 II 210, BB 1988, 548.

151 Z.B. *Knobbe-Keuk*, Bilanz- und Unternehmenssteuerrecht, 9. Auflage, S. 666 ff, die die verdeckte Gewinnausschüttung als Brutto-Dividende (Bardividende zzgl. Steuergutschrift) wertet und zivilrechtliche Bedenken hierzu von *Döllerer*, BB 1983, 1.

152 *Thiel*, DB 1976, 1542, 1544.

Neben den Gewinnanteilen (= Bardividende) gemäß § 20 Abs. 1 Nr. 1 EStG gehören - gleichfalls wie bei offenen Ausschüttungen - die auf diese Anteile entfallende anrechenbare Körperschaftsteuer zu den Einkünften des Gesellschafters (§ 20 Abs. 1 Nr. 3 EStG).

Ist der Gesellschafter hingegen ein Kaufmann, der seine Anteile im Betriebsvermögen hält, so führt die verdeckte Gewinnausschüttung zu Einkünften aus Gewerbebetrieb (§ 20 Abs. 3 EStG).

Ist die verdeckte Gewinnausschüttung bei dem Gesellschafter bereits als Einkünfte (z.B. aus nichtselbständiger Arbeit bei überhöhten Gehaltsbezügen) erfaßt worden, so findet eine Umqualifizierung der Einkünfte statt.

1.5 Einfluß der Zivilrechtslage auf den Tatbestand einer verdeckten Gewinnausschüttung

Angesichts der Rechtsfolgen einer verdeckten Gewinnausschüttung stellt sich die Frage nach der Vermeidbarkeit der Tatbestandsverwirklichung.

Die Antwort ist im Spannungsfeld zwischen Gesellschafts- und Steuerrecht zu suchen: mittels Aktivierung von Ansprüchen auf Rückgewähr gesellschaftsrechtlich unzulässiger verdeckter Gewinnausschüttungen in der Steuerbilanz könnte eine Vermögensminderung bzw. verhinderte Vermögensmehrung bei der Kapitalgesellschaft ausgeglichen werden. Der steuerliche Tatbestand würde nicht verwirklicht sein.[153]

1.5.1 Die verdeckte Gewinnausschüttung im Gesellschaftsrecht

Weder das AktG noch das GmbHG kennen den Begriff der verdeckten Gewinnausschüttung. Gemäß §§ 57 Abs. 3, 62, 66 AktG haben die Aktionäre vor Auflösung der Gesellschaft nur Anspruch auf den Bilanzgewinn. Vorbehaltlich von Abschlagszahlungen auf den Bilanzgewinn (§ 59 AktG) ist damit die Zuwendung jedweden Vermögenswertes über den Betrag des Bilanzgewinns hinaus untersagt. Zum Ausdruck kommt hierin nichts anderes als ein Verbot offener oder verdeckter Gewinnausschüttungen.[154]

Das GmbHG geht nicht vergleichsweise streng vor, sondern verbietet ausdrücklich nur die Auszahlung des zur Erhaltung des Stammkapitals erforderlichen

---

[153] *Ebling*, in: Blümich, EStG, § 20 Rn. 104; *Buyer*, BB 1990, 1809, 1811 ff.; Döllerer, DStR 1989, 331, 332 ff.; *ders.*, Verdeckte Gewinnausschüttungen, S. 164 ff, *Knobbe-Keuk*, Bilanz- und Unternehmenssteuerrecht, 9. Auflage, S. 674 ff; *Lempenau*, BB 1991, 1095; *Streck*, KStG, § 8, Rn. 617.

[154] Vgl. K. *Schmidt*, Gesellschaftsrecht, § 29 II 2, S. 744 f. m.w.N..

Vermögens an die Gesellschafter (§§ 30 Abs. 1, 31 Abs. 1 GmbHG).[155] Darüber hinaus werden das Stammkapital unberührt lassende Gewinnausschüttungen als unzulässig erachtet, soweit sie gegen das Gebot der Gleichbehandlung aller Gesellschafter[156], die Treuepflicht der Gesellschafter gegenüber der Gesellschaft[157] oder die innergesellschaftliche Kompetenzverteilung verstoßen.[158]

1.5.2 Sinn und Zweck verdeckter Gewinnausschüttungen im Gesellschafts- und Steuerrecht

Die verbotenen verdeckten Gewinnausschüttungen im Gesellschaftsrecht sind Ausdruck des Systems der Kapitalbindung juristischer Personen.[159] Die Erhaltung des Vermögens einer Kapitalgesellschaft dient damit zum einen aufgrund des Haftungsausschlusses aller Gesellschafter dem Gläubigerschutz[160]. Zum anderen dient es dem Interesse der Mitgesellschafter vor einseitiger Begünstigung einzelner[161]. Ein solcher Gläubiger- und Minderheitenschutz ist dem Steuerrecht hingegen fremd. Andererseits liegt dem Gesellschaftsrecht die Ermittlung des der Leistungsfähigkeit der Kapitalgesellschaft entsprechenden Einkommens als steuerliche Bemessungsgrundlage[162], letztlich also das fiskalische Interesse, fern.

Ungeachtet des Verhältnisses von Zivilrecht und Steuerrecht als Rechtsgebiete zueinander[163], legt die unterschiedliche teleologische Intention gesellschaftsrechtlicher und steuerrechtlicher verdeckter Gewinnausschüttungen nahe, daß nicht selbstverständlich von einer einheitlichen Begriffsbestimmung ausgegangen werden kann; eine steuerrechtliche verdeckte Gewinnausschüttung somit nicht automatisch auch den gesellschaftsrechtlichen Tatbestand erfüllen muß und umgekehrt.[164]

---

155 RGZ 80, 148, 150 ff.; 136, 260, 263 ff.; JW 1932, 2602; RGZ 150; 28, 32 ff.; BGHZ 13, 49, 54 f.; BGH v. 01.12.1986 II ZR 306/85, NJW 1987, 1194, BB 1987, 433; *Geßler*, in: FS Robert Fischer, S. 131; *Rowedder*, in: Rowedder, GmbHG, § 30 Rn. 10; *Westermann*, in: Scholz, GmbHG, § 30 Rn. 17 ff.

156 *Flume*, ZHR 144 (1980), 18, 26; *Röhrkasten*, S. 126 f; *M. Winter*, ZHR 148 (1984), 579, 583.

157 Vgl. *Hueck*, in: Baumbach/Hueck, GmbHG, § 29 Rn. 74.

158 *Hager*, ZGR 1989, 71, 89; *K. Schmidt*, Gesellschaftsrecht, § 37 III 1, S. 944 und § 37 III 2, S. 947.

159 *K. Schmidt*, Gesellschaftsrecht, § 29 II 2, S. 744.

160 *Hueck*, in: Baumbach/Hueck, GmbHG, § 30, Rn. 1 und 3.

161 BGH v. 05.06.1975 II ZR 23/74, BGHZ 65, 15, 18.

162 Vgl. oben 1.3.1, S. 5 ff..

163 Hierzu vgl. unten 2.2.3.3.1, S. 54 ff..

164 *Lange*, Verdeckte Gewinnausschüttungen, Rn. 214; *ders.*, GmbHR 1993, 762, 763; Reiß, StuW 1992, 233, 238; *Tries*, S. 2 f; a.A. *Röhrkasten*, S. 181; *Knolle*, S. 66.

Diese isolierte Betrachtungsweise darf jedoch nicht dazu verleiten, die gesellschaftliche Rechtslage als für die Besteuerung bedeutungslos anzusehen. Denn die Handelsbilanz ist nach § 5 Abs. 1 EStG (in Verbindung mit § 8 Abs. 1 KStG) maßgeblich für die Besteuerung der Kapitalgesellschaft. Die Berücksichtigung der Zivilrechtslage durch die handelsrechtliche Rechnungslegung kann somit die Erfüllung von Tatbestandsmerkmalen der verdeckten Gewinnausschüttung im Steuerrecht beeinflussen.[165]

1.5.3 Ansprüche auf Rückgewähr verdeckter Gewinnausschüttungen

1.5.3.1 Gesetzliche Rückgewähransprüche

Die Tatbestandsvoraussetzungen einer verdeckten Gewinnausschüttung im Gesellschaftsrecht sind nicht umfassend geklärt und werden teilweise sehr kontrovers diskutiert.[166] Für die steuerbilanziellen Auswirkungen sind insbesondere der Umfang des Kapitalschutzes und die Rechtsfolgen einer Tatbestandserfüllung von Interesse. Das Augenmerk soll hierbei ausschließlich auf die Rechtsverhältnisse bei der GmbH gerichtet werden.

Der Kapitalschutz erfaßt bei der GmbH, dem Wortlaut des § 30 Abs. 1 GmbHG folgend, nur das zur Erhaltung des Stammkapitals erforderliche Vermögen. Erst wenn das bilanzielle Reinvermögen durch das Stammkapital nicht mehr gedeckt ist, entsteht eine sog. Unterbilanz und der Anwendungsbereich des § 30 Abs. 1 GmbHG ist eröffnet. Deshalb werden nur in Ausnahmefällen verdeckte Vermögenszuwendungen an den Gesellschafter von §§ 30 Abs. 1, 31 Abs. 1 GmbHG erfaßt.[167]
Daneben lösen auch außerhalb dieses Stammkapitalschutzes liegende verdeckte Vermögensverlagerungen zugunsten des Gesellschafters Rückgewähransprüche aus.[168] Gleichwohl hinsichtlich der Existenz dieser Ansprüche dem Grunde nach weitgehend Einigkeit besteht, gilt gleiches nicht für deren Rechtsgrundlage und Umfang. Als dogmatische Grundlage werden neben §§ 30, 31 GmbHG analog[169] auch der Gleichbehandlungsgrundsatz[170], ein fehlender Gesellschafterbeschluß

---

[165] Hierzu näher unter 1.5.5, S. 43 ff..

[166] Vgl. nur *Westermann*, in: Scholz, GmbHG, § 30 Anm. 16 ff; *Lutter*, in: Kölner-Kommentar, AktG, § 57 Anm. 15 ff.

[167] *K. Schmidt*, Gesellschaftsrecht, § 37 III 2. d., S. 947.

[168] *K. Schmidt*, Gesellschaftsrecht, § 37 III 2. d., S. 947.

[169] *Emmerich*, in: Scholz, GmbHG, § 29 Anm. 118; *M. Winter*, ZHR 148 (1984), 579, 589.

[170] *Flume*, ZHR 144 (1980), 18, 26; *M. Winter*, ZHR 148 (1984), 579, 583.

und Verstoß gegen § 46 Nr. 1 GmbHG[171], sowie das Sondervorteilsverbot[172] genannt. Weiterhin besteht Uneinigkeit, ob der Gesellschafter nur wertmäßigen Ausgleich[173] schuldet oder das gesamte Rechtsgeschäft rückgängig zu machen ist[174].

Neben diesen selbständigen gesellschaftsrechtlichen Ansprüchen[175] können Rückgewähransprüche aus Bereicherungsrecht oder auch aus dem Eigentümer-Besitzer-Verhältnis bestehen.[176] Dies richtet sich danach, ob und unter welchen Voraussetzungen eine unzulässige verdeckte Gewinnausschüttung die Unwirksamkeit des zugrunde liegenden Rechtsgeschäfts nach sich zieht.
Die ständige Zivilrechtsprechung und weite Teile des Schrifttums verneinen eine generelle Nichtigkeit der jeweiligen Verpflichtungs- und Verfügungsgeschäfte nach § 134 BGB bei Verstoß gegen § 30 Abs. 1 GmbHG; eine Verbotsnorm sei nicht ersichtlich. Bei noch nicht abgeflossenen verdeckten Gewinnausschüttungen stehe der GmbH ein Leistungsverweigerungsrecht zu. Nur bei einem bewußten Verstoß gegen die Kapitalerhaltungsvorschriften der GmbH sei der zugrunde liegende Vertrag nichtig.[177]

1.5.3.2 Vertragliche Rückgewähransprüche

Weiterhin können Ansprüche auf Rückgewähr verdeckter Gewinnausschüttungen eine rechtsgeschäftliche Grundlage haben. In diesem Zusammenhang sind die sogenannten Satzungs- und Steuerklauseln zu nennen. Als eine Steuerklausel wird eine Vertragsregelung verstanden, nach der das Rechtsgeschäft als aufgelöst oder nicht abgeschlossen angesehen werden soll, sofern die Finanzverwaltung oder die Finanzgerichtsbarkeit den Tatbestand einer verdeckten Gewinnausschüttung als verwirklicht ansehen sollten.[178] Wird eine entsprechende Regelung generell für alle Rechtsgeschäfte zwischen Gesellschaft und Gesellschafter in die Satzung einer AG oder den Gesellschaftsvertrag einer GmbH aufgenommen,

---

171 *K. Schmidt*, Gesellschaftsrecht, § 37 III 2. d., S. 947; *Hager*, ZGR 1989, 71, 89.
172 *Tries*, S. 175.
173 *Joost*, ZHR 148 (1984), 27, 54; *Tries*, S. 231.
174 *K. Schmidt*, Gesellschaftsrecht, § 37 III 2. d., S. 948, Beispiel Nr. 31.
175 RGZ 168, 301; BGHZ 31, 265; *Westermann*, in: Scholz, GmbHG, § 30, Rn. 1; *Hueck*, in: Baumbach/Hueck, GmbHG, § 31 Rn. 3.
176 *Hueck*, in: Baumbach/Hueck, GmbHG, § 31, Rn. 4 m.w.N..
177 RGZ 168, 302; 133, 244; JW 1938, 1176; BGH LM 1 zu § 30 GmbHG; BGH v. 29.9.1977 II ZR 157/76, BGHZ 69, 274, 280; 81, 367; 95, 191 f, BGH WM 1982, 1402; *Joost*, ZHR 148 (1984), 27, 31 f; *Röhrkasten*, S. 115; *K. Schmidt*, Gesellschaftsrecht, § 37 III 2, S. 946; *Westermann*, in: Scholz, GmbHG, § 30 Anm. 10; *Tries*, S. 947.
178 *Knobbe-Keuk*, Bilanz- und Unternehmenssteuerrecht, 7. Auflage, S. 529 f; *Döllerer*, DStR 1980, 395, 399.

spricht man von einer Satzungsklausel.[179] Sowohl hinsichtlich der zivilrechtlichen Einordnung als echte Bedingung im Sinne der §§ 158 Abs. 2, 159 BGB[180] oder unechte Gegenwartsbedingung[181] wie auch hinsichtlich der steuerrechtlichen Folgen[182] besteht weitgehend Uneinigkeit.

1.5.4
Handelsbilanzielle Behandlung

Gesellschaftsrechtlich unzulässige Gewinnausschüttungen führen zu Rückgewähransprüchen. Für die Tatbestandserfüllung der verdeckten Gewinnausschüttung im Sinne des § 8 Abs. 3 Satz 2 KStG kann es von Bedeutung sein, wann und wie die Forderung gegen den Gesellschafter in der Handelsbilanz der Kapitalgesellschaft zu erfassen ist.

Nach § 252 Abs. 1 Nr. 4 HGB dürfen Gewinne nur bilanziell berücksichtigt werden, wenn sie am Bilanzstichtag realisiert sind. Entsprechend wird auch die Bilanzierung von Forderungen durch das Realisationsprinzip bestimmt.[183] Forderungen sind dann anzusetzen, wenn die wirtschaftlichen Ursachen für ihre Entstehung im abgelaufenen Wirtschaftsjahr gesetzt wurden und der Eintritt der übrigen zivilrechtlichen Entstehungsursachen mit Sicherheit zu erwarten ist.[184]

Bei der GmbH könnte die bilanzielle Realisation von einem Gesellschafterbeschluß nach § 46 Nr. 8 GmbHG abhängig sein. § 46 Nr. 8 GmbHG findet nicht nur begrenzt auf Schadensersatzansprüche Anwendung, sondern gleichermaßen auf sonstige Ausgleichsansprüche zwischen Gesellschaft und Gesellschafter[185] und damit auch auf Rückgewähransprüche aus verdeckten Gewinnausschüttungen.

Überwiegend wird angenommen, daß der Beschluß nicht nur für die prozessuale Durchsetzbarkeit des Anspruchs von Bedeutung, sondern materiellrechtliche Anspruchsvoraussetzung sei. Voraussetzung für die Aktivierung von Ersatzan-

---

179 *Tipke*, NJW 1968, 868; *Tipke/Kruse*, AO, § 41 Tz. 23.

180 Vgl. *Classen*, BB 1984, 327, 329; *Flume*, DB 1970, 77, 79; *Furkel*, BB 1973, 1541, 1547; *Ruppe*, in: Herrmann/Heuer/Raupach, EStG, Einf. ESt, Anm. 712; *Kottke*, DStR 1967, 446; *Ranft*, GmbHR 1974, 13, 14; *Röhrkasten*, S. 197; *Wellnhofer*, FR 1978, 257.

181 *Balmes*, DStZ 1993, 620, 622; *Beckmann*, BB 1967, 532, 534; *Pezzer*, Die verdeckte Gewinnausschüttung, S. 196; *Tipke*, NJW 1968, 865, 967; *Tipke/Kruse*, AO, § 41, Tz. 22; *Tipke/Lang*, § 7 Rn. 16.

182 Vgl. *Tipke/Lang*, § 7 Rn. 16, m.w.N..

183 *Groh*, StbJb 1979/80, 121, 134.

184 *Baumbach/Hopt*, HGB, § 252 Rn. 15.

185 BGH v. 21.04.1986 II ZR 165/85, BGHZ 97, 382, 390; *K. Schmidt*, in: Scholz, GmbHG, § 46 Rn. 147.

sprüchen sei daher, daß sich die Gesellschaftermehrheit für eine Geltendmachung ausgesprochen hat.[186]
Eine Forderung ist dann hinreichend konkretisiert, wenn sie als Vermögensgegenstand qualifiziert werden kann und gemäß dem Vollständigkeitsgebot des § 246 HGB bilanziert werden muß. Rechtliche und tatsächliche Positionen werden dann als Vermögensgegenstand qualifiziert werden können, wenn ihnen der Geschäftsverkehr einen wirtschaftlichen Wert beimißt.[187] Entscheidend ist damit bei der Forderungsaktivierung im Bilanzrecht die wirtschaftliche Betrachtungsweise. Eine materiellrechtlich noch nicht entstandene Forderung muß deshalb auch dann aktiviert werden, wenn ihr ein wirtschaftlich realisierbarer Vermögenswert zukommt[188] und der künftig entstehende Anspruch dem abgelaufenen Geschäftsjahr wirtschaftlich zugeordnet werden kann.[189] Das Entstehen von Rückforderungsansprüchen steht im engen Zusammenhang mit dem Zeitpunkt der Vorteilsgewährung. Bei der Beschlußfassung über die Geltendmachung des Anspruchs hat der betroffene Gesellschafter gemäß § 47 Abs. 4 Satz 2 GmbHG kein Stimmrecht, so daß er das Entstehen der Forderung nicht beeinflussen kann. Die künftige Forderung ist daher ein Vermögenswert der GmbH. Durch das Vollständigkeitsgebot soll die Vermögenslage des Kaufmanns objektiv zutreffend wiedergegeben werden. Es kann daher nicht vom Willen der Gesellschaftermehrheit abhängen, ob eine künftige Forderung ein Vermögensgegenstand ist oder nicht. Das Vorliegen eines Gesellschafterbeschlusses im Sinne des § 46 Nr. 8 GmbHG ist aus diesen Gründen irrelevant für die bilanzielle Erfassung von Rückforderungsansprüchen.[190]

Unabhängig von einem Gesellschafterbeschluß gemäß § 46 Nr. 8 GmbHG machen einige Autoren die Aktivierungsfähigkeit einer Forderung davon abhängig, daß - neben dem rechtlichen Bestehen des Anspruchs - das zuständige Organ den Willen kundgetan hat, diesen auch geltend machen zu wollen.[191] Auf dieser Linie bewegt sich auch die Rechtsprechung für die Steuerbilanz.[192] Dieser Auffassung zufolge obliegt es dem Ermessen des Geschäftsführers, ob eine Forderung bilanziert wird oder nicht. Dies aber widerspricht dem Vollständigkeitsgebot des § 246

---

[186] *Pezzer*, StuW 1992, 270, 274; *Schulze-Osterloh*, FR 1993, 73, 75; *Thiel*, DStR 1993, 1801, 1805; *Knolle*, DB 1985, 1285, 1286.

[187] *Baumbach/Hopt*, HGB, § 246, Rn. 6.

[188] Vgl. *Knobbe-Keuk*, Bilanz- und Unternehmenssteuerrecht, 9. Auflage, S. 667.

[189] *Moxter*, StuW 1989, 232, 237.

[190] *Tries*, S. 252.

[191] *K. Schmidt*, FR 1984, 540; *Krebs*, JbFSt 1988/89, 397; *Knolle*, S. 158; *ders.*, DB 1985, 1285, 1286.

[192] BFH v. 23.05.1984 I R 266/81, BStBl 1984 II 723, 725; v. 30.01.1985 I R 37/82, BStBl 1985 II 345; FG Hamburg v. 17.04.1991 II 97/89, EFG 1992, 40, 42; v. 17.04.1991 II 98/88, EFG 1992, 42.

Abs. 1 HGB. Erst wenn die Gesellschaft auf die Geltendmachung der Forderung endgültig verzichtet, ist diese erfolgswirksam auszubuchen.[193]

Noch einen Schritt weiter geht *Wassermeyer*[194]. Er vertritt die Auffassung, daß gesellschaftsrechtliche Rückgewähransprüche solange nicht bilanziert werden dürfen, als die Kapitalgesellschaft die steuerliche verdeckte Gewinnausschüttung bestreitet und gegen den maßgeblichen Körperschaftsteuerbescheid Rechtsbehelf eingelegt hat. Diese Sichtweise jedoch ist mit den Grundsätzen ordnungsgemäßer Bilanzierung nach Handelsrecht gemäß § 5 Abs. 1 Satz 2 EStG (in Verbindung mit § 8 Abs. 1 KStG) nicht zu vereinbaren. Das Bestehen und die Bilanzierung von zivilrechtlichen Rückgewähransprüchen ist unabhängig von der Rechtsbehelfseinlegung durch den Steuerpflichtigen.

Im Ergebnis ist damit festzuhalten, daß zivilrechtliche Rückgewähransprüche im Geschäftsjahr der Vorteilszuwendung in die Handelsbilanz einzustellen sind.[195]

1.5.5 Einfluß auf den steuerlichen Tatbestand des § 8 Abs. 3 Satz 2 KStG

Der Tatbestand einer verdeckten Gewinnausschüttung im Steuerrecht könnte durch das gleichzeitige Entstehen von zivilrechtlichen Rückgewähransprüchen entfallen. Durch deren Aktivierung in der Steuerbilanz der Kapitalgesellschaft könnte eine gesellschaftlich veranlaßte Vermögensminderung ausgeglichen bzw. verhinderte Vermögensmehrung realisiert werden. Der Tatbestand einer verdeckten Gewinnausschüttung im Sinne des § 8 Abs. 3 Satz 2 KStG wäre dann nicht erfüllt.

1.5.5.1 Rückgewähr als Einlage

Nach der Rechtsprechung des BFH ist der Ansatz dem Grunde nach wie auch der Bilanzierungszeitpunkt von gesellschaftsrechtlichen Rückgewähransprüchen irrelevant für die Tatbestandsverwirklichung des § 8 Abs. 3 Satz 2 KStG. Vielmehr soll der Rückgewähranspruch steuerrechtlich gesehen den Charakter einer Einlageforderung haben, die den Gewinn nicht erhöhen darf (§ 4 Abs. 1 Satz 1 EStG i.V.m. § 8 Abs. 1 KStG): "Dies folgt aus der Tatsache, daß die Satzungsklausel ihre Grundlage im Gesellschaftsverhältnis hat. Der sich aufgrund der

---

193 *Brezing*, DB 1985, 1266; *Glassner*, DStZ 1985, 204, 206.

194 *Wassermeyer*, DStR 1990, 158, 164.

195 Im Ergebnis ebenso *Döllerer*, DStR 1980, 395, 399; *ders.*, DStR 1989, 331, 332; *ders.*, Verdeckte Gewinnausschüttungen, S. 165; *Frotscher/Maas*, KStG, Anh. zu § 8 Anm. 218; *Haarmann*, JbFSt 1988/89, 387, 393; *Meilicke*, BB 1990, 1231, 1232; *Wichmann*, BB 1992, 26, 27; *ders.*, Stbg 1993, 116, 117; *ders.*, GmbHR 1993, 337.

Satzungsklausel ergebende Rückforderungsanspruch entsteht als Wirtschaftsgut durch die verdeckte Gewinnausschüttung, die ihrerseits gesellschaftlich veranlaßt ist. Deshalb ist auch der Anspruch auf Rückforderung als solcher durch das Gesellschaftsverhältnis ausgelöst. Im übrigen ist die Rückforderung nur der "actus contrarius" zur verdeckten Gewinnausschüttung. Wenn aber letztere den Gewinn nicht mindern darf, dann muß Entsprechendes auch für den "actus contrarius" gelten."[196]
Diese Auffassung vertritt der BFH gleichermaßen für Ansprüche aus §§ 30 Abs. 1, 31 Abs. 1 GmbHG, wie auch für schuld- und sachenrechtliche Rückgewähr- oder Erstattungsansprüche.[197]

Die Rechtsprechung ist m.E. jedoch mit der unbedingten Vorrangstellung bilanzieller Positionen vor der steuerrechtlichen Würdigung nicht vereinbar.
Der mittels § 8 Abs. 3 Satz 2 KStG zu korrigierende Gewinn ist anhand der Steuerbilanz zu ermitteln. In diese einzustellen sind gleichfalls alle Zivilrechtsansprüche, auch solche, die der Gesellschaft gegen den Gesellschafter zustehen.[198] Das Vorhandensein einer Vermögensminderung (verhinderte Vermögensmehrung) im Sinne des steuerrechtlichen Tatbestandes ist folglich erst dann zu beurteilen, nachdem alle zu aktivierenden Ansprüche - auch gegen den Gesellschafter - erfaßt sind.[199] Der Rückgewähranspruch entsteht unmittelbar mit der unzulässigen Leistung an den Gesellschafter[200]. Wird die Forderung der Gesellschaft noch in demselben Wirtschaftsjahr aktiviert, verhindert sie den Eintritt einer Vermögensminderung (verhinderte Vermögensmehrung) bei der Kapitalgesellschaft und damit den Eintritt der Rechtsfolgen des § 8 Abs. 3 Satz 2 KStG.

---

196 BFH v. 29.04.1987 I R 176/83, BFHE 150, 337, BStBl 1987 II 733, 735, BB 1987, 2006; vgl. auch BFH v. 14.08.1975 IV R 30/71, BFHE 117, 44, BStBl 1976 II 88, BB 1975, 1622; v. 26.04.1987 I R 152/84, BStBl 1987 II 668; v. 22.02.1989, BStBl 1989 II 475; v. 14.03.1989 I R 105/88, BStBl 1989 II 741; v. 24.05.1989 I R 90/85, BStBl 1989 II 800, 801; v. 13.09.1989 I R 41/86, BStBl 1989 II 1029; v. 13.09.1989 I R 110/88, BStBl 1990 II 24; v. 18.07.1990 I R 32/88, BStBl 1991 II 484, 485; v. 10.03.1993, BStBl 1993 II 635; v. 03.08.1993 I R VIII R 82/91, BStBl 1994 II 561; v. 29.05.1996 I R 118/93, DStR 1996, 1445; Abschn. 31 Abs. 9 KStR 1995 und Abschn. 77 Abs. 8 KStR 1995; BMF-Schreiben IV B 7 - S 2813 - 23/81 v. 06.08.1981, BStBl 1981 I 599; in diesem Sinne auch *Dötsch/Eversberg/Jost/Witt*, KStG, Anh. zu § 27; *Kirchhof/Söhn*, EStG, § 20 Rn. C 96; *Seeger*, FR 1990, 53; *Wassermeyer*, DStR 1990, 158, 163.

197 BFH v. 13.09.1989 I R 41/86, BStBl 1989 II 1029; FR 1990, 52.

198 Vgl. *Knobbe-Keuk*, Bilanz- und Unternehmenssteuerrecht, 9. Auflage, S. 377.

199 Hier macht der BFH die Ausnahme für als Einlage zu behandelnde Rückgewähransprüche.

200 BGH v. 08.12.1986 II ZR 55/86, NJW 1987, 779; BGH v. 24.03.1980 II ZR 213/77, BGHZ 76, 326, 328; *Hueck*, in: Baumbach/Hueck, GmbHG, § 31, Rn. 6; *Westermann*, in: Scholz, GmbHG, § 31, Rn. 6.

Dem Rückgewähranspruch demgegenüber eine vermögenserhöhende Wirkung zu versagen, heißt zum einen, diese Bilanzierungsgrundsätze zu ignorieren, zum anderen, die Leistung an den Gesellschafter sowie den Rückgewähranspruch als zwei selbständige, gesondert zu behandelnde Rechtsvorgänge zu verstehen. Eine derartige Sichtweise jedoch würde m.E. den systematischen Zusammenhang von verdeckter Gewinnausschüttung und Rückgewähranspruch verkennen. Wirtschaftlich betrachtet[201] dient die Rückgewähr bzw. der Anspruch hierauf der Berichtigung oder Neutralisierung eines gesellschaftsrechtlich unzulässigen Vorgangs. Dann aber ist sie nicht ein weiterer, isoliert zu betrachtender Vorfall, sondern nur die Neutralisierung oder Korrektur des ersten. Einer Einlage hingegen ist solch eine korrigierende bzw. ausgleichende Funktion fremd. Sie verlangt vielmehr eine Vermögensmehrung[202] bei der Gesellschaft und ist damit ein völlig selbständiger, isoliert zu betrachtender Tatbestand.[203]

Ausgleich bzw. Korrektur der Vermögensminderung (verhinderte Vermögensmehrung) ist gleichbedeutend mit Verhinderung der Tatbestandsverwirklichung einer verdeckten Gewinnausschüttung. Diese Sichtweise schließt es weiterhin aus, das Entstehen von Rückgewähransprüchen als Rechtsfolgen einer verdeckten Gewinnausschüttung zu begreifen.
Folgerichtig wäre dies nur, wenn die zivilrechtlichen Rückgewähransprüche an den steuerlichen Tatbestand anknüpfen würden. Schon die unterschiedlichen Voraussetzungen auf Tatbestandsebene[204] stehen dem jedoch entgegen. Die zivilrechtlichen Rückgewähransprüche sind Folge der Verwirklichung eines zivilrechtlichen Tatbestandes, dessen Verwirklichung wiederum unabhängig von der steuerrechtlichen Beurteilung ist.

Von einem Ausgleich der Vermögensminderung (verhinderte Vermögensmehrung) geht auch *Seeger*[205] aus, der den Rückforderungsanspruch als "negative Einkommensverwendung" versteht. Seinen Ausführungen zufolge findet der Ausgleich aufgrund der beiderseitigen gesellschaftlichen Veranlassung von Vorteilszuwendung und Rückgewähranspruch[206] im nicht-betrieblichen Bereich, mithin in der Sphäre der Einkommensverwendung, statt. Die positive Einkommensverwendung durch Leistung an den Gesellschafter wird ausgeglichen durch den negativen Tatbestand des Rückgewähranspruchs. Was aber im Ergebnis nur eine Vermögensminderung verhindert, kann daneben nicht auch zu einer Ver-

---

201 Das Steuerrecht ist beherrscht von der wirtschaftlichen Betrachtungsweise.

202 BFH-Beschluß v. 26.10.1987 GrS 2/86, BStBl 1988 II 348, 352; *Knobbe-Keuk*, Bilanz- und Unternehmenssteuerrecht, 9. Auflage, S. 265.

203 Insofern ist die Sichtweise des BFH zweifelsohne konsequent.

204 Vgl. oben 1.5.3, S. 39 ff..

205 *Seeger*, StVj 1992, 249, 256.

206 Insofern stimmt er der Auffassung des BFH zu.

mögensmehrung führen. *Knobbe-Keuk*[207] faßt dies in einem Satz zusammen: "Eine Einlage in das Gesellschaftsvermögen liegt nicht vor, wenn der Gesellschaft etwas geleistet wird, worauf sie ohnehin einen Anspruch hat."

Vermag nun die steuerbilanzielle Aktivierung des Rückgewähranspruchs in dem Wirtschaftsjahr seiner Entstehung den Eintritt einer Vermögensminderung (verhinderte Vermögensmehrung) zu verhindern, so bleibt die Frage nach der steuerrechtlichen Behandlung von erst nach dem Zeitpunkt der Bilanzaufstellung bekannt werdenden verdeckten Gewinnausschüttungen.
Kommt es in dem Wirtschaftsjahr der Zuwendung an den Gesellschafter nicht zum Bilanzansatz des Rückgewähranspruchs, ist der Tatbestand einer verdeckten Gewinnausschüttung zunächst verwirklicht. Die Aktivierung des Anspruchs in einem späteren Wirtschaftsjahr führt zu einer gesellschaftlich veranlaßten Vermögensmehrung, mithin zu einer Einlage, die den steuerlichen Gewinn nicht erhöhen darf (§ 4 Abs. 1 Satz 1 EStG i.V.m. § 8 Abs. 1 KStG). Andernfalls würde eine doppelte Einkommenskorrektur erfolgen: zunächst durch Hinzurechnung der verdeckten Gewinnausschüttung gemäß § 8 Abs.3 Satz 2 KStG und später durch vermögenserhöhende Aktivierung des Rückgewähranspruchs bzw. dessen Erfüllung.

Könnte der Rückgewähranspruch hingegen noch nachträglich in die Bilanz des Wirtschaftsjahres der verdeckten Gewinnausschüttung im Wege der Bilanzberichtigung eingestellt werden, so kämen die Grundsätze über den Vermögensausgleich und Verhinderung einer verdeckten Gewinnausschüttung[208] wiederum zum Tragen.
Der BFH[209] hat indes an die Zulässigkeit einer Bilanzberichtigung strenge, nahezu unüberwindliche Anforderungen gestellt, indem er neben dem formalen Entstehen des Anspruchs die Kenntnis der Gesellschaft von dem Vorliegen der verdeckten Gewinnausschüttung, wie auch die Kundgabe des Willens, den Rückgewähranspruch geltend zu machen, verlangt.
Wird eine verdeckte Gewinnausschüttung erst nachträglich bekannt, insbesondere durch Feststellung im Rahmen der Außenprüfung, so werden die Gesellschafter bei Abschluß des maßgeblichen Verpflichtungsgeschäfts regelmäßig von der Ausgeglichenheit der beiderseitigen Leistungen ausgegangen sein. Dann aber hatten sie keinen Anlaß, sich über Rückgewähr- oder Erstattungsansprüche sowie deren Geltendmachung Gedanken zu machen.
Es ist jedoch kein Grund ersichtlich, warum an eine Bilanzberichtigung bei Vorliegen einer verdeckten Gewinnausschüttung schärfere Anforderungen gestellt werden, als an jede sonstige Berichtigung von Bilanzansätzen.

---

207 *Knobbe-Keuk*, Bilanz- und Unternehmenssteuerrecht, 9. Auflage, S. 617.
208 Vgl. oben unter 1.3.2, S. 8 ff..
209 BFH v. 23.05.1984 I R 266/81, BStBl 1984 II 723, 726.

Im Rahmen des § 4 Abs. 2 EStG sieht die Rechtsprechung eine Bilanzberichtigung als zulässig an, wenn der Bilanzansatz objektiv fehlerhaft, d.h. gegen ein handels- oder steuerrechtliches Bilanzierungsge- oder -verbot verstößt und der Steuerpflichtige diesen Verstoß nach den im Zeitpunkt der Bilanzaufstellung bestehenden Erkenntnismöglichkeiten bei pflichtgemäßer und gewissenhafter Prüfung erkennen konnte.[210]
Wird hier eine Bilanzberichtigung bei subjektiver Erkenntnismöglichkeit des objektiv falschen Bilanzansatzes gewährt, sollte doch bei der Berichtigung einer verdeckten Gewinnausschüttung gleichermaßen verfahren werden und nicht positive Kenntnis des Fehlers verlangt werden.[211]

1.5.5.2 Auswirkungen auf Gesellschafterebene

Der dem Urteil vom 29.4.1987 I R 176/83[212] zugrunde liegende Sachverhalt gab dem BFH nicht die Gelegenheit zur Entscheidung, ob die Rückforderung einer verdeckten Gewinnausschüttung gleichfalls bei dem Gesellschafter wie eine Einlage zu behandeln ist oder als negative Einnahme[213].
Im Schrifttum wird es überwiegend als unwahrscheinlich erachtet, daß der BFH auf Gesellschafterebene zu einer anderen Beurteilung kommen wird als auf der Ebene der Kapitalgesellschaft.[214]
Ist der Gesellschafter ein bilanzierender Kaufmann, hat er die Rückgewährverpflichtung als Verbindlichkeit zu passivieren, so daß jedenfalls im Jahr der gesellschaftlich veranlaßten Vorteilszuwendung die Gewinnerhöhung ausgeglichen wird. Der Tatbestand einer verdeckten Gewinnausschüttung gemäß §§ 20 Abs. 3, 15 Abs. 1 Nr. 1 EStG ist nicht verwirklicht.
Hält der Gesellschafter seine Beteiligung im Privatvermögen oder zwar im Betriebsvermögen, ermittelt aber seinen Gewinn nach § 4 Abs. 3 EStG, so fließen ihm trotz Rückzahlungsverpflichtung Einkünfte aus Kapitalvermögen (§ 20 Abs. 1 Nr. 1 Satz 2 EStG) zu.[215] Nach dem Zuflußprinzip ist die Erlangung der wirt-

---

210 BFH v. 14.08.1975 IV R 30/71, BFHE 117, 44, 53, BStBl 1976 II 88; v. 30.01.1985 I R 37/82, BFHE 143, 263, 266, BStBl 1985 II 345.

211 Vgl. *Knobbe-Keuk*, Bilanz- und Unternehmenssteuerrecht, 9. Auflage, S. 677; *Pezzer*, Die verdeckte Gewinnausschüttung S. 192, 194 f..

212 BFH v. 29.04.1987 I R 176/83, BStBl 1987 II 733, 735.

213 Vgl. BFH v. 19.01.1977 I R 188/74, BStBl 1977 II 847, 848; v. 06.03.1979 VIII R 26/78, BStBl 1979 II 510, 511; vgl. auch *Döllerer*, BB 1979, 57, 61; *ders.*, DStR 1980, 395, 400; *Pezzer*, Die verdeckte Gewinnausschüttung, S. 199; *Ranft*, GmbHR 1974, 13, 14.

214 *Wassermeyer*, Handbuch, Kap. G, Anm. 453; *Wassermeyer*, in: Kirchhof/Söhn, EStG, § 20, Rn. C 215 c; a.A. *Frotscher/Maas*, KStG, Anh. zu § 8, Anm. 220; *Buyer*, in: Dötsch/Eversberg/Jost/Witt, KStG, Anh. zu § 27, Anm. 76.

215 Vgl. BFH v. 01.03.1977 VIII R 196/74, BStBl 1977 II 545; v. 13.10.1989 III R 30-31/85, BStBl 1990 II 287, 289; *Döllerer*, DStR 1980, 395, 399; *ders.*, Verdeckte Ge-

schaftlichen Verfügungsmacht maßgeblich. Ein späterer Verlust dieser Verfügungsmöglichkeit macht den einmal erfolgten Zufluß nicht rückgängig.[216] Erst die tatsächliche Rückzahlung und damit der Verlust der Verfügungsmacht in dem gleichen Wirtschaftsjahr kann somit einen vorherigen Zufluß ausgleichen. Eine in einem späteren Wirtschaftsjahr erfolgende Rückgewähr des erlangten Vorteils hat keinen Einfluß auf den einmal verwirklichten Tatbestand der verdeckten Gewinnausschüttung.

1.5.6 Zusammenfassung

Im Gesellschaftsrecht folgt das Verbot verdeckter Gewinnausschüttungen aus den Kapitalerhaltungsvorschriften zum Schutz von Mitgesellschaftern und Gläubigern. Gesellschaftsrechtlich unzulässige verdeckte Gewinnausschüttungen begründen vertragliche oder gesetzliche Rückgewähransprüche der Gesellschaft gegen den begünstigten Gesellschafter. Ihre Bilanzierung ist nach handelsrechtlichen Grundsätzen nur zulässige, wenn diese Ansprüche einen wirtschaftlich realisierbaren Wert haben. Eines Gesellschafterbeschlusses bedarf es nicht zur bilanziellen Erfassung der Rückforderungsansprüche. Sie sind in dem Geschäftsjahr der Vorteilsgewährung in die Handelsbilanz einzustellen. Eine Aktivierung in dem gleichen Wirtschaftsjahr verhindert die Entstehung einer verdeckten Gewinnausschüttung. Die Bilanz ist gegebenenfalls zu berichtigen; dies richtet sich nach den allgemeinen Grundsätzen. Nur eine Aktivierung des Anspruchs in einem späteren Wirtschaftsjahr ist als Einlage zu beurteilen, die das Einkommen nicht erhöhen darf.

---

winnausschüttungen, S. 170; *Frotscher/Maas*, KStG, Anh. zu § 8, Anm. 220; *Birk*, in: Herrmann/Heuer/Raupach, EStG, § 11, Anm. 29; *Lange*, in: Mössner/Seeger, KStG, § 8 Rz. 147; *Pezzer*, Die verdeckte Gewinnausschüttung, S. 199; a.A. *Lempenau*, BB 1977, 1209, 1214; *Meilicke*, BB 1990, 1231, 1234; *Tipke/Kruse*, AO, § 41, Anm. 23.

216 *Heinicke*, in: L. Schmidt, EStG, § 11, Anm. 3.

2 Rechtsprechungsentwicklung zur verdeckten Gewinnausschüttung im Zusammenhang mit dem Verstoß gegen ein Wettbewerbsverbot

2.1 Einleitung

Der BFH hat beginnend mit dem Urteil vom 30.08.1995 I R 155/94[1] seine Rechtsprechung zur Annahme einer verdeckten Gewinnausschüttung im Zusammenhang mit dem Verstoß gegen das Wettbewerbsverbot ausdrücklich geändert. Diesem "Piloturteil"[2] sind weitere Entscheidungen gefolgt, die - soweit bisher veröffentlicht - mit Ausnahme der derzeit aktuellsten Entscheidung[3] - die Rechtsverhältnisse bei der Einpersonen-GmbH betrafen.
Dieser Richtungswechsel[4] des BFH ist in der Literatur auf breite Zustimmung gestoßen.[5]
Ob der nunmehr von der Finanzrechtsprechung beschrittene Weg zum Ziel führt oder vielmehr ein Irrläufer ist, bedarf einer fundierten Untersuchung. Hierzu soll zunächst die Rechtsprechungsentwicklung aufgezeigt werden unter Berücksichtigung der Auffassung der Finanzverwaltung, um daran anschließend der Frage nachzugehen, ob die nunmehr vom BFH aufgestellten Grundsätze einer verdeckten Gewinnausschüttung im Zusammenhang mit dem Verstoß gegen ein Wettbewerbsverbot systemimmanent und folgerichtig sind, bzw. zu welchen Ergebnissen

---

1 BFH v. 30.08.1995 I R 155/94, BFHE 178, 371, DStR 1995, 1873, FR 1995, 905, DB 1995, 2451.

2 Formulierung in Anlehnung an *Gosch*, DStR 1997, 442.

3 BFH v. 13.11.1996 I R 149/94, DStR 1997, 323, DB 1997, 506, BB 1997, 508, GmbHR 1997, 315.

4 Angedeutet hatte sich der "Richtungswechsel" bereits mit den Urteilen v. 30.03.1994 I R 52/93, BStBl 1994 II 903, DB 1994, 2168 und v. 08.09.1993 I R 27/93, BFH NV 1994, 413, HFR 1994, 72. In diesen beiden Urteilen erwähnt der BFH - obgleich es sich um typische "Architekten - und Steuerberater-Fälle" handelt - nicht mehr das Wettbewerbsverbot, sondern prüft eine verdeckte Gewinnausschüttung unter einem anderen Blickwinkel.

5 *Lawall*, DStR 1996, 605 prognostiziert ein Aufatmen der Praxis; *Gosch*, DStR 1995, 1863 spricht von einer Problementschärfung.

die Finanzrechtsprechung in den noch nicht entschiedenen Sachverhaltsgestaltungen gelangen müßte.

2.2 Rechtsprechungsentwicklung

2.2.1 Bisherige Rechtsprechung des BFH

2.2.1.1 Rechtsprechung des BFH bis 1987

Bis zu seinem Urteil vom 11.02.1987[6] vertrat der BFH die Rechtsauffassung, daß sich der geschäftsführende Gesellschafter einer GmbH grundsätzlich jeglicher weiteren selbständigen oder gewerblichen, insbesondere die Interessen der GmbH beeinträchtigenden oder schädigenden Tätigkeit für eigene Rechnung zu enthalten habe. Erst recht dürfe er die von der GmbH abgeschlossenen Geschäfte weder auf eigene Rechnung abwickeln noch sonst beeinträchtigen oder gar vereiteln. Wolle ihm die Gesellschaft eine konkurrierende Tätigkeit in ihrem Geschäftskreis gestatten, was grundsätzlich für zulässig erachtet wurde, so müsse im Falle eines beherrschenden Gesellschafters dafür Sorge getragen werden, daß von Anbeginn an der Kreis seiner persönlichen Geschäfte von denen in seiner Funktion als Geschäftsführer für die GmbH abgegrenzt werde. Mangele es an einer solchen Vereinbarung oder sei sie nicht hinreichend deutlich, so sei davon auszugehen, daß der Gesellschafter-Geschäftsführer für die GmbH tätig geworden ist.[7]

2.2.1.2 Rechtsprechung des BFH von 1987 bis 1995

Erstmals in der Entscheidung vom 11.02.1987[8] erwähnt der BFH das Wettbewerbsverbot und stellt auf die zivilrechtlichen Folgen ab, die sich aus der Verletzung dieses Verbots ergeben, dem der Gesellschafter-Geschäftsführer sowohl in

---

6 BFH v. 11.02.1987 I R 177/83, BFHE 149, 176, BStBl 1987 II 461.

7 Vgl. BFH v. 15.12.1965 I 181/63 U, BStBl 1966 III 123; v. 27.01.1971 I R 79/68, BStBl 1971 II 352; v. 11.02.1981 I R 128/77, BFHE 132, 552, BStBl 1981 II 448, FR 1981, 313; v. 09.02.1983 I R 229/81, BStBl 1983 II 487.

8 BFH v. 11.02.1987 I R 177/83, BFHE 149, 176, BStBl 1987 II 461; sowie an diese anschließend BFH v. 14.03.1989 I R 8/85, BFHE 156, 452, BStBl 1989 II 633; v. 12.04.1989 I R 142-143/85, BFHE 156, 484, BStBl 1989 II 636; v. 26.04.1989 I R 172/87, BFHE 157, 138, BStBl 1989 II 673.

seiner Eigenschaft als Gesellschafter als auch in seiner Funktion als Geschäftsführer unterliege. Verstoße der Gesellschafter gegen das Wettbewerbsverbot und mache die GmbH hieraus entstehende Schadensersatz- und/oder Herausgabeansprüche nicht geltend, liege darin eine verdeckte Gewinnausschüttung (1. Stufe). Der BFH erkannte eine Befreiung nur unter der Maßgabe an, daß zugleich eine klare und eindeutige Aufgabenabgrenzung getroffen, und der Gesellschafter zugleich zur Zahlung einer angemessenen Gegenleistung für die Befreiung verpflichtet wurde.
Verlange die GmbH für die Wettbewerbsgestattung keine angemessene Gegenleistung, so sei auch darin eine verdeckte Gewinnausschüttung (2. Stufe) zu sehen. Leide die Befreiung an zivilrechtlichen Wirksamkeitshindernissen, mangele es an einer klaren Abgrenzungsvereinbarung oder sei diese nicht im voraus getroffen, so sei gleichfalls eine verdeckte Gewinnausschüttung (1. Stufe) verwirklicht.

2.2.1.3 Gründe für die Rechtsprechungsänderung

Die Rechtsprechungsänderung war augenscheinlich von dem Bestreben getragen, von der bisherigen und der scharfen Kritik ausgesetzten Sachverhaltsunterstellung Abstand zu nehmen. Hatte sie doch die Tätigkeit des Gesellschafter-Geschäftsführers bei Fehlen einer klaren und im voraus getroffenen Vereinbarung der GmbH zugerechnet, obwohl dieser tatsächlich für eigene Rechnung tätig geworden war. Da derartige Sachverhaltsunterstellungen keinem Gericht gestattet sind[9], hatte sich die Finanzrechtsprechung zum Ziel gesetzt, diesen Fehler zu beheben und Einkünfte demjenigen zuzurechnen, für dessen Rechnung sie erzielt wurden.[10] Durch Abstellen auf die zivilrechtlichen Folgen des Wettbewerbsverbots soll das Ergebnis der Geschäftstätigkeit, die der Gesellschafter im eigenen Namen ausgeübt hat, auch diesem zugerechnet werden.[11]

2.2.2 Auffassung der Finanzverwaltung

Die Auffassung der Finanzverwaltung ist in den BMF-Schreiben vom 04.02.1992[12], 18.08.1992[13], 15.12.1992[14] und 29.06.1993[15] niedergelegt.

---

9 Vgl. *Wassermeyer*, DStR 1991, 1065, 1068; *Spiegelberger*, Beratungsempfehlungen, S. 2; *ders.*, GmbHR 1992, 727; *Knobbe-Keuk*, GmbHR 1992, 333, 334; *Schneider*, DB 1993, 1992, 1993.

10 Vgl. *Knobbe-Keuk*, GmbHR 1992, 333, 337.

11 *Thiel*, GmbHR 1992, 338, 339.

12 BMF-Schreiben IV B 7 - S 2742 - 6/92 v. 04.02.1992, BStBl 1992 I 137, DStR 1992, 253.

13 BMF-Schreiben IV B 7 - S 2742 - 59/92 v. 18.08.1992, WPg 1992, 625.

14 BMF-Schreiben IV B 7 - S 2742 - 123/92 v. 15.12.1992, BStBl 1993 I 24, NJW 1993, 248.

Sie schließt sich der Ansicht der Rechtsprechung des BFH an[16], die von einer Verletzung des Wettbewerbsverbotes ausgeht, "wenn der beherrschende Gesellschafter oder der Gesellschafter-Geschäftsführer im Geschäftszweig der Gesellschaft - ohne - Erlaubnis Geschäfte für eigene Rechnung macht"[17]. Mache die Gesellschaft die hieraus entstehenden Ansprüche auf Schadensersatz oder Herausgabe des erlangten Vorteils nicht geltend, liege eine verdeckte Gewinnausschüttung vor. Während der BFH lediglich einen förmlichen Gesellschafterbeschluß für die Befreiung vom Wettbewerbsverbot verlangte[18], stellt der BMF nachfolgende Wirksamkeitsvoraussetzungen auf: Eine Befreiung des beherrschenden Gesellschafters bzw. des Gesellschafter-Geschäftsführers von dem Wettbewerbsverbot könne nur anerkannt werden, wenn die klare und eindeutige Aufgabenabgrenzung zivilrechtlich wirksam sei. Erforderlich sei daher die anfängliche Aufnahme der Befreiung und Abgrenzung in die Satzung bzw. die Fassung eines späteren satzungsändernden oder auch satzungsdurchbrechenden Beschlusses. Ausreichend sei ferner die Aufnahme einer Öffnungsklausel in die Satzung. Ferner müsse eine angemessene Gegenleistung vereinbart werden, wenn ein ordentlicher und gewissenhafter Geschäftsführer die Befreiung vom Wettbewerbsverbot nicht unentgeltlich erteilen würde. Dies sei insbesondere dann der Fall, wenn die Gesellschaft auf dem betroffenen Gebiet bereits eine Tätigkeit entfaltet habe. Von der Entgeltlichkeit könne nur bei der Neugründung der Gesellschaft abgesehen werden.

2.2.3 Neue Rechtsprechung des BFH

2.2.3.1 BFH-Urteile zur Einpersonen-GmbH

Mit der Entscheidung vom 30.08.1995 I R 155/94[19] hatte der BFH über folgenden Sachverhalt zu befinden:

Der geschäftsführende Alleingesellschafter einer GmbH, die den Abschluß von Grundstücksgeschäften betrieb, hatte von seiner Mutter im Wege der vorweggenommenen Erbfolge Grundvermögen erworben, das er bebaute und später ver-

---

15 BMF-Schreiben IV B 7 - S 2742 - 54/93 v. 29.06.1993, BStBl 1993 I 556, NJW 1993, 2288.

16 Die Finanzverwaltung ist abgesehen von dem Fall des § 126 Abs. 5 FGO an die Urteile des BFH nicht gebunden, vgl. § 110 Abs. 1 FGO. Eine lediglich faktische Abhängigkeit resultiert aus § 115 Abs. 2 Nr. 2 FGO.

17 BMF-Schreiben IV B 7 - S 2742 - 6/92 v. 04.02.1992, BStBl 1992 I 137, 138, DStR 1992, 253.

18 BFH v. 14.03.1989 I R 8/85, BStBl 1989 II 633, BFHE 156, 452.

19 BFH v. 30.08.1995 I R 155/94, BFHE 178, 371, DStR 1995, 1873, FR 1995, 905, DB 1995, 2451.

kaufte. Auf ein im Geschäftsführervertrag ausdrücklich vereinbartes Wettbewerbsverbot ist später - nach Auffassung der Finanzverwaltung nicht formwirksam - verzichtet worden.

Im Urteilsfall I R 127/94[20] betrieb der Alleingesellschafter-Geschäftsführer neben einer Immobilien-GmbH, die sich mit der Verwertung und Verwaltung von Immobilien wie auch mit Bauleitung und -planung befaßte, ein Bauleitungsbüro in Form einer Einzelunternehmung. Es existierte weder ein Geschäftsführervertrag noch eine sonstige schriftliche Vereinbarung. Die GmbH vergab sämtliche bei ihr eingehenden Aufträge für Bauplanungen und Bauleitungen aufgrund von schriftlichen Einzelaufträgen an den Alleingesellschafter, für deren Durchführung er durchschnittlich 90 v.H. der von der GmbH vereinnahmten Vergütungen erhielt.

Ähnlich verhält sich der Sachverhalt der Entscheidung I R 45/95[21]: Dem Alleingesellschafter-Geschäftsführer war es aufgrund einer Regelung in seinem Anstellungsvertrag gestattet, sein bisheriges, in der Rechtsform einer Einzelunternehmung betriebenes Architekturbüro weiterhin zu betreiben. Er erwarb ein Gebäude, das er in Eigentumswohnungen aufteilte, sanierte und sukzessive veräußerte. Das Finanzamt sah hierin eine Konkurrenztätigkeit zur GmbH und rechnete dieser den Überschuß aus dem Wohnungsverkauf zu.

2.2.3.2 BFH-Urteil zur Mehrpersonen-GmbH

Der BFH hatte mit seinem Urteil vom 13.11.1996 I R 149/94 über eine Mehrpersonen-GmbH zu befinden, an der drei Innenarchitekten als Gesellschafter zu gleichen Teilen und als Geschäftsführer beteiligt waren. Satzungsgegenstand der GmbH war die Anfertigung von Innenausbauten, der Messe- und Ladenbau, der Innenausbau von Wohnungen sowie die Errichtung schlüsselfertiger Häuser. Bereits im Zeitpunkt der Gründung der GmbH betrieben zwei Gesellschafter ein Architekturbüro in der Rechtsform einer GbR, in das sie den dritten Gesellschafter mit Gründung der GmbH aufnahmen. Diese GbR erbrachte entgeltliche Architektenleistungen sowohl an die GmbH als auch an Dritte. Die Finanzverwaltung hatte sämtliche Einkünfte der GbR der GmbH zugerechnet mit der Begründung, es fehle an einer klaren und von vornherein abgeschlossenen Aufgabenabgrenzung.

---

20 BFH v. 12.10.1995 I R 127/94, BFHE 179, 258, DStR 1996, 337.

21 BFH v. 22.11.1995 I R 45/95, BFH NV 1996, 645, HFR 1996, 591.

2.2.3.3 Leitsätze der Rechtsprechungsänderung

Eine Begründung für diese Änderung der Rechtsprechung führt der BFH nicht explizit an, sie kommt jedoch in der "zentralen Aussage" des BFH zum Ausdruck, daß § 8 Abs. 3 Satz 2 KStG eine Gewinnkorrekturvorschrift und keine Zurechnungsnorm sei: Die Vorschrift sei "keine geeignete Rechtsgrundlage, um die von einem Gesellschafter im eigenen Namen und für eigene Rechnung ausgeübte Tätigkeit nur deshalb der eigenen GmbH zuzurechnen, weil sie auch unter deren Unternehmensgegenstand fällt"[22].
Von ihrem Grundgedanken her reiht sich diese neue Rechtsprechung an die bereits mit Urteil vom 11.01.1987 begonnene Entwicklung an und läßt sich damit als Fortsetzung des eingeschlagenen Weges beschreiben. Der BFH trennt sich von der - erneuten - Fiktion einer grundsätzlichen Tätigkeit des Gesellschafter-Geschäftsführers für die GmbH bei einer Branchennähe der beiden Tätigkeitsbereiche. Zur Anerkennung einer Tätigkeit des Gesellschafter-Geschäftsführers im eigenen Namen und für eigene Rechnung bedurfte es bisher einer klaren und vorherigen Vereinbarung, durch die dem Gesellschafter ein persönliches Tätigwerden im Unternehmensbereich der GmbH gestattet wurde.[23] Diesen Zurechnungszusammenhang nun gibt der BFH auf. Eine globale Überschneidung der Tätigkeitsbereiche von GmbH und Gesellschafter-Geschäftsführer rechtfertigt es danach alleine nicht, im Namen und für Rechnung von Gesellschaftern im Geschäftsbereich der GmbH ausgeübte Tätigkeiten der GmbH zuzurechnen. Dies selbst dann nicht, wenn der Gesellschafter-Geschäftsführer gegen das gesellschaftsrechtliche Wettbewerbsverbot verstoßen haben sollte. Die Gewinnkorrekturfunktion des § 8 Abs. 3 Satz 2 KStG dient der Umqualifizierung bestimmter Geschäftsvorfälle von einer behaupteten betrieblichen Veranlassung (und damit Betriebsausgabencharakter der Leistung der Gesellschaft) in eine gesellschaftliche Veranlassung und damit letztlich in einen steuerbaren Gewinn. Hierfür aber bedarf es der konkreten Überprüfung, ob der fragliche Geschäftsvorfall für die Gesellschaft eine Vermögensminderung oder verhinderte Vermögensmehrung nach sich zieht. Nicht die globale Überlagerung der Geschäftskreise führt zu einer verdeckten Gewinnausschüttung, sondern eine konkrete Gewinnverlagerung im Einzelfall.

2.2.3.3.1 Zivilrechtliches Primat. Ist § 8 Abs. 3 Satz 2 KStG sonach keine Zurechnungsnorm und auch eine Sachverhaltsunterstellung durch die Gerichte nicht zulässig, obliegt es somit - mangels spezialgesetzlicher Regelung - nicht dem Steuerrecht, über die Zurechnung von Geschäftsvorfällen und deren Ergebnisse zu einem Rechtssubjekt zu entscheiden. Es hat sich vielmehr den originären

---

[22] BFH v. 30.08.1995 I R 155/94, BFHE 178, 371, DStR 1995, 1873, FR 1995, 905, DB 1995, 2451.

[23] Vgl. BMF-Schreiben IV B 7 - S 2742 - 6/92 v. 04.02.1992, BStBl 1992 I 137.

Wertungen der dies regelnden und hierfür kodifizierten Zivilrechtsordnung zu unterwerfen. In diesem Sinne erklärt nunmehr auch der BFH den Vorrang des Zivilrechts vor dem Steuerrecht und wendet sich damit von seiner bisherigen Rechtsprechung ab, nach der das zivilrechtliche Wettbewerbsverbot unmittelbar prägend auf die körperschaftlichen Normen - sowohl für die Zurechnung als auch für die Voraussetzungen des § 8 Abs. 3 Satz 2 KStG - einwirkte. Als Folge seiner Rechtsprechungsänderung unterwirft sich der BFH im Hinblick auf die Existenz eines gesellschaftlichen Wettbewerbsverbotes und die Rechtsfolgen seines Verstoßes der Zivilrechtsordnung und der zivilgerichtlichen Spruchpraxis. Er erklärt die zivilrechtliche Rechtslage als für sich bindende Voraussetzung, um auf dieser rechtlichen Wertung das Vorliegen einer verdeckten Gewinnausschüttung anhand steuerlicher Kriterien zu beurteilen.
Die Annahme einer verdeckten Gewinnausschüttung setzt sonach voraus, daß - erstens - zivilrechtlich überhaupt ein Wettbewerbsverbot besteht und - zweitens - gegen dieses Verbot verstoßen worden ist, in dessen Folge Schadensersatz- und/oder Herausgabeansprüche der Gesellschaft entstanden sind. Erst im Anschluß an diese, ausschließlich an zivilrechtlichen Maßstäben ausgerichtete Prüfung, setzt dann die steuerliche Würdigung im Hinblick auf eine Vermögensverlagerung im konkreten Einzelfall ein.

Die Bezeichnung des vorstehend beschriebenen und vom BFH ausgeführten Verhältnisses von Zivil- und Steuerrecht als "Primat des Zivilrechts" wird als irreführend kritisiert. Die beiden Rechtsgebiete seien einander vielmehr nebengeordnet.[24]

Die hier interessierende Beziehung von Zivil- und Steuerrecht ist jedoch strikt zu trennen von der kontrovers geführten Diskussion, wie sich Zivil- und Steuerrecht im System der Gesamtrechtsordnung zueinander verhalten[25], oder ob sich das Steuerrecht bei der Verwendung von Tatbestandsmerkmalen oder Tatbeständen des Zivilrechts an dessen Auslegungskriterien zu orientieren hat[26].
Entscheidend ist hier vielmehr, ob die Finanzverwaltung und -rechtsprechung bei der Anknüpfung steuerlicher Rechtsfolgen (verdeckte Gewinnausschüttung) an einen zivilrechtlichen Tatbestand (gesellschaftsrechtliches Wettbewerbsverbot) an die Rechtsprechung des BGH gebunden ist oder ob es diese ignorierend eigene zivilrechtliche Wertungen anstellen und für maßgeblich erklären darf. Daß sich diese Frage verständlicherweise nur im Sinne einer Vorrangstellung des Zivil-

---

24 *Tipke/Lang*, § 1, 2.22, S. 7, m.w.N..

25 Überwiegend wird von einen gleichrangigem Nebeneinander gesprochen, vgl. BVerfG-Beschluß v. 27.12.1991 - 2 BvR 72/90, BStBl 1992 II 212, 213; *Kirchhof*, StuW 1983, 173, 180 f.; *List*, in: FS Döllerer, S. 369, 381; *Tipke/Lang*, § 1 Rn. 19.

26 Vgl. hierzu *Tipke*, JuS 1970, 149 ff; *List*, in: FS Döllerer, S. 369, 381; *Tipke/Lang*, § 1 Rn. 19.

rechts beantworten läßt, sei nachfolgend anhand der bilanziellen Konsequenzen verdeutlicht.

Nach der Definition des BFH setzt eine verdeckte Gewinnausschüttung im Sinne des § 8 Abs. 3 Satz 2 KStG eine Vermögensminderung oder verhinderte Vermögensmehrung voraus. Der Rechtsfolge nach dient die Vorschrift dem Zweck, Gewinnminderungen zu korrigieren, die bei einer Kapitalgesellschaft eingetreten sind. Diese zu korrigierende Gewinnminderung ist deshalb anhand der Steuerbilanz zu ermitteln, wie sie ohne Rücksicht auf die Rechtsfolge des § 8 Abs. 3 Satz 2 KStG nach dem Maßgeblichkeitsgrundsatz aufgestellt wurde.[27] Daraus folgt, daß zivilrechtliche Ansprüche einer Kapitalgesellschaft gegen ihren Gesellschafter, die in der Steuerbilanz erfolgswirksam zu aktivieren sind, nicht gleichzeitig die Rechtsfolge des § 8 Abs. 3 Satz 2 KStG auslösen können. Wird eine entsprechende Forderung von der Kapitalgesellschaft tatsächlich nicht aktiviert, ist die Steuerbilanz als solche zu berichtigen.

Die Annahme eines aktivierungsfähigen Vermögenswertes bedingt im Falle einer Forderung, daß der Anspruch zivilrechtlich wirksam entstanden ist oder zumindest mit seiner Entstehung vernünftigerweise zu rechnen ist.[28]
Die hierfür erforderlichen Voraussetzungen und deren Vorliegen im Einzelfall, richten sich jedoch abschließend nach Maßgabe des Zivilrechts und der hierzu ergehenden Spruchpraxis der Zivilgerichte.

Würde die Finanzrechtsprechung zu einer von der Auffassung des BGH abweichenden rechtlichen Beurteilung kommen und infolge dessen eine lediglich "steuerrechtlich bestehende" Forderung annehmen, wäre der Steuerpflichtige gezwungen, einen "Anspruch" zu aktivieren, der zivilrechtlich nicht wirksam entstanden ist und den er folglich nicht gerichtlich durchzusetzen vermag. Ein solch fiktiver Anspruch aber verkörpert keinen realisierbaren Vermögenswert, der folglich nicht bilanziell anzusetzen ist. Der Steuerpflichtige wäre gezwungen, die Vermögenslage der Gesellschaft falsch wiederzugeben, dies aber kann weder Intention der Finanzrechtsprechung und -verwaltung sein, noch wäre dies mit dem Gesetzeszweck des § 8 Abs. 3 Satz 2 KStG, den objektiv richtigen Gewinn der Gesellschaft zu ermitteln[29], vereinbar.

---

27 BFH v. 14.09.1994 I R 6/94, BFHE 175, 412, 413 f..

28 Vgl. BFH v. 12.04.1984 IV R 112/81, BFHE 141, 45, 47, BStBl 1984 II 554, 555; BGH v. 03.11.1975 II ZR 67/73, BB 1976, 9, 10; *Schreiber*, in: Blümich, EStG, § 5 Rn. 481; *Weber-Grellet*, in: L. Schmidt, EStG, § 5 Rn. 99; neben der rechtlichen Entstehung wird eine hinreichende Konkretisierung verlangt, vgl. BFH v. 23.05.1984 I R 266/81, BStBl 1984 II 723.

29 Vgl. oben 1.3.1, S. 5 ff..

Gleiches gilt für die Anwendung der Rechtsfolge des § 8 Abs. 3 Satz 2 KStG. Kommt diese nach den vorstehenden Ausführungen sonach erst zum Tragen, wenn einerseits zwar eine Gewinnverlagerung eingetreten ist, andererseits der dieser zugrunde liegende Vermögenswert aber nicht zu aktivieren ist, sind dies regelmäßig Fälle, in denen die "Forderung" entweder nicht entstanden oder wieder untergegangen ist; ein zu aktivierender Wert somit zwar nicht existiert, unter steuerlichen Gesichtspunkten aber bestehen müßte. Auch diese Rechtsfolge kann sich verständlicherweise ausschließlich nach zivilrechtlichen Maßstäben richten.

Das Verhältnis von Zivil- und Steuerrecht läßt sich wie folgt beschreiben: das Zivilrecht hält den organisatorischen Rahmen und die rechtlichen Instrumente für den Rechtsverkehr bereit, an dessen wirtschafltiche Ergebnisse das Steuerrecht anknüpft.[30]

Ist es somit als unzulässig zu erachten, wenn die Finanzrechtsprechung und -verwaltung einen zivilrechtlichen Tatbestand ungeachtet der zivilrechtlichen Spruchpraxis einer selbständigen und insbesondere abweichenden Beurteilung zuführt, bestehen hingegen keine Bedenken, werden unter Respektierung der zivilrechtlichen Rechtslage weitere Voraussetzungen für die Vermeidung steuerlicher Konsequenzen verlangt oder andere Maßstäbe gesetzt.

Dies folgt insbesondere aus den unterschiedlichen Zielsetzungen von Steuer- und Zivilrecht.[31] Das Steuerrecht knüpft zur Erfassung der wirtschaftlichen Leistungsfähigkeit an wirtschaftliche Ergebnisse des Rechtsverkehrs an, für die das Zivilrecht die gestalterischen Rahmenbedingungen zur Verfügung stellt. Es ist daher durchaus sachgerecht, wenn das Steuerrecht hierzu seine eigene Teleologie, Tatbestände und Terminologie schafft, dies jedoch nur so weit, als es sich damit nicht in Widerspruch zu der Zivilrechtsordnung setzt.[32]

Die im Hinblick auf die Zivilrechtslage bzw. die zivilgerichtliche Spruchpraxis ergangenen Präjudizien des BFH lassen sich in folgenden Eckpunkten zusammenfassen:

Die Einmann-GmbH kann als Folge einer Wettbewerbstätigkeit des Gesellschafter-Geschäftsführers eine zu aktivierende Schadensersatzforderung nur erlangen, wenn infolge der Wettbewerbstätigkeit das Stammkapital oder diesem gleichgestellte Beträge nach §§ 31 f GmbHG angegriffen werden. Bei Mehrpersonenge-

---

30 Vgl. *Mertens/Cahn*, in: FS Heinsius, S. 545, 566 f; *Wassermeyer*, DStR 1991, 1065, 1068; *Schulze-Osterloh*, FR 1993, 73, 81 f; *List*, in: FS Döllerer, S. 369, 381; *Walz*, ZHR 147 (1983), 281, 309; *Thiel*, GmbHR 1992, 338, 339; *Tipke/Lang*, § 1, Rn. 19; jeweils m.w.N..

31 Vgl. 1.5.2, S. 38 ff..

32 Vgl. zur Autonomie des Steuerrechts *Tipke/Lang*, § 1, Rn. 29 ff., m.w.N..

sellschaften gilt gleiches zumindest dann, wenn die Gesellschafter in Ausübung gleichgerichteter Interessen oder einvernehmlich handeln.
Ein vertragliches Wettbewerbsverbot kann der Alleingesellschafter jederzeit aufgrund seiner umfassenden Dispositionsbefugnis zivilrechtlich und auch mit steuerlicher Wirkung aufheben. Ausdrücklich macht der BFH eine wirksame Befreiung vom Wettbewerbsverbot nicht (mehr) davon abhängig, daß GmbH und Alleingesellschafter eine darin enthaltene Abgrenzung der Tätigkeitsbereiche der Gesellschaft und des konkurrierenden Gesellschafters klar und eindeutig getroffen haben. Dies war erforderlich, um eine spätere willkürliche Zuordnung des Geschäfts zum Gesellschafter oder zur Gesellschaft zu vermeiden.[33] Nach den geänderten Grundsätzen bedarf es einer Abgrenzungsvereinbarung nicht mehr: das Zivilrecht stelle ein derartiges Abredegebot nicht auf. Es handele sich vielmehr um ein steuerliches Kriterium, das nicht zur Beurteilung der Existenz zivilrechtlicher Ansprüche herangezogen werden könne. Haben die Beteiligten sonach eine derartige Abrede - insbesondere im Hinblick auf die bisherige Rechtsprechung - getroffen, können weder aus der Aufhebung der Abrede noch aus deren Fortbestand steuerliche Konsequenzen gezogen werden.

Beim (beherrschenden) Gesellschafter einer Mehrpersonen-GmbH hängt die Wirksamkeit der Befreiung vom Wettbewerbsverbot oder die Aufhebung des Wettbewerbsverbot grundsätzlich von der Zustimmung aller Gesellschafter ab. Auch hier dürfen aus dem Vorliegen bzw. Nichtvorliegen einer Abgrenzungsabrede keine Schlußfolgerungen gezogen werden.

Besteht ein vertraglicher Wettbewerbsausschluß, von dem nicht befreit wurde, kann die Verletzung dieses privatrechtlichen Wettbewerbsverbotes Ersatzansprüche der GmbH auslösen. In Abkehr von der bisherigen Rechtsprechung begründet nicht allein die Tätigkeit des Gesellschafters in dem Geschäftsbereich der GmbH bei Mangel einer Abgrenzungsvereinbarung eine Verletzungshandlung. Erforderlich ist vielmehr eine konkrete Verletzung von Treuepflichten als Gesellschafter oder Verhaltenspflichten als Geschäftsführer.

Ist ein Ersatzanspruch der GmbH aus der konkurrierenden Tätigkeit ihres Gesellschafters entstanden, kommt eine verdeckte Gewinnausschüttung im Wege der erst an dieser Stelle einsetzenden steuerrechtlichen Würdigung nur dann in Betracht, wenn die Gesellschaft aus gesellschaftlichen Motiven auf ihre Ansprüche endgültig verzichtet.[34]

---

[33] Vgl. BFH v. 12.04.1989 I R 142-143/85, BStBl 1989 II 636 (637); BMF-Schreiben IV B 7 - S 2742 - 6/92 v. 04.02.1992, DStR 1992, 253; IV B 7 - S 2742 - 59/92 v. 18.08.1992, WPg 1992, 625; v. 29.06.1993, NJW 1993, 2288.

[34] Hierzu nachfolgend unter "Fallgruppe 1", 3, S. 63 ff..

Ergibt die zivilrechtliche (Vor-) Prüfung, daß eine verdeckte Gewinnausschüttung wegen Verzichts auf einen Anspruch auf Vorteilsherausgabe und/oder Schadensersatz gegen den Gesellschafter nicht vorliegt, weil kein Wettbewerbsverbot besteht oder der Gesellschafter dagegen jedenfalls nicht treuwidrig verstoßen hat, setzt nach der geänderten Rechtsprechung eine eigenständige steuerliche Bewertung des Geschäftsvorfalls ein:
eine Gewinnverlagerung im Einzelfall als Voraussetzung einer Korrektur nach § 8 Abs. 3 Satz 2 KStG könne unbeachtlich der zivilrechtlichen Rechtslage zum einen anzunehmen sein, wenn der Gesellschafter eine der GmbH zustehende Geschäftschance ausnutze oder Informationen, die der GmbH zuzurechnen seien, für sich einsetze und dies im Einverständnis mit den Mitgesellschaftern unentgeltlich geschehe, obwohl ein fremder Dritter für deren Überlassung ein Entgelt gezahlt haben würde.[35] Zum anderen, wenn die Gesellschaft Aufträge durch ihren Gesellschafter als Subunternehmer entgeltlich ausführen ließ, diese Geschäftschancen aber selbst hätte wahrnehmen müssen.[36]

2.2.3.3.2 Aufgabe der Rechtsprechung unter Verweis auf den BGH.

Nach der dem Urteil wesentlichen Trennung von gesellschaftsrechtlicher und steuerrechtlicher Beurteilung, bedingt die Annahme einer verdeckten Gewinnausschüttung die positive Feststellung, daß überhaupt ein Wettbewerbsverbot existiert und gegen dieses verstoßen worden ist mit der Folge, daß der Gesellschaft ein entsprechender Herausgabe- und/oder Schadensersatzanspruch zusteht. Die Beurteilung dieser Voraussetzungen richtet sich ausschließlich nach dem Zivilrecht.

Vier der fünf bisher nach diesen geänderten Grundsätzen ergangenen Urteile betreffen eine Einpersonen-GmbH. Kern dieser Entscheidungen ist die Aussage des BFH, der Alleingesellschafter-Geschäftsführer unterliege solange keinem Wettbewerbsverbot, als er der Gesellschaft Vermögen entziehe, das zur Deckung des Stammkapitals nicht benötigt wird.[37]

Zum Beleg für diese Rechtsprechungsänderung verweist der BFH auf ein Urteil des BGH vom 05.10.1993[38].

---

35 Hierzu nachfolgend unter "Fallgruppe 2", 4, S. 167 ff..

36 Hierzu nachfolgend unter "Fallgruppe 3", 5, S. 189 ff..

37 BFH v. 30.08.1995 I R 155/94, BFHE 178, 371, DStR 1995, 1873, FR 1995, 905, DB 1995, 2451; v. 12.10.1995 I R 127/94, BFHE 179, 258, DStR 1996, 337; v. 22.11.1995 I R 45/95, BFH NV 1996, 645, HFR 1996, 591; v. 11.06.1996 I R 97/95, DStR 1996, 1769.

38 BGH v. 10.05.1993 II ZR 74/92, BGHZ 122, 333, GmbHR 1993, 427, DStR 1993, 1072; erneut herangezogen in BFH v. 12.10.1995 I R 127/94, BFHE 179, 258, DStR 1996, 337, 338 und v. 11.6.1996 I R 97/95, DStR 1996, 1769.

Diesem Urteil des BGH liegt folgender - verkürzt wiedergegebener - Sachverhalt zugrunde:
Der Kläger ist Konkursverwalter der M-GmbH, deren alleiniger Gesellschafter der Beklagte zu 1) ist. Beklagte zu 2) ist die Gesellschafter-Geschäftsführerin der Gesellschaft. In dem vorliegenden Rechtsstreit macht der Kläger einen Erstattungsanspruch aus einer durch gerichtliches Urteil für nichtig befundenen Verrechnungsvereinbarung zwischen der M-GmbH, dem Beklagten zu 1) als deren Gesellschafter und der B-GmbH & Co KG geltend. Einziger Kommanditist sowie alleiniger Gesellschafter dieser Kommanditgesellschaft wie auch Gesellschafter-Geschäftsführer deren Komplementär-GmbH ist gleichfalls der Beklagte zu 1).
Der BFH hatte darüber zu befinden, ob die Beklagten mittels verschiedener Abtretungs- und Aufrechnungsmaßnahmen das Vermögen der M-GmbH unzulässigerweise verringert bzw. entzogen und sich hierdurch ersatzpflichtig gemacht hatten.

Die Vorinstanz hatte den Klageanspruch auf Verletzung der gesellschafterlichen Treuepflicht sowie auf § 43 Abs. 2 GmbHG und § 826 BGB gestützt.
Dem tritt der BGH entgegen und führt aus: "Der alleinige Gesellschafter einer GmbH schuldet dieser - ebenso wie die Gesellschafter einer mehrgliedrigen GmbH, wenn sie einvernehmlich handeln - grundsätzlich weder wegen Treuepflichtverletzung noch unter dem Gesichtspunkt der unerlaubten Handlung Schadensersatz, wenn er der Gesellschaft Vermögen entzieht, das zur Deckung des Stammkapitals nicht benötigt wird; (...)"

Mit keinem Wort erwähnt wird jedoch das Wettbewerbsverbot. Hierfür hatte der BGH auch keinen Anlaß, da das Urteil - wie verkürzt dargestellt - keinen Fall eines streitigen Wettbewerbsverbotes betraf. Der BGH hatte sich zwar mit den Treuepflichten des Gesellschafters gegenüber seiner GmbH zu befassen, die gleichfalls Rechtsgrundlage des ungeschriebenen Wettbewerbsverbotes sind[39].
Für den durch den BFH zu entscheidenden Fall läßt sich dem BGH-Urteil jedoch nur entnehmen, daß die Gesellschaft im Falle der Treuepflichtverletzung durch Vermögensentzug insofern keinen Ersatzanspruch hat, als das entzogene Vermögen nicht zur Deckung des Stammkapitals benötigt wird.
Dieser Feststellung jedoch bedurfte es in den BFH-Urteilen gar nicht.
Für die Entscheidungen war vielmehr von Bedeutung und wäre daher zu belegen gewesen, ob nach zivilrechtlichen Grundsätzen der Alleingesellschafter einem Wettbewerbsverbot unterliegt; ob also ein solches Verbot mangels gesetzlicher und vertraglicher Regelung überhaupt existiert.
Wenn auch ein ungeschriebenes Wettbewerbsverbot aus Treuepflichten des Gesellschafters gegenüber seiner Gesellschaft abgeleitet werden kann und im Hin-

---

[39] Vgl. 3.1.1.4.1, S. 67 ff..

blick auf diese Treuepflichten der angeführte Verweis auf das zitierte BGH-Urteil erfolgt sein könnte, ist dieser doch dogmatisch unsauber.

Einen weiteren "Schönheitsfehler" hat der BFH inzwischen berichtigt.
Er hatte zunächst die Existenz eines Wettbewerbsverbotes zu begründen versucht, indem er auf die Voraussetzungen für eine Ersatzpflicht des Gesellschafters wegen Verletzung von Treuepflichten abstellte. Diese aber bedingen nicht die Existenz eines Wettbewerbsverbotes, vielmehr sind sie nur ein Aspekt der Treuepflichten und haben mit deren Verletzung unmittelbar nichts zu tun. In seinem Urteil vom 11.06.1996 I R 97/95[40] trennt der BFH nunmehr gedanklich zwischen der Existenz eines Wettbewerbsverbotes und der von Ersatzansprüchen: nach der Rechtsprechung des BGH[41] "unterliegt der Gesellschafter einer Einmann-GmbH keinem gesetzlichen Wettbewerbsverbot. Aus diesem Grunde stehen der Einmann-GmbH auch keine Ansprüche gegen den Gesellschafter-Geschäftsführer wegen des Verstoßes gegen ein solches Wettbewerbsverbot zu. (...) Ob etwas anderes gilt, wenn der Alleingesellschafter seiner GmbH Vermögen entzieht, das diese zur Deckung des Stammkapitals benötigt," bedurfte keiner abschließenden Entscheidung.

Wenn sich der BFH im Ergebnis der Auffassung des BGH anschließen und diese für sich als bindend anerkennen will, so sollte er bei Verweisungen sehr sorgfältig vorgehen, zumal das Thema Wettbewerbsverbot auch im Zivilrecht kontrovers diskutiert wird und daher erneute Unsicherheiten bei den Rechtsfolgen im Steuerrecht unbedingt vermieden werden sollten.

Unmittelbar anschließend wird in den Urteilsbegründungen die bisher einschlägige BFH-Rechtsprechung zum Wettbewerbsverbot aufgegeben. Auch hier wirft die Zitierweise einige Fragen auf. Richtigerweise und bei einem Anspruch auf annähernde Vollständigkeit hätten fünf neue Urteile[42] zitiert werden sollen. Der BFH zitiert hingegen nur drei Entscheidungen, von denen eine mit dem Themenbereich in keinem Zusammenhang steht und daher ein "Irrläufer" ist. Förmlich aufgehoben sind damit vom BFH lediglich zwei einschlägige Urteile, die über die Gültigkeit der verbleibenden drei Präjudizien Rätsel aufgeben. Dies gilt insbesondere für das einzige Urteil[43], bei dem die Heranziehung des gesell-

---

40 BFH v. 11.06.1996 I R 97/95, DStR 1996, 1769.

41 Hierzu verweist der BFH wiederum auf das BGH-Urteil v. 10.5.1993 II ZR 74/92, BGHZ 122, 333, GmbHR 1993, 427, DStR 1993, 1072.

42 BFH v. 11.02.1987 I R 177/83, BStBl 1987 II 461; v. 14.03.1989 I R 8/85, BFHE 156, 452, BStBl 1989 II 633; v. 12.4.1989 I R 142-143/85, BFHE 156, 484, BStBl 1989 II 636; v. 26.04.1989 I R 172/87, BFHE 157, 138, BStBl 1989 II 673; v. 28.02.1990 I R 144/87, BFHE 160, 237, BStBl 1990 II 595.

43 BFH v. 11.02.1987 I R 177/83, BStBl 1987 II 461.

schaftsrechtlichen Wettbewerbsverbotes entscheidungserheblich und damit kein obiter dictum war.

2.2.3.4 Haltung der Finanzverwaltung

Die Finanzverwaltung zeigt sich hinsichtlich der Rechtsprechungsänderung des BFH sehr zurückhaltend. Weder sind die einschlägigen Entscheidungen bisher im Bundessteuerblatt veröffentlicht worden, noch ist eine Verwaltungsanweisung oder ein BMF-Schreiben zu den geänderten Präjudizien ergangen.
Beim Deutschen Bundestag wurden zu dem Themenkreis um das Wettbewerbsverbot verschiedene Petitionen eingereicht. Der Petitionsausschuß hat diese nach Überprüfung im April 1995 an die Bundesregierung weitergeleitet, damit evtl. durch Konkretisierung der bisherigen Verwaltungsanweisungen die Rechtssicherheit gewahrt werde.[44] In seiner jüngsten Entscheidung hat der BFH nunmehr ausdrücklich darauf hingewiesen, daß die BMF-Schreiben, soweit sie von der Rechtsauffassung des I. Senats abweichen, der Rechtsgrundlage entbehren.[45] Es bleibt somit abzuwarten, welche Haltung die Finanzverwaltung einnehmen wird.

2.3 Zusammenfassung

Nicht die globale Überschneidung der Geschäftsbereiche von Gesellschaft und Gesellschafter führt zu der Annahme einer verdeckten Gewinnausschüttung. Es bedarf der positiven Feststellung einer gesellschaftlich veranlaßten Gewinnverlagerung im konkreten Einzelfall. Ob der Gesellschafter einem Wettbewerbsverbot unterliegt und ob er hiergegen im Einzelfall verstoßen hat, ist ausschließlich nach zivilrechtlichen Maßstäben zu beurteilen. Das Zivilrecht hält den organisatorischen Rahmen und die rechtlichen Instrumente für den Rechtsverkehr bereit, an dessen wirtschaftlichen Ergebnisse das Steuerrecht anknüpft. Erst in einem zweiten Schritt setzt die steuerrechtliche Würdigung ein. Die Annahme eines aktivierungsfähigen Vermögenswertes bedingt sonach, daß der Rückgewähranspruch zivilrechtlich wirksam entstanden ist.

---

44 Vgl. Beschlußempfehlung des Petitionsausschusses, BB 1995, 1019.

45 BFH v. 18.12.1996 I R 26/96, DStR 1997, 575, 577, GmbHR 1997, 362, 364.

3 Tatbestand der verdeckten Gewinnausschüttung wegen Verstoßes gegen ein Wettbewerbsverbot (Fallgruppe 1)

Unter Anerkennung des zivilrechtlichen Primats kommt eine verdeckte Gewinnausschüttung wegen Verstoßes gegen ein Wettbewerbsverbot nur in Betracht, wenn der Gesellschaft infolge unerlaubter Konkurrenztätigkeit ihres Gesellschafters Schadensersatz- und/oder Herausgabeansprüche entstanden sind, auf die sie aus gesellschaftlichen Motiven verzichtete. Erst im Anschluß an diese ausschließlich an zivilrechtlichen Maßstäben orientierten Vorfragen folgt in einem zweiten Schritt die steuerrechtliche Würdigung unter dem Gesichtspunkt einer gesellschaftlich motivierten Gewinnverlagerung.

3.1 Zivilrechtliche Vorfragen

Die zivilrechtlichen Feststellungen sind in zweifacher Hinsicht für die steuerrechtliche Einkommensermittlung bei der GmbH von grundlegender Bedeutung: zunächst ist zu prüfen, ob überhaupt eine Wettbewerbstätigkeit entfaltet wird und der konkurrierende Gesellschafter personell einem Wettbewerbsverbot unterliegt. Ist dies der Fall, ist zu beurteilen, ob eine wirksame Befreiung vom Wettbewerbsverbot erteilt wurde oder die GmbH Schadensersatz- und/oder Herausgabeansprüche hat, die bei ihr zu bilanziellen Vermögensmehrungen führen. Andernfalls fehlt die erforderliche Gewinnverlagerung, die es mittels § 8 Abs. 3 Satz 2 KStG zu korrigieren gilt, so daß von vornherein der Tatbestand einer verdeckten Gewinnausschüttung auszuschließen ist. Diesen zivilrechtlichen Vorfragen soll im folgenden nachgegangen werden.

3.1.1 Bestehen eines Wettbewerbsverbotes

Wer sich zur Förderung eines gemeinsamen Zwecks verpflichtet, darf diesen gemeinsamen Zweck nicht gefährden. Demgemäß kann er verpflichtet sein, eine konkurrierende Tätigkeit im Verhältnis zu der Gesellschaft, gegebenenfalls aber auch zu seinen Mitgesellschaftern, zu unterlassen.

3.1.1.1 Gesetzliche Wettbewerbsverbote

Gesetzliche Wettbewerbsverbote bestehen für den Handlungsgehilfen (§§ 60, 61 HGB), für den Gesellschafter einer OHG (§ 112 HGB) und den persönlich haftenden Gesellschafter einer KG (§§ 112, 161 Abs. 2, 165 HGB, § 284 AktG), für Vorstandsmitglieder einer AG (§ 88 AktG) und im Arbeitsrecht[1].

Diese Wettbewerbsverbote bestehen grundsätzlich nur während des jeweiligen Schuldverhältnisses. Es beginnt mit dem durch vertragliche Verpflichtung herbeigeführten Eintritt in die Gesellschaft oder dem Arbeitsverhältnis bzw. mit Bestellung zum Vorstandsmitglied und endet mit dessen Austritt bzw. Ausschluß. Nur ausnahmsweise besteht über diesen Zeitpunkt hinaus ein Wettbewerbsverbot auch ohne gesonderte vertragliche Vereinbarung fort. So kann der persönlich haftende Gesellschafter einer Personengesellschaft bei schuldhafter Beendigung der Mitgliedschaft unter dem Gesichtspunkt der Schadensersatzpflicht gehalten sein, eine konkurrierende Tätigkeit auch nach seinem Ausscheiden zu unterlassen, bis eine Schädigung der Gesellschaft aufgrund der zeitlichen Distanz nicht mehr in Betracht kommt.[2]

3.1.1.2 Vertragliche Wettbewerbsverbote

Ihre umfassende Dispositionsbefugnis eröffnet den Gesellschaftern die Möglichkeit, entweder in der Satzung oder durch gesonderte Vereinbarung untereinander Konkurrenzverbote zu schaffen, die eigenständig neben den gesetzlichen Wettbewerbsverboten, etwa als Beitrag des Gesellschafters, vereinbart werden. So kann der Vertrag einer GmbH oder KG einen Passus wie diesen enthalten: "Jedem Gesellschafter ist es untersagt, für eigene oder für fremde Rechnung auf einem ihrer Tätigkeitsgebiete in Wettbewerb zu treten."[3]
Ebenso können die Gesellschafter die gesetzlichen Regelungen beschränken oder ausschließen und damit jedem einzelnen Gesellschafter das Recht verschaffen, sich wirtschaftlich frei zu betätigen.[4] Die gesetzlichen Wettbewerbsverbote gelten damit nur vorbehaltlich einer abweichenden vertraglichen Regelung. Ob im konkreten Einzelfall ein Gesellschafter konkurrierend tätig werden darf, hängt somit

---

1 Für den Arbeitnehmer wird das Wettbewerbsverbot aus § 60 HGB analog bzw. aus der gegenüber dem Arbeitgeber bestehenden Treuepflicht abgeleitet; vgl. bei *Etzel*, in: Gemeinschaftskommentar, HGB, § 60 Rn. 1; *Honsel*, in: Heymann, HGB, § 60 Rn. 4; *Baumbach/Hopt*, HGB, § 60 Rn. 4.

2 Vgl. *Fischer*, in: Großkommentar, HGB, § 122 Anm. 13; *Martens*, in: Schlegelberger, HGB, § 112 Rn. 7.

3 *K. Schmidt*, Gesellschaftsrecht, § 20 V 1 a, S. 488.

4 *Fischer*, in: Großkommentar, HGB, § 112 Anm. 13; *Martens*, in: Schlegelberger, HGB, § 112 Rn. 25 ff..

vorrangig von etwaigen (gesellschafts-) vertraglichen Regelungen - und erst nachrangig - von den gesetzlichen Normierungen ab.

Aufgrund der nicht faßbaren Gestaltungsmöglichkeiten vertraglicher Wettbewerbsverbote[5] sind diese nachfolgend zu vernachlässigen.

3.1.1.3
Kartellrechtliche Grenze der Wettbewerbsverbote

Dienen Wettbewerbsverbote dem aus Verbandssicht erstrebenswerten Zweck, Konkurrenz auszuschalten, verfolgt das Kartellrecht die Intention, eben gerade solchen Entwicklungen entgegenzuwirken. Diese Konfliktsituation hat im Fall des § 112 HGB - wie auch darüber hinaus jede Wettbewerbsbeschränkung[6] - zur Konsequenz, daß sowohl die Voraussetzungen des § 112 HGB erfüllt sind, mit der Folge, daß jedwede konkurrierende Tätigkeit zu unterlassen ist, als auch die Voraussetzungen des § 1 GWB, der die Unwirksamkeit einer solchen Unterlassungspflicht normiert.[7]

Zur Lösung dieses Spannungsverhältnisses wurde die sog. Immanenztheorie[8] entwickelt. Dieser liegt der Gedanke zugrunde, gesellschaftsrechtliche Wettbewerbsverbote kartellrechtlich freizustellen, soweit sie notwendig sind, um den kartellrechtsneutralen Verband funktionsfähig zu erhalten.[9] Gesellschaftsrechtliche Wettbewerbsverbote können danach trotz der Unwirksamkeitsanordnung des § 1 GWB Bestand haben, soweit sie funktionsnotwendig einem kartellrechtsneutralen Zweck dienen. Dies ist der Fall, wenn die Wettbewerbsbeschränkung mit einem von der Rechtsordnung gebilligten Hauptzweck verbunden ist.[10] Da sich Wettbewerb letztlich in den Rechtsformen des Privatrechts verwirklicht, können auch nur diese über die Zulässigkeit von Beschränkungen der Handlungsfreiheit entscheiden.[11] Eine Wettbewerbswirtschaft aber ist an der Existenz leistungsfähi-

---

5 Zu den Anforderungen eines vertraglichen Wettbewerbsverbotes in materieller Hinsicht - insbesondere vor dem Hintergrund der §§ 138 f. BGB - vgl. BGH v. 14.07.1997 - II ZR 238/96, DB 1997, 2070 f..

6 *Ivens*, DB 1988, 215; vgl. auch *Hueck*, in: Baumbach/Hueck, GmbHG, § 3 Rn. 44 für den GmbH-Gesellschafter.

7 *Martens*, in: Schlegelberger, HGB, § 112 Rn. 31.

8 *Steindorff*, BB 1977, 569, 570; *K. Schmidt*, Kartellverbot, S. 79 ff; *ders.*, ZHR 149 (1985), 1, 10 ff; *Ulmer*, in: Großkommentar, HGB, § 112, Rn. 43; *Immenga*, in: *Immenga/Mestmäcker*, GWB, § 1 Rn. 368 ff.; *Möschel*, Rn. 204; *Ivens*, Das satzungsmäßige Konkurrenzverbot, S. 136 ff.; *ders.*, DB 1988, 215, 216 f..

9 *K. Schmidt*, ZHR 149 (1985), 1, 12; *Ivens*, Das satzungsmäßige Konkurrenzverbot, S. 136 f.; *Steindorff*, BB 1977, 569, 571.

10 *Möschel*, Rn. 204; *K. Schmidt*, ZHR 149 (1985), 1, 10 ff; *Immenga*, in: Immenga/Mestmäcker, GWB, § 1 Rn. 369, 373.

11 *Möschel*, Rn. 204; *K. Schmidt*, ZHR 149 (1985), 1, 10 ff..

ger und konkurrierender Gesellschaften interessiert, die, vergleichsweise zu Einzelunternehmen, den Wettbewerb gemeinhin stärker beleben.[12] Dies aber ist nur zu realisieren, indem Unternehmen in Form von Kapitalgesellschaften am Wettbewerb teilnehmen und mit ihrer Wirtschaftskraft den Wettbewerb antreiben.[13]

Eine Freistellung von der Unwirksamkeitsanordnung des § 1 GWB kann aber nur unter der Voraussetzung gewährt werden, daß das Wettbewerbsverbot der Funktionsfähigkeit der Gesellschaft als deren Eignung, Träger eines leistungsfähigen Unternehmens zu sein, dient.[14] Es muß damit die Intention verfolgen, einer Schädigung der Gesellschaft "von innen her" entgegenzuwirken, die sich zeigen kann in externer Ausnutzung der im Rahmen mitgliedschaftlicher Einflußmöglichkeiten erlangten Informationen, aufgrund Interessenkollision durch Konkurrenztätigkeit zum Nachteil der Gesellschaft ausgeübter mitgliedschaftlicher Rechte, ferner durch Störung der für eine effektive Zweckverfolgung unerläßlichen Vertrauensgrundlage zwischen den Mitgesellschaftern.[15]

3.1.1.4
Wettbewerbsverbote im GmbH-Recht

Von der Einführung einer § 88 AktG oder §§ 112 f. HGB entsprechenden Regelung im Recht der GmbH wurde abgesehen. § 71 des Regierungsentwurfs zur Reform des GmbHG[16] sah zwar ein Wettbewerbsverbot vor, wurde jedoch in dem Bestreben um ein schlankes Gesetz[17] in das Gesetz zur Änderung des GmbH-Gesetzes vom 04.07.1980[18] nicht übernommen, aus der Überlegung heraus, daß eine Regelung nicht zu erfolgen habe, sofern etwas selbstverständlich sei.[19]
Ob hier von einer "Selbstverständlichkeit" gesprochen werden kann und - bejahendenfalls - wie weit diese reicht, soll in diesem Abschnitt erarbeitet werden. Eine kritische und verständige Betrachtung des ungeschriebenen Wettbewerbsverbotes in der GmbH wird es erforderlich machen, einen Seitenblick auf die für andere Formen von Personenverbänden entwickelten Wettbewerbsverbote zu

---

12 Auf die höhere Kapitaldecke abstellend vgl. *Beuthien*, ZHR 142 (1978), 259, 268.

13 Beuthien, ZHR 142 (1978), 259, 268.

14 *Ivens*, DB 1988, 215, 216; *Beuthien*, ZHR 142 (1978), 259, 285, 297; *Immenga*, in: Immenga/Mestmäcker, GWB § 1 Rn. 374; *Voges*, DB 1977, 2081, 2085.

15 *M. Winter*, Mitgliedschaftliche Treuebindungen im GmbH-Recht, S. 246 m.w.N..

16 BT-Drucksache VI/3088 mit Stellungnahme des Bundesrates; BT-Drucksache 8/1347; vgl. auch *Ulmer*, in: Das neue GmbH-Recht in der Diskussion, S. 55, 67; Bericht des Rechtsausschusses - BT-Drucksache 8/3908, ZIP 1980, 392 ff; zur Geschichte der Reform im übrigen *Deutler*, in: Das neue GmbH-Recht in der Diskussion, S. 3, 4 ff..

17 *Helmrich*, Stenographische Berichte der Verhandlung des Deutschen Bundestages, 8. Wahlperiode 1976, Band 115, S. 17366 A.

18 BGBl I 1980, 836.

19 *Helmrich*, Stenographische Berichte der Verhandlung des Deutschen Bundestages, 8. Wahlperiode 1976, Band 115, S. 17366 A.

werfen, um Grundgedanken zu erarbeiten und Parallelen ziehen zu können. Als Ausgangsbasis eignet sich insbesondere das Recht der Personengesellschaften, zu dem die GmbH - obgleich im Gewand einer juristischen Person - besondere im Hinblick auf die Rechte aus §§ 37, 46 GmbHG eine enge Verwandtschaft aufweist.[20]

3.1.1.4.1 Rechtsgrundlage des Wettbewerbsverbotes des Gesellschafters einer GmbH. Selbst wenn von einer ausdrücklichen Kodifizierung eines Wettbewerbsverbotes entsprechend § 71 RegE GmbHG 1971 abgesehen wurde, so folgt hieraus keineswegs der Schluß, dem GmbH-Recht sei ein Wettbewerbsverbot fremd.
Wegen der Ambivalenz des gesetzgeberischen Leitbildes, bei seiner insgesamt doch zu erkennenden Neigung zum kapitalgesellschaftsrechtlichen Modell, sind Gesetzeslücken in erster Linie durch Überlegungen auf der Grundlage des Kapitalgesellschaftsrechts zu schließen. Aber auch personalistische Elemente sind nicht zu leugnen, so daß gleichermaßen Regelungen des Personengesellschaftsrechts eine Auslegungshilfe bieten können.

Voraussetzung einer Gesetzesanalogie[21] ist neben der für die rechtliche Bewertung maßgeblichen Gleichartigkeit der Sachverhalte[22] die Existenz einer "planwidrigen Regelungslücke".[23]
Der Ausdruck "Lücke" bezieht sich auf eine Unvollständigkeit der Rechtsordnung. Diese läßt eine Regelung zu einer Frage vermissen, die nicht im "rechtsfreien Raum" stehen darf und die nach der zugrunde liegenden Regelungsabsicht einer Regelung nicht nur zugänglich, sondern darüber hinaus auch bedürftig ist.[24]
Ob das Gesetz eine Lücke in diesem Sinne aufweist, ist vom Standpunkt des Gesetzes selbst zu beurteilen, der dieser zugrunde liegenden Regelungsabsicht sowie der mit dem Gesetz verfolgten Zwecke; zusammenfassend also anhand des gesetzgeberischen "Planes".[25] Umfaßt dieser "Plan" erkanntermaßen auch die betreffende Frage, hier also das Wettbewerbsverbot in der GmbH, und findet dieser seine Umsetzung in einer regelnden Entscheidung, so kann von einer Gesetzeslücke nicht gesprochen werden, obwohl es an einer positiven Normierung mangelt. Hat sich in Rechtsprechung und Wissenschaft eine einhellige Meinung

---

[20] *Immenga*, Die personalistische Kapitalgesellschaft, S. 1, 2, 73 ff; *Wiedemann*, Gesellschaftsrecht, S. 115 ff; *Teichmann*, S. 90 ff; *H. P. Westermann*, Vertragsfreiheit, S. 7 ff..

[21] Zum Begriff der Gesetzesanalogie vgl. *Larenz*, S. 383.

[22] *Larenz*, S. 381.

[23] Vgl. *Larenz*, S. 370 ff, 373, 376 in begrifflicher Anlehnung an *Elze*, S. 3 ff; vgl. ferner *Engisch*, Einführung, S. 137 f; *Canaris*, S. 31 ff..

[24] *Larenz*, S. 371 f..

[25] *Larenz*, S. 373.

unter Berücksichtigung der Wertentscheidungen der Gesamtrechtsordnung herausgebildet, so unterwirft sich die Legislative in diesen Fällen der gefundenen Auffassung im Sinne einer Anerkennung, wenn sie von einer Kodifizierung der insofern geregelten Frage und damit des geltenden Rechts bewußt absieht. Eine Lücke im Sinne der Analogie erschöpft sich sonach nicht lediglich in einem "Nichts", sie verlangt vielmehr einen durch ein Regelungsbedürfnis eröffneten "rechtsfreien Raum".
Gleichwohl § 71 RegE 1971 eine gesetzliche Verankerung nicht gefunden hat, "weil eine Regelung nicht zu erfolgen habe, wenn etwas selbstverständlich sei", so liegt hier eine bewußte Wertentscheidung der Legislative vor, die den Anwendungsbereich einer Analogie versperrt. Auch ohne ausdrückliche Normierung bestehen daher Wettbewerbsverbote im GmbH-Recht.[26]

Die gesetzlichen Wettbewerbsverbote werden gemeinhin verstanden als Ausdruck einer bestehenden Treuepflicht des jeweiligen Normadressaten.[27] Mangels Vorliegen gesetzlicher Vorschriften und mangels einer Statuierung im Gesellschaftsvertrag kann auch ein im GmbH-Recht grundsätzlich anzuerkennendes Wettbewerbsverbot nur Ausfluß einer bestehenden Treuepflicht sein.[28] Bei der Untersuchung der Treuepflicht, die positiv dadurch bestimmt wird, daß der Gesellschafter die Interessen der Gesellschaft wahrzunehmen hat und negativ die Pflicht statuiert, alles zu unterlassen, was diese schädigen könnte,[29] ist zwischen Treuepflichten der Gesellschafter untereinander und der des Gesellschafters zur GmbH zu unterscheiden.[30]

Für die Begründung von Treuepflichten werden im Recht der Personengesellschaften zwei Aspekte unterschieden: die enge persönliche Verbundenheit der

26 Im Ergebnis ebenso *Schneider*, in: Scholz, GmbHG, § 43 Rn. 126; a.A. *Ulmer*, in: Hachenburg, GmbHG, Einl. Rn. 60.

27 Zu § 112 HGB: *Duden*, in: Baumbach/Hopt, HGB, § 112, Rn. 1; *Emmerich*, in: Heymann, HGB, § 112, Rn. 2; *Horn*, in: Heymann, HGB, § 165 Rn. 1 m.w.N.; *Kanzleiter*, DNotZ 1989, 195, m.w.N.; *Riegger*, BB 1983, 90; *Timm*, GmbHR 1981, 177, 178. Zu § 60 HGB: *Schröder*, in: Schlegelberger, HGB, § 60 Rn. 1. Zu § 284 AktG: *Semler*, in: Geßler/Hefermehl/Eckardt/Kropff, AktG, § 284 , Rn. 3. Zu § 88 AktG: *Semler*, in: Geßler/Hefermehl/Eckardt/Kropff, AktG, § 88, Rn. 1.

28 Vgl. *Rowedder*, in: Rowedder, GmbHG, § 13, Rn. 14, m.w.N.; *Sina*, DStR 1991, 40; *Meyer-Arndt*, BB 1992, 534, 535; *Timm*, GmbHR 1981, 177, 178.

29 Vgl. RG v. 17.01.1940 II 120/39, RGZ 162, 388, 394; v. 01.04.1943 II 138/42, RGZ 171, 51, 54; BGH v. 15.06.1959 II ZR 44/58, BGHZ 30, 195, 201; v. 10.06.1965 II ZR 6/63, BGHZ 44, 40, 41 f; v. 28.04.1975 II ZR 16/73, BGHZ 64, 253, 257 f; v. 18.10.1976 II ZR 98/75, BGHZ 68, 81, 82; *Flume*, Die Personengesellschaft, S. 258 ff; *Ulmer*, in: Münchener Kommentar, BGB, § 705, Rn. 181 ff; *A. Hueck*, Das Recht der oHG, § 13 II 1.

30 Vgl. BGH v. 04.07.1975 I ZR 115/73, NJW 1976, 193, 194; *Hartmann*, DB 1981, 1073, 1074.

Gesellschafter und das daraus resultierende besondere Vertrauensverhältnis, wie auch die im Vergleich zu anderen Dauerschuldverhältnissen deutlich gesteigerte Einwirkungsmöglichkeit auf das gemeinsame Unternehmen und die Stellung der Mitgesellschafter.[31]

Jedenfalls auch die personalistisch ausgestaltete GmbH ist häufig durch eine persönliche Verbundenheit der Gesellschafter und damit durch ein bestehendes Vertrauensverhältnis gekennzeichnet. Die Gesellschafter bilden zwar keine Haftungs-, so aber doch eine Arbeitsgemeinschaft, soweit sie gleichzeitig Geschäftsführer der Gesellschaft sind. Besteht in diesem Sinne keine Organidentität, so haben sie jedenfalls im Rahmen der Gesellschafterversammlung durch Stimmrechtsausübung die Möglichkeit, an den Geschicken der Gesellschaft mitzuwirken und auf die Interessen ihrer Mitgesellschafter Einfluß zu nehmen. Die Gesellschafterversammlung, in der das Stimmrecht ausgeübt wird, entscheidet in den Angelegenheiten der Gesellschaft. Mit der Befugnis zur Bildung des Willens der GmbH verbinden sich einerseits Einwirkungsmöglichkeiten auf das von sämtlichen Gesellschaftern aufgebrachte, der gemeinsamen Zweckverfolgung gewidmete, Gesellschaftsvermögen. Andererseits eröffnet die Befugnis zur Satzungsänderung neben der Entscheidungskompetenz in anderen Angelegenheiten der Gesellschaft den unmittelbaren Eingriff in mitgliedschaftliche Interessen der Mitgesellschafter. Beispielhaft zu nennen sind die Verweigerung der Genehmigung zur Abtretung von Geschäftsanteilen nach § 15 Abs. 5 GmbHG, die Einziehung bestimmter Geschäftsanteile, Ausschluß eines bestimmten Mitgliedes aus dem Verband, Kapitalerhöhung unter Ausschluß bestimmter Mitglieder, mit der Folge der Veränderung von Beteiligung und Stimmquote, oder Schaffung von Rücklagen im Rahmen von Gewinnverwendungsbeschlüssen. In allen genannten Beispielen sind jeweils die dissertierenden Gesellschafter der Entscheidungsgewalt der anderen unterworfen. Auf ihre Interessen wird maßgeblich Einfluß genommen.
Diese Einwirkungsmöglichkeit haben in besonderem Maße beherrschende Gesellschafter, aber auch Minderheitsgesellschafter, soweit sie bei Beschlüssen, die Einstimmigkeit oder eine qualifizierte Mehrheit benötigen, von ihrer Sperrminorität Gebrauch machen. Insoweit kann auch in der GmbH der Geltungsgrund der Treuepflichten sowohl in dem gegenseitigen Erbringen von Vertrauen als auch in der Einflußmöglichkeit gesehen werden.[32]

Im Recht der Kapitalgesellschaften war, soweit ersichtlich, zumindest für die personalistisch ausgestaltete GmbH, die Existenz von Treuepflichten gegenüber der Gesellschaft grundsätzlich nie fraglich. Diese Anerkennung reduzierte sich lange Zeit jedoch auf das Verhältnis von Gesellschaftern zur GmbH, während

---

31 *Zöllner*, S. 340 ff..

32 Vgl. im Ergebnis ebenso *M. Winter*, Mitgliedschaftliche Treuebindungen im GmbH-Recht, S. 70, 75, 78; *Immenga*, Personalistische Kapitalgesellschaft, S. 274.

Treuepflichten der Gesellschafter untereinander zunächst in Abrede gestellt wurden.[33] Aufgrund der eigenen Rechtspersönlichkeit der GmbH wurden sämtliche Rechtsbeziehungen auf die juristische Person als Zurechnungssubjekt kanalisiert, die für direkte Verbindungen zwischen den Gesellschaftern keinen Raum ließ.[34] Gleichwohl diese These von der ausschließlichen Zurechnungssubjektivität der GmbH auch inzwischen aufgegeben wurde, und Treuepflichten auch im Verhältnis der Gesellschafter untereinander nunmehr anerkannt sind[35], werden die dogmatischen Grundlagen einer solchermaßen bestehenden Treuepflicht weiterhin uneinheitlich beurteilt.[36]

Denkbar ist zunächst, die Treuepflicht der Gesellschafter einer GmbH untereinander auf unmittelbare vertragliche Abreden zwischen ihnen zurückzuführen. Eine Auffassung in der Literatur[37] sieht die Rechtsgrundlage in Ergänzungen des korporationsrechtlichen Verhältnisses durch schuldrechtliche Nebenabreden, die zu einer obligatorischen Bindung der Beteiligten führe. Da die Satzung als Grundlage der Korporation regelmäßig nicht ausreiche, um Pflichten zwischen den Gesellschaftern zu begründen, erfolge mit Gründung der GmbH der Abschluß eines zweiten Gesellschaftsvertrages zwischen den Gesellschaftern. Es komme somit zur Gründung einer personengleichen BGB-Innengesellschaft, deren Zweck die Förderung des Unternehmens der GmbH sei.

Eine andere Auffassung[38] anerkennt unmittelbare Rechtsbeziehungen zwischen Gesellschaftern ohne ausdrückliche Satzungsbestimmung nur in sog. Vertragsgesellschaften, die dem herkömmlichen Modell einer Personengesellschaft entsprechen. In Satzungsgesellschaften, die dem Konzept einer Kapitalgesellschaft ent-

---

33 RG v. 01.02.1929 II 413/28, JW 1929, 1373; *A. Hueck*, in: FS Hübner, S. 72, 73; *Wiedemann*, JZ 1970, 593, 595; *ders.*, in: FS Barz, S. 568; *Ganssmüller*, GmbHR 1963, 7 f; dagegen auch *Flume*, Die juristische Person, § 8 I, S. 268 ff, der Ansprüche der Gesellschafter untereinander als durch die Mitgliedschaft vermittelt ansieht.

34 vgl. *Immenga*, Personalistische Kapitalgesellschaften, S. 271.

35 In der Rspr. seit dem ITT-Urteil v. 05.05.1975, BGHZ 65, 15 ff, NJW 1976, 191 ff; für die Literatur vgl. beispielweise *K. Schmidt*, GmbHR 1979, 121, 125; *M. Winter*, Mitgliedschaftliche Treuebindungen, S. 43; a.A. *Flume*, Die juristische Person, § 8 I, S. 268 ff..

36 *Verhoeven*, S. 196 ff und *Hüffer*, in: FS Steindorff, S. 59, 63. folgern aus schuldrechtlichen Nebenabreden eine obligatorische Bindung der Beteiligten; *Martens*, Mehrheits- und Konzernherrschaft in der personalistischen GmbH, S. 117 ff. und *Reuter*, in: Münchener Kommentar, BGB, § 38 , Rn 1 ff. vertreten die Auffassung, daß unmittelbare Rechtsbeziehungen zwischen Gesellschaftern ohne ausdrückliche Satzungsregelung nur in sogenannten Vertragsgesellschaften bestehen können.

37 Vgl. bei *Hüffer*, in: FS Steindorff, S. 59, 64, Fn. 30; *Verhoeven*, Rn. 196 ff..

38 Vgl. auf der Konzeption von *Ballerstedt*, vgl. *Reuter*, in: Münchener Kommentar, BGB, § 38 Rn. 1 ff; *Martens*, Mehrheits- und Konzernherrschaft in der personalistischen GmbH, S. 117 ff..

sprechen, sollen ohne ausdrückliche Regelung keine unmittelbaren vertraglichen Beziehungen unter den Gesellschaftern entstehen.

Beide Auffassung finden eine Begründung der Treuepflichten lediglich für personalistisch strukturierte Gesellschaften. Das Bestreben aber sollte es sein, ihre Rechtsgrundlage, einheitlich und unabhängig von einer personalistischen oder kapitalistischen Ausgestaltung, im Innenverhältnis für alle GmbH zu finden. Denn auch die Existenz von Treuepflichten ist ohne diesbezügliche Differenzierungen anerkannt.[39]

In jedem Fall aber liefen die vertraglichen Konzeptionen auf eine Unterstellung hinaus. Bietet der Satzungsinhalt keine Anhaltspunkte für den Abschluß eines BGB-Gesellschaftsvertrages bzw. für die Ausgestaltung der GmbH als personalistische Gesellschaft, so bedarf es objektiver Anhaltspunkte für eine ausdrückliche oder konkludente Willensbetätigung im Einzelfall. Die Annahme einer vertraglichen Abrede, unabhängig vom Willen der Gesellschafter, würde nicht nur die Grundprinzipien der Rechtsgeschäftslehre mißachten, sie liefe auf eine methodisch wenig befriedigende (Willens-) Fiktion hinaus, die außerhalb der mittlerweile (ausnahmsweise) anerkannten Fälle[40] nicht zu rechtlichen Bindungen führen sollte.

Im Gesellschaftsrecht werden sowohl die Treuepflicht selbst, als auch das aus ihr abzuleitende Wettbewerbsverbot als Ausprägungen des Prinzips von Treu und Glauben verstanden. Daher könnte auch die gegenseitige Treuepflicht der Gesellschafter einer Kapitalgesellschaft ihre Rechtsgrundlage in einer durch die gemeinsame Mitgliedschaft vermittelte Sonderrechtsbeziehung im Sinne des § 242 BGB finden.[41]

Zu den Anforderungen einer Sonderrechtsverbindung finden sich in der Literatur unterschiedliche Formulierungen: die aus § 242 BGB resultierende Pflichtenbindung setzte zwar nicht ein Rechtsverhältnis im engeren Sinne voraus, wohl aber eine "speziell herausgehobene Interessenverknüpfung"[42] bzw. einen "qualifizierten sozialen Kontakt"[43]. Im folgenden wird daher zu untersuchen sein,

---

39 Vgl. *M. Winter*, Mitgliedschaftliche Treuebindungen im GmbH-Recht, S. 61 f..

40 Fallgruppen einer anerkannten Willensfiktion sind beispielsweise die Erklärung ohne Erklärungsbewußtsein, BGH v. 07.06.1984 IX ZR 66/83, BGHZ 91, 324, 327; v. 02.11.1989 IX ZR 197/88, BGHZ 109, 171, 177; Kaufmännisches Bestätigungsschreiben, vgl. *Hopt/Mössle*, Handelsrecht, Rn. 540 ff..

41 Für die Qualifizierung der Mitgliedschaft als Sonderrechtsverhältnis sowohl zum Verband als auch zu den Mitgesellschaftern, *K. Schmidt*, Gesellschaftsrecht, § 19 III 1, S. 448 ff und § 20 IV 2 d, S. 485.

42 *Knopp*, in: Soergel, BGB, § 242, Rn. 17 ff, 152 ff..

43 *Roth*, in: Münchener Kommentar, BGB, § 242, Rn. 52 ff, 55.

inwieweit die gemeinsame Mitgliedschaft in der GmbH einen ausreichenden Anknüpfungspunkt für die Annahme einer gesetzlichen Sonderrechtsverbindung zwischen den Gesellschaftern bildet.

Mit der allgemeinen Anknüpfung an die Existenz einer rechtlichen Sonderverbindung als Anwendungsvoraussetzung des § 242 BGB[44] soll nicht zum Ausdruck gebracht werden, daß bereits ein Rechtsverhältnis im engeren Sinne vorhanden sein müßte[45]. Vielmehr werden gerade auf der Grundlage von § 242 BGB gesetzliche Schuldverhältnisse erst begründet.[46]
Zwar könnte aus dem Wortlaut des § 242 BGB, der von einem "Schuldner" bei der Leistungserbringung verlangt, die Grundsätze von Treu und Glauben zu beachten, sowie aus der systematischen Stellung im "Recht der Schuldverhältnisse", der Schluß gezogen werden, daß Voraussetzung zur Anwendung des § 242 BGB ein Schuldverhältnis ist, dessen Charakteristikum in einer Vielzahl von Verpflichtungen der Beteiligten besteht.
Rechtsbeziehungen der Gesellschafter einer GmbH werden mit Eintragung derselben grundsätzlich nur über die juristische Person vermittelt. Diese Rechtslage könnte den Anwendungsbereich der Grundsätze von Treu und Glauben im Sinne des § 242 BGB zwischen den Gesellschaftern auf die Fälle reduzieren, in denen sich die Gesellschafter durch ausdrückliche Bestimmungen in der Satzung bzw. durch schuldrechtliche Abreden gegenseitig verpflichtet haben.[47]
Als allgemein anerkannt kann es jedoch bezeichnet werden, daß § 242 BGB eine weit über seinen Wortlaut hinausgehende Bedeutung zukommt. Die Vorschrift ist seiner heutigen Bedeutung nach keine Rechtsnorm in dem Sinne, daß unter seinen Tatbestand ein Sachverhalt subsumiert werden kann und aus seiner Rechtsfolgenaussage dann ein konkretes Ergebnis entnommen werden könnte. Vielmehr ist aus ihr der das gesamte Rechtsleben beherrschende Grundsatz zu entnehmen, daß jedermann in Ausübung seiner Rechte und Erfüllung seiner Pflichten nach Treu und Glauben zu handeln hat.[48] So waren in der überwiegenden Zahl der Fälle, in denen Rechte und Pflichten zwischen Personen auf der Grundlage des § 242 BGB anerkannt wurden, Sonderrechtsbeziehungen zwischen diesen aufgrund spezieller Rechtsinstitute regelmäßig nicht zuvor vorhanden, sondern wurden erst in Anerkennung dieser Rechte und Pflichten begründet.

---

44 RG v. 24.03.1939 III 118/38, RGZ 160, 349, 357; *Heinrichs*, in: Palandt, BGB, § 242 Rz. 6; *Larenz*, I § 10 I; *Knopp*, in: Soergel, BGB, § 242 Rn. 17 ff..
45 *Knopp*, in: Soergel, BGB, § 242 Rn. 18.
46 *Heinrichs*, in: Palandt, BGB, § 242, Rn. 6.
47 vgl. *Immenga*, Personalistische Kapitalgesellschaften, S. 271.
48 *Heinrichs*, in: Palandt, BGB, § 242, Rn. 6; *Roth*, in: Münchener Kommentar, BGB, § 242 Rn. 1 und 52.

Ist nach dem Vorstehenden eine rechtliche Sonderverbindung zwischen jeweils zu Treu und Glauben Verpflichteten zu verlangen[49], gilt es gleichermaßen sicherzustellen, daß diese Voraussetzung nicht zu einer konturenlosen Leerformel reduziert wird, indem "enge Beziehungen" oder "soziale Kontakte qualifizierter Art" schlechthin jedem gegenüber bestehen. Hier würde sich die Grenzlinie zu dem allgemeinen, dem einzelnen gegenüber jedermann obliegenden Pflichten, die an ein fremde Rechte wahrendes Verhalten in der Gemeinschaft im Sinne eines sozialverträglichen Verhaltens zu stellen sind und damit insbesondere zum Deliktsrecht, verwischen[50]: Voraussetzung für die Anerkennung eines über die deliktischen Pflichten hinausgehenden Schutzpflichtverhältnisses seien auf gewisse Dauer angelegte soziale Beziehungen, die sich nicht aüsschließlich in dem zur Schädigung führenden Kontakt erschöpfen dürfen.

Soweit die Existenz einer solchen Sonderrechtsverbindung in der Literatur aus der subsidiären Mithaftung der Gesellschafter für ausbleibende Einlageleistungen bzw. unberechtigte Entnahmen von Mitgesellschaftern gemäß §§ 24 Abs. 1, 31 Abs. 3 GmbHG abgeleitet wird[51], kann dieser Argumentation nicht gefolgt werden: zum einen dienen diese Vorschriften vornehmlich dem Gläubigerschutz und sind das Korrelat für die gegenüber dem Aktienrecht deutlich geringeren Gründungssicherungen im GmbH-Recht.[52] Zum anderen ließe sich aus der Ausfallhaftung allenfalls eine gegenüber den Mitgesellschaftern obliegende Pflicht zur Aufbringung und Erhaltung eines dem Stammkapital entsprechenden Vermögens ableiten, nicht jedoch eine umfassende Treuepflicht in Form von Rücksichtspflichten auf die mitgliedschaftlichen Interessen der Mitgesellschafter.

Einen anderen Ansatz bietet der Gedanke der Machtkontrolle aufgrund bestehender Einwirkungsmöglichkeiten.[53]
Steht auch insbesondere bei Kapitalgesellschaften nicht das individuelle Interesse des einzelnen Mitgesellschafters, sondern die gemeinsame Zweckverfolgung als überindividuelles Verbandsinteresse im Vordergrund, ist gleichwohl eine Verpflichtung zur Interessenwahrung der Mehrheit gegenüber der Minderheit anzuerkennen.[54] Auch diese Pflichtenbindung ist nicht personenbezogen, sondern Korrelat der Möglichkeit, über fremde Interessen zu verfügen.

---

[49] A.A. *J. Schmidt*, in: Staudinger, BGB, § 242, Rn. 115 ff..

[50] Vgl. *J. Schmidt*, in: Staudinger, BGB, § 242, Rn. 113 ff., 129.

[51] *Ballerstedt*, S. 182 ff; *Schilling*, in: Hachenburg, GmbHG, § 13 Rn. 6; *H. Winter*, in: Scholz, GmbHG, § 13 Rn. 63.

[52] *Hueck*, in: Baumbach/Hueck, GmbHG, § 24 Rn. 1 und § 31 Rn. 31.

[53] Auch im Personengesellschaftsrecht wird die Treuepflicht über diesen Gedanken als Korrelat der Möglichkeit, über fremde Interessen zu verfügen, angesehen; vgl. *Kramer*, in: Münchener Kommentar, BGB, Einleitung, Rn. 93.

[54] *Zöllner*, S. 344 ff; *Immenga*, Die personalistische Kapitalgesellschaft, S. 264 ff; *Lutter*, JZ 1976, S. 225 ff..

In der GmbH ergibt sich die Einwirkungsmöglichkeit des Gesellschafters insbesondere durch das Stimmrecht, das ihm die Befugnis vermittelt, an der Willensbildung für die juristische Person mitzuwirken. Die Gesellschafterversammlung, in der das Stimmrecht ausgeübt wird, entscheidet in den Angelegenheiten der Gesellschaft (Gesellschafterversammlung i.V.m. § 45 ff GmbHG). Mit der Befugnis zur Bildung des Willens der GmbH verbinden sich einerseits Einwirkungsmöglichkeiten auf das von sämtlichen Gesellschaftern aufgebrachte, der gemeinsamen Zweckverfolgung gewidmete Gesellschaftsvermögen. Andererseits eröffnet die Befugnis zur Satzungsänderung neben der Entscheidungskompetenz in anderen Angelegenheiten der Gesellschaft den unmittelbaren Eingriff in mitgliedschaftliche Interessen der Mitgesellschafter: Verweigerung einer Genehmigung nach § 15 Abs. 5 GmbHG, Einziehung bestimmter Geschäftsanteile, Ausschluß eines bestimmten Mitglieds aus dem Verband, Kapitalerhöhung unter Ausschluß bestimmter Mitglieder[55] mit der Folge einer Veränderung von Beteiligung und Stimmquote oder Schaffung von Rücklagen im Rahmen von Gewinnverwendungsbeschlüssen. In allen Beispielen sind jeweils die dissertierenden Gesellschafter der Entscheidungsgewalt der anderen unterworfen. Auf ihre Interessen wird Einfluß genommen. Diese mit der Mitgliedschaft verbundene Befugnis, Entscheidungen mit grundsätzlicher Bedeutung und Wirksamkeit auch für andere zu treffen, erzeugt einen qualifizierten Kontakt zwischen den dem innergesellschaftlichen Entscheidungssystem unterworfenen Rechtssubjekten.[56] Diese, einer Person eingeräumten verstärkten Einwirkungsmöglichkeiten auf die Interessensphäre eines anderen und die daraus resultierenden legitimen Verhaltenserwartungen bilden neben dem häufig fiktiven[57] persönlichen Vertrauen den Geltungsgrund der Treuepflicht im Gesellschaftsrecht.[58] Die so gegenüber den allgemeinen deliktischen Pflichten gesteigerten Rücksichts- bzw. Schutzpflichten sind Korrelat einer gerade den Gesellschaftern, nicht aber beliebigen Dritten zustehenden Rechtsmacht.

Insoweit besteht zwischen den Gesellschaftern einer GmbH eine gegenüber beliebigen Dritten qualifizierte Sonderbeziehung[59], die es rechtfertigt, ein aus § 242 BGB abzuleitendes gesetzliches Schutzpflichtverhältnis zu bejahen, aus dem sich die Gesellschafter einander die Einhaltung von Treuepflichten schulden.

---

[55] Vgl. zu den Beispielen, *Lutter*, AcP 180 (1980), 84, 123 f..

[56] *M. Winter*, Mitgliedschaftliche Treuebindungen im GmbH-Recht, S. 69; in diesem Sinne auch *Zöllner*, S. 340 ff..

[57] *Zöllner*, S. 343.

[58] *Zöllner*, S. 340 ff; *Kramer*, in: Münchener Kommentar, BGB, Einleitung, Rn. 93; *M. Winter*, Mitgliedschaftlichen Treuebindungen im GmbH-Recht, S. 16 ff; jeweils m.w.N..

[59] im Ergebnis ebenso *K. Schmidt*, Gesellschaftsrecht, § 19 III 1, S. 448 f und § 20 IV 2 d, S. 485; *M. Winter*, Mitgliedschaftliche Treuebindungen im GmbH-Recht, S. 67 ff..

Erfährt der allgemeine Grundsatz von Treu und Glauben gemäß § 242 BGB durch die in § 705 BGB niedergelegte Verpflichtung, den Verbandszweck zu fördern, eine besondere Intensität und Ausgestaltung im Sinne einer Konkretisierung, so deutet dies zunächst auf eine Treuepflicht der Gesellschafter gegenüber der Gesellschaft hin.
In der Satzung einer GmbH ist neben der Einigung der Gesellschafter über die Errichtung einer Gesellschaft und das Leisten von Beiträgen insbesondere der Zweck der Gesellschaft statuiert. Mittels Definition des Gesellschaftszwecks legen die Gesellschafter das für ihre Treuepflicht gegenüber der GmbH maßgebliche überindividuelle Verbandsinteresse[60] fest. Dies bezeichnet das den Einzelinteressen der Gesellschafter übergeordnete, diese vereinende Interesse, zu deren Verfolgung die Gesellschaft gegründet wurde.[61] Es kann umschrieben werden als Kanalisierung der individuellen Interessen der Mitglieder. Alles, was Bestand, Funktionsfähigkeit und Aufgabenerfüllung des Verbandes gewährleistet, dient der Verfolgung des Zwecks und damit dem überindividuellen Verbandsinteresse.[62]

Obgleich das Verbandsinteresse über die Verfolgung des Verbandszwecks, um derentwillen der gesellschaftliche Zusammenschluß erfolgte, von den Gesellschaftern bestimmt wird, braucht es nicht identisch mit den individuellen Begehrensvorstellungen der Mitglieder zu sein. Zwar werden deren Vorstellungen in aller Regel mit dem Verbandsinteresse übereinstimmen. Doch können sowohl die Mehrheit als auch die Minderheit der Mitglieder dem Verbandszweck zuwiderlaufende Interessen verfolgen. Der Verbandszweck soll gerade in den Fällen, in denen die Gesellschafter uneins sind, eine objektive und praktikable Größe sein, an Hand dessen bestimmt werden kann, ob ein Verhalten geduldet, oder ob dagegen eingeschritten werden kann.
Findet somit das überindividuelle Verbandsinteresse seine Konkretisierung im statutativen Gesellschaftszweck, erscheint es folgerichtig, die Treuepflicht der Gesellschafter gegenüber der GmbH aus der Satzung abzuleiten.

Da sich der Gesellschaftsvertrag nicht in der Bindung der künftigen Gesellschafter untereinander durch Begründung ihrer Rechte und Pflichten bei Errichtung der GmbH erschöpft, sondern gleichsam als Satzung das Organisationsstatut der zu gründenden GmbH schafft und damit auch kooperationsrechtlichen Charakter hat, wird der Gesellschaftsvertrag einer GmbH - in Anlehnung an das

---

60 Vgl. *Zöllner*, S. 17 ff..

61 Beispielsweise § 705 BGB für die GbR; §§ 105, 161 Abs. 1 HGB für die oHG und KG; §§ 21, 22 BGB für den Verein; § 1 GmbHG für die GmbH; vgl. *Zöllner*, S. 5, m.w.N.; *Hopt/Hehl*, Gesellschaftsrecht, Rn. 34.

62 Vgl. *Zöllner*, S. 23.

Aktienrecht, trotz der im GmbH-Recht möglichen individuelleren Ausgestaltung - als Organisationsvertrag bezeichnet.[63]
Um jedoch die gesellschaftsrechtliche Treuepflicht der Gesellschafter gegenüber der GmbH aus der Satzung ableiten zu können, dürfte sich diese nicht in der Organisation der Gesellschaft erschöpfen. Vielmehr müßten sich auch Rechte und insbesondere Pflichten der Gesellschafter begründen können, die über jene bei Errichtung der GmbH hinausgehen.

Die Bezeichnung als Organisationsvertrag verleitet zu der Annahme, die Satzung könne Rechtsbeziehungen zwischen GmbH und Gesellschaftern nicht regeln. Diese Sichtweise verkennt aber, daß diese Qualifizierung aüf dem verbandskonstituierenden Organisationscharakter der Satzung beruht.[64] Diese schließt jedoch nicht aus, daß gleichsam gesellschaftsrechtliche Beziehungen aufgenommen werden. Insofern gilt der Grundsatz der Vertragsfreiheit, wie auch die allgemeinen Vorschriften des BGB über Rechtsgeschäfte Anwendung finden.[65] Zu unterscheiden sind insofern notwendige kooperative Satzungsbestandteile, die insbesondere gemäß § 3 Abs. 1 GmbHG zwingend vorgeschrieben sind, oder zwar nicht vorgeschrieben, aber nur als Organisationsregelung möglich sind[66] und nichtkooperative Satzungsbestandteile, die lediglich äußerlich mit der Satzungsurkunde zusammengefaßt sind und die Organisation nicht notwendig betreffen.[67]

Die Qualifizierung der Satzung als Organisationsvertrag begründet somit gleichsam eine über den Errichtungsakt der GmbH hinausgehende Pflichtenbindung der Gesellschafter gegenüber der GmbH. In dem im festgelegten Gesellschaftszweck zum Ausdruck kommenden überindividuellen Verbandsinteresse, das den dogmatischen Anknüpfungspunkt der Treuepflicht der Gesellschafter gegenüber der GmbH bildet, ist letztlich die Satzung Grundlage der Treuepflichten zwischen Gesellschafter und Gesellschaft.[68]

3.1.1.4.2 Umfang des Wettbewerbsverbotes. Nachdem aufgezeigt wurde, daß das Wettbewerbsverbot des Gesellschafters sowohl zu den Mitgesellschaftern als auch zu der GmbH aus seiner Treuepflicht abzuleiten ist, soll nunmehr der

---

[63] *K. Schmidt*, Gesellschaftsrecht, § 5 I 1 c, S. 69; *Hueck*, in: Baumbach/Hueck, GmbHG, § 2 Rn. 5; *Flume*, Die juristische Person, § 5 I; *Ulmer*, in: Hachenburg, GmbHG, § 2 Rn. 5; *Emmerich*, in: Scholz, GmbHG, § 2 Rn. 7.

[64] *K. Schmidt*, Gesellschaftsrecht, § 5 I 1 d, S. 70.

[65] *Hueck*, in: Baumbach/Hueck, GmbHG, § 2 Rn. 6.

[66] Derartige fakultative Organisationsregelungen sind beispielsweise das einfache Stimmrecht.

[67] Beispielshaft zu nennen sind die Prokuraerteilung oder die Geschäftsführerbestellung, § 6 Abs. 3 Satz 2 GmbHG; vgl. *K. Schmidt*, Gesellschaftsrecht, § 5 I 1 d, S. 71; *Hueck*, in: Baumbach/Hueck, GmbHG, § 3 Rz. 54 f..

[68] Vgl. *Zöllner*, in: Baumbach/Hueck, GmbHG, Anh. § 47 Rn. 50, 51 ff..

Umfang der Wettbewerbsverbote aufgezeigt werden. Es soll untersucht werden, welcher Gesellschafter einer GmbH sich einer konkurrierenden Tätigkeit zur Gesellschaft zu enthalten hat und ob hier womöglich zu differenzieren ist nach der innergesellschaftlichen Verbandsstruktur. Die Beantwortung dieser Fragestellung bedingt zunächst, die Schutzfunktion des Wettbewerbsverbotes zu hinterfragen. Ausgangspunkt dieser Betrachtung sollen die gesetzlich normierten Wettbewerbsverbote, insbesondere § 112 HGB und § 88 AktG bilden, die als Ausdruck der allgemeinen Treuepflicht verstanden werden[69].

§ 112 Abs. 1 HGB untersagt den Gesellschaftern einer oHG, im Handelszweig der Gesellschaft selbst tätig zu sein oder sich an einer anderen Gesellschaft des gleichen Geschäftszweiges als persönlich haftender Gesellschafter zu beteiligen. Gemäß der Verweisung in §§ 161 Abs. 2, 165 HGB gilt gleiches für persönlich haftende Gesellschafter einer KG.

Der Sinn und Zweck des § 112 HGB wird überwiegend darin gesehen, die Gesellschaft - wie auch Mitgesellschafter - vor der Gefahr zu schützen, daß ein Gesellschafter seinen Einfluß auf die Gesellschaft zu eigennützigen Zwecken mißbraucht und Informationen und Kenntnisse in Bezug auf die Geschäftstätigkeit der Gesellschaft, die er aufgrund seiner Gesellschafterstellung erlangt, unter Verletzung seiner Förderungs- und Treuepflicht im eigenen Interesse verwertet.[70] Diesen Gedanken verfolgte bereits Art. 96 Abs. 1 ADHGB - Vorgänger des heutigen § 112 HGB[71] - : Zweck dieser Vorschrift sei es, die Gesellschaft "(...) gegen mißbräuchliche, gegen unredliche Konkurrenz ihrer eigenen Mitglieder zu schützen", da "(...) die Mitglieder einer oHG sich den genauesten Einblick in den Geschäftsbetrieb der Gemeinwirtschaft verschaffen können", weshalb ihre "(...) Konkurrenz zu einer besonders gefährlichen wird."[72]

Der maßgebliche Zweck des Wettbewerbsverbotes des § 112 HGB wird darin gesehen, die Gesellschaft vor mißbräuchlicher Verwertung der aus der Gesellschafterstellung erlangten Kenntnisse zum Nutzen der eigenen wirtschaftlichen Betätigung und zum Nachteil der Gesellschaft zu schützen.[73]

---

69 Vgl. oben unter 3.1.1.1, S. 64 ff..

70 BGH v. 05.12.1983 II ZR 242/82, BGHZ 89, 162, 166; *Ulmer*, in: Großkommentar, HGB, § 112 Rn. 1; *Löffler*, NJW 1986, 223, 227; *Martens*, in: Schlegelberger, HGB, § 112, Rn. 1.

71 Das ADHGB von 1861 wurde 1896/97 durch das HGB, weitgehend inhaltsgleich, abgelöst (vgl. Art. 3 EGHGB). Rechtsprechung und Lehre zum ADHGB leisteten daher einen wertvollen Beitrag zur Auslegung des HGB; vgl. *Baumbach/Hopt*, HGB, Einl. v. § 1 Rn. 9.

72 *Lastig*, in: Endemann, S. 374.

73 Vgl. *Beuthien*, ZHR 142 (1978), 284, 288.

Die Ausnutzung seines Wissens über die Interna der Gesellschaft gestattet es einem konkurrierenden Gesellschafter, sich im Wettbewerb gegenüber der Gesellschaft einen besonderen Vorteil zu verschaffen, der seine Stellung am Markt auch im Vergleich mit den übrigen Marktteilnehmern verbessert. Dieser Vorteil wird vermittelt durch die nachahmende Verwertung erfolgversprechender oder bereits erfolgreich erprobter Errungenschaften der Gesellschaft, insbesondere technischer und betriebswirtschaftlicher Art. Die Verwertung dieser Interna durch einen Gesellschafter beeinträchtigt die Möglichkeiten der Gesellschaft, sich mit lauteren Mitteln und neuen Ideen im Wettbewerb am Markt durchzusetzen, da jeder von ihr erzielte Vorteil im Wettlauf um Kundenkreise und Absatzgebiete sofort von dem konkurrierenden Gesellschafter nachgeahmt werden kann. Zudem benötigt dieser nur ein geringes zusätzliches Eigenwissen, um gegenüber der Kooperation auf der Basis von deren eigenem know-how im Vorteil zu sein. Er ist aus der Sicht des Verbandes ein sehr viel gefährlicherer Konkurrent als die übrigen verbandsungebundenen Marktteilnehmer, welche ohne die Informationsmöglichkeiten des Gesellschafters die aufgezeigten Möglichkeiten nicht haben.

Sicherlich werden die Marktchancen der Gesellschaft durch die Konkurrenztätigkeit eines jeden Verbandsangehörigen beeinträchtigt, ungeachtet der Funktion oder rechtlichen Stellung in der Kooperation. Dies ist aber eine "alltägliche" und im Hinblick auf § 1 GWB erstrebte Folge des Auftretens eines neuen Wettbewerbers auf dem Markt, die nicht ohne Kollision mit den kartellrechtlichen Vorschriften untersagt werden kann. Anders hingegen, wenn sich der Gesellschafter Gesellschaftsinterna zunutze macht und diese zum Nachteil der Gesellschaft verwertet. Vorausgesetzt ist hier aber die Möglichkeit des Einblicks in die Interna, so daß eine Gefährdung der Gesellschaft in diesem Fall nicht losgelöst von Funktion und rechtlicher Stellung des Gesellschafters in dem Verband bestehen kann.
Kann sich dieser aufgrund umfangreicher Informationsrechte Kenntnis über sämtliche Interna des Verbandes verschaffen, so gewährt ihm dieses Wissen einen besonderen Vorteil im Wettbewerb mit dem Verband, der anderen Marktteilnehmern nicht eröffnet ist. Dagegen gefährden die Wettbewerbshandlungen eines Gesellschafters, der mangels geeigneter Informationsrechte keine Kenntnis von den Interna erlangen und diese folglich im Wettbewerb nicht vorteilbringend verwerten kann, die Kooperation nicht anders als die Geschäftstätigkeit dritter Marktteilnehmer. Es besteht somit ein direkter Zusammenhang zwischen der besonderen Gefährdung der Gesellschaft durch eine Konkurrenztätigkeit ihrer Anteilseigner und deren verbandsinterner Informationsrechte: Je weiter die Informationsrechte gehen, um so stärker ist die Gesellschaft gefährdet und benötigt Schutz durch ein Wettbewerbsverbot. Der eingangs formulierte Sinn und Zweck eines Wettbewerbsverbotes als Schutz der Gesellschaft vor Konkurrenzhandlungen durch Gesellschafter, die durch weitgehende Informationsmöglichkeiten

einen umfangreichen Zugriff auf die Verbandsinterna haben, findet somit seine Bestätigung.

In der Tat läßt sich eine Abhängigkeit des Wettbewerbsverbotes von den Informationsmöglichkeiten des Personengesellschafters nachvollziehen, sieht man § 112 HGB in Zusammenhang mit § 118 Abs. 1 HGB bzw. §§ 165 f. HGB.
Geht man vom gesetzlichen Normaltypus der Kooperation aus, so haben die nicht an der Geschäftsführung beteiligten Gesellschafter einer oHG ein umfassendes Kontrollrecht (§ 118 HGB), welches ihnen den Zugang zu allen relevanten Interna ermöglicht. Sie dürfen sich von den Angelegenheiten der Gesellschaft persönlich unterrichten, Handelsbücher und Papiere der Gesellschaft einsehen und sich eine Bilanz anfertigen. Aufgrund dessen sind sie in der Lage, sich praktisch in gleichem Umfang Informationen zu verschaffen wie die geschäftsführenden Gesellschafter. Dagegen sind die Kommanditisten in ihrem Zugang zu Interna der KG stark eingeschränkt. Nach § 166 Abs. 2 HGB dürfen sie nur eine Abschrift der jährlichen Bilanz verlangen und ihre Richtigkeit durch Einsicht in die Bücher und Papiere prüfen. Im Gegensatz zur Informationsmöglichkeit des von der Geschäftsführung ausgeschlossenen persönlich haftenden Gesellschafters (§ 166 Abs. 2 HGB), der Einsicht in aktuelle Unterlagen der Gesellschaft nehmen kann[74], gewährt § 166 Abs. 1 HGB dem Kommanditisten damit regelmäßig nur Kenntnis von bereits abgeschlossenen Geschäftsvorfällen. Eine Verwertung von Gesellschaftsinterna durch ihn im Handelszweig der Gesellschaft korrespondiert daher regelmäßig nicht mit einer unbotmäßigen Vorteilsstellung. Die Konkurrenz des Kommanditisten ist keine, eine besondere Schutzbedürftigkeit der Gesellschaft auslösende, sondern eine gewöhnliche; wie sie auch von gesellschaftsungebundenen Marktteilnehmern zu erwarten ist. Die gesetzgeberische Entscheidung, den Kommanditisten einem Wettbewerbsverbot nicht zu unterstellen, erweist sich daher als konsequent und folgerichtig.

Als weiterer Zweck des § 112 HGB wird neben der eigennützigen Verwertung von Gesellschaftsinterna auch die Gefahr gesellschaftsfeindlicher Einflußnahme auf die Gesellschaft genannt.[75]
In Abhängigkeit von ihrer individuellen Rechtsstellung innerhalb des Verbandes können die Gesellschafter in unterschiedlichem Umfang eigennützig auf die Kooperation einwirken, indem sie eine bestehende Geschäftsführungsmacht, Vertretungsmacht oder auch nur mitgliedschaftliche Rechte ausnutzen. Die besondere Gefahr besteht für die Gesellschaft darin, daß die Gesellschafter die

---

[74] *Baumbach/Hopt*, HGB, § 118, Rn. 1, 3; *Salfeld*, S. 84; *Emmerich*, in: Heymann, HGB, § 118, Rn. 13 ff; *Martens*, in: Schlegelberger, HGB, § 165, Rn. 2; jeweils m.w.N.; vgl. auch BGH v. 20.06.1983 II ZR 85/82, WM 1983, 910, 911 zur Verdichtung des Einsichtsrechts zu einem Anspruch auf Auskunftserteilung.

[75] Vgl. *Mertens/Cahn*, in: FS Heinsius, S. 545, 554; *Ulmer*, in: Großkommentar, HGB, § 112 Rn. 1; *Martens*, in: Schlegelberger, HGB, § 112 Rn. 2.

Kooperation gezielt zu schädigen suchen, indem sie ihre Marktstärke beeinträchtigen und sie damit als Konkurrent zu ihrem eigenen Erwerbsgeschäft schwächen. Daneben läuft die Gesellschaft Gefahr, daß konkurrierende Gesellschafter ihre Pflichten innerhalb der Gesellschaft vernachlässigen, wenn ihre eigenen Interessen mit denen der Gesellschaft kollidieren. Schließlich führt auch die mangelnde Zusammenarbeit der Gesellschafter, die im fehlenden Vertrauen einem konkurrierenden Gesellschafter gegenüber begründet ist, zu einer Gefährdung der Kooperation.

Im Gegensatz zu § 112 Abs. 1 HGB untersagt § 88 Abs. 1 AktG nicht lediglich eine konkurrierende Tätigkeit im Handelszweig der Gesellschaft, sondern darüber hinausgehend - unabhängig von dem Geschäftskreis der AG - jede Betätigung in einem Handelsgewerbe. Ferner verbietet § 88 AktG den Vorstandsmitgliedern, persönlich haftender Gesellschafter, Geschäftsführer oder Mitglied des Vorstandes einer beliebigen anderen Handelsgesellschaft zu sein. Demgegenüber ist es den Personengesellschaftern nach dem Wortlaut des § 112 HGB nur untersagt, sich an einer gleichartigen Handelsgesellschaft als persönlich haftender Gesellschafter zu beteiligen.

Gehen die Wettbewerbsverbote aus § 88 AktG und § 112 HGB insoweit konform, als sie eine wirtschaftliche Betätigung im Handelszweig der Gesellschaft untersagen, läßt sich der Sinn und Zweck des § 88 AktG - soweit sich diese Vorschrift mit der des § 112 HGB deckt - unter Heranziehung der Überlegungen bestimmen, die zu dem Wettbewerbsverbot des Personengesellschafters angestellt wurden.
Ebenso wie bei § 112 HGB ist Sinn und Zweck des § 88 AktG der Schutz der Gesellschaft vor den besonderen Gefahren, die ausschließlich mit einer Konkurrenztätigkeit ihrer Mitglieder, nicht aber mit Wettbewerbshandlungen verbandsungebundener Dritter verbunden sind. Die Gesellschaft ist dem Risiko ausgesetzt, daß der Vorstand seine weitreichenden und umfassenden Informationen über die Gesellschaft zugunsten einer direkten Konkurrenztätigkeit im Handelszweig der AG ausnutzt.[76]

Soweit § 88 AktG darüber hinaus jede unternehmerische Betätigung auch in anderen Geschäftsbereichen untersagt, kann der Sinn und Zweck dieser Regelung nicht darin liegen, die Gesellschaft vor unberechtigten Internaverwertungen zu schützen. Denn es besteht unter diesen Gesichtspunkten keine besondere Gefährdung der AG. Den Vorstandsmitgliedern fehlt mangels eines Konkurrenzverhältnisses zwischen ihrer eigenen Geschäftstätigkeit und der der AG jede Veranlassung zur Ausnutzung von Interna. Die Vorstandsmitglieder können ihr eigenes

[76] Vgl. *Mertens/Cahn*, in: FS Heinsius, S. 545, 535 ff.; *Hefermehl*, in: Geßler/Hefermehl/Eckardt/Kropff, AktG, § 88 Rn. 1; *Mertens*, in: Kölner Kommentar, AktG, § 88 Rn. 2.

Handelsgewerbe nicht fördern, indem sie auf Gesellschaftsinterna zurückgreifen. Für die geschäftliche Entwicklung ihres Handelsgewerbes sind diese Interna nicht sinnvoll verwertbar. Sie beziehen sich auf die Geschäftstätigkeit der AG in anderen Handelszweigen und können deshalb nicht in einen wirtschaftlichen Erfolg des eigenen Handelsgewerbes umgesetzt werden. Auch eine absichtliche Schädigung der Gesellschaft durch Weitergabe der Interna bringt keinen Vorteil für die Vorstandsmitglieder. Da die AG nicht als Wettbewerber zu ihrem Handelsgewerbe auftritt, ist ihr wirtschaftliches Schicksal ohne Einfluß auf deren Erfolg.

Liegt somit - genau genommen - in der gesetzlichen Verpflichtung der Vorstandsmitglieder, sich nicht in anderen Handelszweigen wirtschaftlich zu betätigen, überhaupt kein Wettbewerbsverbot, da eine Konkurrenzsituation zwischen zwei in verschiedenen Geschäftsbereichen arbeitenden Unternehmen nicht denkbar ist, so kann der Regelungszweck vielmehr nur in einer allgemeinen Unterlassungspflicht liegen, durch die der Gesetzgeber eine sorgfältige Erfüllung, der in dieser Organtätigkeit begründeten Aufgaben sichern will; wie dies für den Geschäftsführer einer GmbH in § 43 Abs. 1 GmbHG zum Ausdruck kommt. Die Regelung des § 88 AktG bezweckt demnach, die Vorstandsmitglieder nicht nur von der Arbeitsbelastung abzuhalten, die eine unternehmerische Betätigung mit sich bringt. Vor allem soll ihnen untersagt werden, daß sie ihre Arbeitskraft und Leistungsbereitschaft langfristig außerhalb der Gesellschaft binden, indem sie weitreichende Verpflichtungen und finanzielle Risiken[77] auf sich nehmen.[78]

Liegt der Sinn und Zweck des § 88 AktG, jedenfalls soweit er mit § 112 HGB identisch ist, in den umfassenden Informationen, die dem Vorstand präsent sind, so ist hier ein Zusammentreffen mit der Verbandsfunktion als geschäftsführendes Organ zwar der AG immanent, eine allgemeingültige Relation zwischen Geschäftsführung und Wettbewerbsverbot läßt sich hieraus jedoch nicht ableiten.[79]

In der AG ist das Vorstandsmitglied mit dem Verbot belegt, weil bei ihm die Gesellschaftsinterna offenliegen und nicht, weil es geschäftsführendes Organ ist. Die Aktionäre unterliegen keinem Wettbewerbsverbot, weil sie von der Geschäftsführung ausgeschlossen sind, sondern weil sie keinen gleichermaßen umfassenden Einblick in die Gesellschaftsinterna haben. So kann ihnen der Zugang zu den Betriebsinterna versagt werden, wenn insbesondere nach § 131 Abs. 3 Nr. 1 AktG zu befürchten ist, der Gesellschaft oder einem verbundenen Unter-

---

[77] Eine ungebührliche Leitung eines Unternehmens ist mit umfangreichen Schadensersatzpflichten (§ 93 Abs. 2 AktG, § 43 Abs. 2 GmbHG) und Haftungsansprüchen (§ 128 HGB) sanktioniert.

[78] Vgl. *Mertens/Cahn*, in: FS Heinsius, S. 545, 554; *Hüffer*, AktG, § 88 Rn. 1; *M. Winter*, Mitgliedschaftliche Treuebindungen im GmbH-Recht, S. 246; *Hefermehl*, in: Geßler, Hefermehl/Eckardt/Kropff, AktG, § 88 Rn. 1; *Raiser*, in: FS Stimpel, S. 855 f..

[79] In diesem Sinne aber *Salfeld*, S. 133.

nehmen werde ein nicht unerheblicher Nachteil zugefügt. Dies ist regelmäßig dann der Fall, wenn durch die Auskunftserteilung der Gesellschaft interne Daten offenbart würden, die zu nicht unerheblichen Nachteilen gegenüber der Konkurrenz führen würden.[80] Mittels dieses Verweigerungsrechtes wird die Gesellschaft letztlich gleichermaßen vor den Gefahren eigennütziger Verwertung von Gesellschaftsinterna durch ihre Mitglieder geschützt, wie durch ein Wettbewerbsverbot. Gerade auch § 112 HGB belegt, daß auch von der Geschäftsführung ausgeschlossene persönlich haftende Gesellschafter einem Wettbewerbsverbot unterliegen.

Nutzt der Gesellschafter seine Rechte, so korrespondiert die Möglichkeit der Einflußnahme auf die Geschäftsführung notwendigerweise mit der Möglichkeit, Kenntnisse über Verbandsinterna zu erlangen. Mit der unmittelbaren Teilhabe an der Geschäftsführung ist die Einsicht in die Geschäftsbücher eröffnet. Auch eine nur durch den Umfang der Mitgliederstellung vermittelte rechtliche oder faktische Macht, auf die Geschäftsführung lenkend einzuwirken, ermöglicht den Zugang zu verbandsinternen Informationen; soweit jedenfalls nicht bereits das Gesetz Zugang zu Informationen gewährt, deren Kenntnis dem Verband im Falle von Wettbewerb gefährlich werden kann.[81] Dies sei verdeutlicht anhand eines Aktionärs, der, infolge der strikten gesetzlichen Trennung zwischen Geschäftsführung durch den Vorstand und Aufgaben der Hauptversammlung, zwar weder einen Anspruch auf aktuelle Informationen mit Gefährdungspotential, noch Einfluß auf die Geschäftsführung hat; gleichwohl faktisch - nach dem Umfang seiner (beherrschenden) Stellung - diese rechtlichen Grenzen überwinden kann[82], und zwar sowohl die der Autonomie der Geschäftsführung als auch die der beschränkten Informationsmöglichkeiten. Denn Aufsichtsrat und Vorstand hängen insofern vom Willen des Mehrheitsaktionärs ab, als dieser den Aufsichtsrat bestimmt (§ 101 Abs. 1 Satz 1 AktG), der seinerseits den Vorstand ernennt (§ 84 Abs. 1 Satz 1 AktG). Durch gezielte personelle Besetzung des Aufsichtsrates kann er damit mittelbar die personelle Zusammensetzung des Vorstandes steuern und damit letztlich Einfluß auf die Geschäftspolitik der Gesellschaft nehmen.
Unbeschadet dessen ist es nicht vorstellbar, wie ein Verbandsmitglied überhaupt schädlichen Einfluß nehmen kann, wenn es von den Interna der Gesellschaft ausgeschlossen ist. Bedingt eine durch private Interessen gelenkte Einflußnahme doch die Kenntnis geplanter Vorhaben, Perspektiven und Strategien.
Zusammenfassend läßt sich die Schutzfunktion der Wettbewerbsverbote in der Verhinderung von wettbewerblichem Verhalten eines Gesellschafters skizzieren,

---

[80] Vgl. OLG Karlsruhe, Beschluß v. 29.06.1989 - 11 W 57/89, AG 1990, 82, 83; LG Mainz, Beschluß v. 13.07.1987 - 10 HO 141/86, AG 1988, 169, 171; LG Dortmund, Beschluß v. 19.02.1987 - 18 AktE 2/86, AG 1987, 189; *Semler*, in: Münchener Handbuch des Gesellschaftsrechts, § 37 Rn. 24.

[81] So beispielsweise die Informationsmöglichkeit über die laufenden Geschäfte; vgl. *Beuthien*, ZHR 142 (1978), 259, 284; *Friedewald*, S. 140.

[82] Vgl. *Salfeld*, S. 179.

wenn dieser von der rechtlichen oder faktischen Möglichkeit, sich über die laufenden Geschäfte und Angelegenheiten der Gesellschaft zu informieren, Gebrauch macht. Da zwar regelmäßig eine Einflußnahme auf die Gesellschaft den Zugang zu internen Informationen eröffnen wird, umgekehrt aber nicht automatisch die Geschäftsführung beeinflußt werden kann, wenn Kenntnisse der Interna erlangbar sind (§ 118 HGB, § 51 a GmbHG), sucht die Schutzfunktion der Wettbewerbsverbote diesen beiden Gefährdungspotentialen entgegen zu wirken.

Nach wohl einhelliger Auffassung in der Literatur umfaßt der Schutzbereich des Wettbewerbsverbotes personalistisch ausgestaltete GmbH.[83] Für kapitalistische Gesellschaften hingegen wird das Wettbewerbsverbot nicht gleichsam eindeutig angenommen.[84]

Die Frage, was eine personalistische Realstruktur charakterisiert, wird nicht einheitlich beantwortet. So wird die Vinkulierung der Anteile teils als entscheidendes Kriterium[85], teils als kennzeichnendes Merkmal[86] benannt. Andere wiederum stellen maßgeblich auf die Mitwirkung im geschäftsführenden Gesellschaftsorgan sowie eine enge persönliche Verbundenheit der Verbandsmitglieder ab.[87]

Diese als Charakteristikum ins Feld geführten Merkmale basieren auf einem gemeinsamen Grundgedanken, der sonach das Wesen einer personalistischen GmbH ausmacht: die enge persönliche Bindung und/oder vertrauensvolle Zusammenarbeit der Gesellschafter zur gemeinsamen Zweckverfolgung. Skizziert ist damit eine als Mitunternehmergemeinschaft ausgestaltete Arbeits- und Haftungsgemeinschaft, wie sie auch dem § 112 HGB zugrunde liegt. Ihre Funkti-

---

83 *Spiegelberger*, GmbHR 1992, 727, 729; *Rowedder*, in: Rowedder, GmbHG, § 13 Rn. 14; *M. Winter*, Mitgliedschaftliche Treuebindungen im GmbH-Recht, S. 252; *Priester*, DStR 1992, 254, 257; *Tillmann*, in: FS Felix, S. 507, 513 f.; *Mertens/Cahn*, in: FS Heinsius, S. 545, 556; jeweils m.w.N..

84 In diesem Sinne *Mertens/Cahn*, in: FS Heinsius, S. 545, 556; *Tillmann*, in: FS Felix, S. 507, 513 f; *Sina*, DStR 1991, 40; *Spiegelberger*, Beratungsempfehlungen, S. 32; *Raiser*, in: FS Stimpel, S. 855, 865; *Timm*, GmbHR 1981, S. 177, 179.

85 Die Anteilsvinkulierung - Einschränkung der Anteilsübertragbarkeit insbes. durch Erfordernis der Zustimmung der Gesellschaft - war das einzige in der Unternehmensrechtskommission des BMJ allgemein konsensfähige Kriterium für die Abgrenzung der personalistischen von der kapitalistischen GmbH; ob und gegebenenfalls welche zusätzlichen Merkmal den personalistischen Typus prägen, wurde dagegen sehr unterschiedlich beurteilt; vgl. den Bericht der Unternehmensrechtskommission, Tz. 621 ff..

86 *Lutter/Timm*, NJW 1982, 409, 419.

87 BGH v. 01.04.1953 II ZR 235/52, BGHZ 9, 156, 163 f; v. 05.06.1075 II ZR 23/74, BGHZ 65, 15, 18 f; v. 01.02.1988 II ZR 75/87, BGHZ 103, 184, 194 f; *Schilling*, in: Hachenburg, GmbHG, Allgemeine Einleitung, Rn. 15; *Hueck*, in: Baumbach/Hueck, GmbHG, § 13 Rn. 19; *Friedewald*, S. 14 ff.; *Raiser*, in: FS Stimpel, S. 855, 864 f; *Becker*, ZGR 1986, 383, 402.

onsfähigkeit kann jedoch nur gewährleistet werden, wenn sie vor vertrauenszerstörenden oder -beeinträchtigenden Einflüssen durch illoyales Verhalten einzelner Gesellschafter geschützt ist. Einen maßgeblichen Schutzmechanismus bildet das gegenständlich umfassende, präventiv wirkende Wettbewerbsverbot.[88]

Im Gegensatz zu personalistisch ausgestalteten Gesellschaften, die sich durch ein auf enge persönliche Bindung und/oder Zusammenarbeit angelegtes Gesellschaftsverhältnis mit einer geringen Anzahl von regelmäßig unternehmerisch tätigen Gesellschaftern auszeichnet, ist charakteristisch für eine kapitalistische Gesellschaft, eine mit einem vergleichsweise hohen Stammkapital verbundene Vielzahl von Gesellschaftern, die zumeist lediglich kapitalistisch beteiligt sind, d.h. nicht unternehmerisch in der Gesellschaft mitarbeiten.[89]
Wird die Grundlage des Wettbewerbsverbotes in bestehenden Treuepflichten eines Gesellschafters gegenüber seinen Mitgesellschaftern bzw. zu der Gesellschaft gesehen[90], müßten Gesellschafter auch in einer kapitalistisch ausgerichteten GmbH Treuepflichten unterliegen, will man sie einem Wettbewerbsverbot unterstellen.

In der Zivilrechtsprechung wurde eine Treuepflicht zunächst auf die rechtstatsächliche Vergleichbarkeit der typischen GmbH zu der dem gesetzlichen Leitbild einer Personenhandelsgesellschaft gestützt und damit augenscheinlich auf die personalistisch geprägte Gesellschaft beschränkt[91]. In der ITT-Entscheidung stellte der BGH demgegenüber entscheidend auf die erheblichen Einwirkungsmöglichkeiten der Gesellschafter, insbesondere auf die Geschäftsführung ab.[92] Darüber hinaus vertritt der BGH nach seiner Rechtsprechung zur Publikums-KG die Auffassung, daß die Existenz von Treuebindungen unabhängig sei von der personalistischen Ausgestaltung des Gesellschaftsverhältnisses, wenn diese auch aufgrund der fehlenden persönlichen Beziehungen der Gesellschafter untereinander einen anderen Inhalt habe.[93]

---

88 *M. Winter*, Mitgliedschaftliche Treuebindungen im GmbH-Recht, S. 252; *Mertens/Cahn*, in: FS Heinsius, S. 545, 556; *Timm*, GmbHR 1981, 177, 179; *Tillmann*, in: FS Felix, S. 507, 513 f; *H. Winter*, in: Scholz, GmbHG, § 14 Rn. 59; *Spiegelberger*, GmbHR 1992, 727, 729 f; *Rowedder*, in: Rowedder, GmbHG, § 13 Rn. 13 f; *Rademacher*, NWB F. 18, S. 3191, 3193; *Priester*, DStR 1992, 254, 257; *Lutter/Timm*, NJW 1982, 409, 411; *Beuthien*, ZHR 142 (1978), 259, 282; jeweils m.w.N..

89 *Rademacher*, NWB F. 18, S. 3191, 3193.

90 Vgl. oben unter 3.1.1.4.1, S. 67 ff..

91 Vgl. BGH v. 01.04.1953 II ZR 235/52, BGHZ 9, 157, 163.

92 BGH v. 05.06.1975 II ZR 23/74, BGHZ 65, 15, 19.

93 BGH v. 05.11.1984 II ZR 111/84, NJW 1985, 974, 975; v. 19.11.1984 II ZR 102/84, NJW 1985, 972, 973; OLG Düsseldorf v. 28.10.1993 - 6 U 160/92, DB 1993, 2474, 2476.

Auch im Schrifttum wird überwiegend eine personalistische Struktur nicht als Voraussetzung der Existenz einer Treuepflicht dem Grunde nach verstanden, sondern als Richtwert für ihren Umfang und ihre Intensität.[94]

Wird somit das Bestehen von Treuepflichten dem Grunde nach nicht an die innere Verbandsstruktur gebunden, sondern besteht lediglich hinsichtlich ihrer Intensität eine Wechselbeziehung in dem Sinne, daß mit zunehmender persönlicher Beziehung der Gesellschafter eine in gleichem Maße zunehmende Treuepflicht korrespondiert, so ist es letztlich das Maß der Einflußmöglichkeiten auf die Interessen, insbesondere der Mitgesellschafter, die für das Bestehen einer Treuepflicht als notwendigen Gegenpol verantwortlich sind.[95]

Gleichwohl die Gesellschafter einer kapitalistischen Gesellschaft nach dem hier gefundenen Ergebnis an Treuepflichten gebunden sind, darf nicht unreflektiert unterstellt werden, daß sich diese Treuepflichten zu einem Wettbewerbsverbot konkretisieren.
Denn im Gegensatz zu der personalistischen Verbandsstruktur, weist die kapitalistische Gesellschaft einen aus der Treuebindung weitaus geringer einzustufenden Pflichtenrahmen auf. Dies folgt aus der nicht gleichermaßen auf Loyalität und Zusammenarbeit der Gesellschafter an dem Gesellschaftszweck aufbauenden Verbandsstruktur. Hieraus wird gefolgert, daß wirtschaftlicher Wettbewerb des Gesellschafters gegenüber der kapitalistischen Gesellschaft daher ohne weiteres zulässig sei.[96] Eine Bestätigung dieser nach der Verbandsstruktur differenzierenden Betrachtungsweise zeige die gesetzgeberische Entscheidung in §§ 112, 165 HGB.[97]

Die Vorschriften der §§ 112, 165 HGB vermögen jedoch eine Ablehnung des Wettbewerbsverbotes in einer kapitalistischen Gesellschaft nicht zu untermauern.

Die Freistellung des Kommanditisten vom Wettbewerbsverbot ist in seinem geringeren Einfluß auf die Geschäftsführung, wie auch seiner nur eingeschränkten Informationsmöglichkeit von den Gesellschaftsinterna, begründet.[98] Unter Heranziehung der zitierten Vorschriften ist daher lediglich eine Differenzierung

---

94 *H. Winter*, in: Scholz, GmbHG, § 14 Rn. 53; *Hueck*, in: Baumbach/Hueck, GmbHG, § 13 Rn. 23; *Raiser*, in: Hachenburg, GmbHG, § 14 Rn. 53; *Lutter/Hommelhoff*, GmbHG, § 14 Rn. 15; *Lutter*, AcP 180 (1980), 84, 105 ff; *K. Schmidt*, Gesellschaftsrecht, § 20 IV 2 d, S. 485; *M. Winter*, ZHR 148 (1984), 579, 583 ff..

95 Vgl. *Zöllner*, in: Baumbach/Hueck, GmbHG, Schlußanhang I, GmbH-Konzernrecht, Rn. 12.

96 In diesem Sinne *Mertens/Cahn*, in: FS Heinsius, S. 545, 556; *Tillmann*, in: FS Felix, S. 507, 513 f; *Sina*, DStR 1991, 40; *Spiegelberger*, Beratungsempfehlungen, S. 32.

97 *Raiser*, in: FS Stimpel, S. 855, 865; *Timm*, GmbHR 1981, S. 177, 179.

98 Vgl. oben unter 3.1.1.4.2, S. 76 ff..

danach systemimmanent, in welchem Maße der Gesellschafter Einfluß auf die Gesellschaft auszuüben vermag[99], nicht aber, ob letztere personalistisch oder kapitalistisch ausgerichtet ist.
Andernfalls - ließe sich aus der Regelung des § 165 HGB auf die Ausgestaltung der Verbandsstruktur in dem oben beschriebenen Sinne schließen - müßte das gesetzliche Wettbewerbsverbot des geschäftsführenden Gesellschafters einer KG unter dem Vorbehalt stehen, daß an der Gesellschaft nicht eine größere Anzahl von Kommanditisten beteiligt ist, die eine kapitalistische Verbandsstruktur indizieren würden.[100] Nach der gesetzlichen Regelung ist jedoch der Kommanditist vom Wettbewerbsverbot ausgenommen, nicht aber der persönlich haftende Gesellschafter.

Entspricht die Kommanditistenstellung im Innenverhältnis vielmehr der eines Komplementärs, wird die Regelung des § 165 HGB durch die Treuepflicht durchbrochen und § 112 HGB findet Anwendung.[101] So wird auch der Kommanditist aus der Treuepflicht einem Wettbewerbsverbot unterstellt, der geschäftsführungsbefugt ist, dem zumindest die Rechte aus § 118 HGB zustehen oder Einfluß auf die Entscheidungen der Gesellschaft oder die Möglichkeit einer mißbräuchlichen Ausnutzung interner Kenntnisse aufgrund seiner beherrschenden Stellung in der Gesellschaft hat.[102]
Auch in einer kapitalistischen Gesellschaft kann der einzelne Gesellschafter sonach einem Wettbewerbsverbot unterliegen. Entscheidend sind die durch seine gesellschaftliche Stellung im Innenverhältnis eröffnenden Befugnisse im Einzelfall, wie auch die Möglichkeit, maßgeblichen Einfluß auf die Geschäftsführung und die Interessen der Mitgesellschafter zu nehmen.

Entspricht es auch allgemeiner Auffassung, daß ein GmbH-Gesellschafter einem Wettbewerbsverbot unterliegt[103], so werden die Voraussetzungen des Verbots uneinheitlich benannt. Ausgangspunkt der Betrachtung ist die Schutzfunktion des aus der Treuepflicht abzuleitenen Wettbewerbsverbotes, das ein Gegengewicht zur möglichen Einflußnahme auf die Geschicke der Gesellschaft und die Interessen der Mitglieder bildet. Für die persönliche Reichweite des Wettbewerbsverbotes folgt hieraus, daß nur dem Gesellschafter eine konkurrierende

---

99 Vgl. *Priester*, DStR 1992, 254, 257.

100 So OLG Frankfurt, BB 1982, 1383 f..

101 BGH v. 05.12.1983 II ZR 242/82, BGHZ 89, 162, 166; *Martens*, in: Schlegelberger, HGB, § 165 Rn. 14; *Baumbach/Hopt*, HGB, § 165 Rn. 3.

102 *Martens*, in: Schlegelberger, HGB, § 165 Rn. 9 ff..

103 BGH v. 05.12.1983 II ZR 242/82, BGHZ 89, 162, 166; v. 09.03.1987 II ZR 215/86, GmbHR 1987, 302, 303; v. 03.05.1988 KZR 17/87, GmbHR 1988, 334, 336; OLG Köln v. 22.02.1991 - 3 U 20/91, GmbHR 1991, 366; *Rowedder*, in: Rowedder, GmbHG, § 13 Rn. 14; *H. Winter*, in: Scholz, GmbHG, § 14 Rn. 59; *Raiser*, in: Hachenburg, GmbHG, § 14 Rn. 64; jeweils m.w.N..

Tätigkeit untersagt ist, wenn und soweit ihm seine internen Befugnisse und seine Stellung in der GmbH eine derartige Mißbrauchsmöglichkeit eröffnen. Ob ein Gesellschafter einem Wettbewerbsverbot unterliegt, hängt damit im wesentlichen von seiner Einwirkungsmöglichkeit auf die Geschicke der Gesellschaft ab.

Allein aufgrund ihrer Verbandsmitgliedschaft könnte jeder Gesellschafter einem Wettbewerbsverbot unterliegen, weil er in jedem Fall ein Mindestmaß an Informationsrechten besitzt und auch ein von dem Mitgliedschaftsrecht untrennbar verbundenes[104] Stimmrecht, so daß jeder Gesellschafter eine potentielle Einwirkungsmöglichkeit auf die Gesellschaft hat.

Dient das Wettbewerbsverbot dem Zweck, die Gesellschaft vor mißbräuchlicher Verwendung der aus der Gesellschafterstellung erlangten Kenntnisse im eigenen wirtschaftlichen Interesse und zum Nachteil der Gesellschaft zu schützen, so könnte jeder Gesellschafter aufgrund seiner - im Kernbereich unabdingbaren - Informationsrechte uneingeschränkt einem Wettbewerbsverbot unterliegen.

Das präventive Wettbewerbsverbot ist jedoch nur insoweit gerechtfertigt, als weder die Informationsrechte begrenzt noch eine sonstige Schutzvorkehrung zugunsten der Gesellschaft vor mißbräuchlicher Verwertung von Gesellschaftsinterna getroffen wurde.
Im Recht der GmbH aber hat der Gesetzgeber mit § 51 a Abs. 2 GmbHG für das Informationsrecht eine hinreichende Schutzvorkehrung durch die Möglichkeit geschaffen, dem Gesellschafter Auskunft und Einsicht zu verweigern, wenn deren Ausnutzung zu gesellschaftsfremden Zwecken zu besorgen ist. Ebenso berechtigt die Gefahr gesellschaftsschädlichen Mißbrauchs zu einer Verweigerung des Auskunftsverlangens, die bei unternehmerischer Tätigkeit eines Gesellschafters in der gleichen Branche - unabhängig von der Existenz eines Wettbewerbsverhältnisses - im Sinne des Wettbewerbsrechts angenommen wird.[105] Das Gesetz gewährleistet hier also auch ohne Wettbewerbsverbot einen Präventivschutz. Gelingt der Gesellschaft der Nachweis der Gefahr im Rahmen des Informationserzwingungsverfahrens nach § 51 b GmbHG nicht, so bleibt ein Schadensersatzanspruch wegen Treuepflichtverletzung gegen den Gesellschafter, der die Informationen zum Schaden der Gesellschaft ausnutzt.[106] Der Gesetzgeber hat hier mit § 51 a GmbHG eine grundsätzliche Wertentscheidung getroffen, wie die Gesellschaft vor treuwidrigen Wettbewerbshandlungen zu schützen ist. Diese Entscheidung ist zugunsten einer Einschränkung des Auskunftsrechts im Ein-

---

[104] Vgl. *K. Schmidt*, Gesellschaftsrecht, § 19 III 4, S. 455.

[105] OLG Stuttgart, Beschluß v. 08.02.1983 - 8 W 496/82, OLGZ 1983, 184, 187 f; *Schilling*, in: Hachenburg, GmbHG, § 51 a, Rn. 20; *Zöllner*, in: Baumbach/Hueck, GmbHG, § 51 a Rn. 32; *K. Schmidt*, Gesellschaftsrecht, § 35 I 4 b bb, S. 869.

[106] *M. Winter*, Mitgliedschaftliche Treuebindungen im GmbH-Recht, S. 243; *Zöllner*, in: Baumbach/Hueck, GmbHG, § 51 a Rn. 36, m.w.N..

zelfall bei begründetem Verdacht einer mißbräuchlichen Ausnutzung und zum Nachteil eines generellen und präventiv wirkenden Wettbewerbsverbotes ausgefallen.

Zu beachten ist ferner, daß mit dem Informationsrecht des Gesellschafters nicht unbedingt eine beachtliche Schädigungsmacht einhergehen muß. So insbesondere, wenn zu den Interna der Gesellschaft keine Informationen gehören, durch deren Mißbrauch die Gesellschaft erheblich geschädigt werden könnte.[107] Selbst wenn der Gesellschafter eine Konkurrenztätigkeit betreibt, muß dies ferner nicht automatisch mit einer Verwertung von Geschäftsgeheimnissen verbunden sein.[108]

Aufgrund der gesetzlichen Schranke des § 51 a GmbHG kann aus dem Informationsrecht des Gesellschafters kein generelles, präventiv wirkendes Wettbewerbsverbot folgen.

Eine Einflußmöglichkeit auf die Geschicke der Gesellschaft ist dem Gesellschafter insbesondere durch sein Stimmrecht eröffnet. Es liegt nahe, daß dieser sich bei Abstimmungen in der Gesellschafterversammlung nicht ausschließlich von den Interessen der Gesellschaft leiten lassen wird, wenn er kollidierende eigene Interessen verfolgt.
Es ist jedoch zu bedenken, daß die Stimme des einzelnen Gesellschafters häufig keinen Einfluß auf das Abstimmungsergebnis hat und somit dem einzelnen Gesellschafter keine beachtliche Schädigungsmöglichkeit verschafft. Gerade in den Fällen, in denen dem Stimmrecht - beispielsweise infolge einer geringen Kapitaleinlage ("Zwergbeteiligung") - keine nennenswerte Stimmkraft zukommt und damit keine Schädigungsmacht besitzt, besteht auch nicht die Gefahr, daß der Gesellschafter auf die infolge seiner Treuepflichten zu beachtenden Interessen nachteilig einwirken, insbesondere beeinträchtigend auf die Geschäftsführung einwirken kann.
Andererseits bieten die gesetzlich normierten Fälle eines Stimmrechtsausschlusses in § 47 Abs. 4 GmbH, wie auch die darüber hinaus von der Rechtsprechung entwickelten Fälle, in denen die Geschäftsführung gemäß § 51 a Abs. 2 GmbHG dem Gesellschafter das Informationsrecht verweigern darf, einen ausreichend präventiven Schutz der Gesellschaft. Für ein gleichermaßen wirkendes Wettbewerbsverbot besteht daher kein Regelungsbedürfnis. Es solches würde zudem auf kartellrechtliche Bedenken stoßen.[109]
Diese von § 1 GWB vorgegebene Grenzziehung wird auch im Steuerrecht zu beachten sein. Allein aufgrund seiner Verbandszugehörigkeit unterliegt ein Gesellschafter somit nicht einem Wettbewerbsverbot, so daß der Tatbestand einer verdeckten Gewinnausschüttung hier keine Bedeutung erlangen kann.

---

107 Vgl. *Ivens*, DB 1988, 215, 217.
108 *Ulmer*, in: Münchener Kommentar, BGB, § 705 Rn. 195.
109 Vgl. oben 3.1.1.3, S. 65 ff..

Unterliegen die Gesellschafter aufgrund ihrer Verbandsmitgliedschaft nicht per se einem Wettbewerbsverbot, so kann sich ein solches nur aus besonderen und im Einzelfall zu der Beteiligung an der Kapitalgesellschaft hinzutretenden Umständen ergeben. Als ein solchermaßen besonderer Umstand ist zunächst[110] ein besonderes Vertrauensverhältnis des Gesellschafters gegenüber seinen Mitgesellschaftern zu nennen, wie es eine personalistisch strukturierten Gesellschaft kennzeichnet.
Wesensmerkmal einer personalistischen GmbH, wie insbesondere einer Familien-GmbH, ist die auf einem besonderen Vertrauensverhältnis aufbauende Zusammenarbeit der Gesellschafter zur gemeinsamen Zweckverfolgung.[111] Dieses Vertrauensverhältnis rechtfertigt es aufgrund seiner maßgeblichen Bedeutung, den Gesellschafter einem Wettbewerbsverbot zu unterstellen, wenn und soweit die eigennützige Verwertung von Gesellschaftsinterna, oder die Einflußnahme auf die Geschicke der Gesellschaft - angesichts der konkreten Struktur der Gesellschaft und der von dem betreffenden Gesellschafter in ihr eingegangenen Bindung - im Einzelfall als Vertrauensbruch und als treuwidriges Hintertreiben der gemeinschaftlichen Absichten und Bemühungen erscheinen läßt. Dies wird jedoch die Ausnahme sein, so daß es bei dem Grundsatz verbleibt, daß den Gesellschaftern lediglich aufgrund ihrer Verbandsmitgliedschaft die eigene erwerbswirtschaftliche Tätigkeit im Geschäftszweig der Gesellschaft nicht untersagt ist.[112]

Ein Gesellschafter ist beherrschend, wenn ihm die absolute Mehrheit der Stimmrechte bei der Gesellschaft zustehen; er also regelmäßig mit mehr als der Hälfte am Stammkapital der Gesellschaft beteiligt ist.
Diese Herrschaftsmacht begründet für die Gesellschaft eine besondere Gefährdungslage, indem der Gesellschafter seine mitgliedschaftlichen Rechte - insbesondere sein Informationsrecht - im Interesse der eigenen unternehmerischen Tätigkeit jederzeit zum Nachteil der Gesellschaft nutzen kann.

§ 51 a GmbHG gewährt dem Gesellschafter ein umfassendes Informationsrecht bezüglich der Angelegenheiten der GmbH, dem der auskunftsverpflichtete Geschäftsführer nicht nachzukommen braucht, wenn die Besorgnis besteht, der Gesellschafter werde die Informationen zu gesellschaftsfremden Zwecken mißbrauchen.

Diese positiv normierte Beschränkung des Informationsrechts vermag jedoch die Gesellschaft vor eigennütziger Einflußnahme und Verwertung von Interna nicht

---

110 Auch die nachfolgend behandelten "Sonderformen" einer Gesellschaftsbeteiligung begründen derartige besondere Umstände.

111 Vgl. oben 3.1.1.4.2, S. 76 ff..

112 Vgl. im Ergebnis auch *Rowedder*, in: Rowedder, GmbHG, § 13 Rn. 14.

hinreichend zu schützen, da das auskunftspflichtige Organ von dem auskunftsersuchenden Gesellschafter in einem Abhängigkeitsverhältnis steht.
Gemäß §§ 38 Abs. 1, 46 Nr. 5 GmbHG ist die Gesellschafterversammlung zuständig für die Bestellung, wie auch Abberufung des Geschäftsführers. Ist der Geschäftsführer somit dem Wohlwollen der Gesellschafterversammlung unterstellt, ist die Schutzfunktion des § 51 a Abs. 2 GmbHG in ihrer tatsächlichen Wirkungsweise zumindest reduziert. Denn der Geschäftsführer wird sich bei einem Auskunftsersuchen des beherrschenden Gesellschafters zumindest nicht ausschließlich von objektiven Gesichtspunkten leiten lassen und demgemäß lediglich das Schutzbedürfnis der Gesellschaft vor einer mißbräuchlichen Informationsverwertung im Auge haben. Vielmehr wird der Geschäftsführer gleichermaßen die Gefahr des Verlustes seiner Organstellung sehen und sich eine Informationsverweigerung gegenüber dem beherrschenden Gesellschafter reiflich überlegen. Darüber hinaus kann der Mehrheitsgesellschafter, aufgrund der allumfassenden Zuständigkeit der Gesellschafter in ihrer Gesamtheit, jederzeit die Geschäftsführung an sich ziehen und auf diesem Wege die Auskünfte einholen. Vermag das Auskunftsverweigerungsrecht des § 51 a Abs. 2 GmbH dem Schutzbedürfnis der GmbH somit nicht gerecht zu werden, bedarf das Informationsrecht des beherrschenden Gesellschafters eines Gegenpoles in Form eines präventiven Wettbewerbsverbotes.[113]

Dieses Wettbewerbsverbot besteht grundsätzlich unabhängig davon, ob der Gesellschafter seine internen Einflußmöglichkeiten oder Informationsrechte im Einzelfall tatsächlich mißbraucht und der Gesellschaft aus der Wettbewerbstätigkeit ein Schaden entsteht.[114]
BGHZ 89, 162, 167 hat diese Frage zwar ausdrücklich offen gelassen, dies aber unter dem Hinweis, daß im Falle einer Mehrheitsbeteiligung des Gesellschafters die Lebenserfahrung eine tatsächliche Vermutung dafür begründe, daß der Gesellschafter von den durch seine beherrschende Stellung vermittelten Einflußmöglichkeiten auch tatsächlich Gebrauch mache.
Der hier zum Ausdruck gebrachte Zusammenhang zwischen Mehrheitsbeteiligung und vermuteter Einflußnahme auf die Gesellschaft liegt gleichermaßen der konzernrechtlichen Regelung des § 17 Abs. 2 AktG zugrunde.

---

[113] Im Ergebnis ebenso BGH v. 05.12.1983 II ZR 242/82, BGHZ 89, 162, 166; BGH v. 09.03.1987 II ZR 215/86, GmbHR 1987, 302, 303; *Sina*, DStR 1991, 40; *Rademacher*, NWB F. 8, S. 3191, 3192; *von der Osten*, GmbHR 1989, 450, 451; *M. Winter*, Mitgliedschaftliche Treuebindungen im GmbH-Recht, S. 248 ff; *Raiser*, in: Hachenburg, GmbHG, § 14 Rn. 64; *Lange*, NWB F. 4, S. 3749; *Salfeld*, S. 207; *Eppler*, DStR 1990, 198; *Martens*, GmbHR 1984, 265, 267.

[114] Vgl. *M. Winter*, Mitgliedschaftliche Treuebindungen im GmbH-Recht, 250 f; *Salfeld*, S. 208 f; *Raiser*, in: FS Stimpel, S. 855, 858 ff; *Lutter/Timm*, NJW 1982, 409, 419; a.A. *Schulze-Osterloh*, FR 1993, 73, 78; *Immenga*, JZ 1984, 578, 579; *Mertens/Cahn*, in: FS Heinsius, S. 545, 558 f..

Läßt sich demgegenüber im Einzelfall mit hinreichender Sicherheit ausschließen, daß ein Gesellschafter von seinem Informationsrecht Gebrauch macht, etwa weil die Geschäftsführer entsprechende Informationen nicht erteilt haben (§ 51 a Abs. 2 GmbHG) und die einschlägigen Geschäftsgeheimnisse dem Gesellschafter auch auf anderem Wege nicht zugänglich sind, rechtfertigt es das Verbot des Mißbrauchs der Gesellschafterstellung nicht, dem Gesellschafter eine Wettbewerbstätigkeit zu untersagen. Andererseits jedoch muß ein nicht einsichtsberechtigter Gesellschafter dem Verbot unterliegen, sich die internen Informationen durch unberechtigte Einsichtnahme zu verschaffen.
In diesem Sinne zeigt auch *Salfeld* [115] die Vergleichbarkeit von Mehrheitsbeteiligung und bestehender Geschäftsführungsmacht auf und knüpft das Wettbewerbsverbot im Ergebnis an eine zumindest faktische Geschäftsführungsmacht.

Für den Gesellschafter-Geschäftsführer der GmbH könnte ein Wettbewerbsverbot entweder aus § 43 GmbHG oder ebenso aus einer Treuepflicht abzuleiten sein.
§ 43 Abs. 1 GmbHG gebietet dem Geschäftsführer die Anwendung der Sorgfalt eines ordentlichen und gewissenhaften Geschäftsmannes in allen Angelegenheiten der Gesellschaft und legt ihm damit einen bestimmten Verhaltensmaßstab auf. Dem Wortlaut nach fordert die Vorschrift von dem Geschäftsführer einen spezifischen Sorgfaltsstandard, den dieser aufgrund der besonderen Anforderungen in seinem Amt zu beachten hat. Verletzt der Geschäftsführer unter Mißachtung dieses Sorgfaltsmaßstabes eine ihm obliegende Verpflichtung, haftet er grundsätzlich für den entstandenen Schaden gemäß § 43 Abs. 2 GmbHG. Dieser Schadensersatzanspruch entsteht demnach nicht allein bei einem Verstoß gegen die Sorgfaltspflichten eines ordentlichen Kaufmannes, sondern vielmehr in Abhängigkeit von der objektiven Verletzung von Geschäftsführerpflichten. Zu diesen Geschäftsführerpflichten könnte auch ein Wettbewerbsverbot gehören.

§ 43 GmbHG nennt allerdings nicht die einzelnen haftungsbegründenden Verpflichtungen des Geschäftsführers. Die Norm hat vielmehr den Charakter einer konkretisierungsbedürftigen Generalklausel. Soweit sich Geschäftsführerpflichten nicht aus dem Gesellschaftsvertrag, aus Einzelweisungen der Gesellschafterversammlung oder aus speziellen gesetzlichen Regelungen ergeben, können sie aus § 43 GmbHG abzuleiten sein. Zu denken ist etwa an die Grundsätze ordnungsgemäßer Unternehmensleitung, nach denen der Geschäftsführer verpflichtet ist, das Unternehmen unter Berücksichtigung der betriebswirtschaftlichen Erkenntnisse zu leiten und sich stets ein genaues Bild von der Lage des Unternehmens zu machen.[116] Andererseits lassen sich Geschäftsführerpflichten nur insoweit aus § 43 GmbHG herleiten, als sie nicht aus anderen Rechtsgründen folgen. Die ausdrücklichen gesetzlichen Normierungen sind eigenständige

[115] *Salfeld*, S. 178 ff..

[116] *Mertens*, in: Hachenburg, GmbHG, § 43 Anm. 30 ff; *Koppensteiner*, in: Rowedder, GmbHG, § 43 Anm. 14 ff; *Schneider*, in: Scholz, GmbHG, § 43 Anm. 42 ff..

Rechtsgrundlagen, die dem Geschäftsführer bestimmte Pflichten - unabhängig vom Auffangtatbestand des § 43 GmbHG - auferlegen.[117] Gleiches gilt für Pflichten, die aus einem Treue- oder Loyalitätsgedanken hergeleitet werden.[118] Zur Begründung eines Wettbewerbsvebotes bedarf es somit nicht des Rückgriffs auf § 43 GmbHG, wenn ein Gesellschafter-Geschäftsführer schon wegen seiner Treuepflicht gehalten ist, Konkurrenzhandlungen zu unterlassen.

Als Geschäftsleitungs- und Vertretungsorgan hat der Gesellschafter-Geschäftsführer Zugang zu allen maßgeblichen internen und externen Informationen. Der hierdurch vermittelte Kenntnisstand ermöglicht es ihm, die zur Verfolgung des Gesellschaftszwecks erforderlichen Entscheidungen im Rahmen der durch den Gesellschaftsvertrag gesteckten Vorgaben zu treffen und damit seiner Verpflichtung zur sorgfältigen Leitung des Unternehmens gerecht zu werden. Neben dem Wissen um betriebswirtschaftliche Strategien, technisches know-how sowie Kenntnis von Geschäftsmöglichkeiten, die nicht allen Marktteilnehmern zugänglich sind oder eine jahrelange Marktkenntnis voraussetzen, hat der Gesellschafter-Geschäftsführer Einblick in unternehmensspezifische Einkaufs- und Absatzstrategien, Kunden- und Zuliefererdaten sowie Erfahrungswerte einer unternehmensbezogen optimierten Betriebsorganisation; wie Managementstrukturen, Organisationsmethoden und Rationalisierungsverfahren.
Verwertet er dieses Wissen für sich persönlich und tritt damit als Konkurrent der GmbH am Markt auf, resultieren hieraus erhebliche Schädigungsgefahren für die Gesellschaft,[119] die ungleich größer sind als gegenüber einem nicht mit diesem internen Sonderwissen ausgestatteten Marktteilnehmer. Somit ist der Gesellschafter-Geschäftsführer in der Lage, die geschäftlichen Beziehungen der Gesellschaft, insbesondere den Kundenstamm und Zulieferer der GmbH, im Eigeninteresse zu nutzen. Die Kenntnis der Preisgestaltung und Preispolitik der GmbH ermöglicht es ihm, mit besseren Konditionen auf dem Markt aufzuwarten. Insgesamt verschaffen die internen Informationen dem Gesellschafter-Geschäftsführer bei außergesellschaftlicher Verwertung einen erheblichen Wettbewerbsvorteil gegenüber der GmbH.

Keinen Einhalt gebieten können diesem potentiellen "Informations-mißbrauch" gesellschaftsrechtliche Maßnahmen. Vielmehr vermittelt die Organstellung dem Gesellschafter-Geschäftsführer die Möglichkeit, die Gesellschaft ungeachtet des Willens der Mitgesellschafter zu führen. Zwar mag auch hier, ähnlich dem Mehrheitsgesellschafter, durch eine Verpflichtung auf das Verbandsinteresse und

---

[117] Zu den Geschäftsführerpflichten im einzelnen, vgl. *Mertens*, in: Hachenburg, GmbHG, § 43 Anm. 23 ff; *Schneider*, in: Scholz, GmbHG, § 43 Anm. 21 ff..

[118] *Mertens*, in: Hachenburg, GmbHG, § 43 Anm. 36, der von einer "Ausgrenzung der Treuepflicht aus dem Pflichtenkomplex des § 43 GmbHG spricht; *Koppensteiner*, in: Rowedder, GmbHG, § 43 Anm. 17.

[119] Vgl. BGH v. 16.03.1961 II ZR 14/59, WM 1961, 629, 631.

durch Setzen konkreter Schranken, insbesondere über Weisungsbeschlüsse (§ 37 Abs. 1 GmbHG) durch die Gesellschafterversammlung, die Möglichkeit bestehen, mißbräuchlichen Einflußnahmen entgegenzuwirken. Doch kann hierdurch nicht hinreichend sicher gestellt werden, daß der Geschäftsführer die Geschicke der GmbH nicht "schleichend" im Interesse der eigenen unternehmerischen Tätigkeit beeinflußt, ohne daß eine Schädigung der Gesellschaft im Hinblick auf die einzelne Entscheidung ersichtlich ist. Die hierin liegende Gefährdung der Gesellschaft verlangt nach einem Präventivschutz durch ein umfassendes und generelles Wettbewerbsverbot des geschäftsführenden Gesellschafters.[120]

Der Gesellschafter-Geschäftsführer unterliegt sonach, auch ohne ausdrückliche Regelung in der Satzung oder dem Anstellungsvertrag, allein aufgrund seiner Organstellung, einem aus der Treuepflicht abzuleitenden Wettbewerbsverbot, so daß er im Geschäftsbereich der GmbH weder für eigene noch für fremde Rechnung Geschäfte machen darf. Ohne Bedeutung ist es hierbei, ob die Gesellschaft im Einzelfall geschädigt wird oder nicht und ob sie die Geschäfte selbst hätte abschließen können bzw. wollen.[121] Es löst somit schon jede formelle Wettbewerbssituation die Rechtsfolgen des Wettbewerbsverbotes aus. Das Wettbewerbsverbot des geschäftsführenden Gesellschafters ist damit sehr viel umfassender als das des Nur-Gesellschafters.[122]

Entgegen der bisherigen Rechtsprechung des BFH, die ein Wettbewerbsverbot des Gesellschafters einer Einmamm-GmbH bejahte[123], vertritt sie nunmehr die Auffassung, "der Alleingesellschafter-Geschäftsführer einer GmbH [unterliege] solange keinem Wettbewerbsverbot (...), als er der GmbH Vermögen entzieht, das zur Deckung des Stammkapitals nicht benötigt wird".[124] Diese Auffassung vertritt gleichfalls der überwiegende Teil der Literatur.[125]

---

[120] BGH v. 09.11.1967 II ZR 64/67, BGHZ 49, 30, 31; v. 26.10.1064 II ZR 127/62, WM 1964, 1320, 1321; v. 24.11.1975 II ZR 104/73, WM 1976, 77; *Raiser*, in: Hachenburg, GmbHG, § 14 Rn. 64; *Mertens*, Das Recht des Geschäftsführers der GmbH, § 43, Rn. 41; *Lange*, NWB, F. 4, S. 3749; *Schneider*, in: Scholz, GmbHG, § 43, Rn. 143; *Sina*, DStR 1991, 40; *Zöllner*, in: Baumbach/Hueck, GmbHG, § 35 Rn. 22; jeweils m.w.N..

[121] BGH v. 10.12.1975 VIII ZR 147/74, WM 1976, 75, 76; v. 09.11.1967 II ZR 64/67, BGHZ 49, 30; *Schneider*, in: Scholz, GmbHG, § 43 Rn. 126.

[122] *Wassermeyer*, GmbHR 1993, 329, 330.

[123] Vgl. etwa BFH v. 11.02.1987 I R 177/83, BStBl 1987 II 461; v. 14.3.1989 I R 8/85, BFHE 156, 452, BStBl 1989 II 633; v. 12.4.1989 I R 142-143/85, BFHE 156, 452, BStBl 1989 II 636, DStR 1989, 539; v. 26.4.1989 I R 172/87, BFHE 157, 138, BStBl 1989 II 673, DStR 1989, 539; v. 28.06.1989 I R 89/85, BStBl 1989 II 854, DStR 1989, 608.

[124] BFH v. 30.08.1995 I R 155/94, BFHE 178, 371, DStR 1995, 1873, FR 1995, 905, DB 1995, 2451; v. 12.10.1995 I R 127/94, BFHE 179, 258, DStR 1996, 337.

[125] *Koppensteiner*, in: Rowedder, GmbHG § 43 Rn. 56 ff; *H. Winter*, in: Scholz, GmbHG, § 14 Rn. 59; *Hueck*, in: Baumbach/Hueck, GmbHG, § 13 Anm. 25; *Mertens/Cahn*, in:

Die Begründung für diese zutreffende Auffassung liegt in der Schutzfunktion des Wettbewerbsverbotes, namentlich der Treuepflicht des Gesellschafters gegenüber den Mitgesellschaftern und der GmbH.[126] Eine Treuepflicht gegenüber den Mitgesellschaftern aber kann es naturgemäß bei einer Einmann-GmbH nicht geben. Auch die Treuepflicht gegenüber der Gesellschaft entfällt bei der Einmann-GmbH für den Alleingesellschafter. Ein von den in dem Gesellschaftszweck zusammengefaßten Einzelinteressen der Verbandsmitglieder zu unterscheidendes verselbständigtes "übergesellschaftliches" Verbandsinteresse ist nicht zu erkennen.
Die GmbH ist vom Gesetz als ein Instrument in der Hand ihrer Gesellschafter konzipiert, das diese bei Beachtung der zwingenden Regeln, die dem Schutz des redlichen Geschäftsverkehrs im allgemeinen und ihrer Gläubiger im besonderen dienen, zu jedem ihrem Gutdünken gesetzlich zulässigen Zweck einsetzen können.[127] Die Gesellschafter allein entscheiden eigenverantwortlich darüber, welche Geschäfte sie gemeinsam innerhalb und welche sie - einzeln oder in einem anderen Verband - außerhalb der Gesellschaft wahrnehmen wollen. Für die Annahme eines von dem Interesse der Gesamtheit der Gesellschafter abstrahierten Verbandsinteresses und eines von dem Willen der Gesellschafter zu unterscheidenen Willen der Gesellschaft bietet die Zivilrechtsordnung in den Bereichen keine Grundlage, die der Disposition der Gesellschafter unterliegen.[128] Die rechtliche Verselbständigung der GmbH als juristische Person läßt damit nur die Annahme eines eigenen Interesses in Form eines Vermögens- und Haftungssubjekts zu, nicht aber als personenunabhängiges Interesse des Verbandes schlechthin.[129]

Im Hinblick auf den Schutz der nicht zur Disposition der Gesellschafter stehenden Interessen der Gesellschaftsgläubiger, will ein Teil des Schrifttums gleichwohl eine der Verfügungsmacht der Gesellschafter - und damit auch des Alleingesellschafters - entzogene Treuepflicht gegenüber dem Eigeninteresse der Gesellschaft anerkennen.[130]
Die Interessen der Gesellschaftsgläubiger sind aber nach dem GmbH-Recht ausschließlich im Rahmen der speziellen Vorschriften zu schützen, die der Erhaltung des Stammkapitals (§§ 30 f GmbHG) und der rechtzeitigen Erfüllung der Konkursantragspflichten (§§ 63 f GmbHG) dienen; ferner gegebenenfalls durch

---

FS Heinsius, S. 545, 561, 565 f; *Schneider*, BB 1991, 1681, 1685; *Meyer-Arndt*, BB 1992, 534, 535 f; *Röhricht*, Wpg 1992, 766, 784.

126 Vgl. oben unter 3.1.1.4.1, S. 67 ff..

127 Vgl. *Rehbinder*, AG 1986, 86, 90.

128 Vgl. *M. Winter*, Mitgliedschaftliche Treuebindungen im GmbH-Recht, S. 197.

129 *Zöllner*, S. 21 ff..

130 So *Ulmer*, ZHR 148 (1984), 391 ff; *ders.*, AG 1986, 123, 127 f; offen gelassen, in: FS Pfeiffer, S. 853, 864 f.; *Assmann*, JZ 1988, S. 928, 931; *Wilhelm*, DB 1986, S. 2113, 2119; *Schulze-Osterloh*, ZGR 1983, S. 123, 158; *Emmerich*, in: Scholz, GmbHG, Anh. Konzernrecht, Rn. 164 f, m.w.N..

§ 826 BGB oder durch eine analoge Anwendung der §§ 302, 303 AktG.[131] In diesem Zusammenhang erlangt auch die neuere Rechtsprechung des BFH Bedeutung, nach der ein Alleingesellschafter-Geschäftsführer keinem Wettbewerbsverbot unterliegt, sofern er der GmbH kein Vermögen entzieht "das zur Deckung des Stammkapitals (...) benötigt wird."[132]
Aus diesen, der Kapitalerhaltung dienenden, Vorschriften läßt sich - entgegen der angeführten Literaturauffassung - ein Bestandsinteresse der Gesellschaft nicht begründen, das den Alleingesellschafter zur Treue verpflichtet, wenn und weil andernfalls die Kapitalsicherung nicht gewährleistet ist.[133] Dies zeigt sich daran, daß die Gesellschafter jederzeit die Auflösung der GmbH, wie auch die Änderung des Gesellschaftszwecks, beschließen können. Die von einem Bestandsinteresse der GmbH hergeleitete Treuepflicht könnte dann allenfalls soweit reichen, wie der Schutz der Gesellschaftsgläubiger dies erfordern würde.[134] Jenseits dessen kann es keine Treuepflicht gegenüber der GmbH geben. Eine derartige Treuepflicht aber wäre zur Begründung eines präventiven Wettbewerbsverbotes schon deshalb ungeeignet, weil die Zulässigkeit einer auf Dauer angelegten erwerbswirtschaftlichen Tätigkeit außerhalb der Gesellschaft nicht von der wirtschaftlichen Situation abhängen kann, in der sich die Gesellschaft jeweils befindet. So dürfte der Alleingesellschafter nur dann nicht in Wettbewerb zur Gesellschaft treten, wenn eine Bestandsgefährdung der Gesellschaft entsprechend der gesetzlichen Kapitalerhaltungsvorschriften vorläge.

Diese Ausführungen verdeutlichen, daß das Bestandsinteresse lediglich das Vehikel darstellt, mittels dessen der Gläubigerschutz verbessert werden soll,[135] da andernfalls auch die einvernehmlich willkürliche Auflösung der Gesellschaft untersagt werden müßte. Auch müßte die Anerkennung einer Befreiung eines Gesellschafters in einer mehrgliedrigen Gesellschaft versagt werden, wenn die Kapitalisierung der Gesellschaft den Bereich der §§ 30 f. GmbH erreicht hätte. Hierdurch aber würde ohne gesetzliche Grundlage die Dispositionsfreiheit der Gesellschafter reduziert. Ungeachtet des Konzernrechts beschränkt sich der Gläubigerschutz darauf, Auszahlungen zu verhindern, die das Stammkapital

[131] Vgl. BGH v. 16.09.1985 II ZR 275/84, BGHZ 95, 330, 334; v. 20.02.1989 II ZR 167/88, BGHZ 107, 7, 15; v. 23.09.1991 II ZR 135/90, BGHZ 115, 187, 189; *Mertens/Cahn*, in: FS Heinsius, S. 545, 567 f.; *Emmerich/Sonnenschein*, S. 381, 392; jeweils m.w.N..

[132] BFH v. 30.08.1995 I R 155/94, BFHE 178, 371, DStR 1995, 1873, FR 1995, 905, DB 1995, 2451; v. 12.10.1995 I R 127/94, BFHE 179, 258, DStR 1996, 337.

[133] In diesem Sinne aber *M. Winter*, Mitgliedschaftliche Treuebindungen im GmbH-Recht, S. 203 ff; *Lutter/Hommelhoff*, GmbHG, Anh. § 13 Rn. 30; *Priester*, ZGR 1993, 512, 520 f, m.w.N..

[134] *Mertens/Cahn*, in: FS Heinsius, S. 545, 561.

[135] Vgl. *M. Winter*, Migliedschaftliche Treuebindungen im GmbH-Recht, S. 203 ff; *Ulmer*, ZHR 148 (1984), S. 391, 402; *Assmann*, JZ 1986, 928, 931.

tangieren. Nicht hingegen geschützt werden die Gläubiger aber vor unzureichender Geschäftsführung, insbesondere wenn die Gesellschaft einen Gesellschafter im Tätigkeitsbereich der GmbH im eigenen Interesse unternehmerisch wirken läßt. Dem Alleingesellschafter einer GmbH steht es daher frei, zur Gesellschaft in Wettbewerb zu treten.[136] Besteht kein Wettbewerbsverbot, kann gegen dieses Verbot auch nicht verstoßen werden, mit der Folge, daß keine Schadensersatz- und/oder Herausgabeansprüche entstehen, auf die verzichtet werden könnte. Eine Vermögensverschiebung und damit eine verdeckte Gewinnausschüttung ist - wie der BFH nunmehr zutreffend ausführt - unter diesem Aspekt bei einer Einpersonen-GmbH nicht denkbar.

Gleichwohl nach der Zivilrechtslage Ansprüche der GmbH gegen ihren alleinigen Gesellschafter bei einer konkurrierenden Tätigkeit in ihrem Geschäftsbereich nicht bestehen, so daß eine gewinnerhöhende Aktivierung entfällt, ist nach *Wassermeyer* eine verdeckte Gewinnausschüttung denkbar unter dem Gesichtspunkt der Gleichbehandlung von Mehr- und Einpersonen-Gesellschaften: das Steuerrecht wende § 8 Abs. 3 Satz 2 KStG nach einem einheitlichen Maßstab auf alle Kapitalgesellschaften an. Steuerlich gesehen könne nicht das, was bei einer Mehrpersonen-GmbH eine verdeckte Gewinnausschüttung ist, bei einer Einpersonen-GmbH eine zulässige Gewinnverlagerung sein.[137]
Dogmatisch bedient sich *Wassermeyer* einer Abstrahierung der steuerlichen verdeckten Gewinnausschüttung vom Zivilrecht: die verdeckte Gewinnausschüttung im Sinne des § 8 Abs. 3 Satz 2 KStG habe nichts mit der Treuepflicht eines Gesellschafters gegenüber seinen Mitgesellschaftern zu tun. Im Hinblick auf den Sinn und Zweck von § 8 Abs. 3 Satz 2 KStG könne zur steuerrechtlichen Beurteilung von verdeckten Gewinnausschüttungen kein Rückgriff auf benachbarte Institute erfolgen.[138] Vielmehr sei die steuerliche Problematik des Wettbewerbsverbotes dadurch gekennzeichnet, daß die Anwendung des Fremdvergleichs zur Annahme einer verhinderten Vermögensmehrung zwinge. Im Sinne des Fremdvergleichs trete die verhinderte Vermögensmehrung dadurch ein, daß ein Gesellschafter eine Geschäftschance der Kapitalgesellschaft für sich selbst beansprucht und deshalb die Kapitalgesellschaft dahin beeinflußt, daß diese auf die Wahrnehmung der Geschäftschance verzichtet. Dieser Sichtweise zufolge wäre bei Tätigkeiten des Alleingesellschafters im Geschäftsbereich seiner GmbH eine verdeckte Gewinnausschüttung anzunehmen, wenn sich ein ordentlicher und gewissenhafter Geschäftsleiter das Geschäft der GmbH nicht hätte entgehen lassen.[139]

---

[136] Im Ergebnis ebenso *Döllerer*, BB 1993, 1498; *Meyer-Arndt*, StbJb 1991/92, 67, 73 f; *Schwedhelm*, DStR 1993, 245, 246; jeweils m.w.N..

[137] *Wassermeyer*, GmbHR 1993, 329, 332 f..

[138] *Wassermeyer*, GmbHR 1993, 639.

[139] *Wassermeyer*, GmbHR 1993, 329, 333 f; 639; DB 1992, 2410, 2411.

Konzeptionell knüpft *Wassermeyer* an die Wahrnehmung einer Tätigkeit durch den Gesellschafter einer GmbH im eigenen Namen und für eigene Rechnung an. Diese sagt m.E. jedoch nichts darüber aus, ob eine Vermögensverschiebung zu Lasten der GmbH und zu Gunsten des Gesellschafters eingetreten ist, die eine Korrektur gemäß § 8 Abs. 3 Satz 2 KStG rechtfertigen würde. Denn die Wahrnehmung der Tätigkeit als bloße Aktivitätsbeschreibung sagt nichts über ihren Erfolgswert aus. Dieser jedoch ist unverzichtbare Voraussetzung der Korrektur nach § 8 Abs. 3 Satz 2 KStG. Dieses Defizit will *Wassermeyer* ausgleichen mittels der Wahrscheinlichkeitsprognose, daß das Vermögen der Gesellschaft höher wäre, wenn ein ordentlicher und gewissenhafter Geschäftsleiter die Tätigkeit für die Gesellschaft hätte ausüben können.[140] Damit aber bewegt sich die Auffassung von *Wassermeyer* - wie er auch selbst feststellt - in dem Bereich von Fiktionen. Deren Zulässigkeit aber bedingt eine Gesetzesnorm, die anordnet, daß die Rechtsfolge eines Tatbestandes auch auf einen anderen anzuwenden ist. Eine derartige Grundlage aber bietet § 8 Abs. 3 Satz 2 KStG nicht. Die Auffassung *Wassermeyers* liefe auf eine unzulässige Sachverhaltsunterstellung und damit auf einen Rückfall in die als Irrweg[141] erkannte und aufgegebene Fiktionstheorie der alten Rechtsprechung hinaus. Sie vermag daher nicht zu überzeugen.

Einen vergleichbar dem Mehrheitsgesellschafter maßgeblichen Einfluß auf die Geschäftspolitik der Gesellschaft obliegt denjenigen Gesellschaftern, die mit den Stimmen gleichgerichtete Interessen verfolgender Mitgesellschafter, eine Mehrheit in der Gesellschafterversammlung bilden und diese bewußt einsetzen.[142] Die sich in derartigen Stimmrechtszusammenschlüssen vereinenden Gesellschafter unterliegen konsequenterweise auch dann einem Wettbewerbsverbot, wenn sie, einzeln betrachtet, keinem Konkurrenzverbot unterfallen würden.[143]

Im Unterschied zu rein zufällig übereinstimmenden und eine Mehrheit bildenden Abstimmungsergebnissen, auf die das Wettbewerbsverbot keine Anwendung findet, da ansonsten jeder Gesellschafter kraft seines durch die Verbandszugehörigkeit vermittelten Stimmrechts einem Wettbewerbsverbot unterliegen könnte[144], ist ein bewußt gleichgerichtetes Abstimmungsverhalten insbesondere bei Stimmrechtsbindungsverträgen anzunehmen. Hierin schließen sich mehrere Mitgesellschafter zusammen, um aufgrund der so erzielten Mehrheitsverhältnisse nach mehrheitlich interner Abstimmung die Möglichkeit zur Beeinflussung der Geschäftsführung zu haben. Ein gleiches Gefährdungspotential geht von nur fakti-

---

140 *Wassermeyer*, GmbHR 1993, 329, 334.

141 In diesem Sinne selbst *Wassermeyer*, FR 1989, 218, 221 f..

142 Vgl. Abschn. 31 Abs. 6 Satz 7 KStR 1995.

143 BGH v. 16.02.1981 II ZR 168/79, GmbHR 1981, 189, 190; *Rademacher*, NWB, F. 8, S. 3191, 3193; *von der Osten*, GmbHR 1989, 450, 452; *Wassermeyer*, DStR 1991, 1065, 1066.

144 Vgl. oben 3.1.1.4.2, 77 ff..

schen Stimmrechtszusammenschlüssen aus, die sich zwar nicht verpflichten, dennoch im Bewußtsein eines gemeinsamen Abstimmungsverhaltens handeln. Die hier rechtlich oder faktisch zusammengeschlossenen Mitgesellschafter unterliegen einem Wettbewerbsverbot.[145]

Die sachliche Reichweite der Wettbewerbsverbote betrifft den gegenständlichen Schutz des Tätigkeitsfeldes der GmbH vor Konkurrenz durch einen Gesellschafter. Die zum Wettbewerbsverbot erlassenen BMF-Schreiben, wie auch die maßgeblichen BFH-Entscheidungen, sprechen insofern vom "Geschäftsbereich" der GmbH. Nähere Ausführungen zu den Fragen, wie dieser Bereich zu definieren und festzulegen ist, werden nicht gemacht.[146] Dementsprechend sind die in der Literatur vertretenen Auffassungen zur Definition des "Geschäftsbereichs"[147] vielfältig; sie reichen von der ausschließlichen Maßgeblichkeit des statutarischen Unternehmensgegenstandes[148], über die neben diesen ausgeübten Tätigkeiten[149], bis hin zur Maßgeblichkeit des tatsächlichen Betätigungsfeldes [150].

Mit Rücksicht auf § 1 GWB, § 138 BGB und Art. 12 GG hat sich die Frage nach der sachlichen Reichweite des Wettbewerbsverbotes eines Gesellschafters an dem sachlich und räumlich relevanten Markt zu orientieren.[151] Nur eine an diesen Vorschriften orientierte Grenzziehung des geschützten Geschäftskreises der Gesellschaft kann insbesondere unter wettbewerbsrechtlichen Gesichtspunkten Geltung und Gültigkeit beanspruchen. Denn die Gefahr einer Interessenkollision scheidet aus, wenn die Gesellschaft auf diesem Markt weder aktuell noch potentiell als Konkurrent auftritt; insoweit gebietet auch die Treuepflicht des Gesellschafters zunächst nicht, sich außerhalb dieses Bereichs jeglicher Tätigkeit zu enthalten.[152] Nur, falls sich die relevanten Märkte, auf denen sich die GmbH wie auch der Gesellschafter erwerbswirtschaftlich betätigen, überschneiden und damit

---

145 *Von der Osten*, GmbHR 1989, 450, 452; *Rademacher*, NWB, F. 8, S. 3191, 3193.

146 Vgl. *Thiel*, GmbHR 1992, 338, 342; KÖSDI-Report, KÖSDI 1992, 8852; *Münch*, NJW 1993, 225, 228.

147 Synonym für Geschäftszweig und als solcher gleichbedeutend mit "Handelszweig" im Sinne der §§ 60, 112 HGB und §§ 88, 284 AktG.

148 *Lutter/Hommelhoff*, GmbHG, Anh. § 6 Rn. 22; *Tillmann*, in: FS Felix, S. 507, 510 f..

149 *Wilhelmi*, in: Godon/Wilhelmi, AktG, § 88, Anm. 8; § 284, Anm. 4.

150 *Schneider*, in: Scholz, GmbHG, § 43 Rn. 128; *Westerfelhaus*, GmbHR 1993, 21, 25; *Mertens*, in: Kölner Kommentar, AktG, § 88 Anm. 6; *Hefermehl*, in: Geßler/Hefermehl/Eckardt/Kropf, AktG, § 88 Anm. 11; *Emmerich*, in: Heymann, HGB,
§ 112, Rn. 12; *Kübler*, in: FS Werner, S. 437, 446; *Fischer*, in: Großkommentar, HGB, § 112 Anm. 6.

151 *Baumbach/Hopt*, HGB, § 112 Rn. 5.

152 Etwas anderes gilt für den Geschäftsführer, der verpflichtet ist, seine gesamte Arbeitskraft in den Dienst der GmbH zu stellen.

eine Konkurrenzsituation vorliegt, kann ein Wettbewerbsverbot im Sinne einer Marktzuordnung zugunsten der GmbH und zu Lasten des Gesellschafters greifen. Zu vernachlässigen sind nachfolgend solche Märkte - die damit nicht Eingang in die Reichweite des Geschäftsbereichs der Gesellschaft finden - auf denen sich die Gesellschaft nur ausnahmsweise betätigt. Angesprochen sind hiermit insbesondere sog. Hilfsgeschäfte der Gesellschaft[153], die insofern neutral sind, als sie von jedem wahrgenommen werden können. Diese können nicht zu den im Geschäftsbetrieb regelmäßig wiederkehrenden, üblichen Geschäften gerechnet werden, denen ein die Gesellschaft prägender Charakter zukäme. Die Märkte, auf denen sich derartige Geschäfte vollziehen, sind der Gesellschaft daher nicht zuzurechnen. In diesen Bereichen besteht nicht typischerweise eine Schädigungsgefahr der GmbH in Form der Verwertung von Gesellschaftsinterna oder Interessenkollisionen in der Person der Gesellschafter, so daß ein Wettbewerbsverbot des Gesellschafters hier nicht den Anforderungen der § 1 GWB, § 138 BGB und Art. 12 GG standhalten würde.[154]

Einen Anhaltspunkt für die Reichweite des mittels des Wettbewerbsverbotes geschützten Geschäftsbereichs der Gesellschaft bietet zunächst der in der Satzung der GmbH verankerte Unternehmensgegenstand, der das Tätigkeitsfeld der Gesellschaft beschreibt.[155] Die erfolgreiche Verwirklichung der hierin niedergelegten gemeinsamen Interessen der Verbandsmitglieder, deren Verfolgung willen die GmbH gegründet wurde, bedingt eine Vernachlässigung der eigenen wirtschaftlichen Interessen zu Gunsten einer Vorrangstellung der Gesellschaft. Jenseits dieser Förderungspflicht schuldet der Gesellschafter keine Treue, so daß es ihm grundsätzlich frei steht, sich im eigenen Interesse unternehmerisch zu betätigen.
Der statutarische Unternehmensgegenstand kann im Einzelfall sehr präzise oder auch global gehalten sein. Eine Aussage über den de facto betriebenen Geschäftsbereich vermag er daher nur bedingt zu geben. Ein dem Verbot von Satzungsdurchbrechungen korrespondierendes Gebot der Vollziehung des Gesellschaftsvertrages nebst eines entsprechenden Kontrollinstruments existiert nicht. Hieraus wird deutlich, daß der statutarische Unternehmensgegenstand allein nicht aussagekräftig ist, um den für das Wettbewerbsverbot relevanten Geschäftsbereich der Gesellschaft zu bestimmen. Es ist vielmehr unerläßlich, das tatsächlich betriebene Tätigkeitsfeld heranzuziehen[156], da nicht Treue zur Vereinbarung schlechthin geschuldet wird, sondern nur gebührende Treue.

---

153 Beispielhaft genannt sei der Erwerb von Grundstücken oder Betriebsgebäuden.

154 Vgl. *Martens*, in: Schlegelberger, HGB, § 112, Rn. 13 ff; § 165 Rn. 21.

155 Vgl. BFH v. 13.11.1995 I R 149/94, DStR 1997, 323, DB 1997, 506, BB 1997, 508, GmbHR 1997, 315.

156 BGH v. 21.02.1978 KZR 6/77, BGHZ 70, 331, 332 f.; v. 05.12.1983 II ZR 242/82, BGHZ 89, 162, 170; *Salfeld*, S. 72; *Wiedemann/Hirte*, ZGR 1986, 163, 170 f; *Martens*, in: Schlegelberger, HGB, § 112, Rn. 14.

Gleichwohl ist der statutarische Unternehmensgegenstand für den Schutz des Geschäftsbereichs der Gesellschaft nicht ohne Funktion. Bleibt der tatsächlich betriebene Geschäftsbereich hinter dem statutarischen Unternehmensgegenstand zurück, soll der Gesellschafter einem Wettbewerbsverbot insoweit nicht unterliegen können, als er die tatsächlichen Marktverhältnisse berücksichtigt. Die vom Wettbewerbsverbot betroffenen Gesellschafter sollen mithin in neu eröffneten Märkten oder in solche Märkte eindringen können, die die GmbH gegenständlich oder geographisch nicht für sich ausnutzt.[157]
Umgekehrt binde der statutarische Unternehmensgegenstand die Gesellschaft insofern, als sie von einem Gesellschafter, der außerhalb dieses Unternehmensgegenstandes Geschäfte betreibt, nicht Unterlassung dieser Tätigkeit verlangen könne, weil sie selbst diesen Geschäftsbereich belege.[158]

Ein Abweichen der Gesellschaft von dem statutarischen Unternehmensgegenstand in der Praxis ist jedoch ohne Bedeutung für die geschuldete Treue der Gesellschafter. Die Vereinbarung, den statutarischen Unternehmensgegenstand zu verwirklichen und zu fördern, bedingt eine Hintanstellung eigener Interessen der Gesellschafter; soweit die gemeinsame Sache betroffen ist. Der in dem Gesellschaftsvertrag definierte Geschäftsbereich ist also von einer Vorrangstellung der Gesellschaft vor den individuellen Interessen der Gesellschafter gekennzeichnet. Jenseits des vereinbarten Geschäftsbereichs schuldet der Gesellschafter keine Treue, d.h. es steht ihm grundsätzlich frei, geschäftlich tätig zu werden; wenn nicht die Ausweitung der Geschäfte der Gesellschaft über die gesellschaftsvertragliche Vereinbarung hinaus mit der notwendigen Mehrheit der Gesellschafter eine Änderung des Unternehmensgegenstandes darstellt.[159] Neben einer entsprechenden ausdrücklichen Beschlußfassung kann eine Ausweitung des Unternehmensgegenstandes darin gesehen werden, daß die Gesellschafter mit der erforderlichen Mehrheit über Maßnahmen beschlossen haben, die der Ausweitung des Geschäftsbetriebes dienen. Erforderlich ist insbesondere die Zustimmung des Gesellschafters, der sich bereits in dem betroffenen Geschäftsbereich betätigt; andernfalls greift das Konkurrenzverbot - vorbehaltlich einer ausdrücklich vertraglichen Regelung - nicht ein.[160] Es kann von keinem Gesellschafter erwartet werden, daß er mit dem Abschluß des Gesellschaftsvertrages zugleich

---

[157] *Wiedemann/Hirte*, ZGR 1986, 163, 170 f..

[158] *Ulmer*, in: Großkommentar, HGB, § 112 Rn. 16; *Martens*, in: Schlegelberger, HGB, § 112, Rn. 16; *Emmerich*, in: Heymann, HGB, § 112, Rn. 12, 19 f..

[159] *Martens*, in: Schlegelberger, HGB, § 112 Rn. 16; *Ulmer*, in: Großkommentar, HGB, § 112, Rn. 16.

[160] *Ivens*, Das satzungsmäßige Konkurrenzverbot, S. 60 ff..

die Verpflichtung eingehen will, sich aus einem bereits betriebenen Tätigkeitsfeld zurückzuziehen.[161]
Darüber hinaus jedoch ist Zurückhaltung bei der Annahme einer bindenden Ausdehnung geboten. Insbesondere eignet sich eine längere Geschäftspraxis grundsätzlich nicht, es sei denn, daß wegen des überwiegenden Verbandsinteresses an der Fortsetzung dieses neuen Betätigungsfeldes die Berufung auf das Erfordernis der Beschlußfassung und/oder Satzungsänderung verwirkt ist. Dieses vorrangige Verbandsinteresse aber wird sicherlich in den Fällen vorliegen, in denen eine Ausdehnung des Kreises der gewöhnlichen Geschäfte zur Aufrechterhaltung der Wettbewerbsfähigkeit im Zuge des wirtschaftlichen oder technischen Fortschritts erforderlich ist.

Wird der statutarische Unternehmensgegenstand durch die Geschäftstätigkeit der Gesellschaft hingegen nicht voll ausgeschöpft, kann der Gesellschafter gleichwohl nicht ohne weiteres in diesem nicht realisierten Bereich geschäftlich tätig werden. Denn die Gesellschaft als Verband ihrer Anteilseigner ist ein "nach vorne offen" orientiertes System.[162] Ihre Wettbewerbsfähigkeit - und damit letztlich Funktionsfähigkeit - kann nur sichergestellt werden, wenn ihr ein hinreichender Spielraum für zukünftige Weiterentwicklungen durch wirtschaftlichen oder technischen Fortschritt gewährt wird.[163] Daher muß von dem einzelnen Gesellschafter nicht nur der jeweils aktuell ausgeübte gegenständliche und örtliche Betätigungsbereich der Gesellschaft respektiert werden. Vielmehr ist auch zu berücksichtigen, daß die Gesellschaft im Rahmen ihrer in der Satzung festgelegten Ziele über aktuelle Märkte hinaus expandieren können muß.

Wird nun ein Gesellschafter in diesem Bereich tätig, steht er zwar nicht in aktuellem Wettbewerb zur Gesellschaft, doch besteht die Gefahr, daß er sich in einer Weise etabliert, die der Gesellschaft faktisch die Geschäftsaufnahme unmöglich macht.[164] Diese Gefahr kann auch nicht durch eine Pflicht des Gesellschafters zur Geschäftsaufgabe behoben werden. Er könnte der Gesellschaft dadurch ausweichen, daß er aus der Gesellschaft ausscheidet.

Eine mögliche Beeinträchtigung offener Optionen rechtfertigt ein Wettbewerbsverbot jedoch nur dann, wenn der betroffene Geschäftsbereich zumindest doch latent anvisiert wird; also eine Konkurrenzsituation zwischen Gesellschaft und Gesellschafter nicht ausgeschlossen ist. Denn andernfalls wäre Gesellschaf-

---

[161] BGH v. 09.03.1987 II ZR 215/86, GmbHR 1987, 302, 303; v. 12.10.1995 I R 127/94, BFHE 179, 258, DStR 1996, 337; BFH v. 23.03.1995 IV R 94/93, BStBl 1995 II 637; FG Köln v. 25.07.1991 - 13 K 5752/90, EFG 1992, 39.

[162] *Lutter*, AcP 180 (1980), 84, 91 f..

[163] RGZ 109, 355, 356; BGH v. 27.06.1957 II ZR 37/56, WM 1957, 1128, 1129; v. 21.02.1978 KZR 6/77, BGHZ 70, 331, 332 f..

[164] Vgl. *Salfeld*, S. 72.

tern potentiell weltweit tätiger Gesellschaften jede gleichartige Tätigkeit untersagt.[165]

Keine Probleme weist das Wettbewerbsverbot in zeitlicher Hinsicht für den Gesellschafter während seiner Mitgliedschaft in der GmbH bis zu deren Auflösung auf. Gleiches gilt für den Geschäftsführer für die Zeit seiner Organstellung in der GmbH. Ist die Gesellschaft werbend tätig, so haben sie in jedem Fall das Konkurrenzverbot zu beachten. Nicht ebenso eindeutig läßt sich die Geltung des Wettbewerbsverbotes in den näher zu behandelnden Phasen der Gründung und Auflösung der GmbH beantworten. Auch in diesen Stadien der "werdenden bzw. sterbenden" GmbH könnte ein Schutzbedürfnis der Gesellschaft vor Konkurrenz "aus den eigenen Reihen" bestehen, so daß - bejahendenfalls - einer verdeckten Gewinnausschüttung im Zusammenhang mit dem Verstoß gegen das Wettbewerbsverbot praktische Bedeutung zukäme. Dieses sicherlich unter der Prämisse, daß die GmbH zur Geltendmachung daraus erwachsender Ansprüche in der Lage wäre.

Die GmbH entsteht als juristische Person in der endgültigen gesetzlichen Ausgestaltung im Sinne des § 13 GmbHG durch Eintragung in das Handelsregister (§ 11 Abs. 1 GmbHG). Davon zu unterscheiden ist die Errichtung der Gesellschaft. Diese erfolgt bereits durch Abschluß des Gesellschaftsvertrages (§ 2 GmbHG). In ihm schließen sich die Gründer der Gesellschaft zusammen, rufen deren Organisation ins Leben und verpflichten sich zur Leistung der Stammeinlage. Die künftige GmbH besteht daher zwischen Errichtung und Eintragung ins Handelsregister als Vorgesellschaft oder auch Vor-GmbH. Vorausgehen kann - fakultativ - ein Vorvertrag, in dem sich die Gesellschafter zur Gründung einer GmbH verpflichten, der in der Regel zur Bildung einer Vorgründungsgesellschaft führt. Diese ist jedoch von der Vor-GmbH strikt zu trennen.

Anders als zwischen Vor-GmbH und GmbH besteht im Verhältnis Vorgründungsgesellschaft und Vor-GmbH keine Kontinuität, d.h. Forderungen der Vorgründungsgesellschaft gehen nicht ohne besonderen Übertragungsakt auf die Vorgesellschaft über.[166] Die hier letztlich interessierende Frage einer verdeckten Gewinnausschüttung wegen der Nichtgeltendmachung von Ersatzansprüchen stellt sich demnach nur, wenn eine Übertragung der Forderung auf die Vor-GmbH ausdrücklich erfolgte. Dann aber wird man davon ausgehen dürfen, daß diese Forderung gleichfalls geltend gemacht werden wird, so daß eine verdeckte

---

[165] Vgl. *Ulmer*, in: Großkommentar, HGB, § 112, Rn. 19; *Martens*, in: Schlegelberger, HGB, § 112 Rn. 17, der zwar auch potentielle Märkte der Gesellschaft sichern will, jedoch nicht weiter ausführt, wie eine potentielle Wettbewerbsrelevanz eines Marktes zu bestimmen ist.

[166] BGH v. 07.05.1984 II ZR 276/83, BGHZ 91, 148, 151; *K. Schmidt*, GmbHR 1982, 6, 8 f; *Ulmer*, in: Hachenburg, GmbHG, § 2 Rn 49; *Grottke*, S. 111 f..

Gewinnausschüttung im Sinne von § 8 Abs. 3 Satz 2 KStG hier kaum jemals von praktischer Bedeutung sein wird.

Nicht so hingegen bei der Vor-GmbH.
Mit der Entstehung der GmbH gehen sämtliche Rechte und Pflichten der Vor-GmbH auf diese über, ohne daß es noch einer besonderen Übertragung von Rechten oder der Übernahme von Verbindlichkeiten bedarf.[167] Damit teilt ein solchermaßen auf die GmbH "übergegangener" Anspruch das Schicksal bei der GmbH entstandener Ansprüche, weshalb sich die Frage nach einem Wettbewerbsverbot bereits zur Beurteilung einer verdeckten Gewinnausschüttung bei der Vor-GmbH stellt.

Während der Gründungsphase der GmbH besteht für den Geschäftsführer von dem Zeitpunkt an ein Wettbewerbsverbot, in dem er in seine organschaftliche Stellung berufen wird. Dies geschieht regelmäßig in dem notariell zu beurkundenden Gesellschaftsvertrag (§ 6 Abs. 3 Satz 2, Abs. 4 GmbHG). Die Bestellung des Geschäftsführers ist regelmäßig der erste Akt der Vor-GmbH, da diese erst hierdurch handlungsfähig wird und die Gesellschaft ohne Geschäftsführer weder in das Handelsregister eingetragen wird noch eine Anmeldung hierzu erfolgen kann (§§ 7 Abs. 1, 78 GmbHG; vgl. auch § 8 Abs. 1 Nr. 2, Abs. 2-5 GmbHG). Ausnahmsweise kommt auch eine dem Abschluß des Gesellschaftsvertrages unmittelbar nachfolgende Bestellung des Geschäftsführers durch Mehrheitsbeschluß der Gesellschafter in Betracht, sofern der Gesellschaftsvertrag nichts anderes vorsieht (§§ 6 Abs. 3 Satz 2, 46 Nr. 5, 47 Abs. 1 GmbHG).

Mit Begründung der Organstellung obliegt dem Geschäftsführer als Korrelat seiner weitreichenden Befugnisse und faktischen Einwirkungsmöglichkeiten eine Treuepflicht gegenüber der GmbH. Als Teilausprägung dieser Treuepflicht folgt die Bindung des Geschäftsführers, seine Organstellung nicht zu seinen Gunsten auf Kosten der Gesellschaft auszunutzen.
Da der Bestellungsakt des Geschäftsführers zwangsläufig der Eintragung der GmbH in das Handelsregister vorausgeht, beansprucht das Wettbewerbsverbot bereits im Stadium der Vor-GmbH Geltung. Hier finden zwar die Normen des GmbH-Rechts nur eingeschränkt Anwendung, sofern sie nicht die Rechtsfähigkeit der Gesellschaft voraussetzen oder sonst mit der Beschränkung auf das Gründungsstadium unvereinbar sind.[168] Von einer derartigen Beschränkung ist

---

[167] So die ganz h.M., BGH v. 09.03.1981 II ZR 54/80, BGHZ 80, 129, 134, 140; *Hueck*, in: Baumbach/Hueck, GmbHG, § 11 Rn. 51; *Ulmer*, in: Hachenburg, GmbHG, § 11 Rn. 74; *G. Hueck*, in: FS 100 Jahre GmbHG, S. 127, 147 ff; *Ulmer*, ZGR 1981, 593, 601 f; *Hüffer*, JuS 1983, 161, 166 f; *K. Schmidt*, Gesellschaftsrecht, § 34 III 4, S. 857.

[168] In dem bezeichneten eingeschränkten Umfang findet das GmbH-Recht Anwendung, gleichwohl die Vor-GmbH gemeinhin als Gesellschaft sui generis qualifiziert wird; vgl. BGHZ 21, 242, 246; *Lutter*, in: Lutter/Hommelhoff, GmbHG, § 11, Anm. 1 ff;

jedoch die Treuepflicht nicht erfaßt. Diese betrifft lediglich das Innenverhältnis und ist damit von der - das Außenverhältnis zu Dritten betreffend - fehlenden Rechtsfähigkeit losgelöst.

Da die Vor-GmbH trotz fehlender eigener Rechtspersönlichkeit am Rechtsverkehr teilnehmen kann[169 170], bedarf sie bereits zu diesem Zeitpunkt des Schutzes vor konkurrierender Tätigkeit durch den Geschäftsführer. Die Gesellschaft ist der besonderen Gefahr ausgesetzt, daß der Geschäftsführer durch Erwerbshandlungen in ihren Zukunftsmärkten bereits jetzt Geschäftschancen ausnutzt, die sie nach ihrer Entstehung ebenfalls ergreifen könnte. Der Geschäftsführer hat hierbei die tatsächliche Möglichkeit, auf Gesellschaftsinterna zurückzugreifen oder diese im eigenen wirtschaftlichen Interesse zu steuern.

Anders als bei der Vor-GmbH ist der Zweck der Vorgründungsgesellschaft nicht mit dem der späteren GmbH identisch[171], sondern erschöpft sich regelmäßig in der Gründung einer GmbH.[172] Die Vorgründungsgesellschaft wird mithin regelmäßig als Gesellschaft bürgerlichen Rechts einzuordnen sein.[173] Da der Gesellschaftszweck der Vorgründungsgesellschaft regelmäßig nicht auf wirtschaftliche Betätigung am Markt gerichtet ist, besteht kein Schutzbedürfnis vor konkurrierender Tätigkeit des späteren Geschäftsführers und folglich kein Wettbewerbsverbot.

Im Stadium der Vor-GmbH erschöpfen sich die Pflichten der Gesellschafter regelmäßig in der Herbeiführung der Eintragung der Gesellschaft in das Handelsregister.[174] Dies bedeutet aber nicht, daß die Gesellschafter keinen Treuepflichten unterliegen. Denn, gleichwohl die Gesellschaft ihren Geschäftsbetrieb noch nicht aufgenommen hat, ist sie schutzbedürftig vor Konkurrenz aus den "eigenen Reihen". Bereits die in der Vorbereitungsphase befindlichen Strategien, Prognosen, Kalkulationen wie auch Geschäftsanbahnungen sind werthaltige interne Informationen, deren ausschließliche Realisierung und Verwertung durch

---

H. Winter, in: Scholz, GmbHG, § 11, Anm. 3 ff; *Zöllner*, in: Baumbach/Hueck, GmbHG, § 11, Anm. 6 ff..

169 *K. Schmidt*, Gesellschaftsrecht, § 34 III 3 b, S. 851.

170 Die weitgehende Verselbständigung des Personenverbandes als Gesamthandsgemeinschaft, der das Gesellschaftsvermögen als Sondervermögen zugerechnet wird, erlaubt zumindest bei Betreiben eines vollkaufmännischen Gewerbes die Einordnung als Handelsgesellschaft im Sinne des § 13 Abs. 3 GmbHG, vgl. *Hueck*, in: Baumbach/Hueck, GmbHG, § 11 Rn. 7.

171 *K. Schmidt*, Gesellschaftsrecht, § 34 III 3 b, S. 851.

172 *K. Schmidt*, GmbHR 1982, 6, 7; *Ulmer*, in: Hachenburg, GmbHG, § 2 Anm. 47; *H. Winter*, in: Scholz, GmbHG, § 2 Anm. 65 ff, 67 m.w.N..

173 *Hueck*, in: Baumbach/Hueck, GmbHG, § 11 Rn. 33.

174 *K. Schmidt*, in: Scholz, GmbHG, § 11 Rn. 43; *Raiser*, Recht der Kapitalgesellschaften, § 26 Rn. 67; *Lutter/Hommelhoff*, GmbH-Gesetz, § 11 Rn. 4.

die Gesellschaft sichergestellt werden muß. Dieses Schutzbedürfnis der Vor-GmbH vermag § 51 a GmbH, der bereits in diesem Stadium Geltung beansprucht[175] - nur unzureichend befriedigen, so daß es eines Wettbewerbsverbotes bedarf.[176] Hinzu tritt ein gesteigertes Interesse der Gesellschafter am Erfolg der Unternehmung bereits im Gründungsstadium, da sie einem hohen, über die Einlageverpflichtung hinausgehenden, finanziellen Risiko ausgesetzt sind: soweit sich durch Verbindlichkeiten der Vor-GmbH im Zeitpunkt der Entstehung der GmbH bei Eintragung in das Handelsregister eine Differenz zwischen Stammkapital und Wert des Gesellschaftsvermögens ergibt, haften die Gesellschafter der GmbH gegenüber anteilig auf Ausgleich, sog. Vorbelastungshaftung.[177]

Der Auflösung der GmbH folgt, sofern nicht ein Konkursverfahren stattfindet, die Liquidation der Gesellschaft. Gemäß § 66 Abs. 1 Satz 2 GmbHG führt der Geschäftsführer die Liquidation durch, wenn nicht der Gesellschaftsvertrag etwas anderes bestimmt oder die Gesellschafterversammlung, bzw. das Registergericht eine andere Entscheidung trifft. In der Liquidationsphase wird statt des bisherigen Gesellschaftszwecks die Abwicklung verfolgt[178]. Mit der hiermit einhergehenden Veränderung der Rechte und Pflichten der Mitglieder und Organe könnte auch ein vormals bestehendes Wettbewerbsverbot modifiziert oder obsolet werden.

Auch die Liquidatoren sind zur Treue gegenüber der Gesellschaft verpflichtet, da sie - wie vor der Auflösung die Geschäftsführer - geschäftsführende Organe der abzuwickelnden GmbH sind.[179]
Diese Treuepflicht konkretisiert sich jedoch nur zu einem reduzierten Wettbewerbsverbot: Die Liquidatoren haben die Abwicklung der Gesellschaft mit dem Ziel zu betreiben, die Verbindlichkeiten zu erfüllen, sowie sämtliche Forderun-

---

175 *K. Schmidt*, in: Scholz, GmbHG, § 11 Rn. 44; *Tietze*, S. 23.

176 Vgl. oben unter 3.1.1.4.2, S. 76 ff..

177 Grundlegend BGH v. 09.03.1981 II ZR 54/80, BGHZ 80, 129, 140 ff; vgl. auch v. 16.03.1981 II ZR 59/80, BGHZ 80, 182, 183 f; v. 16.11.1981 II ZR 150/80, NJW 1982, 933, 934 f.; v. 23.11.1981 II ZR 115/81, WM 1982, 40; v. 07.05.1984 II ZR 276/83, BGHZ 91, 148, 152; v. 24.10.1988 II ZR 176/88, BGHZ 105, 300, 302 ff.; *K. Schmidt*, Gesellschaftsrecht, § 34 III 4 d, S. 858; *Hueck*, in: Baumbach/Hueck, GmbHG, § 11 Rn. 56; *Fleck*, GmbHR 1983, 5, 9 ff; *Flume*, Die juristische Person, § 5 III 4, S. 164 ff; *ders.*, NJW 1981, 1753 f.; *Ulmer*, in: Hachenburg, GmbHG, § 11 Rn. 60 ff; jeweils m.w.N..

178 *Ulmer*, in: Hachenburg, GmbHG, § 60 Rn. 74; K. Schmidt, Gesellschaftsrecht, § 11 V 4 c, S. 271 spricht insofern von einer "Überlagerung" des bisherigen Gesellschaftszwecks.

179 *Rasner*, in: Rowedder, GmbHG, § 70, Anm. 2; *Roth*, GmbHG, § 70, Anm. 2.1.; *K. Schmidt*, in: Scholz, § 70 GmbHG, Anm. 1; *K. Schmidt*, Gesellschaftsrecht, § 38 IV 3 a, S. 997.

gen der Gesellschaft einzuziehen[180], und das danach verbleibende Vermögen nach § 72 GmbH an die Gesellschafter auszuschütten (§ 70 GmbHG). Über den Wortlaut des § 70 Satz 2 GmbHG hinaus dürfen dabei neue Geschäfte insoweit abgeschlossen werden, als sie objektiv dem Abwicklungszweck dienen und subjektiv zu diesem Zweck vorgenommen werden.[181] Auch eine zeitlich begrenzte Betriebsfortführung ist zulässig, sofern sie zu der Vermeidung von Abwicklungsverlusten beiträgt.[182] Während dieses liquidationsbedingten Fortführungszeitraumes haben die Liquidatoren mit Rücksicht auf ihre Treuepflichten alles zu unterlassen, was dem Verwertungszweck zuwider läuft. Sie dürfen keiner konkurrierenden wirtschaftlichen Betätigung nachgehen, welche den Abwicklungsbetrieb schädigt oder dessen Ertragsaussichten mindert und dadurch den zu erwartenden optimalen Veräußerungserlös für das Unternehmen verringert oder gefährdet.
Die Weisungsbefugnis der Gesellschafterversammlung besteht auch in der Liquidationsphase fort (§§ 37 Abs. 1, 71 Abs. 4 GmbHG).[183] Ihre sachgerechte, insbesondere dem Abwicklungszweck dienende Ausübung bedingt, daß den Gesellschaftern das umfassende Auskunfts- und Einsichtsrecht gemäß § 51 a GmbHG über die Angelegenheiten der Gesellschaft zur Seite steht[184]. Wie ausgeführt, vermag das Auskunftsverweigerungsrecht des § 51 a Abs. 2 GmbHG einen hinreichenden Schutz der Gesellschaft vor Konkurrenz durch einen Gesellschafter während der werbenden Geschäftstätigkeit der GmbH nicht zu gewährleisten.[185] Gleiches gilt für die Liquidationsphase, so daß es eines Wettbewerbsverbotes weiterhin als Gegenpol bedarf.[186] Dieses leitet sich auch im Liquidationsstadium aus dem kraft der fortbestehenden Sonderrechtsverbindung[187] zwischen den Gesellschaftern ab. Wenn auch reduziert auf den Abwicklungszweck, so haben die Gesellschafter doch maßgebliche Einflußmöglichkeiten auf die Liquidatoren. Es sind immer noch sie, die über die Angelegenheiten der Gesellschaft mit Rücksicht auf ihr gemeinsames Interesse und die gemeinsame Zweckverfolgung ent-

---

[180] Einzuziehen sind neben Ansprüchen gegen Dritte auch solche gegen Gesellschafter, seien es Forderungen aus Verkehrsgeschäften oder aus dem Gesellschaftsverhältnis. Letztere schließen Ansprüche aus dem Verstoß gegen ein Wettbewerbsverbot ein. Vgl. *Schulze*-Osterloh, in: Baumbach/Hueck, GmbHG, § 70 Rn. 7; *K. Schmidt*, in: Scholz, GmbHG, § 70 Rn. 12; *Hohner*, in: Hachenburg, GmbHG, § 70 Rn. 13.

[181] *Schulze-Osterloh*, in: Baumbach/Hueck, GmbHG, § 70 Rn. 4, 10.

[182] *Schulze-Osterloh*, in: Baumbach/Hueck, GmbHG, § 70 Rn. 4.

[183] *Schulze-Osterloh*, in: Baumbach/Hueck, GmbHG, § 71 Rn. 12; *K. Schmidt*, in: Scholz, GmbHG, § 71, Rn. 5; *Hohner*, in: Hachenburg, GmbHG, § 71 Rn. 3.

[184] *K. Schmidt*, in: Scholz, GmbHG, § 69 Rn. 36; *Rasner*, in: Rowedder, GmbHG, § 69 Rn. 7.

[185] Vgl. oben 3.1.1.4.2, S. 76 ff..

[186] Vgl. BGH v. 16.03.1961 II ZR 14/59, WM 1961, 629, 631; *A. Hueck*, Das Recht der oHG, S. 482 f; *Ulmer*, in: Großkommentar, HGB, § 112 Rn. 12.

[187] Vgl. oben unter 3.1.1.4.1, S. 67 ff..

scheiden. Insbesondere ist unverändert die dissertierende Minderheit der Entscheidungsgewalt der Mehrheitsgesellschafter unterworfen.
Dem Gesellschafter ist es demnach untersagt, die Liquidation der Gesellschaft zu gefährden oder zu beeinträchtigen. Es handelt sich folglich um eine auf den Abwicklungs- statt Erwerbszweck reduzierte Treuepflicht, die mit Fortschreiten der Liquidation zunehmend schwächer wird.[188] Ebenso begrenzt ist das Wettbewerbsverbot auf den tatsächlich von der GmbH ausgeübten Geschäftsbereich. Ausgangspunkt für die Bestimmung der sachlichen Reichweite des Wettbewerbsverbotes ist sicherlich der statutarische Unternehmensgegenstand. Die sachliche Reichweite umfaßt jedoch nicht den Teil des Geschäftsbereichs der Gesellschaft, in dem diese de facto nicht mehr tätig ist. Es ist in diesem Fall ausgeschlossen, daß der Gesellschafter seine Informationsmöglichkeiten zum Nachteil der Gesellschaft für eigene geschäftliche Belange mißbraucht.

3.1.1.5
Zusammenfassung

Im Gesellschaftsrecht ist das Wettbewerbsverbot eines Gesellschafters aus seiner Treuepflicht abzuleiten. Zu unterscheiden ist zwischen der Treuepflicht der Gesellschafter untereinander und der Gesellschafter gegenüber der Gesellschaft. Erstere ist aus einer Sonderrechtsbeziehung im Sinne des § 242 BGB abzuleiten, die durch die gemeinsame Mitgliedschaft vermittelt wird. Die Treuepflicht der Gesellschafter gegenüber der Gesellschaft ist in dem gemeinsamen Interesse begründet, in dessen Verfolgung sie die Gesellschaft gegründet haben. Es findet in dem statutarischen Gesellschaftszweck seinen Niederschlag. Nicht nur in personalistischen, sondern auch in kapitalistisch ausgestalteten Gesellschaften findet der Schutzbereich des Wettbewerbsverbotes Anwendung. Allein aus der Verbandsmitgliedschaft eines jeden Gesellschafters folgt kein Wettbewerbsverbot; gleiches gilt für das Stimmrecht. Das Wettbewerbsverbot geht konform mit den internen Informationsrechten und Einflußnahmemöglichkeiten auf die Geschäftsführung des einzelnen Gesellschafters. Daher unterliegt der beherrschende Gesellschafter einem Wettbewerbsverbot unanbhängig davon, ob er seine internen Einflußnahmemöglichkeiten oder Informationsrechte im Einzelfall mißbraucht und die Gesellschaft einen Schaden erleidet; gleiches gilt für den Gesellschafter-Geschäftsführer. Dem beherrschenden Gesellschafter gleichzustellen sind in Stimmrechtsverträgen vereinte Gesellschafter. Der Alleingesellschafter unterliegt solange keinen Wettbewerbsverbot, als er die Kapitalerhaltungsvorschriften nicht verletzt. Der sachliche Schutzbereich des Wettbewerbsverbotes umfaßt den aktuellen sachlichen und räumlichen Markt der Gesellschaft. Der statutarische Unternehmensgegenstand bildet nur einen ersten Anhaltspunkt. Das Wettbewerbsverbot besteht während der Verbandszugehörigkeit bzw der Amtstätigkeit, unabhängig davon, ob die Gesellschaft durch Eintragung in das

[188] *Baumbach/Hopt*, HGB, § 109 Rn. 24.

Handelsregister bereits entstanden ist. Es endet spätestens mit Abschuß der Abwicklung der Gesellschaft. Im Liquidationssstadium jedoch umfaßt der Schutzbereich nur noch das reduzierte Liquidationsinteresse.

3.1.2 Befreiung vom Wettbewerbsverbot

Nach einhelliger Auffassung kann der GmbH-Gesellschafter von einem Wettbewerbsverbot befreit werden.[189] Ist die Wettbewerbsgestattung unter Beachtung der formellen wie auch materiellen Wirksamkeitsvoraussetzungen erteilt worden, entstehen keine Schadensersatz- und/oder Herausgabeansprüche, auf die die Gesellschaft verzichten könnte. Auch die neueste Rechtsprechung des BFH[190] anerkennt, daß in diesem Fall eine verdeckte Gewinnausschüttung nicht in Betracht kommt.

3.1.2.1 Zulässigkeit der Befreiung

Das Wettbewerbsverbot im GmbH-Recht ist Ausdruck des Grundsatzes von Treu und Glauben und leitet sich mangels gesetzlicher oder gesellschaftsvertraglicher Regelung aus der Treuepflicht der Gesellschafter untereinander und gegenüber der Gesellschaft ab.[191] § 242 BGB aber wird als "Grundsatz der Redlichkeit" bezeichnet,[192] der als fundamentales Prinzip den gesamten Rechtsverkehr beherrsche.[193]

Hieraus darf jedoch nicht gefolgert werden, § 242 BGB postuliere ausnahmslos zwingendes Recht, mit der Folge, daß die gesellschaftliche Treuepflicht und das sich hieraus konkretisierende Wettbewerbsverbot nicht disponibel wären.[194] Vielmehr unterstehen die Grundsätze von Treu und Glauben insofern einer (eingeschränkten) Verfügungsbefugnis des einzelnen, als Regelungen getroffen werden können, die für bestimmte Fallgestaltungen - die an sich denkbare Anwendung des § 242 BGB - ausschließen.[195] Steht demnach auch nicht der Grundgedanke des § 242 BGB als solcher zur Disposition, so sind doch dessen Ausprägungen nicht gleichermaßen zwingend. In diesen zulässigen Grenzen bewegt

---

[189] Vgl. *Tillmann*, GmbHR 1991, 26, 28.

[190] Erstmalig BFH v. 30.08.1995 I R 155/94, BFHE 178, 371, DStR 1995, 1873, FR 1995, 905, DB 1995, 2451; vgl. auch BFH v. 12.10.1995 I R 127/94, BFHE 179, 258, DStR 1996, 337.

[191] Vgl. oben unter 3.1.1.4.1, S. 67 ff..

[192] BGH v. 06.12.1978 IV ZR 129/77, LM § 242 (Cb) Nr. 12 Bl.2; *Larenz*, § 10 I; *Heinrichs*, in: Palandt, BGB, § 242 Rn. 15.

[193] *Heinrichs*, in: Palandt, § 242 Rn. 1.

[194] So *Gleiss/Hootz*, NJW 1963, 1338, 1339.

[195] *Heinrichs*, in: Palandt, § 242 Rn. 15.

sich die Befreiung vom Wettbewerbsverbot: betroffen ist lediglich die Konkurrenzsituation als eine Ausprägung des Grundsatzes von Treu und Glauben. Dies ändert jedoch nichts daran, daß das Gesellschaftsverhältnis von Treuebindungen geprägt ist, die grundlegende Bedeutung für die Rechtsbeziehungen der Gesellschafter untereinander und zur Gesellschaft haben.[196] Die Befreiung eines Gesellschafters vom Wettbewerbsverbot kollidiert damit nicht mit der Unabdingbarkeit des § 242 BGB und ist somit grundsätzlich zulässig.[197]

3.1.2.2 Formelle Voraussetzungen

3.1.2.2.1 Zuständiges Organ. Zuständiges Organ für die Befreiung vom Wettbewerbsverbot ist die Gesellschafterversammlung.[198]
Durch den Freigabebeschluß werden nicht nur die Interessen der GmbH berührt, sondern ebenso die Mitgliedschaftsrechte der Mitgesellschafter.[199] Die Entbindung des Gesellschafters von der kooperationsrechtlichen Treue[200] geht einher mit einer - sicherlich in seiner Intensität variierenden - Wertminderung der Beteiligung. Schließlich ist nicht nur nicht mehr gewährleistet, daß die Gesellschaft sich bietende Geschäftschancen in ihrem Geschäftsbereich auch wahrnehmen kann. Der umfassend informierte Gesellschafter steht vielmehr als gefährlicher Konkurrent der GmbH gegenüber, der sich durch Verwertung der Gesellschaftsinterna einen erheblichen Wettbewerbsvorteil verschaffen kann. Damit einher geht zumindest eine Beeinträchtigung des Gewinnbezugsrechts der Mitgesellschafter.
Über diese Eingriffe in die Mitgliedschaftsrechte und deren Inkaufnahme durch die Befreiung, vermögen verständigerweise nur die Gesellschafter selbst zu entscheiden, keinesfalls aber der Geschäftsführer.[201]

Der Dispositionsbefugnis der Gesellschafter stehen auch insofern keine Bedenken entgegen, als diese alleinige Träger des durch das Wettbewerbsverbot geschützten Interesses sind. Das Konkurrenzverbot hat nur die Aufgabe, die Mitgesellschafter vor nachteiligen Einwirkungen des den Wettbewerb betreibenden Gesell-

---

[196] Für das Ergebnis der Abdingbarkeit von Teil- oder Grenzbereichen ebenso *Gleiss/Hootz*, NJW 1963, 1338, 1339.

[197] So die h.M., vgl. nur *Wassermeyer*, DStR 1990, 158, 162; *Mertens/Cahn*, in: FS Heinsius, S. 545, 560; *Pelka/Wüst*, DStR 1991, 578, 579; *Tillmann*, in: FS Felix, S. 507, 513; *Münch*, NJW 1993, 225, 229.

[198] BGH v. 16.02.1981 II ZR 168/79, GmbHR 1981, 189, 190; *von der Osten*, GmbHR 1989, 450, 454; *Timm*, GmbHR 1981, 177, 182; *Röhricht*, Wpg 1992, 766, 780 f. m.w.N..

[199] *Sina*, DStR 1991, 40, 41; *Timm*, GmbHR 1981, 177, 182.

[200] Formulierung in Anlehnung an *Mestmäcker*, S. 168.

[201] Vgl. *Sina*, DStR 1991, 40, 41; *von der Osten*, GmbHR 1989, 450, 454.

schafters zu schützen. Eine darüber hinausgehende, die alleinige Dispositionsbefugnis der Gesellschafter ausschließende, gläubigerschützende Funktion, ist nicht anzuerkennen. Insbesondere vermögen auch die Kapitalerhaltungsvorschriften eine solche nicht zu begründen.[202] Das Wettbewerbsverbot betrifft ausschließlich das Innenverhältnis der Gesellschafter.[203]

3.1.2.2.2 Form der Befreiung. Hinsichtlich der für eine wirksame Befreiung vom Wettbewerbsverbot einzuhaltenden Förmlichkeiten besteht weitgehend Uneinigkeit. Die Auffassungen reichen von einer auch konkludent zu erteilenden Zustimmung der Mitgesellschafter[204] bis hin zu einem satzungsändernden Gesellschafterbeschluß[205].
Von der Frage, ob der Befreiungsbeschluß einer Aufnahme in den ursprünglichen, notariell beurkundeten Gesellschaftsvertrag bedarf bzw. eine Satzungsänderung vonnöten ist, sind die Fälle abzugrenzen, in denen sich sämtliche Gesellschafter mit der Beibehaltung bzw. Aufnahme der Wettbewerbstätigkeit eines Mitgesellschafters (-Geschäftsführer) einverstanden erklärt haben.

Besteht die Konkurrenztätigkeit bereits bei Gründung der Gesellschaft, bei dem späteren Erwerb der Mitgliedschaft in der GmbH oder bei Bestellung zum Geschäftsführer, bedarf es nach überwiegender Auffassung[206] keiner förmlichen Befreiung vom Wettbewerbsverbot, wenn sämtliche Gesellschafter diese in Kenntnis widerspruchslos hinnehmen.
Zur Begründung wird § 112 Abs. 2 HGB bemüht.[207] Diese Vorschrift geht von einer unwiderlegbaren Vermutung der Einwilligung der übrigen Gesellschafter aus, wenn ihnen die Beteiligung eines Mitgesellschafters an einer anderen Gesellschaft als persönlich haftender Gesellschafter bekannt ist und dennoch die Aufgabe dieser Beteiligung nicht ausdrücklich bedungen worden ist.
Es verbietet sich auch eine analoge Anwendung des § 112 Abs. 2 HGB, weil hiermit ein nicht der Analogie zugänglicher Sonderfall - nämlich die Beteiligung

---

202 Vgl. oben unter 3.1.1.4.2, S. 76 ff..

203 Vgl. BGH v. 05.12.1983 II ZR 242/82, BGHZ 89, 162, 166, NJW 1984, 1351, 1352; *Mertens/Cahn*, in: FS Heinsius, S. 545, 559 ff, 565.

204 *Knobbe-Keuk*, GmbHR 1992, 333, 335; *Meyer-Arndt*, BB 1992, 534, 538, m.w.N..

205 *Schneider*, in: Scholz, GmbHG, § 43 Rn. 138; *Raiser*, in: Hachenburg, GmbHG, § 14 Rn. 65; *Lutter/Hommelhoff*, GmbHG, § 14 Rn. 20; *M. Winter*, Mitgliedschaftliche Treuebindungen im GmbH-Recht, S. 258 ff..

206 BGH v. 09.03.1987 II ZR 215/88, GmbHR 1987, 302 f; BGH-Bechluß v. 07.11.1988 - 3 StR 258/88, NJW 1989, 307; *Wiedemann/Hirte*, ZGR 1986, 163, 171 f; *Mertens/Cahn*, in: FS Heinsius, S. 545, 560 f; *Ivens*, Das satzungsmäßige Konkurrenzverbot, S. 114; *Tillmann*, GmbHR 1991, 26, 28; *ders.*, in: FS Felix, 507, 512 f.; *von der Osten*, GmbHR 1989, 450, 455; *Knobbe-Keuk*, GmbHR 1992, 333, 335; *Eppler*, DStR 1990, 198, 210; *Wassermeyer*, DStR 1991, 1065, 1068; *Pelka/Wüst*, DStR 1991, 578, 580; *Spiegelberger*, GmbHR 1992, 727, 735 f..

207 *Münch*, NJW 1993, 225, 229; *Pelka/Wüst*, DStR 1991, 578, 580.

eines Gesellschafters an einer anderen Gesellschaft als persönlich haftender Gesellschafter - normiert ist. Hingegen legt der Rechtsgedanke des § 112 Abs. 2 HGB in ähnlich gelagerten Fällen einer konkurrierenden Tätigkeit eines Gesellschafters die Annahme einer widerlegbaren Vermutung der Einwilligung nahe.[208]
In Fällen einer erst nachträglich erstrebten Aufnahme der Wettbewerbstätigkeit kann zwar nicht der Rechtsgedanke des § 112 HGB bemüht werden, es kommt aber eine tatsächliche (auch stillschweigende) Einwilligung in Betracht.

Die einhellige (vermutete oder erklärte) Zustimmung der Gesellschafter zur Beibehaltung oder Aufnahme einer konkurrierenden Betätigung entfaltet auch in den Fällen Bindungswirkung, in denen sie nicht Satzungsinhalt geworden ist. Die eine Satzungspublizität fordernde Sicherheit des Rechtsverkehrs, insbesondere das Schutzbedürfnis aller gegenwärtigen und zukünftigen Gesellschafter, wie auch der Gesellschaftsgläubiger, vermag die Notwendigkeit einer gesellschaftsvertraglichen Befreiung vom Wettbewerbsverbot nicht zu rechtfertigen.
Wie oben[209] ausgeführt, dient das aus der Treuepflicht abgeleitete Wettbewerbsverbot des GmbH-Gesellschafters regelmäßig allein dem Schutz der Mitgesellschafter und der GmbH, nicht aber der Gesellschaftsgläubiger. Gegenüber in die Gesellschaft neu eintretenen Gesellschaftern entfaltet eine zuvor erteilte Befreiung nur Bindungswillen, wenn diese hiervon Kenntnis erlangt haben und sie ihrem Willen entspricht.[210] Lediglich im Interesse der Vermeidung späterer Meinungsverschiedenheiten über Fortdauer, Inhalt und Umfang sowie zur Absicherung der Befreiung gegenüber später eintretenden Gesellschaftern, kann sich eine satzungsmäßige Freistellung anbieten[211]; eine Wirksamkeitsvoraussetzung jedoch läßt sich hieraus nicht begründen.[212]

Die umfassende und alleinige Dispositionsbefugnis der Gesellschafter erlaubt es ihnen folglich, sich mit der Konkurrenztätigkeit eines Mitgesellschafters einverstanden zu erklären und diesen in dem entsprechenden Umfang aus einer Treuepflicht zu entlassen. In der einhelligen Zustimmung liegt mit anderen Worten der Verzicht auf die Treuepflicht und weiter auf das hieraus abgeleitete Wettbewerbsverbot bzw. dessen Schutzmechanismus. Eine Verletzung der Treuepflicht durch den freigestellten Gesellschafter ist in diesem Umfang folglich ausgeschlossen.[213] Diese Wertung entspricht auf Rechtsfolgenseite der Rechtsprechung

---

208 *Ulmer*, in: Großkommentar, HGB, § 112 Rn. 30; *Baumbach/Hopt*, § 112 Rn. 11; *Martens*, in: Schlegelberger, HGB, § 112 Rn. 23.
209 Vgl. oben unter 3.1.1.4.2, S. 76 ff..
210 *Röhricht*, Wpg 1992, 766, 780.
211 *Röhricht*, Wpg 1992, 766, 780.
212 A.A. *Schulze-Osterloh*, FR 1993, 73, 79, m.w.N..
213 Vgl. *Schwedhelm*, DStR 1993, 245, 247.

des BGH, nach der ein Schadensersatzanspruch grundsätzlich ausgeschlossen ist, wenn die Gesellschafter einverständlich handeln.[214]

Zweifelsfrei erkennt nunmehr auch der BFH diese zivilrechtliche Wertung bei der Einpersonen-GmbH an: Der alleinige Gesellschafter unterliegt keinem gesetzlichen Wettbewerbsverbot[215], so daß es einer Befreiung hiervon nicht bedarf. Doch auch bei einem vertraglich vereinbarten Wettbewerbsverbot zwischen Alleingesellschafter und seiner GmbH bedarf es keiner formellen Gestattung einer konkurrierenden Tätigkeit: "Auch dann ist die umfassende Dispositionsbefugnis des Alleingesellschafters zu beachten, die es ihm erlaubt, das vertraglich vereinbarte Wettbewerbsverbot aufzuheben."[216] Vor dem Hintergrund, daß eine Einpersonen-GmbH ausschließlich die wirtschaftliche Veranstaltung ihres einzigen Gesellschafters ist, ist sein Wille ohne weiteres derjenige der Gesellschaft. Damit ist ausnahmslos von einer Einwilligung zu der eigenen erwerbswirtschaftlichen Konkurrenztätigkeit auszugehen.

Auch bei einer Mehrpersonen-GmbH toleriert der BFH einen einstimmig zustande gekommenen Befreiungsbeschluß, indem er von steuerrechtlichen Konsequenzen aufgrund der Nichtbeachtung zivilrechtlicher Formerfordernisse absieht.[217] Dies folgt m.E. aus der Rechtsprechung, die zur Annahme einer Vermögensminderung bzw. verhinderten Vermögensmehrung darauf abstellt, ob die GmbH im Hinblick auf die Wettbewerbstätigkeit einen Schadensersatzanspruch mit hinreichender Sicherheit durchsetzen könnte. Gleichgültig, ob formgerecht Befreiung vom Wettbewerbsverbot erteilt wurde oder nicht, haben sich die Gesellschafter mit der Wettbewerbstätigkeit eines Mitgesellschafters einstimmig einverstanden erklärt, ist ein etwaiger Schadensersatzanspruch der GmbH nicht durchsetzbar, sollten die Gesellschafter ihre Meinung zwischenzeitlich geändert haben; sie müßten sich die Einwendung des venire contra factum proprium[218] entgegen halten lassen.
Deutlich macht dies ferner die Finanzrechtsprechung, die eine bei Gründung der GmbH ausgeübte Konkurrenztätigkeit ohne weiteres akzeptiert, wenn und soweit den anderen Gesellschaftern bei Begründung der Verbandsmitgliedschaft die konkurrierende Tätigkeit bekannt war.

---

214 BGH v. 10.05.1993 II ZR 74/92, BGHZ 122, 333, 336 m.w.N., *Priester*, ZHR 151 (1987), 40, 57.

215 BFH v. 30.08.1995 I R 155/94, BFHE 178, 371, DStR 1995, 1873, FR 1995, 905, DB 1995, 2451; v. 12.10.1995 I R 127/94, BFHE 179, 258, DStR 1996, 337; v. 11.06.1996 I R 97/95, DStR 1996, 1769; vgl. auch oben 3.1.1.4.2, S. 77 ff..

216 BFH v. 30.08.1995 I R 155/94, BFHE 178, 371, DStR 1995, 1873, 1874, FR 1995, 905, DB 1995, 2451.

217 In diesem Sinne auch *Hoffmann*, WiB 1996, 15, 17, der von "gesicherter Erkenntnis" spricht.

218 *Heinrichs*, in: Palandt, BGB, § 242 Rn. 55.

Für diese Beurteilung spricht schließlich auch die Begründung zu dem Urteil I R 26/95 v. 18.12.1996[219]. In dem Streitfall war bei einer Zwei-Personen-GmbH dem beherrschenden Gesellschafter-Geschäftsführer die Konkurrenztätigkeit durch einfachen Gesellschafterbeschluß gestattet. Der BFH hat die Zurückweisung der Sache mit dem Hinweis verbunden, gegebenenfalls müsse der Minderheitsgesellschafter als Zeuge dazu aussagen, ob er mit der Wettbewerbstätigkeit einverstanden war.

Damit stellt der BFH konsequent darauf ab, ob die Gesellschaft Ansprüche gegen den Gesellschafter erhalten hat. Dies ist nur dann der Fall, wenn die Gesellschafter einen einstimmigen, die Konkurrenztätigkeit gestattenden, Beschluß nicht getroffen haben. Nur dann ist - auch für die steuerrechtlichen Folgen einer verdeckten Gewinnausschüttung - beachtlich, welche Formanforderungen ein Befreiungsbeschluß zu seiner Wirksamkeit erfüllen muß.

Gegenstand der nachfolgenden Betrachtung soll nunmehr sein, unter welchen förmlichen Voraussetzungen ein bestehendes Wettbewerbsverbot wirksam abbedungen werden kann, wenn sich nicht sämtliche Gesellschafter mit der Wettbewerbstätigkeit eines Mitgesellschafters einverstanden erklärt haben.
Die stärksten Anforderungen an die Form stellen diejenigen, die einen satzungsändernden Gesellschafterbeschluß verlangen.
Es kann als unbestritten bezeichnet werden, daß dieser Beschluß - sofern ordnungsgemäß zustande gekommen, worauf zunächst einzugehen ist - den Anforderungen an eine wirksame Befreiung auf jeden Fall genügt. Uneinigkeit besteht lediglich darüber, ob die Satzungsbestimmung zwingend ist oder ob nicht auch ein "weniger" ausreicht.

Von besonderem Interesse sind die notwendigen Mehrheitsverhältnisse für einen vom Wettbewerbsverbot befreienden Gesellschafterbeschluß.

Gewissermaßen einen Sonderfall stellt die Aufnahme einer Befreiungsklausel in die Satzung bereits bei Abschluß des Gesellschaftsvertrages dar, da dieser der Zeichnung sämtlicher Gesellschafter bedarf (§ 2 Abs. 1 Satz 2 GmbHG), wird das Wettbewerbsverbot in diesen Fällen naturgemäß einstimmig abbedungen.

Eine erst spätere Aufnahme der Befreiung in die Satzung bedarf eines mit ¾ - Mehrheit gemäß § 53 Abs. 2 GmbHG zustande gekommenen Gesellschafterbeschlusses.[220]

---

219 BFH v. 18.12.1996 I R 26/95, DStR 1997, 575, GmbHR 1997, 362.

220 Dies fordert die wohl h.M., vgl. *Röhricht*, Wpg 1992, 766, 781; *Schwedhelm*, DStR 1993, 245, 248; *Tillmann*, in: FS Felix, S. 507, 514 f; *Salfeld*, S. 272; *Ivens*, Das satzungsmäßige Konkurrenzverbot, S. 111.

Soweit auch für derartige satzungsändernde Befreiungen die Einstimmigkeit des Beschlusses gefordert wird, kann dem nicht zugestimmt werden.[221] Der hierfür angeführte Aspekt des Minderheitenschutzes bedingt nicht das Einstimmigkeitsprinzip.
Gegen die Freistellung vom Wettbewerbsverbot votierende Gesellschafter werden hinreichend durch die materiellen Voraussetzungen eines wirksamen Befreiungsbeschlusses geschützt. Namentlich die Interessen der Minderheitsgesellschafter müssen in einer der gerichtlichen Überprüfung im Rahmen der Gesellschafterklage standhaltenden Weise berücksichtigt worden sein. Der den Wettbewerb eines Gesellschafters gestattende Beschluß berührt nicht nur die Interessen der GmbH, sondern zugleich die mitgliedschaftlichen Interessen der Mitgesellschafter. Da der Wert ihrer Beteiligung beeinträchtigt werden kann, muß er aus der Sicht im Zeitpunkt der Beschlußfassung auch bei gebührender Berücksichtigung der Folgen für die Minderheit durch sachliche Gründe gerechtfertigt sein.[222] Es gelten insofern im Grundsatz dieselben, letztlich auf der Treuepflicht unter den Gesellschaftern fußenden, Erwägungen wie bei anderen Mehrheitsentscheidungen[223], bei denen nicht erwogen wird, in Abkehr von § 53 Abs. 2 Satz 1 GmbHG eine einstimmige Beschlußfassung zu verlangen. Insoweit ist an einer mit einer ¾ -Mehrheit ordnungsgemäß beschlossenen Satzungsänderung auch bei einer Befreiung vom Wettbewerbsverbot festzuhalten.

Die in § 47 Abs. 4 GmbHG normierten Fälle untersagen dem von der Beschlußfassung unmittelbar betroffenen Gesellschafter nicht ausdrücklich die Mitwirkung bei satzungsändernden Entscheidungen. Für eine Anwendung des Stimmrechtsverbots auf den vom Wettbewerbsverbot zu befreienden Gesellschafter spricht hingegen der Grundgedanke des § 47 Abs. 4 GmbHG.[224] Mit dem Stimmrechtsausschluß soll in Fällen einer Interessenkollision vermieden werden, daß verbandsfremde Sonderinteressen das Abstimmungsverhalten des betroffenen Gesellschafters und letztlich das Verbandsinteresse nachteilig beeinflussen.[225]
Auch die Beschlußfassung über die Befreiung vom Wettbewerbsverbot weist eine derartige Interessenkollision des eine konkurrierende Tätigkeit anstrebenden

---

221 So aber *Meyer-Arndt*, BB 1992, 534, 538; *Sina*, DStR 1991, 40, 42; *Zöllner*, in: Baumbach/Hueck, GmbHG, § 35 Rn. 23.

222 Hierzu näher unten unter 3.1.2.3.1, S. 123 ff..

223 Vgl. BGH v. 13.03.1978 II ZR 142/76, BGHZ 71, 40; v. 16.02.1981 II ZR 168/79, BGHZ 80, 69, 74; v. 19.04.1982 II ZR 55/81, BGHZ 83, 319, 321 f., siehe auch BGH v. 01.02.1988 II ZR 75/87, BGHZ 103, 184, 189 f., die in dieser Entscheidung aufgestellten Grundsätze gelten sinngemäß auch für die GmbH.

224 So auch *Sina*, DStR 1991, 40, 42; *Röhricht*, Wpg 1992, 766, 781; *von der Osten*, GmbHR 1989, 450, 454; *Mertens/Cahn*, in: FS Heinsius, S. 545, 560; *M. Winter*, Mitgliedschaftliche Treuebindungen in GmbH-Recht, S. 260; *Timm*, GmbHR 1981, 177, 183; *Hüffer*, in: Hachenburg, GmbHG, § 47, Rn. 145.

225 Vgl. *Zöllner*, in: Baumbach/Hueck, GmbHG, § 47 Rn. 44.

Gesellschafters auf: Läge die Entscheidung über die Gestattung des Wettbewerbs (auch) in seiner Hand, so wäre die notwendige Unabhängigkeit der Gesellschafterversammlung bei der Entscheidung nicht gewahrt.[226] Besonders deutlich wird dies, wenn es sich bei dem betroffenen Gesellschafter um einen beherrschenden handelte: dieser könnte angesichts seiner Stimmrechtsmacht und damit seiner alleinigen Entscheidung unterliegenden Befreiung ungehindert darüber bestimmen, wer - die GmbH oder er persönlich - auf dem betreffenden Markt unternehmerisch tätig wird. Angesichts dieser ausgeprägten Interessenkollision liegt es nahe, daß der betreffende Gesellschafter sein Stimmverhalten nicht in den Dienst der Zweckförderung der Gesellschaft stellen würde. Die - ungeachtet einer Befreiung vom Wettbewerbsverbot - ihm obliegende Treuepflicht auf das Verbandsinteresse würde leerlaufen.

Erfüllt ein satzungsändernder Gesellschafterbeschluß auf jeden Fall die förmlichen Anforderungen an eine Freistellung vom Wettbewerbsverbot, soll nachfolgend der Frage nachgegangen werden, ob dieser zwingend ist, oder ob nicht auch eine schwächere Form genügt.
Im Sinne der §§ 53 ff GmbHG ist eine Satzungsänderung zunächst jede Änderung des Wortlauts der Satzung. Sind Treuepflichten und/oder das Wettbewerbsverbot aber nicht in die Satzung explizit aufgenommen, kann eine Befreiung den Wortlaut auch nicht verändern. Dies könnte zu der Annahme verleiten, daß es einer Aufnahme in die Satzung nicht bedürfe.[227]
Satzungsänderungen sind aber auch Abweichungen von ungeschriebenem dispositivem Verbandsrecht, soweit letzteres als echter Satzungsbestandteil, als Bestandteil mit kooperativem Regelungscharakter, zu qualifizieren ist.[228] Sollte es sich sonach bei der Befreiung vom Wettbewerbsverbot als einer Reduzierung der Treuepflicht[229] um einen echten Satzungsbestandteil handeln, so ist ihre Aufnahme in die Satzung zwingend; denn echte Satzungsänderungen unterliegen - im Unterschied zu unechten - den gesetzlichen Beschluß- und Formvorschriften über Satzungsänderungen in vollem Umfang.[230]

Als echte Satzungsbestandteile werden alle Bestimmungen erfaßt, die das gesetzliche Normalstatut der GmbH ändern, ergänzen oder wiederholen. Neben den vom Gesetz in § 3 Abs. 1 GmbHG vorgeschriebenen Mindestanforderungen an den Satzungsinhalt über die Organisation der Gesellschaft, gehören hierzu wei-

---

226 *Mestmäcker*, S. 168 ff; *Immenga*, Die personalistische Kapitalgesellschaft, S. 158 ff..
227 Vgl. *von der Osten*, GmbHG, 1989, 450, 454.
228 *Zöllner*, in: Baumbach/Hueck, GmbHG, § 53 Rn. 10 a; *Priester*, ZHR 151 (1987), 40 f., der insofern von materiellem Satzungsinhalt spricht.
229 Vgl. oben unter 3.1.2.1, S. 108 ff..
230 *Zöllner*, in: Baumbach/Hueck, GmbHG, § 53, Rn. 8; *K. Schmidt*, Gesellschaftsrecht, § 19 III 3 a, S. 451 f..

terhin die grundsätzliche Regelung der Beziehungen der Gesellschafter zur Gesellschaft, ihrer Rechte und Pflichten.[231]
In Abgrenzung zu diesen echten stehen die unechten Satzungsbestandteile. Hier sind Vereinbarungen zu nennen, die mit der Mitgliedschaft weder verbunden sind noch verbunden sein können, insbesondere Vereinbarungen mit Dritten, die weder Mitglieder noch Organe sind.[232]

Die Reduzierung der Treuepflicht um das Wettbewerbsverbot wäre als ein echter Satzungsbestandteil zu qualifizieren, würde sie das gesetzliche Normalstatut einer GmbH verändern. Der näheren Betrachtung zu unterziehen ist hier eine Modifizierung des Gesellschaftszwecks[233] als nach § 3 Abs. 1 Nr. 2 GmbHG notwendiger Organisationsbestimmung. Der Gegenstand des Unternehmens - wie auch zu unterstellen der Gesellschaftszweck - bezeichnen den Bereich und die Art der grundsätzlich wirtschaftlichen, auf Gewinnerzielung gerichtete Betätigung der Gesellschaft[234] und legt als objektiver Maßstab für die Reichweite und den Umfang des Verbandsinteresses[235] die gesellschaftlichen Anforderungen der Gesellschafter gegenüber der GmbH fest. Ausfluß dieser Verhaltensanforderungen ist das Wettbewerbsverbot, das dem Gesellschafter im Geschäftsbereich der GmbH die eigene geschäftliche Betätigung untersagt. Soll der Gesellschafter von diesem Verbot dauerhaft befreit werden, unterliegt er zugleich in dem Rahmen, in dem ihm die Konkurrenz gestattet wird, nicht mehr den Verbandsmaximen gegenüber der GmbH. Er ist in diesem Umfang nicht mehr an das Verbandsinteresse der Gesellschaft gebunden.
Diese auf Dauer angelegte Aufhebung oder inhaltliche Modifizierung einer aus dem statutarischen Gesellschaftszweck bzw. Unternehmensgegenstand abgeleiteten, und demzufolge die hier untersuchten Förmlichkeiten leitenden Pflicht, kann nur wirksam in der Satzung und unter Beachtung der für Satzungsänderungen vorgeschriebenen Erfordernisse erfolgen.[236]

Doch auch ohne auf den in der Satzung oftmals nicht explizit niedergelegten und daher nicht gänzlich zweifelsfrei anhand des Unternehmensgegenstandes zu

---

231 *Priester*, in: Scholz, GmbHG, § 53 Rn. 9 f..

232 *K. Schmidt*, Gesellschaftsrecht, § 5 I 1 d, bb, S. 71; *Priester*, in: Scholz, GmbHG, § 53 Rn. 11.

233 Auf die begriffliche Unterscheidung zwischen Gegenstand des Unternehmens und Gesellschaftszweck soll hier nicht eingegangen werden; vgl. dazu *Hueck*, in: Baumbach/Hueck, GmbHG, § 1 Rn. 5 ff; K. *Schmidt*, Gesellschaftsrecht, § 4 II 3, S. 57 ff. Der Unternehmensgegenstand ist zwar nicht alleiniger, aber wichtigste Erkenntnisquelle für den Gesellschaftszweck, wenn dieser im Gesellschaftsvertrag nicht besonders geregelt ist; *Hueck*, in: Baumbach/Hueck, GmbHG, § 1 Rn. 5 m.w.N..

234 *Hueck*, in: Baumbach/Hueck, GmbHG, § 3 Rn. 9.

235 Vgl. oben unter 3.1.1.4.2, S. 76 ff..

236 *M. Winter*, Mitgliedschaftliche Treuebindungen im GmbH-Recht, S. 198.

ermittelnden Gesellschaftszweck[237] abzustellen, ist die Reduzierung der Treuepflicht als echte Satzungsbestimmung einzuordnen.
Auch hier ist das gesetzliche Normalstatut einer GmbH Ausgangspunkt, zu dem - auch ohne gesetzliche Normierungen - eine aus der Sonderrechtsbindung der Gesellschafter folgende Treuepflicht[238] gehört.
Ausprägung dieser Treuepflicht ist das gesellschaftliche Wettbewerbsverbot, von dem befreit, modifizierend im Sinne einer Reduzierung auf die Treuepflichten eingewirkt wird. Eine derartige Änderung des gesetzlichen Normalstatuts bedarf einer echten Satzungsregelung.[239]
Im Interesse eines hinreichenden Schutzes des Rechtsverkehrs bedürfen vom gesetzlichen Normalstatut abweichende Vereinbarungen - und als solche auch die Reduzierung der Treuepflicht um das Wettbewerbsverbot - einer Publizität in der Satzung. Denn diese ist als organisationsrechtliches Statut nicht nur als Errichtungsakt der künftigen GmbH von Bedeutung, sondern bildet gleichermaßen nachfolgend die Grundlage der gegründeten Gesellschaft und ist in diesem Umfang für Gesellschafter und Dritte verbindlich.[240]
Das Argument, für den Erwerb von Anteilen personalistisch strukturierter Gesellschaften gäbe es keinen Nachfragemarkt, vermag die Verlagerung des Publizitätserfordernisses auf eine Aufklärungs- und Erkundigungspflicht zu Lasten des Erwerbers[241] nicht zu rechtfertigen. Denn auch in einer kapitalistisch strukturierten GmbH sind die Gesellschafter Treuepflichten unterworfen, die sich - wenn auch in Abhängigkeit von Umfang und Intensität - zu einem Wettbewerbsverbot verdichten können.[242] Einen Markt für den Erwerb von Geschäftsanteilen an kapitalistischen Gesellschaften wird man jedoch nicht ernsthaft in Zweifel ziehen können. Eine Differenzierung der formellen Anforderungen, die an eine Befreiung vom Wettbewerbsverbot zu stellen sind, nach der inneren Verbandsstruktur, wäre nicht sachgerecht.
Vielmehr verlangt - auch bei einer personalistischen GmbH - das Schutzbedürfnis Dritter, insbesondere der Gläubiger, eine Publizität der Abweichungen vom gesetzlichen Normalstatut. Diese müssen durch einen Blick in die Satzung von einer Befreiung eines Gesellschafters Kenntnis erlangen können. Insbesondere im Hinblick auf die Liquidität, Durchsetzung von Primär- und Sekundäransprüchen, wie auch Vollstreckungsmaßnahmen, haben sie ein berechtigtes Interesse daran, über die Identität ihres Vertragspartners Gewißheit zu haben, insbesondere, wenn ihnen die Verbandszugehörigkeit des Gesellschafters bekannt ist.

---

237 Vgl. 3.1.1.4.2, S. 76 ff..

238 Vgl. oben 3.1.1.4.1, S. 67 ff..

239 Im Ergebnis *Priester*, in: Scholz, GmbHG, § 53 Rn. 180; *Münch*, NJW 1993, 225, 229.

240 *Hueck*, in: Baumbach/Hueck, GmbHG, § 2 Rn. 3; *Ulmer*, in: Hachenburg, GmbHG, § 53 Rn. 51.

241 So *Tillmann*, in: FS Felix, S. 507, 514.

242 Vgl. oben 3.1.1.4.2, S. 76 ff..

Unter dem Gesichtspunkt der Abweichung vom gesetzlichen Normalstatut einer GmbH bedarf die Reduzierung der Treuepflicht um das Wettbewerbsverbot einer Satzungsregelung.

Eine Befreiung vom Wettbewerbsverbot durch einfachen Gesellschafterbeschluß wird ausnahmsweise dann für wirksam erachtet werden müssen[243], wenn die Satzung eine Klausel zum Inhalt hat, die die Möglichkeit befreiender Gesellschafterbeschlüsse durch einfache Mehrheit einräumt, sog. Öffnungsklausel.

Zwar stellt die Öffnungsklausel ein Minus an Publizität gegenüber einer Aufnahme der konkreten Abweichung vom gesetzlichen Normalstatut in die Satzung dar. Ihrem Inhalt kommt insofern hinreichende Warnfunktion[244] zu, als der Rechtsverkehr mit abweichenden Regelungen rechnen muß. Künftige Gesellschafter können aus der Satzung erkennen, daß eine Befreiungsmöglichkeit besteht[245] und sich im Einzelfall über die Wahrnehmung dieser Möglichkeit erkundigen. In diesem Zusammenhang - und nur in diesem - ist es sachgerecht, Dritten die Aufklärungs- und Erkundigungspflichten aufzuerlegen.[246]
Die Interessen der Minderheit finden hinreichende Berücksichtigung, indem in der statutarischen Öffnungsklausel bereits die Vorabzustimmung zu einer möglichen späteren Befreiung liegt.[247]
Auch der BGH erachtet eine Befreiung mit einfacher Mehrheit aufgrund einer Öffnungsklausel offensichtlich für wirksam. In seiner "Süssen"-Entscheidung[248] hat er einen mit einfacher Mehrheit gefaßten privatschriftlichen Befreiungsbeschluß ausdrücklich unter der Voraussetzung zugelassen, daß ein in die Satzung aufgenommenes Wettbewerbsverbot die Befreiungsmöglichkeit vorsah. Nichts anderes aber kann gelten, wenn zwar das Wettbewerbsverbot nicht in die Satzung aufgenommen, gleichwohl aber aus der isolierten Öffnungsklausel auf seine Existenz, wie auch eine mögliche Abweichung, geschlossen werden kann.

Als weitere Ausnahme von dem Formerfordernis einer Satzungsänderung, wird eine Befreiung durch satzungsändernden Beschluß für zulässig erachtet.[249] Dies

---

[243] *Schulze-Osterloh*, FR 1993, 73, 79; *Schwedhelm*, DStR 1993, 245, 248; *Priester*, DB 1992, 2411, 2412; *ders.*, ZHR 151 (1987), 40, 41 ff; *ders.*, DStR 1992, 254, 258; *Sina*, DStR 1991, 40, 41; *Wassermeyer*, DB 1992, 2410, 2411; *M. Winter*, Mitgliedschaftliche Treuebindungen im GmbH-Recht, S. 258 f; *Söffing*, FR 1993, 699, 706; *Buyer*, BB 1993, 2057, 2061; jeweils m.w.N..

[244] *Priester*, DB 1992, 2411, 2412.

[245] *Sina*, DStR 1991, 40, 41.

[246] Vgl. oben zu *Tillmann*, in: FS Felix, S. 507, 514.

[247] *Sina*, DStR 1991, 40, 41 f..

[248] BGH v. 16.02.1981 II ZR 168/79, DB, 1981, 931.

[249] So *Sina*, DStR 1991, 40, 42; *Schwedhelm*, DStR 1993, 245, 248; *Priester*, ZHR 151 (1987), 40, 49 ff; *Tillmann*, GmbHR 1991, 26, 29; *von der Osten*, GmbHR 1989, 450,

sind Beschlüsse, mit denen die Gesellschafter für einen konkreten Einzelfall bewußt von Satzungsbestimmungen abweichen, deren Regelungsgehalt selbst aber unverändert belassen wollen.[250]
Besteht Einigkeit darüber, daß der Beschluß jedenfalls alle Anforderungen an die Wirksamkeit von Satzungsänderungen erfüllen muß[251], so herrscht Uneinigkeit allein über die Voraussetzung einer Handelsregistereintragung.[252]
Eine Entscheidung bietet sich anhand des Zwecks der Registerpublizität an: Die Eintragung einer Satzungsänderung in das Handelsregister hat neben der Prüfung der Rechtmäßigkeit durch den Registerrichter die Funktion, die Öffentlichkeit zu informieren und damit den Rechtsverkehr zu schützen. Diese Funktion ist insbesondere auf das bereits angesprochene Schutzbedürfnis Dritter bzw. insbesondere Gläubiger berechtigt, wenn die Wirkung des satzungsdurchbrechenden Beschlusses den Zeitpunkt der Eintragung überdauert.[253] Durch die Begründung eines dauerhaften Zustandes handelt es sich de facto um eine Modifikation der Satzung, die der Eintragung in das Handelsregister bedarf. Wird sonach dem Gesellschafter langfristig die Konkurrenz im Geschäftsbereich der Gesellschaft gestattet, bedarf diese zustandsbegründende Satzungsdurchbrechung einer Eintragung in das Handelsregister. Anders verhält es sich hingegen, wenn sich die Wirkung des Beschlusses in einem Einzelakt erschöpft: dem Gesellschafter wird lediglich die Wahrnehmung eines einzelnen Geschäftsabschlusses gestattet. Der durch die Registerpublizität geschützte Rechtsverkehr würde bei nur punktuellen Satzungsdurchbrechungen keine Erkenntnisse über die organisationsrechtliche Struktur der Gesellschaft im Sinne eines gegenwärtigen Ist-Zustandes erfahren. Er würde lediglich über historische Gegebenheiten informiert werden, namentlich darüber, daß die Gesellschaft vom Wettbewerbsverbot in einem konkreten Einzelfall eine Befreiung gewährt hatte.[254] Da für eine derartige Information kein

---

454, der jedoch einen einfachen Mehrheitsbeschluß für ausreichend erachtet. Nach dem BMF-Schreiben IV B 7 - S 2742 - 59/92 v. 18.08.1992 ist eine Befreiung durch satzungsdurchbrechenden Beschluß möglich unter der Voraussetzung, daß entweder alle Gesellschafter zugestimmt haben oder zumindest die Anfechtungsfrist verstrichen ist.

250 *Priester*, in: Scholz, GmbHG, § 53 Rn. 26, m.w.N..

251 Dies sind ordnungsgemäße Ladung der Gesellschafter nebst Ankündigung, qualifizierte Mehrheit und notarielle Beurkundung; vgl. *Priester*, in: Scholz, GmbHG, § 53 Rn. 28; ders., ZHR 151 (1987), 40, 47 ff..

252 Eine Handelsregistereintragung verlangen etwa *K. Schmidt*, in: Scholz, GmbHG, § 45 Rn. 34; *Zöllner*, in: Baumbach/Hueck, GmbHG, § 53, Rn. 23 b; *Ulmer*, in: Hachenburg, GmbHG, § 53 Rn. 32; *Zimmermann*, in: Rowedder, GmbHG, § 53 Rn. 31. Gegen diese sprechen sich aus: *Hüffer*, in: Hachenburg, GmbHG, Anh. § 47 Rn. 136; *Boesebeck*, NJW 1960, 2265, 2267.

253 BGH v. 07.06.1993 II ZR 81/92, NJW 1993, 2246, 2247; *Priester*, ZHR 151 (1987), 40, 55 ff; *Semler*, in: Münchener Handbuch des Gesellschaftsrechts, § 39 Rn. 47.

254 Priester, ZHR 151 (1987), 40, 53.

Schutzbedürfnis besteht, ist bei einer nur punktuellen Satzungsdurchbrechung[255] von einer Handelsregistereintragung abzusehen.

Eine ausschließlich an den zivilrechtlichen Anforderungen der Wirksamkeit orientierte Befreiung vom Wettbewerbsverbot soll nach Auffassung der Finanzverwaltung im Hinblick auf die Vermeidung einer verdeckten Gewinnausschüttung nicht ausreichen.
Nach dem BMF-Schreiben vom 04.02.1992[256] muß die Befreiung vom Wettbewerbsverbot eine klare und von vornherein vereinbarte Aufgabenabgrenzung zwischen GmbH und Gesellschafter "enthalten". Aus dieser Formulierung wird teilweise auf einen zusätzlichen, steuerlich notwendigen, Bestandteil der Befreiung geschlossen,[257] dessen Mißachtung die zivilrechtliche Unwirksamkeit der Befreiungsvereinbarung nach sich ziehen sollte.[258]

Diesen scheinbaren Formalanforderungen der Finanzverwaltung ist der BFH nunmehr ausdrücklich entgegengetreten: "Das Erfordernis einer klaren und von vornherein abgeschlossenen Vereinbarung ergibt sich nur aus der Rechtsprechung des BFH zur verdeckten Gewinnausschüttung gegenüber einem beherrschenden Gesellschafter. Es handelt sich um ein rein steuerliches Kriterium, das nicht zur Beurteilung der Existenz zivilrechtlicher Ansprüche herangezogen werden kann."[259] Die Finanzverwaltung hat zu dieser BFH-Rechtsprechung (noch) nicht Stellung genommen. Auch die KSt-Richtlinien 1995 weisen unter Abschn. 31 Abs. 8 noch auf die unveränderte Auffassung hin.

Wenn die Abgrenzungsvereinbarung nach der Rechtsprechung des BFH auch nichts über das Bestehen zivilrechtlicher Ansprüche auszusagen vermag, stellt sich die Frage, inwieweit dieses steuerliche Kriterium überhaupt noch aussagekräftig ist und ob es nunmehr ad acta gelegt werden kann.
Zu recht weist der BFH darauf hin, daß zivilrechtlich eine Befreiung vom Wettbewerbsverbot ohne detaillierte Aufgabenabgrenzung als wirksam anzuerkennen ist.
Eine Befreiung ist - der allgemeinen Bedeutung nach - als eine Zustimmung im Sinne des § 182 BGB einzuordnen, mit der etwas gestattet wird, was zuvor untersagt war, namentlich eine konkurrierende Tätigkeit. Eine derartige Zustimmung

---

[255] Vgl. zur Terminologie nunmehr auch BGHZ 123, 15 in Anlehnung an Priester.

[256] BMF-Schreiben IV B 7 - S 2742 - 6/92 v. 04.02.1992, BStBl 1992 I 137.

[257] KÖSDI-Report, KÖSDI 1992, 8852; *Meier*, DStR 1992, 344; *Pelka/Wüst*, DStR 1992, 597, 599.

[258] BMF-Schreiben IV B 7 - S 2742 - 6/92 v. 04.02.1992, BStBl 1992 I 138, DStR 1992, 253; BMF-Schreiben IV B 7 - S 2742 - 54/93 v. 29.06.1993, BStBl 1993 I 556, NJW 1993, 2288.

[259] BFH v. 30.08.1996 I R 155/94, BFHE 178, 371, DStR 1995, 1873, FR 1995, 905, DB 1995, 2451; v. 12.10.1995 I R 127/94, BFHE 179, 258, DStR 1996, 337.

aber geht keinesfalls einher mit der Abgrenzung von Geschäftsbereichen und einer etwaigen Aufgabe der bisherigen eigenen Tätigkeit.[260]
Doch auch in seinem Ursprung ist die steuerliche Forderung einer Abgrenzungsvereinbarung für eine wirksame Befreiung vom Wettbewerbsverbot verfehlt. Werden die Tätigkeitsfelder der Gesellschaft einerseits und des Gesellschafters andererseits von einander abgegrenzt und der Markt damit aufgeteilt, wird eine konkurrierende Betätigung dieser beiden Rechtssubjekte gänzlich ausgeschlossen. Wettbewerb findet also zwischen ihnen gar nicht statt. Eine Befreiung vom Wettbewerbsverbot aber soll eine konkurrierende Tätigkeit im gleichen Marktsegment - steuerlich unschädlich - ermöglichen. Die steuerrechtliche Anforderung einer Aufgabenabgrenzung für eine wirksame Befreiung vom Wettbewerbsverbot ist damit im Kern nichts anderes als eine Marktteilungsabrede, die dem Grunde nach jegliche Konkurrenz zwischen den Parteien ausschließt. Kann aber eine Wettbewerbssituation gar nicht entstehen, ist eine Befreiung als Wettbewerbsgestattung sinnentleert.[261]

Als Marktteilungsabrede unterliegt eine Aufgabenabgrenzung der kartellrechtlichen Überprüfung. Sie kollidiert nach der Rechtsprechung des BGH[262] dann mit § 1 GWB, wenn sie in dem vereinbarten Umfang zur Sicherung des Vertragszwecks nicht erforderlich ist und sich ein hinreichender Schutz des Begünstigten auch auf andere - weniger intensiv in den Wettbewerb eingreifende Weise - erreichen ließe. Aufgrund dieser, auch für das Steuerrecht, maßgeblichen Vorgabe würde eine Aufgabenabgrenzung als nicht mit § 1 GWB vereinbar eingestuft werden müssen, wenn - wie wohl regelmäßig - durch eine klar definierte Befreiungsvereinbarung bereits sichergestellt werden könnte, daß Geschäfte nicht beliebig zwischen Gesellschaft und Gesellschafter hin und her verschoben werden können[263].

Ungeachtet dieser Kollision mit § 1 GWB erweist sich die Aufgabenabgrenzung als verfehltes Mittel zur Erreichung des mit ihr verfolgten Zieles: der Unterbindung von Manipulationsmöglichkeiten und damit der Gewährleistung einer der Leistungsfähigkeit entsprechenden Besteuerung.
Dieses fundamentale Steuerprinzip hat sich daran zu orientieren, welchem Steuersubjekt die Einkünfte aus einem Geschäft zuzurechnen sind, d.h. in wessen Namen und auf wessen Rechnung die Geschäfte getätigt wurden. Eine Abgrenzungsvereinbarung aber vermag lediglich Auskunft darüber geben, wessen Geschäftsbereich das Geschäft zuzuordnen ist. Die Verknüpfung dieser beiden Aspekte im Sinne, daß dem Steuersubjekt, in dessen Geschäftsbereich das zu beurteilende Geschäft fällt, auch die Einkünfte zuzurechnen sind - weil es in

260 Ähnlich BFH v. 23.03.1995 IV R 94/93, BStBl 1995 II 637, GmbHR 1995, 683.
261 Vgl. auch *Spiegelberger*, GmbHR 1992, 727, 730.
262 BGH v. 19.10.1993 - KZR 3/92, DB 1994, 34.
263 *Wassermeyer*, DStR 1990, 158, 162.

dessen Namen und für dessen Rechnung getätigt wurde - ist eine Sachverhaltsunterstellung. Eine steuerliche Anknüpfung, die auf derartigen Mutmaßungen basiert, ignoriert nicht nur die zivilrechtlichen Vorschriften über die Stellvertretung. Sie ist desweiteren mit dem Grundsatz der Tatbestandsmäßigkeit der Besteuerung (§ 38 AO) nicht zu vereinbaren und stünde angesichts der Gefahren von Willkür vor der Schranke des Art. 20 Abs. 3 GG. Als steuerrechtliche Voraussetzung einer wirksamen Befreiung vom Wettbewerbsverbot kann die klare und eindeutige Abgrenzungsvereinbarung damit keine Bedeutung erlangen.

Aus der zweiten, nach geänderten Maßstäben ergangenen Entscheidung[264] schlägt auch der BFH diese Richtung ein. Nunmehr soll dem Zweck der Aufgabenabgrenzung, Manipulationsmöglichkeiten auszuschließen, gleichfalls durch ständige Übung Rechnung getragen werden können. Dies jedenfalls insofern, als die tatsächlichen Umstände auf den nach außen erkennbaren Willen des Gesellschafters schließen lassen, das Geschäft für sich selbst oder für die Gesellschaft vornehmen zu wollen.
Der BFH erklärt hiermit also Abgrenzungsvereinbarung und tatsächliche Übung als gleichberechtigte Kriterien. Damit aber schreibt er der Abgrenzungsvereinbarung nunmehr selbst nur noch die Funktion eines Beweisanzeichens zur Auslegung des tatsächlich Gewollten zu.[265] Abzustellen ist sonach auf die tatsächliche Erzielung von Einkünften durch das jeweilige Rechtssubjekt, wobei ausschlaggebend ist, in wessen Namen und für wessen Rechnung das betreffende Geschäft getätig wurde. Nur soweit Zweifel bestehen, kann zur Auslegung auf eine - etwa im Hinblick auf die bisherige Rechtsprechung getroffene - Abgrenzungsvereinbarung abgestellt werden, die Vermutungen im Sinne von Indizien begründet.[266] Keinesfalls aber läßt sich umgekehrt aus dem Fehlen einer derartigen Vereinbarung eine Schlußfolgerung im Hinblick auf die Zuordnung von Geschäften ziehen.

Zu recht trennt sich der BFH damit von der formellen Anknüpfung einer Aufgabenabgrenzung. Ein derartiger "Geschäftsverteilungsplan" bietet keine Gewähr dafür, daß im Einzelfall auch entsprechend verfahren wird. Er kann von vornherein keine Auskunft darüber geben, ob die GmbH bereit und in der Lage ist, eine sich ihr künftig bietende Geschäftschance auch zu nutzen und ob der Dritte überhaupt mit der GmbH abschließen will. Auf diese Kriterien kommt es aber an, wenn nach den Regeln der Geschäftschancenlehre zu beurteilen ist, wem die Geschäftschance zuzurechnen ist. Nach diesen Grundsätzen kann eine verdeckte Gewinnausschüttung im Sinne des § 8 Abs. 3 Satz 2 KStG nur in Betracht kom-

---

[264] BFH v. 12.10.1995 I R 127/94, BFHE 179, 258, DStR 1996, 337.

[265] Nunmehr ausdrücklich BFH v. 13.11.1996 I R 149/94, DStR 1997, 323, 325, DB 1997, 506, BB 1997, 508, GmbHR 1997, 315.

[266] BFH v. 13.11.1996 I R 149/94, DStR 1997, 323, 325, DB 1997, 506, BB 1997, 508, GmbHR 1997, 315.

men, wenn sich der Gesellschafter unter Verstoß gegen die Grundsätze der Geschäftschancenlehre zum Nachteil der GmbH Vermögensvorteile verschafft hat. An dieser Stelle wird deutlich, daß die Behandlung des Problems der Zurechnung von Geschäftschancen dogmatisch im Verfahrensrecht seinen Ursprung hat und mit den Grundsätzen der Geschäftschancenlehre[267] materiell zu lösen ist.[268]

3.1.2.3
Materielle Voraussetzungen

3.1.2.3.1 Sachliche Rechtfertigung. Auch wenn die für eine Befreiung vom Wettbewerbsverbot erforderliche Stimmenmehrheit vorhanden ist, steht die nachträgliche Gestattung nicht völlig im freien Belieben der Mehrheit. Das Stimmrecht dient als Bestandteil der Mitgliedschaft[269] der Interessensbekundung des Verbandsmitgliedes. Verfolgte somit die Rechtsordnung mit der Einräumung dieses Mitgliedschaftsrechts bestimmte Ziele, muß ihre Ausübung im Einzelfall mit diesen Zielen vereinbar sein.[270] So ist anerkannt, daß die Teilhaberechte des Mitgliedes pflichtgebundene Rechte sind und daß nicht nur das Gebot der guten Sitten, sondern vor allem auch die Treuepflicht den Ermessensspielraum bei der Stimmrechtsausübung einengt. Schon RGZ 132, 163, 169 spricht von der Pflicht der Mehrheit, "im Rahmen des Gesamtinteresses auch den Belangen der Minderheit Berücksichtigung angedeihen zu lassen." In BGHZ 14, 25, 37 heißt es: "soviel ist sicher, daß der Grundsatz der freien Stimmrechtsausübung nicht so weit geht, daß das Stimmrecht auch mißbräuchlich ausgeübt werden dürfe." Bei Eingriffen in Minderheitsinteressen bei Publikumsgesellschaften hat der BGH wiederholt die sachliche Rechtfertigung von Mehrheitsbeschlüssen geprüft.[271] Hiermit scheint auf den ersten Blick unvereinbar folgende Aussage in BGHZ 76, 352, 353: "Ein mit der nötigen Mehrheit gefaßter Auflösungsbeschluß bedarf keiner sachlichen Rechtfertigung; er trägt seine Rechtfertigung in sich". Bei genauerer Betrachtung hingegen läßt sich aus der Rechtsprechung eine einheitliche Linie skizzieren: Gesellschafterbeschlüsse, die keine gezielte Beeinträchtigung der Minderheit enthalten, bedürfen keiner sachlichen Rechtfertigung, zumal, wenn es um Beschlußinhalte geht, die - wie die Auflösung der Gesellschaft - in gesetzlichen Ermächtigungen vorgeprägt sind.[272] Es muß hier also nicht die

[267] Hierzu näher unten, 3.1.3.2, S. 133 ff..

[268] *Timm*, GmbHR 1981, 177.

[269] *K. Schmidt*, Gesellschaftsrecht, § 21 II 1 b, S. 496.

[270] Vgl. BGH v. 22.05.1989 II ZR 206/88, BGHZ 107, 296, 302 ff..

[271] Vgl. BGH v. 19.12.1977 II ZR 136/76, BGHZ 70, 117, 121 ff; v. 13.03.1978 II ZR 142/76, BGHZ 71, 40, 44 ff; v. 16.02.1981 II ZR 168/79, BGHZ 80, 69, 74; v. 19.04.1982 II ZR 55/81, BGHZ 83, 319, 320; v. 15.11.1982 II ZR 62/82, BGHZ 85, 350, 359.

[272] Vgl. ähnlich *Lutter*, ZGR 1981, 169, 174 ff; eingehend *K. Schmidt*, in: Scholz, GmbHG, § 60 Rn. 16.

Mehrheitsentscheidung von Fall zu Fall gerechtfertigt werden, sondern einer Begründung bedarf vielmehr die Begrenzung der Mehrheitsherrschaft. Hiermit ist es nicht unverträglich, eine positive Rechtfertigung zu verlangen, wenn Eingriffe in Minderheitsinteressen typischerweise mit treuwidrigen Verletzungen einher gehen.

Die Forderung nach einer sachlichen Rechtfertigung steht damit in einem unmittelbaren Zusammenhang mit dem Schutzbedürfnis dissertierender Minderheitsgesellschafter vor Eingriffen in ihre Mitgliedschaft.
Sicherlich werden aufgrund der wechselnden Mehrheitsverhältnisse in der GmbH die Interessen eines jeden Gesellschafters auf Dauer gewährt werden können. Dadurch, daß der einzelne Gesellschafter in verschiedenen Beschlüssen seine Interessen durchsetzen kann, in anderen dagegen zurücksteht, entsteht ein im Ergebnis gerechter Interessenausgleich. Dieser auf lange Sicht ausgerichtete Interessenausgleich aber verliert seine Funktionsfähigkeit, wenn die Mitgliedschaft des Einzelnen durch einen Gesellschafterbeschluß in seiner Substanz betroffen wird; wenn also die Mehrheitsentscheidung einen schwerwiegenden Eingriff in die Mitgliedschaft zur Folge hat.[273] Der dissertierende Minderheitsgesellschafter kann in diesem Fall nicht auf eine spätere Kompensation durch seine Interessen verwiesen werden. Ein Ausgleich der Substanzverletzung ist dann nicht mehr hinreichend zu gewährleisten. Aus diesem Grund muß sich der Beschluß einer sachlichen Rechtfertigungskontrolle unterziehen. Dieser Kontrolle wird er nur dann standhalten, wenn er im Interesse der Gesellschaft bzw. des Verbandsinteresses steht. Hingegen bedarf ein Gesellschafterbeschluß, der die rechtlich geschützten Interessen der Minderheit unberührt läßt, indem er sich nicht nachteilig auf Mitgliedschafts- und Vermögensrechte der Gesellschafter auswirkt, keiner Inhaltskontrolle nach den Grundsätzen einer sachlichen Rechtfertigung.[274]

Bei der Befreiung eines Gesellschafters vom Wettbewerbsverbot, die seine Verpflichtung zur Treue gegenüber den Mitgesellschaftern und der GmbH reduziert, liegt nun ein solcher Fall vor, in dem die Mitgliedschaft des einzelnen Gesellschafters in ihrer Substanz betroffen wird. Der Wert der Mitgliedschaft ist nicht nur unerheblich gefährdet, wenn nicht mehr sichergestellt ist, daß ein Gesellschafter nicht mehr umfassend auf das Verbandsinteresse verpflichtet ist.[275] Zieht auch nicht jede Befreiung vom Wettbewerbsverbot eine derartige Folge nach sich, kommt es nicht auf das Maß der konkreten Gefährdung im Einzelfall an. Entscheidend für den Pflichtenrahmen der Gesellschafter ist vielmehr die abstrakte Gefährdung. Das Ausmaß der konkreten Gefährdung spielt erst eine Rolle bei der Beurteilung, unter welchen Umständen die Gesellschafterversammlung im ein-

---

273 Vgl. *Lutter*, ZGR 1981, 169, 174.
274 Vgl. *Röhricht*, Wpg 1992, 766, 782.
275 *Timm*, GmbHR 1981, 177, 182; *Schiessl*, GmbHR 1988, 53, 55.

zelnen die Befreiung beschließen darf. Anders gewendet: Unabhängig von der Interessenabwägung im Einzelfall ist der Entscheidung der Gesellschafterversammlung ein bestimmtes Verfahren zur Entscheidungsfindung vorgelagert.[276]

Der Beschluß zur Befreiung eines Gesellschafters vom Wettbewerbsverbot bedarf somit wegen der daraus resultierenden abstrakten Gefährdung der Mitgliedschaft, insbesondere der dissertierenden Mitgesellschafter, einer sachlichen Rechtfertigung.
Nur dann, wenn der Befreiungsbeschluß mit den Stimmen aller Gesellschafter zustande gekommen ist, bedarf es dieser Inhaltskontrolle nicht. Denn bei einstimmigen Beschlüssen sind die Interessen sämtlicher Gesellschafter gewahrt.

3.1.2.3.2 Entgeltvereinbarung. Die Finanzverwaltung hatte im BMF-Schreiben v. 09.02.1992[277] die Auffassung vertreten, zur Vermeidung einer verdeckten Gewinnausschüttung müsse eine angemessene Gegenleistung für die Befreiung vom Wettbewerbsverbot vereinbart werden, "wenn die konkurrierende Tätigkeit des beherrschenden Gesellschafters oder des Geschäftsführers auf einem Teilbereich des Unternehmensgegenstandes erlaubt wird, auf dem die Gesellschaft bereits ihre Tätigkeit entfaltet hat, die sich der beherrschende Gesellschafter zunutze machen kann." Entbehrlich war eine Entgeltvereinbarung lediglich in Fällen ausgeübter Konkurrenztätigkeit bereits bei Neugründung einer GmbH.

Liegt die Befreiung vom Wettbewerbsverbot im Interesse der Gesellschaft, ist sie aber mit schwerwiegenden Nachteilen für die Mitgliedschaft der Minderheit verbunden, kann es zur Wahrung der Rechtmäßigkeit des befreienden Mehrheitsbeschlusses der Gesellschafterversammlung geboten sein, den Nachteil in geeigneter Form auszugleichen.[278]
Hieraus darf jedoch nicht voreilig der Schluß gezogen werden, im Falle nicht einstimmig gefaßter Freistellungsbeschlüsse könne nur die Verpflichtung zur Gegenleistung die Entscheidung sachlich rechtfertigen. Vielmehr können durchaus Gründe der wirtschaftlichen Vernunft für eine Freistellung vom Wettbewerbsverbot sprechen und damit der materiellen Beschlußkontrolle standhalten. So etwa, wenn ein Gesellschafter, mit dessen Name der Erfolg der GmbH eng verknüpft ist, sei es, weil mit seiner Person der maßgebliche Kundenstamm verbunden ist oder weil er über das unverzichtbare know-how verfügt, in der Gesellschaft verbleibt. Umgekehrt kann es sogar zur Gewinnung einer Person als Gesellschafter der GmbH angebracht sein, ihr für die Aufgabe der eigenwirtschaftlichen Tätigkeit und Einbringung in die GmbH eine Gegenleistung zu zahlen.

---

[276] *Timm*, GmbHR 1981, 177, 182 in Fn. 68.
[277] BMF-Schreiben IV B 7 - S 2742 - 6/92 v. 04.02.1992, BStBl 1992 I 137, DStR 1992, 253.
[278] BGH v. 16.02.1981 II ZR 168/79, BGHZ 80, 69, 74 f..

Ein allgemeiner Grundsatz, nach dem die Gesellschaft verpflichtet sei, sich die Freigabe unter allen Umständen abkaufen zu lassen, andernfalls der Befreiungsbeschluß einer sachlichen Rechtfertigung entbehren würde, wäre aus zivilrechtlicher Sicht nicht zu vertreten.
Kennzeichnenderweise hat der BGH die Wirksamkeit einer Befreiung vom Wettbewerbsverbot bisher - soweit ersichtlich - nur in einem einzigen Fall von der Gewährung eines Ausgleichs abhängig gemacht. In diesem Fall wäre die Gesellschaft infolge des Erwerbs eines Konkurrenzunternehmens durch ihren (unterstellten) Mehrheitsgesellschafter in die Stellung eines von ihrem Wettbewerber abhängigen Unternehmens geraten. Die Befreiung war dem sie begehrenden Gesellschafter mit den Stimmen ihm nahestehender Familiengesellschafter gegen die der klagenden Minderheit gewährt worden.[279] Ein derartig atypischer Fall aber ist für Verallgemeinerungen nicht geeignet. Es wird vielmehr vom konkreten Einzelfall abhängen, welche sachlichen Voraussetzungen, zusätzlich zu der erforderlichen Stimmenmehrheit, zum Schutze der dissertierenden Minderheit erforderlich sind. Grundsätzlich ist von der Minderheit - und dementsprechend auch bei der nachfolgenden gerichtlichen Überprüfung - jede Entscheidung der Gesellschafterversammlung als rechtmäßig hinzunehmen, die auf kaufmännisch vertretbaren nachvollziehbaren Erwägungen beruht; die Minderheit nicht unzumutbar benachteiligt und deshalb nicht als treuwidriger Mißbrauch der Mehrheitsherrschaft zum Nachteil der Minderheit gelten kann.
Keine Zustimmung kann es finden, hier auf den Maßstab eines ordentlichen Geschäftsführers abzustellen.[280] Für die Befreiung vom Wettbewerbsverbot ist nicht die Geschäftsführung, sondern die Gesellschafterversammlung zuständig.[281] Da die Gesellschafterversammlung bei ihren Entscheidungen nicht an die Kriterien gebunden sein kann, die ein Geschäftsführer in Ausübung seines Amtes zu beachten hat, ist es verfehlt, die Denkfigur eines ordentlichen und gewissenhaften Geschäftsleiters für die Entscheidung der Gesellschafter heranzuziehen.[282] Es handelt sich vielmehr um eine Maßnahme, die die Gesellschafter, wie jede andere geschäftliche Entscheidung, im Rahmen ihrer grundsätzlich uneingeschränkten Freiheit auf Verfügung über die Angelegenheiten der Gesellschaft treffen. Der Maßstab kann daher nur derselbe sein, der auch sonst für die richterliche Inhaltskontrolle gesellschaftsrechtlicher Mehrheitsentscheidungen gilt.
Gilt es nunmehr die Frage zu beantworten, in welchen Fällen insbesondere dem Minderheitsgesellschafter durch die Befreiung eines Gesellschafters vom Wettbewerbsverbot Vermögensnachteile entstehen, die durch eine Gegenleistung

[279] BGH v. 16.02.1981 II ZR 168/79, BGHZ 80, 69 ff..
[280] So aber insbesondere die Finanzverwaltung, vgl. BMF-Schreiben IV B 7 - S 2742 - 6/92 v. 04.02.1992, BStBl 1992 I 137, die auf den Maßstab eines ordentlichen und gewissenhaften Geschäftsleiters abstellt
[281] Vgl. oben unter 3.1.2.2.1, S. 109 ff..
[282] Vgl. *Knobbe-Keuk*, GmbHR 1992, 333, 336.

auszugleichen sind, so bietet sich - in Anbetracht der Einzelfallrelevanz - ein Negativausschluß an.

Keiner Gegenleistung bedarf es in den Fällen, in denen sich die Gesellschaft noch im Gründungsstadium befindet.[283] Da die GmbH noch nicht am Markt tätig war, hat sie keine von ihr selbst erworbene Rechts- oder Vermögensposition erworben, die der Gesellschafter ihr durch seine Konkurrenztätigkeit entziehen könnte.
Ebenso wird auch bei späterem Eintritt eines Gesellschafters unter Fortführung seiner eigenwirtschaftlichen Betätigung in eine bereits unternehmerisch am Markt tätige GmbH ein Entgelt nicht zu verlangen sein. Die Gesellschaft mußte bereits zuvor mit der Konkurrenzsituation durch den neuen Gesellschafter leben; sie gibt mit dessen Freistellung somit keine Vermögensposition auf.[284]
Wird einem Gesellschafter später Befreiung erteilt, ist hiermit kein ausgleichspflichtiger Vermögensnachteil verbunden, wenn die Gesellschaft in dem freigegebenen Geschäftsbereich selbst nicht tätig ist und auch nicht tätig werden kann. Würde die GmbH dennoch auf einem Entgelt bestehen, läge ein Verstoß der ihr gegenüber dem Gesellschafter obliegenden Treuepflicht vor, da der Gesellschafter auch vertraglich nur insoweit zum Wettbewerbsverzicht verpflichtet werden kann, wie dies zum Schutz der Gesellschaft erforderlich ist.[285]
Da ein Entgelt dem Ausgleich von Vermögenseinbußen bzw. Vermögensgefährdungen dienen soll, scheiden diejenigen Fälle aus, in denen die Befreiung vom Wettbewerbsverbot eines Gesellschafters zumindest überwiegend mit Vorteilen für die GmbH verbunden ist. Dies sind Fälle, in denen eine erhebliche kausale Verknüpfung wechselseitiger Leistungen in der Weise gegeben ist, daß die GmbH dem Gesellschafter einen Vorteil quasi als Gegenleistung für einen anderen Vorteil gewährt, den ihr zuvor der Gesellschafter zugewendet hatte.[286] Zu denken ist hier an die Erschließung neuer Märkte durch die Konkurrenztätigkeit.[287]
Keiner Gegenleistung bedarf es ferner in Fällen, in denen die GmbH ihren Unternehmensgegenstand in einem tatsächlich ausgefüllten Bereich einschränkt, sich in diesem Teilbereich also vom Markt zurückzieht, um diesen dem Gesellschafter zu überlassen. Denn die Bestimmung des Unternehmensgegenstandes obliegt allein der Entscheidung der Gesellschafter. Beschließen diese eine Ein-

---

[283] BMF-Schreiben IV B 7 - S 2742 - 6/92 v. 04.02.1992, BStBl 1992 I 137; *Schwedhelm*, DStR 1993, 245, 249; Rademacher, NWB, F. 18, S. 3191, 3197; *Lange*, NWB, F. 4, S. 3749, 3751; *Thiel*, GmbHR 1992, 338, 344; *Pelka/Wüst*, DStR 1991, 578, 581; *Wassermeyer*, DB 1992, 2410.
[284] *Schwedhelm*, DStR 1993, 245, 249.
[285] *Niehues*, DB 1992, 496; *Rademacher*, NWB F. 18, S. 3191, 3196 f; *Wassermeyer*, BB 1989, 1731, 1732; *Schwedhelm*, DStR 1993, 245, 249.
[286] Vgl. BGH-Beschluß v. 07.11.1988 - 3 StR 258/88, BB 1989, 611, 612.
[287] *Schwedhelm*, DStR 1993, 245, 249.

schränkung des Tätigkeitsbereiches der GmbH, wie dies regelmäßig in Fällen der Betriebsabgrenzung der Fall sein wird, vollzieht sich die Vermögensdisposition auf der Ebene der Gesellschafter. Die GmbH erleidet keinen Vermögensnachteil, da sie keinen Anspruch auf Beibehaltung des Unternehmensgegenstandes hat. Nur in diesem Umfang besteht daher auch der Schutz der Mitgliedschaftsrechte der Gesellschafter. Würde man in diesen Fällen eine Gegenleistung verlangen, müßte gleiches auch bei der Auflösung der GmbH gelten.[288]
Aus ähnlichem Gedanken leitet sich eine weitere Fallgruppe der unentgeltlichen Befreiung vom Wettbewerbsverbot ab: Eine Gegenleistung kann dann nicht verlangt werden, wenn der Gesellschaft bei unwirksamer Befreiung des Gesellschafters, wie auch bei einem Verstoß des Gesellschafters gegen das (fort-) bestehende Wettbewerbsverbot, keine Entschädigungsansprüche[289] zustehen würden. Würde man in diesen Fällen von dem zu befreienden Gesellschafter eine Gegenleistung verlangen, stünde der rechtmäßig handelnde Gesellschafter schlechter als derjenige, der ohne Freistellung konkurrierend tätig wird.

Die neue Finanzrechtsprechung hat sich mit dieser Frage noch nicht befaßt. Sie erwähnt das Entgelt in den bisher ergangenen Entscheidungen nur im Zusammenhang mit der Nutzung von konkreten Geschäftschancen der GmbH durch den Gesellschafter.[290] Dies legt die Vermutung nahe, daß in allen anderen Fällen einer konkurrierenden Tätigkeit des Gesellschafters eine Befreiung ohne Entgeltsvereinbarung steuerrechtliche Anerkennung finden wird. Einen Hinweis hierauf findet sich in dem Urteil I R 26/95[291]. Der BFH macht die Entgeltspflicht von der Marktsituation und der Rechtsposition von Gesellschaft und Gesellschaftern abhängig und führt in seiner Begründung aus, daß die Gesellschaft letztlich davon abhängig sei, welche Aufgaben die Gesellschafter ihr zuweisen würden, was dazu führe, daß die GmbH den Wettbewerb ohne Ausgleichsleistung dulden müsse und diesen nur durch geringere Tätigkeitsvergütungen ausgleichen könne, wie sie ohne die Wettbewerbstätigkeit angemessen wären.
Dem mag folgende Überlegung zugrunde liegen: mit der Befreiung vom Wettbewerbsverbot wird dem Gesellschafter eine erwerbswirtschaftliche Betätigung im Geschäftskreis der Gesellschaft gestattet und damit die Möglichkeit, konkrete Geschäftschancen der Gesellschaft zu nutzen und interne Informationen zu verwerten.

---

288 *Schwedhelm*, DStR 1993, 245, 249.

289 Zu den Rechtsfolgen bei Verstößen gegen das Wettbewerbsverbot vgl. unten unter 3.1.4, S. 145 ff..

290 BFH v. 30.08.1995 I R 155/94, BFHE 178, 371, DStR 1995, 1873, FR 1995, 905, DB 1995, 2451.

291 BFH v. 18.12.1996 I R 26/95, DStR 1997, 575 ff., GmbHR 1997, 362 ff..

Diese Möglichkeit stellt in der Regel[292] einen Vermögenswert dar, den die Gesellschaft einem fremden Dritten, insbesondere im Rahmen eines Unternehmensverkaufs, nicht unentgeltlich überlassen würde.
Im Kern geht es hier also nicht um eine Wirksamkeitsvoraussetzung für die steuerliche Anerkennung einer Befreiung vom Wettbewerbsverbot, sondern um eine Zuwendung an den Gesellschafter aus gesellschaftlicher Veranlassung ohne Gegenleistung, mithin um eine Fallgruppe der verdeckten Gewinnausschüttung eigener Art.
Durch die steuerliche Forderung nach einer angemessenen Gegenleistung wird nicht eine zivilrechtlich wirksame Wettbewerbsgestattung in Abrede gestellt, sondern lediglich ein Sachverhalt steuerrechtlich gewürdigt und aus dieser Warte heraus die Voraussetzungen für die Vermeidung einer verdeckten Gewinnausschüttung als steuerliche Rechtsfolge einer zivilrechtlich wirksamen Befreiung beschrieben.
Dies jedoch ist nicht zu beanstanden.
Denn Anknüpfungspunkt und Rechtsgrund für die Annahme einer verdeckten Gewinnausschüttung ist hier nicht die Wirksamkeit des Freistellungsbeschlusses, sondern die unterlassene Begründung einer Forderung gegen den konkurrierenden Gesellschafter im Zusammenhang mit der Überlassung konkreter Geschäftschancen bzw. Gesellschaftsinterna. Im Ergebnis knüpft diese Fallgruppe ebenso an eine gesellschaftlich veranlaßte Vorteilsgewährung an: der Gesellschafter erlangt den geldwerten Vorteil, in dem Unternehmenskreis seiner Gesellschaft konkurrierend tätig werden zu dürfen ohne hierfür seinerseits eine Gegenleistung erbringen zu müssen.

In Anbetracht dieser Rechtsprechung stellt sich die Frage, wie zu verfahren ist, wenn in der Vergangenheit Entgelte - insbesondere im Hinblick auf die Verwaltungsanweisungen - vereinbart und gezahlt worden sind, diese sich nunmehr aber als entbehrlich zeigen. Die vom Wettbewerbsverbot befreiten Gesellschafter werden sicherlich eine Rückforderung des gezahlten Entgelts in Erwägung ziehen.

Nur am Rande sei hier erwähnt, daß sich die Frage nach der einschlägigen gesetzlichen Anspruchsgrundlage[293] nicht ohne jeden Zweifel beantworten läßt. In Betracht zu ziehen ist zunächst ein Rückgewähranspruch als Anpassungsvehikel der vertraglichen Abrede nach dem Grundsatz des Wegfalls der Geschäftsgrundlage. Finden auch diese Grundsätze bei einem gemeinsamen Irrtum über steuerli-

---

[292] zur Problematik der Zuordnung von Geschäftschancen vgl. unter 3.1.3.2.4, S. 139 ff..

[293] Keine Probleme treten hingegen auf, sollte die Entgeltabrede unter der Bedingung stehen, daß die Auffassung des BMF durch die Rechtsprechung des BFH bestätigt werde.

che Folgen eines Geschäfts[294], wie auch bei Rechtsprechungsänderungen[295], grundsätzlich Anwendung, dürfte die Entgeltabrede regelmäßig bereits von beiden Seiten erfüllt sein; so daß nur ausnahmsweise bei Unzumutbarkeit des Festhaltens an den unveränderten Konditionen, eine Anpassung zu gewähren ist.[296]
Subsidiär in Erwägung gezogen werden kann ein Bereicherungsanspruch wegen Nichteintritt des mit der Leistung bezweckten Erfolges (§ 812 Abs. 1 Satz 2, 2. Fall BGB). Ohne hier weiter ins Detail gehen zu wollen, erscheint es zumindest zweifelhaft, ob die neue Rechtsprechung des BFH als Nichteintritt eines Erfolges gewertet werden kann. Hatten die Beteiligten im Hinblick auf die Verwaltungsanweisungen des BMF ein Entgelt als Gegenleistung für die Befreiung vom Wettbewerbsverbot vereinbart, so geschah dies vor dem Hintergrund der Vermeidung einer verdeckten Gewinnausschüttung. Ist dieses Entgelt nach der Rechtsprechung des BFH auch entbehrlich, ist der erstrebte Erfolg gleichsam eingetreten, gleichwohl auch ein "weniger" ausgereicht hätte.[297]
Allgemein wird m.E. steuerrechtlich eine Rückabwicklung nur anerkannt werden können, wenn mit der Entgeltabrede ausdrücklich - oder doch zumindest offenkundig[298] - nur den Verwaltungsanweisungen des BMF Rechnung getragen werden sollte.

3.1.2.4 Zusammenfassung

Eine zivilrechtlich wirksame Befreiung vom Wettbewerbsverbot verhindert die Entstehung von Rückgewähransprüchen. § 242 BGB steht der Zulässigkeit einer Wettbewerbsgestattung nicht entgegen. Zuständig ist die Gesellschafterversammlung. Einer Befreiung vom Wettbewerbsverbot bedarf nicht die bereits von Anbeginn an ausgeübte und der Gesellschafterversammlung bekannte Konkurrenztätigkeit eines Gesellschafters. Die Befreiung verlangt eine Satzungsregelung. Eine nachträgliche Satzungsänderung bedarf eines mit ¾-Mehrheit zustande gekommenen Beschlusses. Der betroffene Gesellschafter unterliegt einem Stimmrechtsverbot. Enthält die Satzung eine Öffnungsklausel, so reicht ein mit einfacher Mehrheit gefaßter Beschluß. Gleiches gilt für einen satzungsdurchbrechenden Beschluß, der nur bei einer dauerhaften Wettbewerbsgestattung in das Handelsregister einzutragen ist. Eine klare und von vornherein getroffenen Ab-

---

294 BGH v. 18.11.1975 VI ZR 153/73, DB 1976, 234; KG Berlin, v. 26.03.1982 - 6 U 5520/81, BB 1982, 944, 945; OLG Köln v. 13.11.1992 - 19 U 77/92, NJW-RR 1993, 784, 785; *Kapp*, BB 1979, 1207, 1208.

295 BGH v. 02.05.1972 VI ZR 47/71, BGHZ 58, 362; v. 01.02.1978 IV ZR 142/77, BGHZ 70, 298; v. 23.03.1985 IVb ZR 371/81, NJW 1983, 1552.

296 Vgl. insgesamt *Heinrichs*, in: Palandt, BGB, § 242 Rn. 143.

297 Vgl. insgesamt *Thomas*, in: Palandt, BGB, § 812 Rn. 86 ff.

298 Zu denken ist hier an eine ausdrückliche Bezugnahme oder einen zeitlichen Zusammenhang.

grenzungsvereinbarung ist keine Wirksamkeitsvoraussetzung einer Befreiung. Der Beschluß bedarf materiell einer sachlichen Rechtfertigung gegenüber den abstrakt gefährdeten Interessen dissertierender Minderheiten. Zur Wahrung der Rechtmäßigkeit kann es im Einzelfall geboten sein, den Nachteil durch eine Entgeltabrede auszugleichen. Ein allgemeiner Grundsatz ist diesbezüglich jedoch nicht anzuerkennen.

3.1.3 Konkrete Verletzungshandlung

Ist dem Gesellschafter eine Befreiung vom Wettbewerbsverbot nicht (formwirksam) erteilt worden, bedarf es der Feststellung einer konkreten Verletzung der Treuepflichten als Gesellschafter oder der Verhaltenspflichten als Geschäftsführer durch das im eigenen Namen und für eigene Rechnung vorgenommene Geschäft des Gesellschafters. Andernfalls entstehen keine Ansprüche der Gesellschaft, auf die sie steuerrechtlich erheblich verzichten könnte.
Diese zivilrechtlichen Vorgaben hatte der BFH in seiner früheren Rechtsprechung beiseite geschoben und steuerrechtlich das konkurrierende Geschäft der Gesellschaft zugerechnet, sofern zwischen ihr und dem Gesellschafter keine klare und eindeutige Abgrenzung der Geschäftsbereiche vereinbart worden war. Diese Rechtsprechung widersprach nicht nur dem Zivilrecht, sie basierte zudem auf Fiktionen und einer auch dem Steuerrecht nicht möglichen Sachverhaltsunterstellung: "§ 8 Abs. 3 Satz 2 KStG ist keine geeignete Rechtsgrundlage, um die von einem Gesellschafter im eigenen Namen und für eigene Rechnung ausgeübte Tätigkeit nur deshalb der eigenen GmbH zuzurechnen, weil sie auch unter deren Unternehmensgegenstand fällt."[299]

Als mögliche Verletzungshandlungen nennt der BFH neben einer eigennützigen Einflußnahme auf die Kapitalgesellschaft die Verwertung von Informationen, die aufgrund der Gesellschafterstellung erlangt wurden. Ebenso sind in Betracht zu ziehen die Wahrnehmung von Geschäftschancen der Gesellschaft als Eigengeschäft, wie auch das eigennützige Ausnutzen von Kenntnissen der Gesellschaft über geschäftliche Möglichkeiten tatsächlicher oder rechtsgeschäftlicher Art.[300]

Diese Verletzungshandlungen lassen sich in zwei Gruppen einteilen:
Die erste betrifft die Ausnutzung von - durch mitgliedschaftliche Einflußnahmemöglichkeiten erlangte - Informationen und Kenntnisse im Rahmen anderweitiger unternehmerischer Tätigkeit. Verboten ist dem GmbH-Gesellschafter

---

[299] BFH v. 30.08.1995 I R 155/94, BFHE 178, 371, DStR 1995, 1873, FR 1995, 905, DB 1995, 2451; v. 22.11.1995 I R 45/95, BFH NV 1996, 645, HFR 1996, 591; vgl. auch BFH v. 12.10.1995 I R 127/94, BFHE 179, 258, DStR 1996, 337.

[300] BFH v. 30.08.1995 I R 155/94, BFHE 178, 371, DStR 1995, 1873, FR 1995, 905, DB 1995, 2451; v. 22.11.1995 I R 45/95, BFH NV 1996, 645, HFR 1996, 591.

jedoch nur eine solche erwerbswirtschaftliche Betätigung, durch die er in einen Interessenkonflikt gerät, der die Einhaltung der gebotenen Loyalität und Treue in Frage stellt. Untersagt ist es dem Gesellschafter deshalb, im Rahmen des Schutzbereichs der Gesellschaft unternehmerisch tätig zu werden, sei es als Geschäftsführer oder als Gesellschafter, dessen Position faktisch der eines Geschäftsführers nahesteht.[301] Denn in diesen Fällen bestünde Gefahr, daß Gesellschaftsinterna extern verwertet würden mit der Folge einer besonders gefährlichen Konkurrenz für die insofern zu schützende Gesellschaft.

Die zweite Gruppe der - näher zu untersuchenden - Verletzungshandlungen betrifft die Wahrnehmung von Geschäftschancen der Gesellschaft durch den Gesellschafter als Eigengeschäft, wie auch die eigennützige Verwertung von Kenntnissen der Gesellschaft über Abschlußmöglichkeiten.
Von entscheidender Bedeutung ist hier die Frage, wann eine Geschäftschance oder Information der Gesellschaft zuzurechnen ist, so daß sich der, über diese Zuordnung hinwegsetzende, Gesellschafter ersatzpflichtig macht. Die Antwort hierauf gibt die Geschäftschancenlehre.

3.1.3.1 Private Vermögensverwaltung

Von dem Bereich der möglichen Verletzungshandlungen durch konkurrierende Betätigung des Gesellschafters im Geschäftsbereich der GmbH im Vorfeld zu unterscheiden, ist das insofern zulässige Tätigwerden zum Zwecke der privaten Vermögensverwaltung; dies selbst dann, wenn sich der Geschäftsführer bzw. Gesellschafter dabei im Geschäftsbereich der Gesellschaft bewegen sollte. Die Grenzlinie beschreibt die zivilrechtliche Vorgabe eines pflichtgemäßen Verhaltens als Gesellschafter bzw. Geschäftsführer: "Das (...) Wettbewerbsverbot konnte den K auch nicht daran hindern, sein Grundstück wirtschaftlich bestmöglich zu verwerten. Er durfte es deshalb als solches verkaufen oder aber - wie geschehen - bebauen und anschließend verkaufen. Er durfte dabei nur nicht besondere Informationen oder Geschäftschancen der [GmbH] für sich selbst nutzen (...)."[302]
In der Praxis jedoch wird sich die Abgrenzung zwischen einer zulässigen privaten Vermögensverwaltung und einer verbotenen Konkurrenztätigkeit als schwierig erweisen.
Ausgehend von der Bedeutung des Wettbewerbs als dem Bestreben mehrerer voneinander unabhängiger Gewerbetreibender, auf einem gemeinsam zugänglichen Markt mit Vorrang vor den Mitbewerbern zu Geschäftsabschlüssen mit Kunden zu gelangen und der Abgrenzung zwischen Gewerbebetrieb und privater Vermögensverwaltung, insbesondere durch eine nachhaltige, gewinnorientierte und am Markt angebotene Tätigkeit, wird die Grenzlinie dort gezogen werden

---

[301] *M. Winter*, S. 254; *Meier*, DStR 1992, 344.
[302] BFH v. 30.08.1995 I R 155/94, BFHE 178, 371, 375.

müssen, wo der Gesellschafter als konkurrierender Anbieter auf dem Markt auftritt.
Solange beispielsweise der Geschäftsführer einer Immobilien-GmbH den Bereich der privaten Vermögensbildung nicht überschreitet, wird nichts dagegen einzuwenden sein, wenn er sich in Eigenregie ein Einfamilien- oder auch ein Mehrfamilienhaus errichtet und dieses vermietet oder en bloc veräußert. Als Bauherr eines eigenen Hauses tritt er nicht als Unternehmer auf dem Markt auf; als Vermieter tritt er nicht in Konkurrenz zur GmbH. Zum Konkurrenten wird er jedoch, sobald er die Grenze zum gewerblichen Grundstückshandel überschreitet. Dann jedenfalls unterliegt er dem Grunde nach dem Wettbewerbsverbot. Überschreitet er diese Grenze zwar nicht, handelt es sich bei dem Geschäft jedoch um ein solches, das eindeutig der GmbH zugestanden hätte und das der Gesellschafter bzw. Geschäftsführer treuwidrig an sich gezogen hat, macht er sich der Gesellschaft gegenüber ersatzpflichtig wegen Verstoßes gegen seine gesellschaftlichen Verhaltenspflichten.

3.1.3.2 Geschäftschancenlehre

Sieht die Finanzrechtsprechung eine Verletzungshandlung auch darin begründet, daß der Gesellschafter Geschäftschancen oder diesbezügliche Informationen der Gesellschaft in Verfolgung eigener erwerbswirtschaftlicher Interessen für sich ausnutzt, geht sie jedenfalls grundsätzlich von einem Verbot der Anmaßung von Geschäftschancen der Gesellschaft durch den Gesellschafter aus. Mit anderen Worten: er darf Geschäftschancen, die der Gesellschaft gebühren, nicht als Eigengeschäfte wahrnehmen.
Dieser Ansatz hat seinen Ursprung im amerikanischen Recht und wird dort mit dem Begriff "corporate opportunity doctrine" umschrieben.[303]

3.1.3.2.1 Rechtsgrundlage der Geschäftschancenlehre. Worin nun findet dieser Verbotssatz seine Rechtsgrundlage ?
Das Bestehen eines Wettbewerbsverbotes steht in einem Abhängigkeitsverhältnis zum Umfang der Einflußmöglichkeiten auf die Geschäftsführung sowie der Kenntnis von Gesellschaftsinterna und damit einhergehender Gefahren für die Gesellschaft durch konkurrierende Tätigkeit aus den eigenen Reihen[304]
Der Gesellschafter-Geschäftsführer hat als Geschäftsleitungs- und Vertretungsorgan Zugang zu allen maßgeblichen internen und externen Informationen. Er kann mit diesem Insider-Wissen die Unternehmenspolitik gezielt steuern, sei es, daß er in der Gesellschafterversammlung meinungsbildend mitwirkt, sei es, daß er bereits im Vorfeld aufgrund seiner Vertretungsmacht die Weichen stellt. Die

---

303 Vgl. hierzu die umfassenden Darstellungen bei *Mestmäcker*, S. 166 ff; *Immenga*, Die personalistische Kapitalgesellschaft, S. 156 ff..
304 Vgl. oben 3.1.1.4.2, S. 76 ff..

persönliche Verwertung dieser Kenntnisse im eigenen erwerbswirtschaftlichen Interesse privilegiert ihn gegenüber anderen Wettbewerbern am Markt und macht ihn so zu einem gefährlichen Konkurrenten der Gesellschaft.[305]
Entsprechendes gilt für den beherrschenden Gesellschafter, sobald sich dieser in die Unternehmensleitung einschaltet. Worauf sich diese Herrschaftsmacht begründet, ist dabei letztlich ohne Bedeutung.
Inwieweit demgegenüber ein Gesellschafter aufgrund seiner Beteiligung an der GmbH einem Wettbewerbsverbot unterliegt, hängt von der Art und Intensität der von ihm im Einzelfall eingegangenen Bindung ab.

Das Wettbewerbsverbot des Gesellschafters bzw. Geschäftsführers untersagt jegliche konkurrierende Tätigkeit im geschützten Geschäftsbereich der Gesellschaft. Er darf weder im eigenen Namen und auf eigene Rechnung, noch im fremden Namen und auf fremde Rechnung Geschäfte abschließen.[306] Ihm ist die Tätigkeit als Vertreter oder Handelsvertreter, aber auch als Geschäftsführer oder Vorstand eines Konkurrenzunternehmens untersagt. Darüber hinaus darf er sich auch nicht - weder unmittelbar noch mittelbar - an einem Konkurrenzunternehmen beteiligen, soweit ihm dadurch Einfluß auf die unternehmerischen Entscheidungen des anderen Unternehmens eröffnet würde.

Dieses in Abhängigkeit von der jeweiligen Gesellschafterstellung bestehende Verbot der Schädigung der Gesellschaft durch eigene unternehmerische Tätigkeit aber schließt ein, daß der Gesellschafter geschäftliche Chancen der Gesellschaft nicht - direkt oder indirekt - an sich ziehen oder jedenfalls um die Wahrnehmung dieser Geschäftschance konkurrieren darf. Denn geschäftliche Betätigung im Geschäftszweig der Gesellschaft als Gegenstand des präventiven Wettbewerbsverbotes bedeutet letztlich nichts anderes als Aufspüren und Umsetzen sich bietender Geschäftschancen: sofern sich eine Geschäftschance im Geschäftsbereich der Gesellschaft zu einer konkreten Abschlußmöglichkeit verdichtet, ist eine Interessenkollision immanent, eine Wahrnehmung dieser Abschlußmöglichkeit durch den Gesellschafter im eigenen Interesse ohne Pflichtverstoß nicht möglich.

Aus der gesellschaftlichen Treue- bzw. Loyalitätspflicht folgt damit nicht nur ein allgemeines Konkurrenzverbot in dem Sinne, daß der Gesellschafter sich nicht in Wettbewerb um Geschäftsabschlüsse zu seiner Gesellschaft stellen darf. Ihm ist es vielmehr "erst recht" untersagt, der Gesellschaft gebührende Geschäftschancen zu entziehen und deren wirtschaftlichen Erfolg damit letztlich zu vereiteln, in-

---

305 Vgl. BGH v. 16.03.1961 II ZR 14/59, WM 1961, 629, 631.

306 BGH v. 26.10.1964 II ZR 127/62, WM 1964, 1320, 1321; v. 09.11.1967 II ZR 64/67, BGHZ 49, 30, 31 f.; v. 11.10.1976 II ZR 104/75, WM 1977, 194; v. 16.02.1981 II ZR 168/79, BGHZ 80, 69, 76; v. 12.06.1989 II ZR 334/87, WM 1989, 1335, 1338; *Lutter/Hommelhoff*, GmbHG, Anh. § 6 Rn. 20 ff; *Mertens*, in: Hachenburg, GmbHG, 7. Auflage, § 43 n. 41; *Koppensteiner*, in: Rowedder, GmbHG, § 43 Rn. 17.

dem er die Geschäftschance im eigenen wirtschaftlichen Interesse sich selbst zunutze macht.
Aufgrund dieses Zusammenhangs wird das gesellschaftsrechtliche Wettbewerbsverbot als Unterfall einer umfassenden (Treue- bzw. Loyalitäts-) Pflicht einzustufen sein; Geschäftschancen, die der Gesellschaft gebühren, nicht als Eigengeschäfte wahrzunehmen.[307]

Diese Systematik stellt die Rechtsprechung des BFH nicht hinreichend deutlich heraus.
Im Vordergrund der Diskussion einer verdeckten Gewinnausschüttung steht - nach wie vor - das Wettbewerbsverbot. Dieses jedoch erfaßt nur einen Teil-aspekt der Treue- und Loyalitätspflichten eines Gesellschafters bzw. Geschäftsführers. So ist es dogmatisch unsauber, wenn die Finanzrechtsprechung nunmehr die Aneignung von der Gesellschaft gebührenden Geschäftschancen als Fallgruppe des Verstoßes gegen das Wettbewerbsverbot umschreibt. Konsequenterweise sollte der BFH von seinem Ansatzpunkt des gesellschaftlichen Wettbewerbsverbotes Abstand nehmen und statt dessen die Geschäftschancenlehre wählen oder - besser noch - allgemein auf die Verletzung von Treue- und Loyalitätspflichten als gemeinsame Rechtsgrundlage abstellen.

3.1.3.2.2 Grenzlinie zwischen Wettbewerbsverbot und Geschäftschancenlehre. Geht ein Verstoß gegen das Wettbewerbsverbot einher mit der Aneignung von bzw. Konkurrenz um die Wahrnehmung von der Gesellschaft gebührender Geschäftschancen, stellt sich die Frage, unter welchen Voraussetzungen zwar eine Verletzung der - aus der Geschäftschancenlehre folgenden - Verhaltensanforderungen vorliegt, zugleich aber das gesellschaftliche Wettbewerbsverbot unberührt bleibt. Die Antwort hierauf liefert die Grenzlinie zwischen dem Anwendungsbereich der Geschäftschancenlehre und dem gesellschaftlichen Wettbewerbsverbot.

Das Wettbewerbsverbot ist seiner Zielrichtung nach gerichtet auf präventiven Schutz der Gesellschaft vor externer Verwertung von internen Informationen oder eigennütziger Einflußnahme auf die Geschäftsführung durch den Gesellschafter. Es soll von vornherein Kollisionen zwischen dem - durch den Gesell-

---

[307] Das Verbot der Aneignung von Geschäftschancen der Gesellschaft wurde im deutschen Recht zunächst - umgekehrt - als Teilaspekt des gesellschaftlichen Wettbewerbsverbotes eingeordnet (vgl. BGH v. 27.06.1957 - II ZR 37/56, WM 1957, 1128, 1129). Vor allem die rechtsvergleichenden Untersuchungen mit dem amerikanischen Recht (corporate opportunity doctrine), insbesondere von *Mestmäcker* und *Immenga*, Die personalistische Kapitalgesellschaft, haben zu dem jetzt vorherrschenden Verständnis beigetragen; vgl. *Timm*, GmbHR 1981, 177; *Röhricht*, Wpg 1992, 766, 768; *Kübler/Waltermann*, ZGR 1991, 162, 165 f; *K. Schmidt*, Gesellschaftsrecht, § 20 V 3., S. 491 f; *Schiessl*, GmbHR 1988, 53; *Schneider*, in: Scholz, GmbHG, § 43 Rn. 146.

schafter zu fördernden - Verbandsinteresse und seinen eigenen erwerbswirtschaftlichen Interessen entgegenwirken, und diese durch eine Vorrangstellung zugunsten der Gesellschaft ausschließen.
Eine diese Vorrangstellung durch generellen Wettbewerbsausschluß rechtfertigende Gefahr der Interessenkollision besteht hingegen dann nicht, wenn die Gesellschaft an dem betreffenden Markt weder aktuell noch potentiell auftritt und teilnimmt. Eine Konkurrenzsituation würde somit allenfalls in konkreten Einzelfällen vorliegen. In einem marktwirtschaftlichen System, in dem sich der Markt nicht nur durch Angebot und Nachfrage, sondern auch durch Wettbewerb reguliert und einstellt, wäre hier ein genereller Wettbewerbsausschluß im Hinblick auf § 1 GWB bedenklich. Auch würde ein präventiv wirkendes Verbot des Gesellschafters, sich außerhalb des Geschäftsbereichs der Gesellschaft erwerbswirtschaftlich zu betätigen, dessen wirtschaftliche Handlungsfreiheit - gemessen am Schutzbedürfnis der Gesellschaft - unverhältnismäßig beschränken. Denn jenseits der Reichweite des Geschäftszweiges verfügt auch die Gesellschaft nicht über maßgebliche Erfahrungswerte, deren Aneignung dem Gesellschafter eine vorteilhafte Sonderstellung auf dem Markt einzuräumen vermag. Ein besonderes Schutzbedürfnis der Gesellschaft ist hier somit per se nicht anzuerkennen.
Da mithin das präventive Wettbewerbsverbot nur innerhalb der Reichweite des Geschäftskreises der Gesellschaft gerechtfertigt ist, kann der Geschäftschancenlehre folglich nur außerhalb des Geschäftszweiges der Gesellschaft eine eigenständige Bedeutung zukommen.

Die Grenzlinie zwischen dem Anwendungsbereich des Wettbewerbsverbotes und der Geschäftschancenlehre wird somit durch den "Geschäftszweig" der Gesellschaft gezogen. Dieser wird regelmäßig bestimmt werden können durch die gewöhnlichen, regelmäßig wiederkehrenden und die Gesellschaft prägenden Geschäfte, zu deren Konkretisierung der statutarische Unternehmensgegenstand nur einen Anhaltspunkt bietet.[308]

3.1.3.2.3 Wettbewerbssituation außerhalb des Geschäftskreises. Das Verbot der Eigenverwertung von Geschäftschancen durch den Gesellschafter setzt voraus, daß sowohl Gesellschaft als auch Gesellschafter ein Interesse an derselben einzelnen Geschäftsmöglichkeit bekunden. Mit anderen Worten, nur das Vorliegen einer Wettbewerbssituation um eine Geschäftschance - durch ein irgendwie bekundetes Interesse der Gesellschaft neben dem Eigen- oder Fremdinteresse des Gesellschafters an der Abschlußmöglichkeit - läßt ein besonderes Schutzbedürfnis der Gesellschaft entstehen und erfordert in Befriedigung dieses Bedürfnisses eine Ausschaltung des Wettbewerbes in Form einer eindeutigen Zuordnung der Geschäftschance.

---

[308] Vgl. BFH v. 13.11.1996 I R 149/94, DStR 1997, 323, DB 1997, 506, BB 1997, 508, GmbHR 1997, 315; vgl. auch oben 3.1.1.4.2, S. 76 ff..

Da jedoch außerhalb des Geschäftszweiges ein Interesse der Gesellschaft an der Geschäftschance nicht immanent ist und dieses Marktsegment für sie nicht per se reserviert ist, spielt es hier - im Gegensatz zur Wettbewerbssituation innerhalb des Geschäftszweiges der Gesellschaft - grundsätzlich eine Rolle, ob die Gesellschaft in der Lage gewesen wäre, selbst die Geschäftschance zu nutzen[309] oder aus rechtlichen oder tatsächlichen Gründen an dem Abschluß des Geschäfts gehindert gewesen wäre.[310]

Aus dem Vorliegen von Hinderungsgründen automatisch von einer frei verfügbaren Geschäftschance mangels bestehender Interessenkollision oder negativer Folgewirkungen für die Gesellschaft auszugehen, wäre jedoch vorschnell und verfrüht.
Eine derartige Schlußfolgerung würde einer unausgewogenen und oberflächlichen Beurteilung der Sachlage durch den Gesellschafter Tür und Tor öffnen und damit letztlich einer mißbräuchlichen Nutzung von Geschäftschancen durch den Gesellschafter.
Wenn auch nicht gänzlich ausräumen, so doch zumindest eingrenzen, ließe sich ein solcher Fall potentieller Interessenkollision, wenn zwischen endgültigen und ausräumbaren, vorübergehenden Hinderungsgründen unterschieden würde.[311]
Als vorübergehende Hinderungsgründe könnte die Weigerung des Geschäftspartners einzustufen sein, mit der Gesellschaft abzuschließen, in Fällen, in denen dem Gesellschafter persönlich die Geschäftschance offeriert wurde. Hier könnte der Geschäftspartner zu einer Änderung seines Standpunktes bewegt werden.
Ebenso ließe sich gegebenenfalls ein anfänglich finanzielles Unvermögen der Gesellschaft mangels ausreichender Eigenmittel zur Realisierung des Geschäfts ausräumen. Zu denken ist hier neben einer Finanzierung mittels Kreditaufnahme, an die Aufnahme weiterer finanzkräftiger Gesellschafter in die GmbH, mit anschließender Kapitalerhöhung oder die Kooperation mit anderen Gesellschaften.
Besteht jedoch die hinreichende Wahrscheinlichkeit, daß sich der Hinderungsgrund für die Gesellschaft an der Wahrnehmung der Geschäftschance nicht beheben läßt, ist von einem Interesse der Gesellschaft abzusehen, so daß diese

[309] Vgl. BGH v. 23.09.1985 II ZR 246/84, GmbHR 1986, 42, 43.

[310] Vgl. BFH v. 13.11.1996 I R 149/94, DStR 1997, 323, 325, DB 1997, 506, BB 1997, 508, GmbHR 1997, 315; BGH v. 23.09.1985 II ZR 246/84, WM 1985, 1443; v. 23.09.1985 II ZR 257/84, WM 1985, 1444, 1445; v. 08.05.1989 II ZR 229/88, WM 1989, 1216, 1217; *Kübler/Waltermann*, ZGR 1991, 160, 170; *Schiessl*, GmbHR 1988, 53, 55; a.A. *Schneider*, in: Scholz, GmbHR, § 43 Rn. 145, der eine abstrakte Gefährdung der Interessen der Gesellschaft ausreichen läßt und hiermit keine Unterscheidung zwischen dem präventiven Wettbewerbsverbot und der Geschäftschancenlehre vornimmt.

[311] Vgl. *Timm*, GmbHR 1981, 177, 182, der diese Unterscheidung jedoch nicht trifft, sondern allein im Hinblick auf den potentiellen Interessenkonflikt dem Geschäftsführer die Wahrnehmung der Geschäftschance untersagt.

grundsätzlich frei verfügbar ist. Als Beispiel können hier angeführt werden, die endgültige Weigerung des Geschäftspartners, mit der Gesellschaft zu kontrahieren wie auch das Vorliegen eines gesetzlichen Verbotes, etwa aus dem GWB. Keinen endgültigen Hinderungsgrund stellt es jedoch dar, wenn die Geschäftschance nicht unter den satzungsgemäßen Unternehmensgegenstand fällt. Denn dieser beschränkt weder die Rechtsfähigkeit der Gesellschaft noch die Vertretungsmacht der Handlungsorgane im Außenverhältnis, so daß die Gesellschaft die Geschäftschance in rechtlich wirksamer Weise wahrnehmen könnte.[312]

3.1.3.2.4 Zuordnungskriterien. Bedarf es des Vorliegens besonderer Umstände, um konkurrierende Interessen von Gesellschaft und Gesellschafter an einer Geschäftschance im Sinne einer Vorrangstellung der GmbH zu lösen, ist damit zugleich impliziert, daß von einem präventiven Verbot des Gesellschafters außerhalb des Geschäftsbereichs der Gesellschaft nicht auszugehen ist.[313] Positiv ausgedrückt, ist der Gesellschafter grundsätzlich berechtigt, außerhalb des Geschäftsbereichs der Gesellschaft zu dieser in Wettbewerb zu treten. Nur in Einzelfällen, in denen ein besonderes Schutzbedürfnis der Gesellschaft festzustellen ist, erscheint es offenbar gerechtfertigt, der GmbH eine Vorrangstellung einzuräumen und damit eine Pflichtenbindung des Gesellschafters außerhalb des Geschäftsbereiches zu begründen.

Welche materiellen Umstände nun begründen ein derartiges Schutzbedürfnis vor Wettbewerb durch den Gesellschafter, so daß eine Zuordnung an sich neutraler Geschäftschancen zugunsten der Gesellschaft erfolgt ?

Der BFH nimmt hierzu nur insofern Stellung, als zumindest nicht vorrangig auf formale Kriterien, wie den Unternehmensgegenstand der Gesellschaft, abzustellen ist.[314] Nur soweit andere Beweismittel nicht erreichbar seien, sei es nicht zu beanstanden, eine Zuordnung in Anlehnung an den Unternehmensgegenstand zu treffen.[315]

Ohne Zweifel werden nur die Geschäfte der GmbH zugerechnet werden können, denen eine Beauftragung seitens Dritter zugrunde liegt. Dies selbst dann, wenn die Gesellschaft ihrerseits den Gesellschafter als Subunternehmer mit der Erfül-

---

312 Eine andere Frage ist Bindung der Geschäftsführungsbefugnis an den statutarischen Unternehmensgegenstand bzw. den Rahmen des gewöhnlichen Betriebes des Unternehmens der GmbH; vgl. *Zöllner*, in: Baumbach/Hueck, § 37 Rn. 6 ff m.w.N..

313 Vgl. *Ivens*, Das satzungsmäßige Konkurrenzverbot, S. 21.

314 BFH v. 13.11.1996 I R 149/94, DStR 1997, 323, 325, DB 1997, 506, BB 1997, 508, GmbHR 1997, 315.

315 BFH v. 11.06.1996 I R 97/95, DStR 1996, 1769, 1770.

lung beauftragt, weil sie insoweit gegenüber dem Dritten für eigene Rechnung tätig wird.[316]
Bereits an dieser Stelle sei angemerkt, daß die Anknüpfung des BFH an die Geschäftschancenlehre in diesen Fällen zumindest ungenau ist. Denn Gegenstand der Betrachtung ist nicht mehr eine Geschäftschance im Sinne einer - jedenfalls zunächst - frei verfügbaren Abschlußmöglichkeit. Die Beauftragung des Gesellschafter als Subunternehmer bedingt bereits den Abschluß zwischen der GmbH und einem Dritten, so daß sich hier die Chance zugunsten der GmbH im Sinne einer gesicherten Rechtsposition realisiert hat. Die Unterbeauftragung eines Gesellschafters mit der Vertragsdurchführung erlangt im Hinblick auf eine verdeckte Gewinnausschüttung hingegen entscheidende Bedeutung für die Frage eines angemessenen Entgelts als Gegenleistung[317].

Eine Reihe materieller Zuordnungskriterien bietet *Thiel* [318] an: die Kapitalgesellschaft ist mit dem Geschäft als erste in Berührung gekommen und hat sich bereits um den Kunden bemüht; es handelt sich um Anschlußverträge aus bereits durchgeführten Geschäften; die Gesellschaft hat bereits besondere Aufwendungen für das Geschäft gehabt; der Gesellschafter bedient sich zur Durchführung des Geschäfts des Personals und der Sachausstattung der Gesellschaft; der Gesellschafter verwendet zur Durchführung des Geschäfts ein besonderes knowhow, das er bei der Gesellschaft erworben hat; den Gesellschafter trifft ein vertragliches Wettbewerbsverbot.
Gegen die Zuordnung der Geschäftschance zum Vermögensbereich der GmbH bei der materiellen Beurteilung sprechen nach *Thiel*: die Gesellschaft hat Geschäfte dieser Art bisher nicht durchgeführt, obwohl sie zu ihrem satzungsmäßigen Unternehmensgegenstand gehören; ihr fehlen die personellen Kapazitäten, der Maschinenpark oder die finanziellen Mittel, das Geschäft durchzuführen; sie ist nicht bereit, das mit dem Geschäft verbundene Risiko zu tragen; der Kunde hat das Geschäft dem Gesellschafter persönlich angetragen und weigert sich, mit der Gesellschaft abzuschließen.

Die vorgenannten Zuordnungskriterien vermögen jedoch nicht sämtlich einer kritischen Betrachtung standzuhalten.
Ein besonderes Schutzbedürfnis der Gesellschaft resultiert aus der Gefahr vor eigen- oder fremdnütziger Verwertung von Geschäftsinterna, wie die Kenntnis einer Abschlußmöglichkeit, die nur der Gesellschaft vermittelt wurde. Geschäfts-

---

316 Vgl. BFH v. 13.11.1996 I R 149/94, DStR 1997, 323, 325, DB 1997, 507, BB 1997, 508, GmbHR 1997, 315; v. 11.06.1996 I R 97/95, DStR 1996, 1769; v. 12.10.1995 I R 127/94, BFHE 179, 258, DStR 1996, 337, 338.

317 Hierzu näher unter 5, S. 189 ff..

318 *Thiel*, DStR 1993, 1801, 1804; vgl. auch *Timm*, GmbHR 1981, 177, 180 ff; *Tries*, Verdeckte Gewinnausschüttung im GmbH-Recht, S. 196; *Schneider*, DB 1993, 1192, 1199 f..

chancen also, die Gesellschaftern in ihrer spezifischen Funktion als Verbandsmitglieder bzw. dem Geschäftsführer als Geschäftsleitungs- oder Vertretungsorgan angetragen wurden, dürfen von ihnen nicht in Verfolgung eigennütziger Interessen verwertet werden.[319]
Gleiches gilt für Geschäftschancen, die nicht ohne Wissen um interne Informationen zu realisieren sind wie auch für solche, die die Vermarktung dieser Kenntnisse an sich zum Gegenstand haben.

Ebenso verhält es sich mit Geschäften, deren Umsetzung eine bestimmte Personal- und/oder Sachausstattung verlangt, die die GmbH - im Gegensatz zum Gesellschafter - vorhält. Denn diese Betriebsausstattung bildet einen maßgeblichen Teil des Gesellschaftsvermögens. Vergegenwärtigt man sich, daß gleichfalls das know-how und die sonstigen betriebsinternen Informationen Bestandteil des Gesellschaftsvermögens sind, ließe sich die Fallgruppe der Zuordnung von Geschäften zur Gesellschaft bilden, soweit es um die (zweckwidrige) Verwendung von Ressourcen geht, die der Gesellschaft zustehen. Ein Schutzbedürfnis der Gesellschaft ist hier jedoch nur dann anzunehmen, wenn die Verwertung von Gesellschaftsvermögen einen nicht nur als geringfügig zu vernachlässigenden Umfang nimmt. So führt z.B. die Benutzung der Telefonanlage der Gesellschaft für das Aushandeln eines Geschäfts nicht zu einer Zurechnung zur Gesellschaft. Anders jedoch, wenn sich der Gesellschafter eines speziell für den Geschäftsbereich und den Bedürfnissen der GmbH entwickelten EDV-Programms zur Erstellung von Fertigungsplänen bedient.

Ebenso verhält es sich mit dem spiegelbildlichen Fall, daß die Gesellschaft bzw. diese durch ihren Gesellschafter in Eigeninitiative Geschäftsmöglichkeiten aufgespürt hat. Auch diese Möglichkeiten darf der Gesellschafter nicht im Eigeninteresse ausnutzen, denn diese Informationen stehen - ebenso wie ausschließlich der GmbH offerierte Angebote - grundsätzlich nur der Gesellschaft zu, der das Wissen des Gesellschafters nach § 166 Abs. 1 BGB zuzurechnen ist[320] und das sie durch geschäftliche Betätigung am Markt erworben hat.

Doch auch, wenn dem Gesellschafter höchstpersönlich und unabhängig von seiner Organstellung, insbesondere in dessen Unkenntnis, Geschäftschancen angeboten werden oder er hiervon auf sonstige Weise privat, d.h. außerhalb seiner geschäftsführenden Tätigkeit[321], Kenntnis erlangt, darf er diese nicht unreflek-

---

319 *Schneider*, in: Scholz, GmbHG, § 43 Rn. 144; *Kübler/Waltermann*, ZGR 91, 168.

320 Vgl. *Lutter*, der für die Zurechnung der Geschäftschance zur Gesellschaft maßgeblich darauf abstellt, ob die relevanten Informationen dem Verbandsmitglied aus dem Verband heraus vermittelt wurden; AcP 180 (1980), 116; vgl. auch BGH v. 08.05.1967 II ZR 126/65, WM 1967, 679.

321 Absehen ist in diesem Zusammenhang eine Differenzierung nach zeitlichen Aspekten, der Geschäftsführer ist "gewissermaßen ständig im Dienst soweit es um Belange des

tiert im Eigeninteresse ausnutzen, sondern muß die Abschlußmöglichkeit, wie auch Zweckrelevanz, für die Gesellschaft prüfen und ihr diese gegebenenfalls überlassen.

Ein weiterer, die besondere Schutzbedürftigkeit der GmbH hervorrufender, Umstand resultiert aus einer Interessenkollision zwischen Gesellschafter und GmbH an der Geschäftschance.
Außerhalb des Geschäftszweiges der Gesellschaft stehen die Interessen von Gesellschaft und Gesellschafter zwar gleichberechtigt nebeneinander. Eine Bevorrechtigung der GmbH durch überwiegendes Interesse verlangt damit besondere Faktoren im Einzelfall. Diese können - gemessen an dem Gesellschaftszweck - vorliegen, wenn die Geschäftschance in einer engen wirtschaftlichen Beziehung zu den üblichen Geschäften der Gesellschaft, in Verfolgung des Gesellschaftszwecks, steht.
In diesen Bereich einordnen läßt sich die Entscheidung BGH WM 1985, 1443, in der die Erwerbsaussicht einer Erfindung zur Verbesserung der Wettbewerbsfähigkeit der Gesellschaft in ihrem Marktsegment der Gesellschaft zugeordnet wurde.
Aus dieser Entscheidung läßt sich der Grundsatz ableiten, daß die Geschäftschance dem Gesellschaftszweck förderlich oder zweckdienlich sein muß, ohne jedoch unter die üblichen Geschäfte im zugeordneten Marktsegment selbst und unmittelbar zu fallen. Denn andernfalls wäre die Geschäftschance direkt dem Geschäftszweig der Gesellschaft zuzuordnen, so daß ohnehin das präventive Wettbewerbsverbot eingreifen würde.[322]
Von der Geschäftschancenlehre betroffen sind in Abgrenzung hierzu vielmehr Abschlußmöglichkeiten, die keine unmittelbare Beziehung mit den bisher getätigten Geschäften haben, insbesondere der Erweiterung des zugeordneten Marktes oder der Erschließung neuer Märkte dienen.

Nicht entscheidend kann es in diesem Zusammenhang jedoch darauf ankommen, ob die Gesellschaft bereits ein Interesse an der Abschlußmöglichkeit zum Ausdruck gebracht hat, indem sie mit dem Geschäft als erste in Berührung gekommen ist und sich bereits um den Kunden bemüht hat[323], indem sie bereits im Hinblick auf einen bestimmten Geschäftsabschluß verhandelt hat[324]; die Durch-

---

Verbandes geht"; *Salfeld*, S. 44; vgl. auch BGH v. 23.09.1985 II ZR 246/84, GmbHR 1986, 42, 43.

[322] Vgl. *Kübler/Waltermann*, ZGR 1991, 160, 169.

[323] So aber *Thiel*, DStR 1993, 1801, 1804.

[324] Vgl. BGH v. 08.05.1989 II ZR 229/88, WM 1989, 1216, 1217; *Schneider*, in: Scholz, GmbHG, § 43 Rn. 144; *Weisser*, DB 1989, 2010, 2011.

führung des Geschäfts bereits gesellschaftsintern beschlossen ist[325] oder der Gesellschafter gerade im Hinblick auf das konkrete Geschäft von der Gesellschaft beauftragt wurde.
In diesen Fällen würde der zeitliche Faktor, d.h. ob Gesellschaft oder Gesellschafter ein Interesse frühzeitiger bekunden, darüber entscheiden, ob ein Schutzbedürfnis aufgrund Interessenkollision und damit eine Vorrangstellung der Gesellschaft besteht. Entscheidend aber kann nur eine Abwägung des Interesses der Gesellschaft an Schutz vor Wettbewerb und dem des Gesellschafters an privater wirtschaftlicher Betätigung sein, die im Einzelfall zu einer Zuordnung der Geschäftschance zur Gesellschaft führen kann.

Anders verhält es sich hingegen dann, wenn mit der Interessensbekundung und dem Kontakt zum Geschäftspartner im Hinblick auf den Abschluß des Geschäfts bereits besondere Aufwendungen getätigt wurden. Diese Fallgruppe erweist sich als vergleichbar mit der (zweckwidrigen) Verwertung von Gesellschaftsressourcen. Hier ist die Gesellschaft nicht schutzbedürftig, weil sich der Gesellschafter ihrer Vermögenswerte im eigenen Interesse bedient hat, sondern sie selbst hat vermögenswerte Dispositionen getroffen. Beide Fälle sind mit einer Vermögenseinbuße oder -gefährdung der Gesellschaft verbunden.

Die genannten Kriterien, wie insbesondere bereits begonnene Verhandlungen und gesellschaftsinterne Beschlußfassung, können jedoch im Einzelfall eine Zweckrelevanz des Geschäfts indizieren. Ihnen kommt damit zwar keine unmittelbare Zuordnungsfunktion, wohl aber eine mittelbare zu, indem sie regelmäßig auf eine enge wirtschaftliche Beziehung mit dem Gesellschaftszweck schließen lassen und aufgrund dieser Relevanz der Gesellschaft zuzuordnen sein können.

Verbleiben hingegen Zweifel an der Zuordnung der Geschäftschance, gebührt diese der Gesellschaft.[326] Denn die letztlich maßgebliche Entscheidung darüber, ob diese Chance von der Gesellschaft wahrgenommen werden kann und wahrgenommen wird, darf nicht von dem an ihr interessierten Gesellschafter getroffen werden.

3.1.3.2.5 Anbieten zur Freigabe. Nicht nur in Fällen einer Konkurrenz um einzelne Geschäftsabschlüsse außerhalb des Geschäftszweiges der Gesellschaft, in denen ein mangelndes Interesse oder die endgültige Unmöglichkeit einer Wahrnehmung des Geschäfts durch die Gesellschaft nicht offensichtlich und zweifelsfrei auf der Hand liegt, sondern in jedem Fall muß die Geschäftschance

---

325 Vgl. RG v. 04.12.1928 - 360/28 II, JW 1929, 654; BGH v. 08.05.1989 II ZR 229/88, WM 1989, 1216, 1218; *Kübler/Waltermann*, ZGR 91, 162, 168; *Timm*, GmbHR 1981, 177, 180.

326 Vgl. *Schiessl*, GmbHR 1988, 53, 54; *Kübler/Waltermann*, ZGR 1991, 160, 171.

zwingend der Gesellschaft angeboten werden.[327] Die Gesellschafter haben es in der Hand, die Struktur ihrer Gesellschaft zu bestimmen. Sie allein können die Reichweite des satzungsgemäßen Geschäftsbereichs ihrer Gesellschaft ausdehnen oder einschränken. Sie sind es auch, die über die Kapitalausstattung zu befinden haben, über die Spaltung der Gesellschaft, deren Verschmelzung, Umwandlung oder Liquidation.[328] Diese Organisationsgewalt schließt Entscheidungen darüber ein, ob die tatsächlichen Voraussetzungen für das betreffende Geschäft geschaffen werden sollen.

Dieser Entscheidungsvorbehalt beinhaltet weiterhin einen Schutzmechanismus der Gesellschaft vor unkontrolliertem Zugriff auf Gesellschaftswerte durch den Gesellschafter: er schützt sie vor durch das Eigeninteresse des Gesellschafters - unbewußt - beeinflußten Einschätzungen der Nutzbarkeit der Geschäftschance für die Gesellschaft. Diese objektivierte Bewertung der maßgeblichen Faktoren stellt damit eine Schutzvorkehrung dar, vor unreflektierter Vereitelung von Geschäftschancen.

Die Treuepflicht des Gesellschafters gebietet ihm Rücksichtnahme auf das Geschäftsinteresse bei der eigenen Interessenverfolgung und, in Fortschreibung dieser Verpflichtung, den Verzicht auf bestimmte geschäftliche Betätigungen im Einzelfall.

In der Pflicht zum Anbieten einer Geschäftschance kommt damit eine Vorrangstellung der Gesellschaft bei der Zuordnung von Geschäftschancen in Zweifelsfällen zum Ausdruck: Der Gesellschafter darf eine der Gesellschaft gebührende Geschäftschance somit erst dann ergreifen, wenn ihm diese zur Eigenverwertung freigegeben wird.

Diese Freigabebedingung belastet den Gesellschafter nicht unverhältnismäßig und schränkt seine wirtschaftliche Handlungsfreiheit nicht über Gebühr ein. Sie ist vielmehr Ausdruck der dem Gesellschafter obliegenden Treuepflicht, insbesondere der Verpflichtung, die Belange der Gesellschaft in Hinblick auf den Gesellschaftszweck zu fördern. Zudem dürfte es sich in der überwiegenden Zahl der Fälle um Geschäftschancen handeln, die der Gesellschaft unmittelbar offeriert wurden oder aus der Nutzung von Geschäftsbeziehungen der Gesellschaft und damit letztlich aus gesellschaftlichen Ressourcen hervorgegangen sind; so daß diese Chancen zumindest ursprünglich als der Gesellschaft zugehörig einzustufen sind. Dann aber ist es nur gerechtfertigt, daß eine zulässige Eigenverwertung der Geschäftschance durch den Gesellschafter von einem Freigabebeschluß abhängig gemacht wird.

Zudem spiegelt die zwingende Pflicht des Anbietens von Geschäftschancen einen Schutzmechanismus der Gesellschaft vor unberechtigter oder unkontrollierter Eigenverwertung von Geschäftsinterna durch den Gesellschafter wieder. Mittels

---

327 A.A. *Schneider*, DB 1993, 1992, 2000.

328 *Wassermeyer*, StVj 1993, 208, 218; *Schulze-Osterloh*, FR 1993, 73, 82; *Gosch*, DStR 1995, 1863.

des Freigabeverfahrens kann sich die Gesellschaft leicht einen Überblick über die Wertigkeit von internen Informationen verschaffen und im Einzelfall darüber entscheiden, ob sie diese dem Gesellschafter zur Eigennutzung überläßt oder nicht.

Um der Gesellschaft hier eine "richtige" und ausgewogene Entscheidung zu ermöglichen, muß der Gesellschafter die Geschäftschance unter Darlegung aller für deren Wahrnehmung relevanten Faktoren und bedeutsamen Umstände wie auch unter Offenlegung seines Eigen- oder Fremdinteresses, anbieten.[329] Die Gesellschaft muß die Möglichkeit haben, sämtliche vorhersehbaren positiven und negativen Auswirkungen der Freigabe, wie etwa einen auf der Geschäftschance aufbauenden dauerhaften Wettbewerb des Gesellschafters, sowie den Nutzen, den eine Wahrnehmung der Geschäftschance durch die Gesellschaft nach sich zöge, umfassend zu prüfen und abzuwägen.[330]

Die Freigabe der Geschäftschance zur Eigenverwertung kann - wie auch die Befreiung vom präventiven Wettbewerbsverbot[331] - nicht durch andere Mitglieder der Geschäftsführung erfolgen, da die Tragweite einer solchen Entscheidung über eine laufende Geschäftsführungsmaßnahme hinaus ginge.[332] Zudem ist fraglich, ob die notwendige Objektivität bei den übrigen Mitgliedern der Geschäftsführung gewährleistet wäre, könnten doch diese der Versuchung kollusiven Verhaltens im Sinne einer fortwährenden, unreflektierten, gegenseitigen Freigabe von Ge schäftschancen unterliegen. Zuständiges Organ für die Freigabe ist daher die Gesellschafterversammlung.[333]

Dieses Gremium hat in sorgfältiger Prüfung darüber zu befinden, ob tatsächliche oder rechtliche Hinderungsgründe einer Umsetzung der Geschäftschance durch die Gesellschaft entgegenstehen und ob diese - bejahendenfalls - beseitigt werden können.
Erachtet die Gesellschafterversammlung einen endgültigen Hinderungsgrund als gegeben oder ist eine zunächst in Betracht gezogene Geschäftschance im Einzelfall nicht von Interesse, hat sie die Geschäftschance zur Eigennutzung für den Gesellschafter freizugeben. Andernfalls würde die wirtschaftliche Handlungsfreiheit des Gesellschafters unverhältnismäßig[334] beschränkt und ließe sich aus sei-

[329] Vgl. BGH v. 10.02.1977 II ZR 79/75, WM 1977, 361. 362; *Kübler/Waltermann*, ZGR 1991, 160, 161, 171; *Timm*, GmbHR 1981, 177, 183, 185.
[330] Vgl. *Timm*, GmbHR 1981, 177, 183, m.w.N..
[331] Vgl. oben 3.1.2, S. 108 ff..
[332] Vgl. *Schiessl*, GmbHR 1988, 53, 55.
[333] Vgl. *Timm*, GmbHR 1981, 177, 182 ff; *Zöllner*, in: Baumbach/Hueck, GmbHG, § 35 Rn. 22 a; *Kübler/Waltermann*, ZGR 1991, 160, 171 m.w.N..
[334] Vgl. *Timm*, GmbHR 1981, 177, 183 f..

ner Treuepflicht gegenüber der Gesellschaft nicht mehr rechtfertigen.[335] In diesen Fällen verdichtet sich das Interesse zu einem Anspruch des Gesellschafters auf Freigabe der Geschäftschance bzw. diesbezüglicher Information an ihn durch die Gesellschafterversammlung.

3.1.3.1 Zusammenfassung

Als mögliche Verletzungen der Treuepflicht wurden zwei Fallgruppen untersucht: die Ausnutzung von gesellschaftsinternen Informationen und Kenntnissen im Rahmen der eigenen unternehmerischen Tätigkeit des Gesellschafters sowie die Wahrnehmung von der Gesellschaft gebührenden Geschäftschancen als Eigengeschäfte. Hiervon zu trennen ist der Bereich der privaten Vermögensverwaltung, in dem der Gesellschafter einem Wettbewerbsverbot nicht unterliegt. Auch die Geschäftschancenlehre hat ihre Rechtsgrundlage in der Treue- und Loyalitätspflicht des Gesellschafters. Die Grenzlinie zwischen der Anwendung des Wettbewerbsverbotes und der Geschäftschancenlehre wird durch den Geschäftsbereich der Gesellschaft gezogen. Nur im Rahmen ihres aktuellen Betätigungsfeldes genießt die Gesellschaft eine den Gesellschafter ausschließende Vorrangstellung im Sinne eines generellen Wettbewerbsverbotes. Außerhalb dieses Bereichs muß die Gesellschaft in der Lage gewesen sein, die Geschäftschance selbst zu realisieren. Nur soweit andere Beweismittel nicht erreichbar sind, erfolgt eine Zuordnung der Abschlußmöglichkeit anhand des formellen Unternehmensgegenstandes. Im Zweifel gebührt die Geschäftschance der Gesellschaft. Der an dem Geschäftsabschluß interessierte Gesellschafter hat die Gesellschaft ausnahmslos um Freigabe zu ersuchen. Zuständig ist die Gesellschafterversammlung.

3.1.4 Rechtsfolgen bei Verstößen gegen das Wettbewerbsverbot

Die Finanzrechtsprechung wertet den Verzicht auf zivilrechtliche Ansprüche durch die GmbH gegen einen verbotswidrig konkurrierenden Gesellschafter als verdeckte Gewinnausschüttung.[336] Nachfolgend soll zunächst untersucht werden, welche Ansprüche aus einem wettbewerbsbedingten Treuepflichtverstoß durch einen Gesellschafter entstehen, bevor auf die zivilrechtlichen Voraussetzungen eines wirksamen - und insofern steuerrechtlich erheblichen - Verzichts eingegangen wird.

---

[335] Aus diesem Gesichtspunkt leiten *Mertens/Cahn* einen Anspruch des Geschäftsführers auf Freigabe ab; in: FS Heinsius, S. 545, 562 mit Verweis auf *Raiser*, in: FS Stimpel, S. 855, 860.

[336] Vgl. 1, S. 1 ff..

3.1.4.1 Nichtvermögenswerte Ansprüche

3.1.4.1.1 Ansprüche die interne Stellung des Gesellschafters betreffend. Ausgangspunkt und zugleich Einschränkungskriterium der Untersuchung bildet die aktuelle Definition der verdeckten Gewinnausschüttung durch den BFH. Danach liegt eine verdeckte Gewinnausschüttung bei Vermögensminderungen oder verhinderten Vermögensmehrungen vor, die durch das Gesellschaftsverhältnis veranlaßt sind, sich auf die Höhe des Einkommens auswirken und in keinem Zusammenhang mit einer offenen Ausschüttung stehen.[337]
Einfluß nehmen auf das Betriebsergebnis der Gesellschaft können jedoch dem Grunde nach nur vermögenswerte, bilanzierungsfähige Rechtspositionen, die einer Hinzurechnung gemäß § 8 Abs. 3 Satz 2 KStG zugänglich sind.
Daher erlangen Ansprüche der GmbH aus wettbewerbsbedingten Treuepflichtverstößen, die die Stellung des Gesellschafters/Geschäftsführers in der Gesellschaft betreffen, keine Bedeutung im Zusammenhang mit verdeckten Gewinnausschüttungen. Hierzu gehören die Möglichkeit der Einziehung des Geschäftsanteils des Gesellschafters unter den Voraussetzungen des § 34 GmbHG, der Ausschließung des Gesellschafters aus wichtigem Grund[338] sowie der Abberufung des Geschäftsführers (§ 38 GmbHG) unter gleichzeitiger Kündigung des Dienstvertrages gemäß § 626 BGB.

3.1.4.1.2 Unterlassungsanspruch. Der Verstoß gegen ein Wettbewerbsverbot eröffnet zunächst die Möglichkeit, dem konkurrierenden Gesellschafter die Aufnahme bzw. Fortsetzung jeder weiteren, zukünftigen Betätigung im Geschäftsbereich der Gesellschaft in Zukunft zu untersagen. Es besteht ein Unterlassungsanspruch, der inhaltlich die Aufgabe eines Wettbewerbsunternehmens oder den Austritt aus einer konkurrierenden Gesellschaft bedeuten kann.[339]
Ebenso begründet ein Verstoß gegen das Verbot, Geschäftschancen der Gesellschaft auszunutzen, einen Unterlassungsanspruch im Hinblick auf zukünftige derartige Verstöße, sofern eine Wiederholungsgefahr besteht.[340]

---

337 Zuletzt: BFH v. 30.08.1995 I R 155/94, BFHE 178, 371, DStR 1995, 1873, FR 1995, 905, DB 1995, 2451; v. 12.10.1995 I R 127/94, BFHE 179, 258, DStR 1996, 337; v. 11.06.1996 I R 97/95, DStR 1996, 1769.

338 Zu den Voraussetzungen der Ausschließung BGH v. 01.04.1953 II ZR 235/52, BGHZ 9, 157, 158 ff; v. 23.02.1981 II ZR 229/79, BGHZ 80, 346, 348 f; *H. Winter*, in: Scholz, GmbHG, § 15 Rn. 130 ff; *Ulmer*, in: Hachenburg, GmbHG, Anh. § 34 Rn. 8 ff, jeweils m.w.N..

339 Vgl. BGH v. 21.02.1978 KZR 6/77, BGHZ 70, 331, 336; v. 05.12.1983 II ZR 242/82, BGHZ 89, 162, 170, WM 1984, 227, 229; OLG Nürnberg, BB 1981, 452; *Baumbach/Hopt*, HGB, § 113, Rn. 4; *Flechtheim*, in: Hachenburg, HGB, § 113, Anm. 4.

340 *Schneider*, in: Scholz, GmbHG, § 43, Rn. 146.

Dieser Unterlassungsanspruch erlangt jedoch in dem hier interessierenden Zusammenhang mit dem steuerlichen Tatbestand einer verdeckten Gewinnausschüttung im Sinne des § 8 Abs. 3 Satz 2 KStG keine Bedeutung.
Nach der aktuellen Definition einer verdeckten Gewinnausschüttung[341] muß sich die gesellschaftlich veranlaßte Vermögensminderung bzw. verhinderte Vermögensmehrung auf das Einkommen der Gesellschaft auswirken. Maßgeblich ist hierfür der bilanzielle Gewinnausweis der GmbH. Auf diesen können sich jedoch nur bilanzierungsfähige Forderungen der Gesellschaft auswirken, also solche, die die Voraussetzungen eines Vermögensgegenstandes bzw. Wirtschaftsgutes erfüllen.[342]
Forderungen sind als immaterielle Güter nur aktivierbar, wenn sie selbständig veräußerlich und selbständig bewertbar oder einzeln verwertbar sind.[343] Diese Merkmale vereinend, ist entscheidend, ob das Gut Gegenstand der Einzelvollstreckung sein kann. Demzufolge erfüllen nur solche immateriellen Werte den Vermögensgegenstandsbegriff, in die gemäß § 857 ZPO vollstreckt werden können, weil sie entweder übertragbar sind oder weil ihre Ausübung einem anderen überlassen werden kann (§ 857 Abs. 3 ZPO). Unterlassungsansprüche aber sind als Abwehransprüche untrennbar mit dem Unternehmen verbunden und damit höchstpersönlicher Natur. Als solche sind sie einer Zwangsvollstreckung im engeren Sinne nicht zugänglich. Ihre Durchsetzung erfolgt gemäß § 890 ZPO durch mittelbaren, psychischen Zwang, namentlich durch Ordnungsmittel.
Ein Unterlassungsanspruch der Gesellschaft gegen den verbotswidrig tätigen Gesellschafter kann damit nicht als Vermögensgegenstand bzw. Wirtschaftsgut qualifiziert werden und ist damit ohne Einfluß auf die Vermögenssituation der Gesellschaft.[344]

3.1.4.2
Vermögenswerte Ansprüche

Bei den vermögenswerten Ansprüchen der GmbH gegen den dem Wettbewerbsverbot zuwider handelnden Gesellschafter, bietet sich eine Unterteilung nach Anspruchszielen an, so daß nachfolgend Schadensersatzansprüche, Ansprüche auf Vorteilsherausgabe und Eintrittsrechte behandelt werden.

3.1.4.2.1 Schadensersatzansprüche. Einigkeit besteht im Ergebnis darüber, daß der gegen das Wettbewerbsverbot verstoßende bzw. dem Verbot der Aneig-

---

[341] Vgl. oben 1, S. 1 ff..
[342] Der Begriff des Vermögensgegenstandes ist inhaltsgleich mit dem steuerlichen Begriff des Wirtschaftsgutes; BFH v. 26.02.1975 I R 72/73, BStBl 1976 II 13, 14; v. 06.12.1978 I R 35/78, BStBl 1979 II 262, 263; *Budde/Kofahl*, in: Beck'scher Bilanz-Kommentar, § 247 HGB Rn. 15 ff..
[343] *Schulze-Osterloh*, in: Baumbach/Hueck, GmbHG, § 42 Rn. 70, m.w.N..
[344] Vgl. *Mertens/Cahn*, in: FS Heinsius, S. 545, 566.

nung von Gesellschaftschancen zuwider handelnde Gesellschafter zur Leistung von Schadensersatz verpflichtet ist.[345] Uneinheitlich aber wird die Frage nach der Anspruchsgrundlage beantwortet.
Insbesondere diejenigen Autoren, die das Wettbewerbsverbot des Gesellschafters einer GmbH aus einer analogen Anwendung der gesetzlich normierten Wettbewerbsverbote des Personengesellschafts- wie auch des Aktienrechts ableiten, sehen hierin die Anspruchsgrundlage auf Schadensersatz.[346] Andere leiten die Verpflichtung zum Schadensersatz aus §§ 823 ff BGB ab oder aus pVV der gesellschafterlichen Treuepflicht.[347]

Eine Ableitung des Wettbewerbsverbotes in der GmbH im Wege der Analogie gesetzlich normierter Wettbewerbsverbote verbietet sich mangels bestehender Regelungslücke.[348] Von daher vermag auch die Herleitung von Schadensersatzansprüchen aus diesen Normen in entsprechender Anwendung nicht überzeugen.

Eine deliktische Haftung des pflichtwidrig konkurrierenden Gesellschafters käme in Betracht, soweit eine deliktische Verkehrspflicht zum Schutze fremden Vermögens anzunehmen ist.[349] In diesem Sinne wird die Ansicht vertreten, das Deliktsrecht schütze den gesamten Zuweisungsgehalt der Mitgliedschaft als das dem Rechtsinhaber zugeordnete Vermögenssubstrat an Herrschaftsmacht, Einflußspielraum und Wertzuweisung. Jede Verkürzung der in der Mitgliedschaft zusammengefaßten Herrschafts-, Teilhabe- und Vermögensrechte bewirke einen Eingriff in dieses sonstige Recht unter der Einschränkung jedoch, daß diese sich nicht lediglich als Reflex einer Veränderung des Gesellschaftsvermögens darstelle.[350]
Letzteres ist aber gerade in dem hier behandelten Zusammenhang der Fall. Die Mißachtung der Treuepflicht durch einen konkurrierenden Gesellschafter, wie auch der Verzicht auf die Geltendmachung von entstehenden Schadensersatzan-

345 *Koppensteiner*, in: Rowedder, GmbHG, § 43 Rn. 58; *von der Osten*, GmbHR 1898, 450, 453; Borst, BB 1990, 2236, 2239; *Priester*, DStR 1992, 254, 257; *Eppler*, DStR 1990, 198, 199; *Martens*, GmbHR 1984, 229, 230; *Kübler/Waltermann*, ZGR 1991, 162, 172; *Lutter*, AcP 180 (1980), 84, 119 f; *Schulze-Osterloh*, FR 1993, 73, 83; *Röhricht*, Wpg 1992, 766, 778.

346 *Schulze-Osterloh*, FR 1993, 73, 83; *Münch*, MittbayNot 1991, 147, 153; *Röhricht*, Wpg 1992, 766, 778; *von der Osten*, GmbHG 1989, 450, 453; *Zöllner*, in: Baumbach/Hueck, GmbHG, § 35 Rn. 22 a; *Tillmann*, in: FS Felix, S. 507, 515; *Spiegelberger*, GmbHR 1992, 727, 728.

347 *Koppensteiner*, in: Rowedder, GmbHG, § 43 Rn. 56 f; *M. Winter*, ZHR 148 (1984), 579, 594 f.; *Martens*, GmbHR 1984, 265, 267.

348 Vgl. oben unter 3.1.1.4.1, S. 67 ff..

349 So *Mertens*, AcP 178 (1978), 227 ff; *ders.*, in: FS Fischer, S. 461 ff; *ders.*, in: Hachenburg, GmbHG, § 43 Rn. 103 ff; *ders.*, in: Münchener Kommentar, BGB, § 823 Rn. 131.

350 *Mertens*, in: FS Fischer, S. 461, 469.

sprüchen aus dieser Zuwiderhandlung durch die Gesellschaft, zeigt unmittelbare Auswirkungen lediglich in dem Vermögen der Gesellschaft. Die Beeinträchtigung des Mitgliedschaftsrechts der Mitgesellschafter ist lediglich eine mittelbare, reflexartige Folge, die keinen deliktischen Schutz genießt.[351]
Lediglich dem Gesellschafter-Geschäftsführer obliegt die Pflicht, fremde Vermögensinteressen, d.h. die der GmbH, wahrzunehmen. Diese gesetzliche Verpflichtung findet ihre Grundlage in der Verpflichtung zu sorgfältiger Geschäftsführung und Treue. Eine gesellschaftsrechtlich pflichtwidrige Nutzung von Gesellschaftschancen korrespondiert regelmäßig mit dem Unterlassen einer Vermögensmehrung bei der GmbH[352] und führt zu einem Anspruch der Gesellschaft aus § 823 Abs. 2 i.V.m. § 266 StGB.
Nicht ausgeschlossen, in der Praxis aber eher selten dürften die Fälle einer sittenwidrigen Schädigung sein, insbesondere durch Ausnutzen von internen Kenntnissen und geschäftlichen Beziehungen der GmbH durch einen Gesellschafter (§ 826 BGB).
Zwar läßt sich nicht jede vorsätzliche eigennützige Verletzung der gesellschafterlichen Treue- bzw. Sorgfaltspflichten als eine sittenwidrige Schädigung im Sinne des § 826 BGB qualifizieren.[353] Macht sich jedoch der Gesellschafter seine Verbandszugehörigkeit in einer Weise zunutze, die nach der Verkehrsanschauung des vom Verhalten des Gesellschafters betroffenen Kreises der Mitgesellschafter als grobes Hinwegsetzen über die im Interesse der Gesellschaft geforderte Mindestloyalität zu bewerten ist, so ist ein sittenwidriges Handeln anzunehmen. Denn in einem solchen Fall werden sozial-ethische Anforderungen, die die Gemeinschaft als die für ihre Ordnung konstitutiven Werte anerkennt, mißachtet. Zu dieser Fallgruppe gehört insbesondere die rücksichtslose Durchsetzung eigener Interessen auf Kosten des gemeinschaftlichen Interesses.[354]

Das Rechtsverhältnis sowohl der Gesellschafter untereinander als auch der Gesellschafter zur GmbH ist durch Treuepflichten geprägt. In dem ersten Fall leitet sich diese aus der durch die gemeinsame Interessenverfolgung vermittelte Sonderrechtsverbindung ab, im zweiten Fall aus der das überindividuelle Verbandsinteresse zum Ausdruck bringenden Satzung.[355]
Wirkt sich eine Maßnahme oder Tätigkeit des Gesellschafters nachteilig auf das Verbandsinteresse aus, ist die Treuepflicht zur Gesellschaft betroffen. Sobald sie die Interessen der Mitgesellschafter berührt, ist auf die Treuepflicht zu den Mitgesellschaftern abzustellen.

---

351 Anders, insofern aber m.E. inkonsequent *Mertens*, in: FS Fischer, S. 461, 474 f..
352 BGH v. 28.01.1983 - 1 StR 820/81, BGHSt 31, 232, 235.
353 vgl. *Mertens*, in: Münchener Kommentar, BGB, § 826, Rn. 139; BGH v. 12.06.1989 II ZR 334/87, WM 1989, 1335, 1339.
354 vgl. *Mertens*, in: Münchener Kommentar, BGB, § 826, Rn. 32.
355 Vgl. oben unter 3.1.1.4.2, S. 76 ff..

Übt ein Gesellschafter eine konkurrierende Tätigkeit aus, können zugleich beide Interessenskreise betroffen sein: einerseits das Verbandsinteresse durch Störung des Unternehmenszwecks, andererseits die mitgliedschaftlichen Interessen der Mitgesellschafter durch Eingriff in die Mitgliedschaft. Daher sind Schadensersatzansprüche aus der Verletzung beider Treuepflichten denkbar.[356] Dogmatisch läßt sich dieser Anspruch als positive Vertragsverletzung einer Pflicht aus der Satzung bzw. des Sonderrechtsverhältnisses einordnen.[357]

Sowohl das Rechtsverhältnis der Gesellschafter untereinander als auch der Gesellschafter zur GmbH, ist als Schuldverhältnis im Sinne des § 241 Satz 1 BGB zu qualifizieren. Die Satzung, wie auch die Sonderrechtsverbindung, ist Grundlage zahlreicher wechselseitiger Rechte und Pflichten, insbesondere Leistungspflichten und Verhaltenspflichten.[358] Handelt ein Gesellschafter dem ihm obliegenden Wettbewerbsverbot zuwider bzw. eignet er sich Geschäftschancen der Gesellschaft an, verstößt er gegen die in die Gruppe der Verhaltenspflichten einzuordnenden Treuepflicht.[359] Eine Pflichtverletzung liegt jedoch dann nicht vor, wenn der Gesellschafter formell und materiell ordnungsgemäß vom Wettbewerbsverbot befreit wurde bzw. die Geschäftschance zur Eigennutzung an ihn freigegeben wurde.

Ausgehend von der Lehre vom Erfolgsunrecht, nach der die Rechtswidrigkeit durch die den Erfolg auslösende Handlung indiziert wird[360], ist die Ausübung einer konkurrierenden Tätigkeit durch den Gesellschafter dann nicht rechtswidrig, wenn ihm ein Anspruch auf Befreiung vom Wettbewerbsverbot zusteht, oder wenn ein materiell ordnungsgemäßer Befreiungsbeschluß an formellen Mängeln leidet.

Auch wenn sich der Gesellschafter in diesen Fällen nicht auf einen Rechtfertigungsgrund berufen kann, liegt kein Erfolgsunrecht vor. Die Interessen der Mitgesellschafter, wie auch das Verbandsinteresse, werden bei einem Anspruch des Gesellschafters auf Befreiung vom Wettbewerbsverbot in gleichem Maße geschützt, wie bei einer Freistellung unter Beachtung der materiellen Voraussetzungen. Hat der Gesellschafter einen Anspruch auf Befreiung, muß ihm eine konkurrierende Betätigung als Realisierung des Anspruchs gleichermaßen zustehen. Es wäre ein unnötiger Formalismus, würde der Gesellschafter zunächst auf

---

[356] So auch *K. Schmidt*, Gesellschaftsrecht, § 19 III 1 a, S. 448; *M. Winter*, ZHR 148 (1984), 579, 594 f; *Kübler/Waltermann*, ZGR 1991, 162, 172; *Rehbinder*, ZGR 1976, 386 ff, 391 f..

[357] *Lutter*, AcP 180 (1980), 84, 119; *Heinrichs*, in: Palandt, BGB, § 276 Rn. 120; *Kübler/Waltermann*, ZGR 1991, 162, 172.

[358] *Heinrichs*, in: Palandt, BGB, Einl. v. § 241 Rn. 2.

[359] *Zöllner*, in: Baumbach/Hueck, GmbHG, § 35 Rn. 20; *Raiser*, in: Hachenburg, GmbHG, § 14 Rn. 15.

[360] *Thomas*, in: Palandt, BGB, § 823 Rn. 33.

die - gegebenenfalls klageweise durchzusetzende - Herbeiführung eines Befreiungsbeschlusses verwiesen. Gleiches gilt für einen lediglich formell fehlerhaft zustande gekommenen Befreiungsbeschluß. Ist dieser materiell rechtmäßig, wird der Gesellschafter regelmäßig einen Anspruch auf Freistellung haben. Entsprechendes gilt für die Freigabe von Geschäftschancen der Gesellschaft.

Letztlich muß die Pflichtverletzung schuldhaft erfolgt sein.[361] Hier besteht Uneinigkeit, ob als Verschuldensmaßstab § 276 BGB oder § 43 GmbHG heranzuziehen ist.[362]
Ausgehend von der Überlegung, daß die Haftung des § 43 GmbHG lediglich den Geschäftsführer und - im weitesten Verständnis - solche Personen erfaßt, die "wie ein Geschäftsführer" Geschäfte der GmbH wahrnehmen[363], wird man den Verhaltensmaßstab des § 43 GmbHG für Treuepflichtverstöße eines Gesellschafters allenfalls dann heranziehen können, wenn dieser sich wie Geschäftsführer nach innen und außen betätigt. Geht es hingegen nicht um organtätigkeitsbezogenes Verhalten, sondern um eine Pflichtenbindung, die - wie die Treuepflicht gegenüber den Mitgesellschaftern und gegenüber der GmbH - aus der Gesellschafterstellung folgt, ist auf den Verschuldensmaßstab des § 276 BGB abzustellen. Aus den §§ 276, 278 BGB folgt eine Haftung des treuwidrigen Gesellschafters für eigene Fahrlässigkeit sowie für die seines Erfüllungsgehilfen.
Das Verschulden des Gesellschafters bei Verstößen gegen das Wettbewerbsverbot oder die Grundsätze der Geschäftschancenlehre ist daher nach § 276 BGB zu beurteilen, soweit er nicht in Geschäftsführungsangelegenheiten tätig wird.[364]

3.1.4.2.2 Das Eintrittsrecht der GmbH. Statt Schadensersatz gewähren die §§ 61 Abs. 1, 113 Abs. 1 HGB, §§ 88 Abs. 2 Satz 2, 284 Abs. 2 Satz 2 AktG der Personenhandelsgesellschaft bzw. der Aktiengesellschaft wahlweise ein Eintrittsrecht.
Der in diesen Vorschriften zum Ausdruck kommende Rechtsgedanke ist auch auf das GmbH-Recht übertragbar. Anspruchsgrundlage bildet auch hier die in der Satzung bzw. in der Sonderrechtsverbindung der Gesellschafter begründete Treuepflicht.[365]

---

361 *Heinrichs*, in: Palandt, BGB, § 276 Rn. 1 ff..

362 *Koppensteiner*, in: Rowedder, GmbHG, § 43 Rn. 57 a; *Raiser*, in: Hachenburg, GmbHG, § 14 Rn. 61; *Immenga*, Die personalistische Kapitalgesellschaft, 268, 277 f, 282 f; *Schilling*, in: FS Hefermehl, S. 383, 385 f..

363 BGH v. 13.11.1973 VI ZR 53/72, GmbHR 1974, 9; v. 21.03.1988 II ZR 194/87, WM 1988, 756, 757; *Schneider*, in: Scholz, GmbHG, § 43 Rn. 15; einschränkend *Zöllner*, in: Baumbach/Hueck, GmbHG, § 43 Rn. 1 b.

364 Ebenso: *Koppensteiner*, in: Rowedder, GmbHG, § 43, Rn. 57 a; *Raiser*, in: Hachenburg, GmbHG, § 14 Rn. 61.

365 Auch hier leiten diejenigen, die die Grundlage der Treuepflicht in den §§ 112 f HGB, 88 AktG sehen, die Rechtsgrundlage des Eintrittsrechts aus diesen Normen ab; *Timm*,

Da das Eintrittsrecht alternativ zum Schadensersatzanspruch gewährt wird, müssen grundsätzlich die gleichen anspruchsbegründenden Voraussetzungen vorliegen. Der Gesellschafter muß schuldhaft gegen die aus der Treuepflicht abzuleitenen Verhaltensanforderungen verstoßen haben, wobei sich auch hier der Verschuldensmaßstab grundsätzlich aus § 276 BGB ableitet.[366] Anders als bei der Geltendmachung des Schadensersatzanspruchs ist es jedoch unerheblich, ob der Gesellschaft durch das treuwidrige Verhalten des Gesellschafters ein Schaden entstanden ist.[367] Die GmbH kann also grundsätzlich auch die Vorteile herausverlangen, wenn sie das Geschäft selbst möglicherweise nicht abgeschlossen hätte.[368] Denn Zweck des Eintrittsrechts ist es, dem treuwidrigen Gesellschafter die Vorteile seiner Tätigkeit zu entziehen, um ihm auf diese Weise den Anreiz für Zuwiderhandlungen zu nehmen.

Durch das Eintrittsrecht soll nicht das gesamte Geschäft als Schuldverhältnis auf die Gesellschaft übertragen werden, sondern lediglich der wirtschaftliche Erfolg. Es handelt sich somit nicht um einen Fall der Vertragsübernahme[369]; vielmehr erwirbt die Gesellschaft das Recht auf Herausgabe des aus der pflichtwidrigen Tätigkeit erzielten Gewinns.[370] Der gegen das Wettbewerbsverbot verstoßende Gesellschafter ist insofern zur Auskunft und Rechnungslegung verpflichtet.[371] In Analogie zu § 670 BGB hat dieser seinerseits einen Anspruch auf Ersatz derjenigen Aufwendungen, die im Zusammenhang mit dem verbotswidrigen Geschäft stehen. Hierunter fallen nicht zusätzlich Vergütungen, wie insbesondere für die eigene Tätigkeit analog § 670 BGB. Haben sich aus dem Geschäft hingegen Verluste ergeben, brauchen diese nicht übernommen zu werden.[372]

GmbHR 1981, 177, 185; *Röhricht*, Wpg 1992, 766, 778; *von der Osten*, GmbHR 1989, 450, 453; *Zöllner*, in: *Baumbach/Hueck*, GmbHG, § 35 Rn. 22 a; *Raiser*, in: Hachenburg, GmbHG, § 14 Rn. 66.

366 Vgl. oben unter 3.1.4.2.1, S. 147 ff..

367 *Schneider*, in: Scholz, GmbHG, § 43 Rn. 131; *Honsell*, in: Heymann, HGB, § 61 Rn. 9; *Martens*, in: Schlegelberger, HGB, § 113 Rn. 4, 6; § 165 Rn. 27; *Meyer-Landhut*, in: Großkommentar, AktG, § 88 Anm. 6.

368 *Schröder*, in: Schlegelberger, HGB, § 61 Rn. 5; *Baumbach/Hopt*, HGB, § 61 Rn. 3.

369 Diese wäre wegen des darin liegenden Schuldnerwechsels ohne Zustimmung des Vertragspartners nicht wirksam; *Heinrichs*, in: Palandt, BGB, Überbl. v. § 414 Rn. 1.

370 BGH v. 05.12.1983 II ZR 141/82, BGHZ 89, 162, 171; *Martens*, in: Schlegelberger, HGB, § 113 Rn. 4; *Ulmer*, in: Staub, Großkommentar, HGB, § 113 Rn. 19 ff; *Mertens*, in: Kölner Kommentar, AktG, § 88 Rn. 14; *Meyer-Landhut*, in: Großkommentar, AktG, § 88 Anm. 7.

371 *Mertens*, in: Kölner Kommentar, AktG, § 88 Anm. 21; *Schröder*, in Schlegelberger, HGB, § 61 Rn. 6 a, 6 b; *Honsell*, in: Heymann, HGB, § 61 Rn. 11; *Meyer-Landhut*, in: Großkommentar, AktG, § 88 Anm. 7.

372 BGH v. 06.12.1962 KZR 4/62, BGHZ 38, 306, 311; *Schneider*, in: Scholz, GmbHG, § 43 Rn. 131.

Neben dem Fall, daß die Ausübung des Eintrittsrechts eine wesentliche Umstellung des Inhalts des Geschäfts notwendig machen würde[373], ist der Anspruch ausgeschlossen, wenn die durch die Treuepflicht geschützten Interessenskreise durch die verbotswidrige Konkurrenztätigkeit des Gesellschafters nicht beeinträchtigt sind. Dies ist - wie beim Schadensersatzanspruch - der Fall, wenn der Gesellschafter einen Anspruch auf Befreiung vom Wettbewerbsverbot bzw. Freigabe einer Gesellschaftschance hat oder ein materiell rechtmäßiger Freistellungs- bzw. Freigabebeschluß lediglich an formellen Fehlern leidet.[374] Ferner ist das Eintrittsrecht ausgeschlossen, wenn die Gesellschaft - obgleich sie nicht Vertragspartei wird - die dem Gesellschafter aus dem verbotswidrigen Geschäft obliegenden Leistungen selbst nicht hätte erbringen können oder nicht erbracht hätte; wenn also ihr Wille oder ihre Fähigkeit zur Selbstausführung der Tätigkeit gefehlt hätten.[375] Denn auch in diesem Fall sind die geschützten Interessen nicht tangiert.

3.1.4.2.3 Anspruch aus angemaßter Eigengeschäftsführung. Ein - wie das Eintrittsrecht - auf Vorteilsherausgabe gerichteter Anspruch gegen den pflichtwidrig konkurrierenden Gesellschafter wird der GmbH von Teilen der Literatur aus dem Institut der angemaßten Eigengeschäftsführung (§§ 687 Abs. 2 Satz 1, 681 Satz 2, 677 BGB) gewährt.[376]

Zweifel ergeben sich bei dieser Anspruchsgrundlage nur hinsichtlich des Tatbestandsmerkmals des "fremden Geschäfts" im Sinne des § 687 Abs. 2 Satz 1 BGB. Oberflächlich betrachtet scheint dieses Tatbestandsmerkmal keine Zweifel hervorzurufen. Steht das Geschäft der Gesellschaft zu, müßte es folglich für den Gesellschafter ein fremdes Geschäft sein. Im Schrifttum wird denn auch ohne weitere Begründung davon ausgegangen, daß eine der Gesellschaft zugerechnete Geschäftschance bzw. ein in den Geschäftsbereich der GmbH fallendes Geschäft ein fremdes Geschäft im Sinne des § 687 Abs. 2 BGB ist.[377] Wäre dies zutreffend, so wären alle Geschäftschancen, die der Markt im Tätigkeitsbereich der Gesellschaft eröffnet, per se dem Unternehmen der GmbH zuzuordnen. Diese Vorstellung ist jedoch einer Wirtschaftsordnung, die auf dem Wettbewerbsprin-

---

373 *Baumbach/Hopt*, HGB, § 61 Rn. 3; *Schröder*, in: Schlegelberger, HGB, § 61 Anm. 3.

374 Vgl. oben unter 3.1.4.2.1, S. 147 ff..

375 *Schröder*, in: Schlegelberger, HGB, § 61 Rn. 6 e.

376 *Martens*, in: Schlegelberger, HGB, § 113 Rn. 16; *Weisser*, DB 1989, 2010, 2011; *Spiegelberger*, GmbHR 1992, 727, 728; für §§ 681, 667 BGB als Anspruchsgrundlage: *Meier*, GmbHR 1990, 229, 230; *ders.*, GmbHR 1990, 586; *ders.*, DStR 1992, 344, 345; für §§ 675, 667 BGB als Anspruchsgrundlage: *Buyer*, BB 1993, 2057, 2060; *Spiegelberger*, GmbHR 1992, 727, 728; *Schneider*, in: Scholz, GmbHG, § 43 Rn. 132.

377 *Schneider*, in: Scholz, GmbHG, § 43 Rn. 149; *Mertens*, in: Hachenburg, GmbHG, § 43 Rn. 41; *Schiessl*, GmbHR 1988, 53, 56; *Kübler*, in: FS Werner, S. 437, 441; *Weisser*, DB 1989, 2010, 2011.

zip basiert, fremd und geht an der Realität vorbei.[378] Zudem beruht die Zuordnung von Geschäftsmöglichkeiten zur Gesellschaft nach der Geschäftschancenlehre nicht auf einer bereits zustande gekommenen schuldrechtlichen Vereinbarung zwischen der GmbH und dem Dritten. Sie hat ihre Grundlage vielmehr in dem aus der Verbandsmitgliedschaft resultierenden Treuepflichten und der daraus für den Gesellschafter abzuleitenen Gebot, einzelne Geschäftschancen als der GmbH gebührend zu respektieren.
In Anlehnung an den BGH wird in derartigen Fällen die Anwendung des § 687 Abs. 2 BGB davon abhängig gemacht werden müssen, daß sich der Kontakt zwischen dem Dritten und der GmbH bereits zu vertraglichen Beziehungen verfestigt hat, damit von einem fremden Geschäft gesprochen werden kann.[379]

In der Praxis (Beweis-) Schwierigkeiten wird die Abgrenzung zwischen bloßen unverbindlichen Vorverhandlungen und bereits vereinbarten Vertragskonditionen bereiten. Abgestellt werden sollte daher auf die vom Gesetzgeber zur Verfügung gestellten Sicherungsrechte im Stadium der Vorverhandlungen, wie insbesondere Vorvertrag und Option.[380]
Die Gesellschaft kann eine gesicherte Rechtsposition in dem beschriebenen Sinn aber nur dann erlangen, wenn sie sowohl die faktische Möglichkeit als auch den Willen zur Durchführung des Geschäfts hat. Somit ist eine Haftung des Gesellschafters nach § 687 Abs. 2 Satz 1 BGB ausgeschlossen, wenn diese Voraussetzungen nicht gegeben sind.[381] Denn das Wettbewerbsverbot erfüllt keinen Selbstzweck[382], es dient vielmehr dem Schutz der Interessen der Mitgesellschafter und des Verbandsinteresses. Diese Interessenskreise aber sind nicht tangiert, mangelt es an einem Ausführungswillen und/oder an einer Ausführungsmöglichkeit der GmbH.[383]

Ausgeschlossen ist der Anspruch aus angemaßter Eigengeschäftsführung jedoch gegenüber einem Gesellschafter-Geschäftsführer. Dieser ist gegenüber der GmbH aufgrund seiner Verpflichtung zu ordnungsgemäßer Geschäftsführung und Treue zu bestimmten Handlungen und Unterlassungen verpflichtet. Durch die pflichtwidrige Nutzung von Geschäftschancen handelt er diesen Verpflichtung zuwider, überschreitet mithin lediglich seine Geschäftsführungsbefugnis. Dies läßt sich jedoch, wie der BGH ausgeführt hat[384], nicht als auftraglose Geschäftsführung qualifizieren.

---

378 *Knobbe-Keuk*, GmbHR 1992, 333, 336.

379 BGH v. 11.10.1976 II ZR 104/75, WM 1977, 194, 195; v. 23.02.1988 IVa ZR 41/87, WM 1988, 903, 904; v. 10.04.1989 II ZR 255/88, NJW 1989, 2697.

380 Vgl. hierzu *Heinrichs*, in Palandt, BGB, Einl. v. § 145 Rn. 18 ff..

381 A.A. *Thomas*, in: Palandt, BGB, § 687 Rn. 2.

382 Formulierung in Anlehnung an Röhricht, Wpg 1992, 766, 785.

383 *Schwedhelm*, DStR 1993, 245, 250; *Schneider*, BB 1991, 1681, 1683.

384 BGH v. 12.06.1989 II ZR 334/87, WM 1989, 1335, 1338.

3.1.4.3 Verzicht auf Ansprüche gegen den konkurrierenden Gesellschafter

Die Geltendmachung von der Gesellschaft zustehenden Ansprüchen aus der Verletzung des Wettbewerbsverbotes bzw. der eigennützigen Verwertung von der Gesellschaft gebührenden Geschäftschancen bedingt einen entsprechenden Gesellschafterbeschluß im Sinne des § 46 Nr. 8 GmbHG.[385] Ausgehend von dem Zweck dieses Beschlußerfordernisses - zum einen die Schonung von Gesellschaftern und Organmitgliedern, zum anderen Schutz der Gesellschaft vor Erörterungen innerer Angelegenheiten der Gesellschaft in Außenverhandlungen und Rechtsstreitigkeiten[386] - ist § 46 Nr. 6 GmbHG nicht nur als Kompetenznorm einzustufen. Der Beschluß ist vielmehr materielle Voraussetzung auch im Außenverhältnis für die beabsichtigte Rechtshandlung.[387] Ist einer klageweisen Geltendmachung des Ausgleichsanspruchs ein entsprechender Gesellschafterbeschluß nicht vorausgegangen, ist die Klage wegen Fehlens materieller Anspruchsvoraussetzungen als unbegründet abzuweisen; es mangelt nicht lediglich an einer Prozeßvoraussetzung.[388] Gleiches gilt für jede Form der Erledigung, wie insbesondere der Verzicht auf die Geltendmachung der Ansprüche.[389] Schon die fehlende Willensbildung in der Gesellschafterversammlung entpuppt sich somit als faktischer Schutzmechanismus des einem Wettbewerbsverbot zuwiderhandelnden Gesellschafters.

Ebenso ist es der Gesellschafterversammlung grundsätzlich unbenommen, durch einen Beschluß die Grundlage eines Erlaßvertrages zu schaffen.[390] Anders als bei der Ablehnung eines Beschlußantrages, der auf die Geltendmachung des Anspruchs gerichtet ist, erzeugt der auf den Erlaß gerichtete Beschluß eine ändernde Rechtswirkung, denn mit dessen Zugang beim konkurrierenden Gesellschafter ist

[385] BGH v. 13.02.1975 II ZR 92/73, NJW 1975, 977, 978; v. 16.02.1981 II ZR 168/79, BGHZ 80, 69, 75 f.; v. 21.04.1986 II ZR 165/85, NJW 1986, 2250, 2251; *Zöllner*, in: Baumbach/Hueck, GmbHG, § 46 Rn. 38 a; *K. Schmidt*, in: Scholz, GmbHG, § 46 Rn. 147; *Hüffer*, in: Hachenburg, GmbHG, § 46 Rn. 91.

[386] Vgl. OLG Düsseldorf v. 18.08.1994 - 6 U 185/93, GmbHR 1995, 232.

[387] *Koppensteiner*, in: Rowedder, GmbHG, § 46 Rn. 34; *Hüffer*, in: Hachenburg, GmbHG, § 46, Rn. 98; *Fischer/Hommelhoff*, GmbHG, § 46 Rn. 22; *K. Schmidt*, in: Scholz, GmbHG § 46. Rn. 142, 159; *M. Winter*, Mitgliedschaftliche Treuebindungen im GmbH-Recht, S. 315.

[388] BGH v. v. 20.11.1958 II ZR 17/57, BGHZ 28, 355, 359; v. 21.04.1986 II ZR 165/85, NJW 1986, 2250, 2252.

[389] OLG Düsseldorf v. 18.08.1994 - 6 U 185/93, GmbHR 1995, 232; *Hüffer*, in: Hachenburg, GmbHG, § 46 Rn. 95.

[390] Vgl. *Mertens/Cahn*, in: FS Heinsius, S. 545, 566; *Döllerer*, Verdeckte Gewinnausschüttungen, S. 36 f; *Buyer*, BB 1993, 2057, 2060. Anders dann, wenn die Vorschriften der Kapitalerhaltung oder die Schutzbedürftigkeit von Minderheitsgesellschaftern entgegenstehen.

die GmbH gemäß § 145 BGB an ihre Entscheidung gebunden[391], mit der Folge, daß durch die Annahmeerklärung des Gesellschafters die Forderung der Gesellschaft gemäß § 397 Abs. 1 BGB erlischt.

3.1.4.4 Zusammenfassung

Auf das Betriebsergebnis der Gesellschaft Einfluß nehmen können nur vermögenswerte, bilanzierungsfähige Rechtspositionen. Keine Bedeutung erlangen daher Ansprüche der Gesellschaft, die die Stellung des Gesellschafters in dem Verband betreffen. Auch Unterlassungsansprüche sind zu vernachlässigen. Relevant im Sinne einer verdeckten Gewinnausschüttung sind Schadensersatzansprüche aus deliktischer Haftung oder aus positiver Vertragsverletzung. Als Verschuldensmaßstab kommen § 276 BGB bzw. § 43 GmbHG in Betracht. Alternativ ist der Gesellschaft ein Eintrittsrecht in das Geschäft zu gewähren. Ein Anspruch des Gesellschafters auf Befreiung vom Wettbewerbsverbot läßt die Rechtswidrigkeit seiner Konkurrenzhandlung entfallen. Ein Anspruch aus angemaßter Eigengeschäftsführung ist nur anzuerkennen, wenn die Geschäftschance durch vorvertragliche Sicherungsrechte zweifelsohne der Gesellschaft zuzuordnen war. Gegenüber dem Gesellschafter-Geschäftsführer ist dieser Anspruch generell ausgeschlossen. Zur Geltendmachung sämtlicher Ansprüche ist ein Gesellschafterbeschluß erforderlich; gleiches gilt für den Abschluß eines Erlaßvertrages.

3.2 Steuerrechtliche Würdigung

An die zivilrechtlichen Vorfragen schließt in einem zweiten Schritt die steuerrechtliche Würdigung dieser Rechtslage an. Hier gilt es zu beurteilen, ob bzw. unter welchen Voraussetzungen der Verzicht der Gesellschaft auf einen ihr zustehenden Anspruch aus der konkurrierenden Tätigkeit eines Gesellschafters den Tatbestand einer verdeckten Gewinnausschüttung im Sinne des § 8 Abs. 3 Satz 2 KStG verwirklicht. Ist hierbei darauf abzustellen, ob sich der Verzicht bei der Gesellschaft vermögensmindernd auswirkt, so bedingt dieser Ansatz denknotwendig, daß der betreffende Anspruch das Vermögen der Gesellschaft andernfalls vermehrt hätte. Wäre dies zu verneinen, bleibt der Verzicht ohne steuerliche Konsequenzen.

---

[391] Vgl. *K. Schmidt*, in: Scholz, GmbHG, § 46 Rn. 158.

3.2.1 Herausgabeanspruch und Eintrittsrecht

Der Anspruch auf Herausgabe erlangter Vorteile aus einem unerlaubten Geschäft ist, ebenso wie das Eintrittsrecht in das verbotene Geschäft, auf eine positive Leistung gerichtet. Die beiden Ansprüche sind durchaus bewertbar, sogar übertragbar, und damit ein bilanzierungsfähiges Wirtschaftsgut. Sie wären also dem Grunde nach geeignet, das Vermögen der Gesellschaft zu mehren. Zu berücksichtigen ist dabei allerdings, daß diesen Ansprüchen Gegenansprüche gegenüberstehen können. Beispielhaft genannt sei der Aufwendungsersatzanspruch des Gesellschafters gemäß § 670 BGB. Als anspruchsbehafteter "Vorteil" bleibt in diesen Fällen für die Gesellschaft nur der Saldo beider Ansprüche. Ist derjenige der Gesellschaft höherwertig, mindert ein Verzicht insoweit das Vermögen der Gesellschaft. Es liegt eine verdeckte Gewinnausschüttung im Sinne des § 8 Abs. 3 Satz 2 KStG vor. Sind beide Ansprüche hingegen wertmäßig ausgeglichen, bleibt ein Verzicht erfolgsneutral. Zur verdeckten Gewinnausschüttung kommt es dann nicht.[392]

3.2.2 Schadensersatzanspruch

Schadensersatz bedeutet in erster Linie Naturalrestitution. Nach § 249 BGB ist hierzu ein Soll-Ist-Vergleich durchzuführen und der Zustand herzustellen, der bestehen würde, wenn sich der betreffende Gesellschafter korrekt verhalten hätte. Gemäß § 252 Satz 1 BGB umfaßt der zu ersetzende Schaden gleichfalls den entgangenen Gewinn. Als entgangen gilt der Gewinn, welcher nach dem gewöhnlichen Lauf der Dinge oder nach den besonderen Umständen, insbesondere nach den getroffenen Anstalten und Vorkehrungen, mit Wahrscheinlichkeit erwartet werden konnte (§ 252 Satz 2 BGB). Diese gesetzliche Definition des entgangenen Gewinns ist nicht nur Maßstab für den Schadensersatz der Höhe nach, sondern gleichermaßen für die Vermögensminderung als Voraussetzung einer verdeckten Gewinnausschüttung im Sinne des § 8 Abs. 3 Satz 2 KStG. Sind unter den Begriff des entgangenen Gewinns alle Vermögensvorteile zu fassen, die im Zeitpunkt des schädigenden Ereignisses noch nicht zum Vermögen des Geschädigten gehörten, die ihm ohne dieses Ereignis aber zugeflossen wären,[393] finden solche Geschäfte keine Berücksichtigung, die die Gesellschaft nicht selbst hätte realisieren können. War das vom Gesellschafter wahrgenommene Geschäft der Gesellschaft objektiv nicht möglich - sei es, weil ihr hierzu die Finanzmittel fehlten, sei es, weil es nicht mehr von ihrem satzungsgemäßen Zweck gedeckt war, und es die Gesellschafter ablehnten, die objektiven Voraussetzungen für das Geschäft zu schaffen - macht es keinen Unterschied, ob das Verhalten des Gesell-

392 Vgl. BFH v. 14.08.1985 I R 149/81, BStBl 1986, 86; GmbHR 1986, 137.

393 BGH v. 01.02.1989 - 17 U 224/87, NJW-RR 1989, 981.

schafters pflicht- und treuwidrig war. Einen Anspruch auf entgangenen Gewinn wird die Gesellschaft nicht mit Erfolg geltend machen können. Denn nach dem gewöhnlichen Lauf der Dinge, insbesondere auch wegen der negativen Entscheidung seitens der Gesellschafter, hätte sie das Geschäft selbst nicht realisieren können. Unter dem Gesichtspunkt der "Ausnutzung von Informationen" mag ihr aber ein Gewinn entgangen sein, wenn ein fremder Dritter für die Informationen üblicherweise ein Entgelt gezahlt hätte.[394]

3.2.3 Vermögensminderung

3.2.3.1 Nichtaktivierung der Forderung

Zu denken ist zunächst an eine Vermögensminderung durch Nichtaktivierung der Ersatzansprüche in der Steuerbilanz.
Die Rechtsfolge des § 8 Abs. 3 Satz 2 KStG dient dem Zweck, gesellschaftlich veranlaßte Gewinnminderungen bei der Kapitalgesellschaft zu korrigieren. Die zu korrigierende Gewinnminderung ist anhand der Steuerbilanz zu ermitteln, wie sie ohne Rücksicht auf die Rechtsfolge des § 8 Abs. 3 Satz 2 KStG nach dem Maßgeblichkeitsgrundsatz (§ 5 Abs. 1 EStG i.V.m. § 8 Abs. 1 KStG) aufgestellt wurde.[395]
Mit Rücksicht auf den Maßgeblichkeitsgrundsatz (§ 5 Abs. 1 EStG i.V.m. § 8 Abs. 1 KStG) muß die Kapitalgesellschaft aus dem treuwidrigen Verhalten des Gesellschafters resultierende zivilrechtliche Ersatzansprüche in ihrer Steuerbilanz gewinnerhöhend aktivieren. Soweit diese Aktivierung[396] reicht, ist der Anwendungsbereich des § 8 Abs. 3 Satz 2 KStG versperrt. Zu aktivierende Ansprüche können nicht gleichzeitig die Rechtsfolge des § 8 Abs. 3 Satz 2 KStG auslösen. Wird eine entsprechende Forderung von der Kapitalgesellschaft tatsächlich nicht aktiviert, ist die Steuerbilanz als solche zu berichtigen. Eine mittels § 8 Abs. 3 Satz 2 KStG gebotene Gewinnkorrektur greift somit dann und insofern ein, wenn unter bilanziellen Gesichtspunkten kein Anspruch gegen den Gesellschafter zu aktivieren ist.
Insofern hat der - eine Vermögensminderung ausschließende - Ansatz in der Steuerbilanz Vorrang vor der Rechtsfolge des § 8 Abs. 3 Satz 2 KStG.[397] Die Tatsache allein, daß eine Forderung in der Bilanz nicht aktiviert wird, begründet

---

394 Hierzu näher unten im 4, S. 167 ff..

395 BFH v. 23.06.1993 I R 72/92, BFHE 172, 51, BStBl 1993 II 801, DStR 1993, 1443; v. 29.06.1994 I R 137/93, BFHE 175, 412, DStR 1995, 93.

396 Zu den Voraussetzungen der Aktivierung einer Forderung vgl. BFH v. 26.04.1989 I R 147/84, BStBl 1991 II 213.

397 BFH v. 14.09.1994 I R 6/94, BFHE 175, 412, 413 f..

für sich allein folglich noch keinen steuerrechtlich erheblichen Forderungsverzicht. Insoweit handelt es sich lediglich um einen buchmäßigen Vorgang, der sich nicht auf die Existenz und den Fortbestand der Forderung auswirkt. Gegebenenfalls wäre die Steuerbilanz zu berichtigen; mit dem Tatbestand einer verdeckten Gewinnausschüttung aber hat dies - jedenfalls zunächst - nichts zu tun.[398]

3.2.2.2 Verzicht

Eine Minderung des Gesellschaftsvermögens als Voraussetzung einer verdeckten Gewinnausschüttung im Sinne des § 8 Abs. 3 Satz 2 KStG kommt - infolge des vorrangig steuerbilanziellen Ansatzes - somit nur in Betracht, soweit eine an sich zu aktivierende Forderung unter bilanzrechtlichen Gesichtspunkten nicht (mehr) aktiviert werden darf.

Wird eine Geschäftschance der Kapitalgesellschaft durch ihren Gesellschafter genutzt, stellt sich nicht nur die Frage, ob eine Gewinnkorrektur vorzunehmen ist, sondern außerdem, ob ein Vermögensabfluß im Sinne des § 27 Abs. 3 Satz 2 KStG anzunehmen ist.
Für die Höhe des Gewinns im Sinne des § 8 Abs. 1 KStG i.V.m. § 4 Abs. 1 Satz 1 EStG ist es letztlich unerheblich, ob die Berichtigung auf einer erfolgswirksamen Hinzuaktivierung innerhalb der Steuerbilanz oder auf der Rechtsfolge des § 8 Abs. 3 Satz 2 KStG beruht. Das rechnerische Ergebnis ist in beiden Fällen das gleiche. Ein Unterschied besteht jedoch im Hinblick auf § 27 Abs. 3 Satz 2 KStG. Eine andere Ausschüttung im Sinne des § 27 Abs. 3 Satz 2 KStG verlangt einen Vermögensabfluß bei der Kapitalgesellschaft. Sie ist insofern die Erfüllung einer verdeckten Gewinnausschüttung im Sinne des § 8 Abs. 3 Satz 2 KStG. Ihr Ansatz aber kommt nicht bei erfolgswirksamen Hinzuaktivierungen innerhalb der Steuerbilanz in Betracht. Sofern die Kapitalgesellschaft somit eine erfolgswirksam zu aktivierende Forderung gegen ihren konkurrierenden Gesellschafter hat, würde deren Ansatz innerhalb der Steuerbilanz nicht gleichzeitig als eine andere Ausschüttung im Sinne des § 27 Abs. 3 Satz 2 KStG beurteilt werden können. Den Tatbestand des § 27 Abs. 3 Satz 2 KStG könnte lediglich der rechtswirksame Untergang[399] einer solchen Forderung verwirklichen. Denn in diesem Fall ist ein steuerbilanzieller Ansatz ausgeschlossen. Zivilrechtlich geht eine Forderung durch Erfüllung, Aufrechnung oder durch Erlaß unter. Sind Erfüllung und Aufrechnung hier zu vernachlässigen, ist der Vermögensabfluß einer Forderung an den Voraussetzungen eines Erlaßvertrages (§ 397 BGB) zu messen. Dennoch neigt die Rechtsprechung[400] dazu, einen Vermögensabfluß auch unabhängig von

398 *Gosch*, DStR 1995, 1863.
399 BFH v. 31.07.1991 I R 57/90, BFH NV 1992, 200, GmbHR 1992, 484.
400 BFH v. 11.10.1989 I R 12/87, BFHE 158, 390, BStBl 1990 II 89, GmbHR 1990, 313.

den Voraussetzungen eines Erlaßvertrages anzunehmen. In seinem Urteil I R 6/94[401] spricht der BFH insofern von einem "in anderer Weise ausgesprochenen "Forderungverzichtes"[402]", der dazu führe, daß die Forderung nicht (mehr) aktiviert werden dürfe. Auch wenn nähere Ausführungen hierzu fehlen, ist zu vermuten, daß der BFH hier an einen einseitig bewirkten Untergang der Forderung in Erweiterung des zivilrechtlich als Rechtsgeschäft ausgestalteten Erlaßvertrages denkt. Ein solcher Forderungsverzicht ist nur anzuerkennen, wenn er wirksam und für die Kapitalgesellschaft in verbindlicher Weise zustande gekommen ist. Als unverzichtbare Mindestanforderung muß ein rechtsgeschäftlicher (Verzichts) Wille gegeben sein, der im Falle der Kapitalgesellschaft regelmäßig einen entsprechenden Gesellschafterbeschluß erfordern wird.[403] Im Einzelfall kann ein Forderungsverzicht auch durch schlüssiges Handeln anzunehmen sein, wobei jedoch sämtliche Gesellschafter von dem Wettbewerbsverbot Kenntnis[404] erlangt haben müssen. Der Verzicht auf ein Recht ist nicht zu vermuten.[405] In derartigen Fällen kann ein Forderungsverzicht auch unter dem Aspekt von Verjährungsfristen Bedeutung erlangen.

3.2.2.3
Einlageforderung

"Die Nichtaktivierung der Ansprüche könnte sich bei der [GmbH] gewinnmindernd auswirken, soweit die Ansprüche steuerlich nicht als Einlageforderung zu behandeln sein sollten."[406]

Diesen Ausführungen des BFH zufolge tritt eine Vermögensminderung durch Verzicht der GmbH auf zivilrechtliche Schadensersatz- und/oder Herausgabeansprüche gegen den konkurrierenden Gesellschafter nicht "automatisch" ein. Gleiches dürfte nach dem BFH auch gelten, wenn sich die Gesellschafter mit der Gewinnverlagerung zugunsten des tätigen Gesellschafters einverstanden erklärt haben. Voraussetzung ist vielmehr weiterhin, daß es sich nicht um eine Einlageforderung handelt. Hingewiesen ist damit auf die Rechtsprechung des BFH, die der Rückforderung einer verdeckten Gewinnausschüttung den Charakter einer Einlageforderung beimißt, mit der Folge, daß ihre Bilanzierung - auch wenn sie in dem Geschäftsjahr der verdeckten Gewinnausschüttung erfolgt - gemäß § 8

---

401 BFH v. 14.09.1994 I R 6/94, BFHE 175, 412.

402 Originalhervorherbung.

403 Vgl. oben 3.1.4.3, S. 155 ff..

404 *Martens*, in: Schlegelberger, HGB, § 113 Rn. 29.

405 BGH v.20.12.1983 VI ZR 19/82, NJW 1984, 1346 ("niemals"); v. 18.04.1989 X ZR 85/88, NJW-RR 1989, 1373, 1374 ("im allgemeinen nicht").

406 BFH v. 13.11.1996 I R 149/94, DStR 1997, 323, 325, DB 1997, 506, BB 1997, 508, GmbHR 1997, 315; gl. auch BFH v. 18.12.1996 I R 26/95, DStR 1997, 575, 576, GmbHR 1997, 362, 363.

Abs. 1 KStG i.V.m. § 4 Abs. 1 Satz 1 EStG erfolgsunwirksam ist.[407] Im Falle einer Vermögensminderung würde hiernach die Aktivierung dieser (Einlage-) Forderung keinen Ausgleich der Vermögensverschiebung erreichen können.
Diese Einlagetheorie kommt hier jedoch nicht zum Tragen. Gegenstand der Betrachtung ist nicht die Rückforderung einer tatbestandlich bereits verwirklichten verdeckten Gewinnausschüttung im Sinne des § 8 Abs. 3 Satz 2 KStG und die Frage, ob diese Forderungen die bereits eingetretene Vermögensverschiebung auszugleichen, m.a.W., zu neutralisieren vermag.
Der Betrachtung unterliegen vielmehr die Tatbestandsvoraussetzungen und in diesem Zusammenhang die Frage, wann der Verzicht auf Schadensersatz- und/oder Herausgabeansprüche sich bei der Kapitalgesellschaft vermögensmindernd auswirkt. Der entscheidende Unterschied liegt also darin, daß den Ersatzansprüchen keine Vermögensverschiebung vorausgeht, die mit ihrer Hilfe wieder ausgeglichen werden soll; der Verzicht auf die Forderungen selbst begründet vielmehr diesen Vermögensbezug.
Der Sachverhalt der zitierten Entscheidung bot für eine Bezugnahme auf die Einlagetheorie keinen Anlaß. Es liegt daher die Vermutung nahe, daß sich der BFH dieses obiter dictums bediente, um sein Festhalten an der bisher verfolgten Rechtsprechung Ausdruck zu verleihen.

3.2.4 Verhinderte Vermögensmehrung

Der für die Annahme einer verdeckten Gewinnausschüttung im Sinne des § 8 Abs. 3 Satz 2 KStG erforderliche Vermögensbezug könnte in Form einer verhinderten Vermögensmehrung darin liegen, daß es die Gesellschaft aus gesellschaftlichen Motiven unterläßt, die Forderung gegen ihren Gesellschafter einzuklagen oder gegebenenfalls zu vollstrecken.[408]
Ist der Schadensersatz- und/oder Herausgabeanspruch nach den zivilrechtlichen Vorgaben wirksam entstanden, ist diese Forderung unter Berücksichtigung des Maßgeblichkeitsgrundsatzes des § 5 Abs. 1 EStG i.V.m. § 8 Abs. 1 KStG zunächst in entsprechender Höhe in die Bilanz einzustellen. Entschließt sich die Gesellschaft, diese Forderung gegen ihren Gesellschafter nicht klageweise durchzusetzen bzw. nicht zu vollstrecken, ist sie faktisch einer uneinbringlichen Forderung gleichzustellen mit der Folge, daß eine Abschreibung auf den Erinnerungswert vorzunehmen ist. Die Forderung ist damit nicht mehr werthaltig.
Eine verdeckte Gewinnausschüttung gemäß § 8 Abs. 3 Satz 2 KStG in Form der verhinderten Vermögensmehrung setzt allerdings die zusätzliche Feststellung voraus, daß die GmbH mutmaßlich ein obsiegendes Urteil erhalten und dieses beim Gesellschafter erfolgreich hätte vollstrecken können. Denn der Anspruch

---

407 Vgl. BFH v. 29.04.1987 I R 176/83, BStBl 1987 II 733, 735; v. 13.09.1989 I R 41/86, BStBl 1989 II 1029, 1030; zuletzt v. 29.05.1996 I R 188/93, DStR 1996, 1445.

408 BFH v. 14.09.1994 I R 6/94, BFHE 175, 412, 415.

müßte für die GmbH sicher durchsetzbar gewesen sein, so daß er einer vermögenswerten Position nahekommt. Erst unter dieser Voraussetzung würde die Nichtgeltendmachung bzw. Nichteintreibung dem Verzicht auf eine gesicherte Rechtsposition entsprechen und nicht auf die Besteuerung eines fiktiven Gewinns hinauslaufen, den die Gesellschaft im Verhältnis zu unbeteiligten Dritten nicht hätte realisieren können.

Insbesondere bei Ersatzforderungen aufgrund pflichtwidrigen Verhaltens wird mit einem Anerkenntnis des betreffenden Gesellschafters in praxi kaum gerechnet werden können, so daß Mutmaßungen hinsichtlich der Durchsetzbarkeit des Anspruchs eher vage Vermutungen ohne festen Boden sein werden. Daher wird nur bei Vorliegen eines rechtskräftig obsiegenden Urteils[409] von einem aktivierungsfähigen Vermögenswert gesprochen werden können; auf dessen Vollstreckung verzichtet, sich als verhinderte Vermögensmehrung auswirken kann.

3.2.5 Bewertungsfrage

Nicht geäußert hat sich die Rechtsprechung bislang zu der Frage, wie die Ersatzansprüche der Gesellschaft zu bewerten sind.
Die Zubilligung des Anspruchs auf das gesamte Ergebnis aus der verbotswidrigen Wettbewerbstätigkeit des Gesellschafters, würde im Ergebnis auf eine Zurechnung des zugrunde liegenden Geschäfts insgesamt hinauslaufen. Damit würde die - grundsätzlich aufgegebene - Fiktion und unzulässige Sachverhaltsunterstellung im Bereich der steuerlichen verdeckten Gewinnausschüttung wieder aufleben. In Betracht kommen wird daher nur eine Quote am Reingewinn aus dem Geschäft, die im Einzelfall unter Berücksichtigung der eigenen Tätigkeit, des Kapitaleinsatzes, anderer eigener Leistungen und des Risikos zu bemessen sein wird.

3.2.6 Gesellschaftliche Veranlassung

Hat die Kapitalgesellschaft Schadensersatz- und/oder Herausgabeansprüche aus dem Verstoß eines Gesellschafters gegen das Wettbewerbsverbot oder aus der Nutzung einer der GmbH zuzurechnenden Geschäftschance erlangt, liegt in dem Verzicht auf diese Ansprüche - sei es auf ihre (klageweise) Geltendmachung, sei es auf ihre Vollstreckung - nur dann eine verdeckte Gewinnausschüttung im Sinne des § 8 Abs. 3 Satz 2 KStG, wenn dieser Verzicht gesellschaftlich veranlaßt ist.[410]

---

409 Vgl. BFH v. 26.04.1989 I R 147/84, BStBl 1991 II 213.

410 Hierzu ausführlich oben 1.3.6, S. 15 ff..

Der Maßstab zur Beurteilung einer gesellschaftlichen Veranlassung ist der eines ordnungsgemäß handelnden Geschäftsleiters. Danach liegt eine Veranlassung durch das Gesellschaftsverhältnis vor, wenn ein ordentlicher und gewissenhafter Geschäftsleiter die Vermögensminderung bzw. verhinderte Vermögensmehrung gegenüber einer Person, die nicht Gesellschafter ist, unter sonst gleichen Umständen nicht hingenommen hätte.
Es ist also danach zu fragen, ob ein ordnungsgemäß handelnder Geschäftsleiter auf die Geltendmachung von Ersatzansprüchen verzichtet hätte. Eine vorrangige Aufgabe der Gesellschaft ist die Gewinnerzielung. Es wird sonach grundsätzlich davon auszugehen sein, daß ein ordnungsgemäßer Geschäftsleiter - soweit die jeweiligen Voraussetzungen vorliegen - Ersatzansprüche geltend macht. Es sind aber auch viele - wirtschaftlich und kaufmännisch vernünftige - Gründe denkbar, die auch einen ordentlichen und gewissenhaften Geschäftsleiter veranlassen können, nicht auf die Ansprüche zu beharren. Beispielhaft genannt sei hier die Erhaltung des Gesellschaftsfriedens. Demgegenüber wird eine gesellschaftliche Veranlassung naheliegen - und daher in der Praxis die Aufmerksamkeit der Finanzverwaltung erregen -, wird der Anspruch zwar noch - insbesondere klageweise - geltend gemacht; von der Vollstreckung des Urteils nachfolgend aber abgesehen. Doch selbst in einem solchen Fall bedarf es der positiven Feststellung unter Würdigung der Umstände des Einzelfalles, ob eine gesellschaftliche Veranlassung dem Verzicht zugrunde liegt. Denn dem Verzicht selbst kommt nur indizielle Bedeutung zu, ebenso wie der Vergleichsmaßstab eines ordentlichen und gewissenhaften Geschäftsleiters lediglich eine gesellschaftliche Veranlassung vermuten läßt.

3.2.7 Auswirkung auf die Höhe des Einkommens

Die Vermögensminderung bzw. verhinderte Vermögensmehrung muß sich auf die Höhe des Einkommens auswirken.

In den Fällen, in denen aufgrund eines Verstoßes gegen das Wettbewerbsverbot bzw. der Nutzung von der Gesellschaft zuzurechnenden Geschäftschancen mögliche Schadensersatz- und/oder Herausgabeansprüche nicht geltend gemacht werden, sind Auswirkungen auf die Höhe des Einkommens der Gesellschaft erst in dem Zeitpunkt anzunehmen, in dem die Gesellschaft auf die Geltendmachung verzichtet. Erfährt die Gesellschaft erst später von der pflichtwidrigen Handlung des Gesellschafters und damit von der Möglichkeit zur Geltendmachung von Ersatzansprüchen, ist eine Berichtigung der Bilanz möglich. Erst wenn diese nicht erfolgt, ist das Einkommen der Gesellschaft zu niedrig ausgewiesen. Wußte die Gesellschaft hingegen von Anfang an von dem Pflichtverstoß des Gesellschafters und machte sie gleichwohl ihre Ansprüche in einer den Verzicht begründenden Weise nicht geltend, ist eine nachträgliche Aufnahme in die Bilanz nicht möglich. Das Einkommen der Gesellschaft ist von Anfang an zu niedrig.

3.2.8
Keine offene Ausschüttung

Die Nichtgeltendmachung von Ersatzansprüchen erfolgt nicht durch einen Beschluß nach §§ 29 Abs. 2, 46 Nr. 1 GmbHG. Somit stehen die Vermögensminderungen bzw. verhinderten Vermögensmehrungen nicht im Zusammenhang mit einer offenen Ausschüttung.[1]

3.2.9
Zeitpunkt der verdeckten Gewinnausschüttung

Die verdeckte Gewinnausschüttung entsteht in dem Zeitpunkt des Forderungsverzichts[2], also grundsätzlich dann, wenn, trotz Kenntnis der konkurrierenden Tätigkeit, keine Ansprüche gegen den Gesellschafter geltend gemacht werden. Die verdeckte Gewinnausschüttung entsteht somit regelmäßig im Veranlagungszeitraum der Kenntniserlangung, spätestens im nachfolgenden Veranlagungszeitraum; wenn die Kenntniserlangung erst am Ende eines Veranlagungszeitraumes erfolgt.[3]

3.3 Zusammenfassung

Schadensersatzansprüche der Gesellschaft erfassen der Höhe nach auch den entgangenen Gewinn. Es bleiben solche Geschäftchancen außer Ansatz, die die Gesellschaft selbst nicht hätte realisieren können. Allein aus der Nichtaktivierung einer Schadensersatzforderung in der Bilanz ist nicht auf eine Vermögensminderung zu schließen; die Bilanz ist zu berichtigen. Die Schadensersatzforderung ist keine steuerrechtliche Einlageforderung. Unter bilanziellen Gesichtspunkten kommt eine Vermögensminderung nur in Betracht, wenn die Forderung nicht (mehr) aktiviert werden darf, weil sie untergeganen ist. Der Untergang einer Forderung richtet sich ausschließlich nach zivilrechtlichen Maßstäben. Eine verhinderte Vermögensmehrung setzt voraus, daß der Anspruch durchsetztbar gewesen wäre. Hiervon kann mit der erforderlichen Sicherheit nur bei Vorliegen eines obsiegenden Urteils ausgegangen werden. Nur der Verzicht auf Zwangsvollstreckungsmaßnahmen begründet eine verhinderte Vermögensmehrung. Für die Bewertung von Geschäftschancen oder Informationen stehen keine begründbaren Richtwerte zur Verfügung. Dem Fremdvergleich mit einem ordentlichen und gewissenhaften Geschäftsleiter kommt nur eine indizielle Bedeutung zu; im Einzelfall vorliegende betriebliche Gründe sind zu berücksichtigen. Bei der Beurteilung der Einkommensauswirkung ist auf den Zeitpunkt des Ver-

---

1 Vgl. oben 1.3.3, S. 12 ff..

2 *Schwedhelm*, DStR 1993, 245, 250.

3 *Schwedhelm*, DStR 1993, 245, 250 f..

zichts abzustellen. Eine erst spätere Kenntniserlangung der Gesellschaft von dem anspruchsbegründenden Verhalten des Gesellschafters ermöglicht eine Bilanzberichtigung. Der Gesellschafterbeschluß betreffend die Nichtgeltendmachung der Forderung ist nicht mit einem Gewinnverwendungsbeschluß identisch.

4 Verdeckte Gewinnausschüttung wegen unentgeltlicher Überlassung von Geschäftschancen (Fallgruppe 2)

"Sollte die Existenz eines zivilrechtlichen Anspruchs auf Vorteilsherausgabe und/oder Schadensersatz zu verneinen sein, so würde dies noch nicht die Annahme einer verdeckten Gewinnausschüttung im Sinne des § 8 Abs. 3 Satz 2 KStG ausschließen."[1] Mit diesen Ausführungen hält der BFH - den zivilrechtlichen Vorgaben zum Trotz - eine eigenständige steuerrechtliche Bewertung des fraglichen Geschäftsvorfalls am Leben: eine konkrete Gewinnverlagerung als Voraussetzung für die Gewinnkorrektur über § 8 Abs. 3 Satz 2 KStG soll dann vorliegen, wenn der Gesellschafter eine der GmbH gebührende Geschäftschance oder Information für sich verwertet und dies im Einverständnis mit den Mitgesellschaftern unentgeltlich geschieht.

Diese Fallgruppe unterscheidet sich von der ersten dadurch, daß dem Gesellschafter eine konkrete Geschäftschance bzw. Information der Gesellschaft von dieser unentgeltlich zur Verwertung im eigenen erwerbswirtschaftlichen Interesse vorweg freigegeben wird, obgleich ein fremder Dritter hierfür ein Entgelt als Gegenleistung bezahlt hätte. Durch die unentgeltliche Freigabe also soll der Gesellschaft ein Gewinn entgehen (verhinderte Vermögensmehrung[2]).

4.1 Zivilrechtliches Primat ?

Diese Rechtsprechung verwundert zunächst unter der neuen Maßgabe des zivilrechtlichen Primats, ist es doch unter zivilrechtlichen Gesichtspunkten einer Kapitalgesellschaft grundsätzlich freigestellt, ihrem Gesellschafter bzw. Geschäftsführer unentgeltlich Befreiung vom Wettbewerbsverbot zu gewähren. Dies jedenfalls insoweit, als Interessen der Gesellschaft, wie auch der Mitgesellschaf-

---

1 BFH v. 30.08.1995 I R 155/94, BFHE 178, 371, 375, DStR 1995, 1873, 1875, FR 1995, 905, DB 1995, 2451; vgl. auch BFH v. 22.11.1995 I R 45/95, BFH NV 1996, 645, HFR 1996, 591, v. 11.06.1996 I R 97/95, DStR 1996, 1769; FG Rheinland-Pfalz v. 22.04.1996 - 5 K 2401/95, EFG 1996, 1123.

2 Vgl. BFH v. 11.06.1995 I R 97/95, DStR 1996, 1769; FG Rheinland-Pfalz v. 22.04.1996 5 K 2401/95, EFG 1996, 1123; *Pezzer*, FR 1995, 906, 907.

ter nicht beeinträchtigt werden, so daß eine Ausgleichszahlung, insbesondere aus Gründen des Minderheitenschutzes, nicht erforderlich ist.[3] Da jedoch bei der Beschlußfassung über die Befreiung alle Gesellschafter beteiligt sind, werden sich diese Ausnahmefälle nur sehr selten realisieren. Das Einverständnis aller Gesellschafter, mit der Aufnahme oder Beibehaltung einer Konkurrenztätigkeit des Gesellschafters, aber schließt eine Treuepflichtverletzung und damit letztlich zivilrechtliche Schadensersatz- und Herausgabeansprüche aus.

Von einer generellen Befreiung vom Wettbewerbsverbot ist hingegen die Überlassung einer einzelnen, konkreten Geschäftschance aus steuerrechtlicher Sicht zu unterscheiden. Denn das Steuerrecht will als Gewinn einer Kapitalgesellschaft den Betrag erfassen, den diese erzielt hätte, wenn weder die Gesellschaft noch der Gesellschafter Maßnahmen der Gewinnverlagerung auf den Gesellschafter ergriffen hätten.[4]
Eine Gewinnverlagerung im Zusammenhang mit Geschäftschancen kommt somit nur dann in Betracht, wenn die Gesellschaft auf vorhandene, ihr gebührende, konkrete Geschäftschancen zugunsten ihres Gesellschafters verzichtet. Das ist nur dann der Fall, falls die Gesellschaft bestehende konkrete, für sie realisierbare Geschäftsmöglichkeiten zugunsten des konkurrierenden Gesellschafters aufgibt oder geschäftsrelevante Informationen zu seinen Gunsten nicht nutzt. Hiervon zu trennen sind m.E. künftige Geschäfte durch erst anzuknüpfende Geschäftsbeziehungen oder zu entwickelnde Produkte im Geschäftsbereich der Gesellschaft. Denn, hat sich eine bloß vage Möglichkeit oder allgemeine Aussicht noch nicht zu einer vermögenswerten und damit bewertbaren Rechtsposition für die Gesellschaft konkretisiert, kann deren Überlassung zur Nutzung an den Gesellschafter keinen Vermögensbezug bei der Kapitalgesellschaft haben. Ein Entgelt wäre m.E. nicht zu verlangen.
Dies bedeutet, daß immer dann, wenn eine Befreiung vom Wettbewerbsverbot erteilt wird, ohne daß von einer konkreten und faßbaren Einzelgewinnverlagerung gesprochen werden kann, die Anwendung des § 8 Abs. 3 Satz 2 KStG entfällt. Eine entsprechende Korrekturmöglichkeit ist vielmehr nur dann in Erwägung zu ziehen, wenn die Kapitalgesellschaft im Wege der Freigabe eine ihr zustehende konkrete und meßbare Geschäftschance ihrem Gesellschafter unentgeltlich überläßt, die sich als gesellschaftlich veranlaßte Gewinnverlagerung darstellt.

---

[3] Vgl. oben 3.1.2.3.2, S. 125 ff..

[4] Vgl. oben 1.5.2, S. 37 ff..

4.2 Verhinderte Vermögensmehrung

Auszugehen ist von der aktuellen Definition einer verdeckten Gewinnausschüttung als einer Vermögensminderung bzw. verhinderten Vermögensmehrung der Kapitalgesellschaft, die durch das Gesellschaftsverhältnis veranlaßt ist, sich auf die Höhe des Einkommens auswirkt und in keinem Zusammenhang mit einer offenen Ausschüttung steht.[5]

Die Rechtsprechung des BFH sieht in der fehlenden Entgeltvereinbarung eine verhinderte Vermögensmehrung. Diese Einordnung wäre nur unter der Prämisse folgerichtig, daß die Geschäftschance bzw. Information selbst nicht als ein vermögenswerter Vorteil im Sinne eines bilanzierungsfähigen Vermögensgegenstandes zu qualifizieren ist.
Denn da sich eine verhinderte Vermögensmehrung (wie auch eine Vermögensminderung) auf das für die Gewinnermittlung bei der Kapitalgesellschaft maßgebliche Betriebsvermögen bezieht, würde sich dieses bereits durch die Überlassung der Information bzw. Erwerbsmöglichkeit an den Gesellschafter-Geschäftsführer um deren jeweiligen Wert vermindern. Die Geschäfts-chance bzw. Information wäre kein Bestandteil des bilanziellen Gesellschaftsvermögens mehr und wäre entsprechend auszubuchen.
Würde nun die Überlassung der Abschlußmöglichkeit - neben dem Vorliegen der übrigen Voraussetzungen - an den Gesellschafter aus gesellschaftlicher Veranlassung unentgeltlich erfolgen, wäre bereits hierdurch der Tatbestand einer verdeckten Gewinnausschüttung im Sinne des § 8 Abs. 3 Satz 2 KStG verwirklicht.
Die Geltendmachung eines Entgelts für die Überlassung der Information bzw. Geschäftschance durch die Gesellschaft, die der BFH jedenfalls für den Fall verlangt, daß ein fremder Dritter ein Entgelt gezahlt haben würde, würde in diesem Fall nicht erst die Verwirklichung einer verdeckten Gewinnausschüttung im Sinne des § 8 Abs. 3 Satz 2 KStG auslösen. Diese würde vielmehr die bereits eingetretene Vermögensminderung - bei unterstellter Angemessenheit des Entgelts - ausgleichen[6]. Diese Sichtweise hätte zur Konsequenz, daß - unter der Prämisse einer Entgeltzahlung durch einen fremden Dritten - nach der Rechtsprechung des BFH eine verdeckte Gewinnausschüttung im Sinne des § 8 Abs. 3 Satz 2 KStG verhindert werden würde.

Würden demgegenüber Geschäftschancen bzw. geschäftliche Informationen der Gesellschaft nicht zugerechnet werden können oder würden diese die Voraussetzungen eines bilanzierungsfähigen Vermögensgegenstandes nicht erfüllen, so würde ein Verzicht auf eine Erwerbsmöglichkeit bzw. die Preisgabe einer Infor-

---

[5] Vgl. oben 1, S. 1 ff..

[6] Zum sog. Vorteilsausgleich vgl. oben 1.3.2, S. 8 ff..

mation keine Verminderung des bilanziellen Gesellschaftsvermögens nach sich ziehen. In diesem Fall wäre in der Tat an eine verhinderte Vermögensmehrung zu denken, würde die Gesellschaft die Geschäftschance bzw. Information ihrem Gesellschafter unentgeltlich überlassen; während ein fremder Dritter bereit gewesen wäre, eine Gegenleistung zu erbringen, die Geschäftschance bzw. Information also "abzukaufen".

4.2.1
Bilanzierungsfähiger Vermögensgegenstand

Es bedarf daher der Untersuchung, ob bzw. unter welchen Voraussetzungen eine Geschäftschance bzw. geschäftliche Information als ein der Gesellschaft zurechenbarer, bilanzierungsfähiger Vermögensgegenstand zu qualifizieren ist, um die vorstehenden gedanklichen Ansätze zu einer abschließenden Beurteilung führen zu können.

4.2.2.1
Geschäftschance

In Erinnerung gerufen sei zunächst, daß in Abgrenzung zu dem präventiven Wettbewerbsverbot als Geschäftschancen solche Erwerbsaussichten verstanden werden, die sich jenseits des gewöhnlichen Geschäftsbereichs der Gesellschaft auftun.[7]

In diesem Bereich, wie auch im Rahmen des Unternehmensgegenstandes der Gesellschaft, unterliegt es regelmäßig der freien unternehmerischen Entscheidung, ob die sich bietenden Erwerbsaussichten von der Gesellschaft wahrgenommen werden sollen und können oder, ob sie zugunsten eines anderen Interessenten verzichtet.[8]

---

[7] Vgl. oben 3.1.3.2.2, S. 135 ff..

[8] An dieser Stelle sei auf eine jüngst ergangene Entscheidung des BFH v. 12.06.1997 I R 14/96, DStR 1997, 1360 ff. hingewiesen:
Der BFH hatte darüber zu befinden, ob die Differenz des vereinbarten Kaufpreises für eine Immobilie zu dem Verkehrswert eine verdeckte Gewinnausschüttung war. Der satzungsmäßige Gegenstand der klagenden GmbH beschrieb jegliche Vermittler- und Maklertätigkeit, auch die von Immobilien. In dem Streitjahr beauftragte eine Bank die Klägerin mit der Vermittlung eines in Teileigentum aufgeteilten Bürogebäudes. Freigestellt war der Klägerin die Festlegung der Einzelpreise, sofern nur der Gesamtkaufpreis von 2,3 Mio. DM erzielt würde. Eine Einheit vermittelte die Klägerin an ihren geschäftsführenden Gesellschafter. Dieser erwarb die Gebäudefläche von der Bank zu einem weitaus niedrigeren Quadratmeterpreis als die Erwerber der übrigen Einheiten. Auch zahlte der Gesellschafter als einziger Erwerber keine Maklerprovision an die Klägerin. Die Bank erzielte insgesamt den angestrebten Gesamtkaufpreis von 2,3 Mio. DM für das Bürogebäude.

Nimmt die Gesellschaft von der sich bietenden Geschäftschance Abstand, kann eine solche Entscheidung zwar insofern unmittelbar Einfluß auf ihre erwerbswirtschaftliche Betätigung und damit auf die Vermögenssituation der Gesellschaft haben, als sie damit zugleich auf einen gegebenenfalls zu realisierenden Gewinn verzichtet.
Dieser Vermögensbezug aber rechtfertigt m.E. nicht ohne weiteres die Schlußfolgerung, jede Geschäftschance sei ein bilanzierungsfähiger Vermögensbestandteil der Gesellschaft, so daß der Verzicht auf die gesellschaftseigene Wahrnehmung zugunsten eines Gesellschafters eine verdeckte Gewinnausschüttung im Sinne des § 8 Abs. 3 Satz 2 KStG erfülle.
Eine solche Folgerung würde auf der These basieren, daß sämtliche Geschäftschancen, von denen die Gesellschaft Kenntnis erlangt, per se dem Vermögen ihres Unternehmens zuzuordnen wären. Denn nur dann ließe sich mittels einer entgangenen Erwerbschance eine unmittelbare Vermögensrelevanz begründen.

Eine derartige generelle Zuordnung von Geschäftsmöglichkeiten jedoch läßt sich mit dem System der freien Marktwirtschaft, in dem Geschäftschancen nicht mittels Vergaberichtlinien einem bestimmten Rechtssubjekt zugeordnet werden, sondern im Rahmen einer Wettbewerbsordnung in Konkurrenz mit Mitbewerbern erworben werden müssen, nicht vereinbaren.[9]

Eine Erwerbschance ließe sich zweifelsohne dann der GmbH zuordnen, wenn ihr ein Geschäftsabschluß konkret angeboten würde, der Dritte also ein Interesse daran hätte, das Geschäft mit der Gesellschaft abzuschließen. In einem solchen Einzelfall ist, jedenfalls zunächst, ein Wettbewerb ausgeschlossen, so daß die Gesellschaft die Abschlußmöglichkeit nicht in freier Konkurrenz erwerben muß. Hier wäre es gerechtfertigt, ohne weiteres von einer Geschäftschance der Gesellschaft als einem Bestandteil des Gesellschaftsvermögens zu sprechen.[10]
In allen anderen Fällen aber, in denen die Gesellschaft sich der Konkurrenz auf dem jeweiligen Markt stellen muß, kann von einer zurechenbaren Geschäfts-

---

Der BFH führt in seiner Begründung aus, daß allein aus der faktischen Möglichkeit der Klägerin, die Immobilie selbst zu erwerben, um sie anschließend für einen höheren Betrag weiter zu veräußern, nicht gefolgert werden dürfe, daß die Klägerin diese Chance für sich auch genutzt hätte. Vielmehr könnten vernünftige Erwägungen die Klägerin von vornherein veranlassen, ihre wirtschaftliche Betätigung auf eine reine Vermittlungsposition zu beschränken. In diesem Fall läge der „Schaden" der Klägerin lediglich in der nicht eingeforderten Provision, keinesfalls aber in der Differenz zwischen dem von dem Geschäftsführer-Gesellschafter entrichteten Kaufpreis und dem Verkehrswert. „Das Rechtsinstitut der verdeckten Gewinnausschüttung rechtfertigt es nicht, einer Kapitalgesellschaft ein Rechtsgeschäft „aufzudrängen", was sie gemessen am Fremdvergleich unter keinen Umständen abgeschlossen hätte."(BFH aaO., S. 1361)

9 Vgl. *Knobbe-Keuk*, GmbHR 1992, 333, 336, für das präventive Wettbewerbsverbot.

10 Vgl. oben 3.1.3.2.4, S. 138 ff..

chance erst gesprochen werden, wenn die GmbH im Wettbewerb mit anderen Interessenten den "Zuschlag" erhalten hat; die Erwerbschance also für sich verzeichnen kann. Erst mit dieser Realisierung verdichtet sich die allgemeine Erwerbschance zu einer solchen der Gesellschaft.[11]

Damit ist aber noch nichts darüber ausgesagt, daß die Geschäftschance gleichfalls Bestandteil des Gesellschaftsvermögens ist.
Aus § 5 Abs. 2 EStG i.V.m. § 8 Abs. 1 KStG folgt vielmehr das Gegenteil:
Nach dieser Vorschrift dürfen Geschäftschancen als immaterielle Wirtschaftsgüter nur in der Bilanz aktiviert werden, wenn sie entgeltlich erworben wurden. Negativ formuliert dürfen Geschäftschancen nicht aktiviert werden, wenn sie selbstgeschaffen oder sonst unentgeltlich erworben wurden.
Hat sich die Gesellschaft demgegenüber die Erwerbsmöglichkeit in wirtschaftlicher Betätigung am Markt selbst eröffnet, z.B. aus Geschäftsbeziehungen zu Kunden und Zulieferern, darf diese Vermögensposition nicht aktiviert werden. Sie geht damit nicht als Bestandteil des Gesellschaftsvermögens in die Bilanz ein.
Wird eine solchermaßen der Gesellschaft zurechenbare, jedoch nicht bilanzierungsfähige, Geschäftschance dem Gesellschafter zur Eigenverwertung unentgeltlich überlassen, wird das Gesellschaftsvermögen zwar nicht vermindert, eine Mehrung des Vermögens gegebenenfalls aber verhindert. Dies jedenfalls unter der Maßgabe, daß von einem fremdem Dritten ein Entgelt zu erzielen gewesen wäre.[12] In diesem Sinne wäre somit eine verdeckte Gewinnausschüttung denkbar.

Dies wäre nicht der Fall, wenn die Gesellschaft die Erwerbsmöglichkeit ihrerseits bereits entgeltlich, etwa von einer anderen Gesellschaft, erworben hätte. In diesem Fall würde zwar das Aktivierungsverbot des § 5 Abs. 2 EStG i.V.m. § 8 Abs. 1 KStG nicht greifen, die Geschäftschance würde damit bilanzieller Bestandteil des Gesellschaftsvermögens sein. Entscheidet sich die Gesellschaft jedoch gegen eine Eigennutzung und zur Überlassung der Erwerbsmöglichkeit an den Gesellschafter, vermindert sich ihr Vermögen um deren Wert. Ein Entgelt als Gegenleistung würde diese eingetretene Vermögensminderung - ihre Angemessenheit unterstellt - wieder ausgleichen. Auf diesem Weg würde eine verdeckte Gewinnausschüttung vermieden, nicht aber verwirklicht werden.

4.2.3.2 Information

Eine verdeckte Gewinnausschüttung im Sinne des § 8 Abs. 3 Satz 2 KStG ist nach der Finanzrechtsprechung auch dann anzunehmen, wenn der Gesellschafter

---

11 Vgl. im einzelnen hierzu 3.1.3.2.4, S. 138 ff..

12 BFH v. 12.06.1997 I R 14/96, DStR 1997, 1360, 1362 spricht insoweit von einem gegenüber dem Geschäftspartner „durchsetzbaren“ Anspruch.

Informationen der Gesellschaft nutzt, für die ein fremder Dritter ein Entgelt gezahlt haben würde.
Schon die vorstehenden Ausführungen zu den Geschäftschancen lassen vermuten, daß nicht unreflektiert von einem Vermögensbezug sämtlicher - oder auch nur konkret einzelner - Informationen der Gesellschaft ausgegangen werden kann. Vielmehr bedarf es einer konkreten Betrachtung, welche Art von Informationen gegebenenfalls die Voraussetzungen eines zurechenbaren, bilanziellen Vermögensgegenstandes erfüllen.

Aus der Analyse zu den Geschäftschancen kann auch in diesem Zusammenhang die Erkenntnis verwertet werden, daß allgemein zugängliche Informationen dem Vermögen der Gesellschaft keinesfalls zugeordnet werden können. Es muß sich vielmehr um Erkenntnisquellen handeln, die entweder die Gesellschaft selbst erzielt bzw. ermittelt hat oder die ausschließlich ihr zugänglich sind.
Bei derartigen Informationen wird es sich regelmäßig um Betriebs- oder Geschäftsinterna handeln, also um Informationen, die für eine erfolgreiche Behauptung des Unternehmens am Markt unentbehrlich sind und die im Interesse einer Sicherung dieses Erfolges als Sonderwissen der GmbH zuzurechnen sind. Konkret handelt es sich regelmäßig um technisches know-how und besondere, selbstgewonnene[13] betriebswirtschaftliche Strategien, einschließlich der Geschäftsbeziehungen zu Kunden und Zulieferern. Diese Betriebsinterna verkörpern somit regelmäßig einen hinreichend bewertbaren vermögenswerten Vorteil.[14]

Im Gegensatz zu den Geschäftschancen, die regelmäßig einen (potentiellen) Geschäftspartner bedingen und durch diesen, im Hinblick auf ihre Zuordnung, einen nach außen in Erscheinung tretenden, faßbaren Anhaltspunkt aufweisen, handelt es sich bei Informationen um ausschließlich internes Wissen ohne äußere Komponente. Ihre Zuordnung zur Gesellschaft oder aber zum Gesellschafter bringt damit regelmäßig erhebliche Schwierigkeiten mit sich.
Dies insbesondere dann, wenn es sich, wie in den bisher vom BFH nach neuen Grundsätzen entschiedenen überwiegenden Fällen, um eine Einpersonen-GmbH handelt[15]. Erlangt der Alleingesellschafter Informationen, ist sein Wissen gemäß § 166 Abs. 1 BGB der GmbH zuzurechnen.

---

13 In Abgrenzung zu allgemein zugänglichen betriebswirtschaftlichen Lehren und Theorien.

14 BFH v. 22.05.1979 III R 129/74, BFHE 128, 289, 291, BStBl 1979 II 634, 635; v. 17.03.1977 IV R 218/72, BFHE 122, 75, 76, BStBl 1977 II 595 zu Geschäftsbeziehungen zu Kunden und Lieferanten und v. 23.11.1988 II R 209/82, BStBl 1989 II 82 zu know-how als immaterielle Wirtschaftsgüter.

15 Vgl. BFH v. 30.08.1995 I R 155/94, BFHE 178, 371, DStR 1995, 1873, FR 1995, 905, DB 1995, 2451; v. 12.10.1995 I R 127/94, BFHE 179, 258, DStR 1996, 337, 338; v. 11.06.1995 I R 97/95, DStR 1996, 1769.

Dies jedenfalls insoweit, als er als Vertretungsorgan der Kapitalgesellschaft fungiert. Sein Wissen ist hier mit dem "Wissen der GmbH" identisch. Eine - das jeweils andere Rechtssubjekt ausschließende - Abgrenzung und Zuordnung des Wissens ist nicht möglich. An diesen Schwierigkeiten wird nicht nur eine Zurechnung von neu erworbenem Wissen scheitern. Ebenso werden sich nicht die ursprünglichen Kenntnisse und Erfahrungen quasi als sicherer Grundstock einer weiteren, darauf aufbauenden Betrachtung feststellen lassen. Dies jedenfalls, solange eine Kapitalgesellschaft in ihrer Eröffnungsbilanz neben Vermögen und Schulden nicht auch ihren Wissensstand niederzulegen hat.
Auch *Gosch* [16] sieht mit der Zuordnung von Wissen Probleme verbunden und regt an, schriftlich eindeutige Aufgabenabgrenzungen zu fixieren. Doch auch dieser Vorschlag wird in der Praxis unter wirtschaftlich vernünftigen Gesichtspunkten nicht umzusetzen sein. Denn die Informationen im Sinne von Betriebs- und Geschäftsinterna, wie know-how und selbstgewonnene betriebswirtschaftliche Strategien lassen sich nicht notwendig bestimmten Marktsegmenten zuweisen. Es wird sich hierbei vielmehr um übergeordnete, vielseitig verwertbare, im Einzelfall nicht einmal branchenspezifische Interna handeln, wie beispielsweise das Wissen um eine optimale Betriebsorganisation, Einkaufs- und Absatzstrategien, Managementstrukturen, Organisationsmethoden oder Rationalisierungsverfahren.[17] Derartige interne Informationen lassen sich sowohl innerhalb des gewöhnlichen Geschäftskreises des Unternehmen verwerten, als auch außerhalb, auf neuen Märkten. Eine Abgrenzung und Kontrollmöglichkeit, wann und in welchem Umfang diese Informationen vom Gesellschafter in Verfolgung persönlicher Interessen eingesetzt werden dürfen und in welchen Bereichen sie dem Einsatz durch die GmbH vorbehalten bleiben, erscheint angesichts dessen nicht durchführbar. Letztlich hätte eine derartige Aufgabenabgrenzung lediglich indizielle Bedeutung[18]. Sie würde eine positive Feststellung der Zuordnung der Information im Einzelfall nicht entbehrlich machen, womit wieder der Ursprung des Problems erreicht wäre.

Zur Vermeidung einer willkürlichen Zuordnung von Informationen wird es - zumindest bei einer Einpersonen-GmbH - unumgänglich sein, sämtliche Informationen zunächst der Gesellschaft zuzuordnen. Doch auch bei Mehrpersonen-Gesellschaften wird zumindest im Zweifel von einer Zuordnung des Wissens zur

---

[16] *Gosch*, DStR 1995, 1863, 1864.
[17] Vgl. *Baumbach/Hefermehl*, UWG, § 17 Rn. 9.
[18] Vgl. oben 3.1.2.2.2, S. 110 ff..

Gesellschaft auszugehen sein, sofern der Gesellschafter seine anderweitige Kenntniserlangung nicht dokumentieren oder anderweitig beweisen kann.

Die Überlassung bzw. Preisgabe von Informationen der Gesellschaft an einen Gesellschafter hat regelmäßig keinen unmittelbaren Einfluß auf die Vermögenssituation der Gesellschaft. Sofern die Informationen nicht ausnahmsweise entgeltlich erworben wurden, dürfen sie gemäß § 5 Abs. 2 EStG i.V.m. § 8 Abs. 1 KStG in der Bilanz nicht aktiviert werden. Ein Verzicht auf eine etwaig erzielbare Gegenleistung für die Preisgabe der Information könnte jedoch gegebenenfalls eine realisierbare Vermögensmehrung verhindern.

4.2.2 Zusammenfassung

Abgesehen von dem eher seltenen Fall, daß die Gesellschaft selbst die Geschäftschance bzw. Information ihrerseits entgeltlich von einem Dritten erworben hatte, können Geschäftschancen oder Informationen zwar der Gesellschaft zuzurechnen sein, sie stellen jedoch aufgrund der Vorschriften der §§ 5 Abs. 2 EStG i.V.m. § 8 Abs. 1 KStG keinen bilanzierungsfähigen Vermögensgegenstand dar. Eine Freigabe der Geschäftschance bzw. Information an den Gesellschafter würde somit keine bilanziellen Folgen zeigen und somit nicht zu einer Vermögensminderung der Gesellschaft führen.

Ein Vermögensbezug würde sich vielmehr erst zeigen, wenn die Gesellschaft für die Freigabe von einem nicht an ihr beteiligten Dritten ein Entgelt hätte erzielen können, sie aber im Hinblick auf die Verbandszugehörigkeit des Geschäftsinteressenten von einer Gegenleistung abgesehen hätte.

4.3 Gesellschaftliche Veranlassung

Der Hinweis des BFH auf einen fremden Dritten indiziert, daß hier das Verhalten der Beteiligten einem Fremdvergleich standhalten muß, soll die Annahme einer verdeckten Gewinnausschüttung vermieden werden.
Es ist hierzu auf die bekannten Grundsätze zum Verhalten eines ordentlichen und gewissenhaften Geschäftsleiters als Beurteilungsmaßstab einer gesellschaftlichen Veranlassung abzustellen.[19] In diesem Sinne geht denn auch der BFH in seiner Entscheidung vom 11.6.1996 I R 97/95[20] vor, ohne daß deutlich würde, daß er den Vergleichsmaßstab nur auf den entschiedenen Fall beschränkt wissen wollte.

---

19 Vgl. oben 1.3.6.2, S. 17 ff..

20 Vgl. BFH v. 11.06.1995 I R 97/95, DStR 1996, 1769.

In diesem Sinne fragt auch *Gosch* [21] danach, ob das Verhalten des Gesellschafters einem Fremdvergleich standhalten würde.

Streng an die Formulierung des BFH[22] anknüpfend, "für deren Überlassung ein fremder Dritter ein Entgelt gezahlt haben würde" und unter Berücksichtigung, daß der fremde Dritte fiktiv derjenige ist, dem die Geschäftschance bzw. Information zur Eigennutzung überlassen wird, gelangt man unwillkürlich zu folgender - oberflächlich betrachtet - konsequenten Formulierung des Fremdvergleichs: eine gesellschaftliche Veranlassung ist anzunehmen, wenn dem Gesellschafter die Geschäftschance oder Information unentgeltlich überlassen wurde, während ein ordentlicher und gewissenhafter Geschäftsleiter ein Entgelt gezahlt haben würde.
Zwar wurde auch in der bisherigen Rechtsprechung des BFH stets das Verhalten des Geschäftsführers dem Fremdvergleich unterzogen[23], eine schablonenhafte Übertragung dieser Maßstäbe aber mißachtet die Besonderheiten eines Geschäftschancenfalles.

4.3.1 Gesellschafterversammlung zuständig

Zunächst ist der Ansatz des Fremdvergleichs anhand des ordentlichen und gewissenhaften Geschäftsleiters insoweit zumindest ungenau, als nicht der Geschäftsführer über die Freigabe von Geschäftschancen bzw. Informationen entscheidet. Diese fällt in den Zuständigkeitsbereich der Gesellschafterversammlung.[24] Den Gesellschaftern obliegt damit gleichfalls die Entscheidung über eine entgeltliche oder unentgeltliche Freigabe.

Als oberstem Organ der GmbH[25] obliegen der Gesellschafterversammlung insbesondere[26] die Grundlagenbeschlüsse wie Satzungsänderungen und Kapitaländerungsmaßnahmen, sowie die Kontrolle des Geschäftsführers.
Demgegenüber nimmt der Geschäftsführer sämtliche, in Verfolgung des Gesellschaftszwecks erforderlichen Entscheidungen war, wie über den Einsatz und die Koordinierung sachlicher und personeller Unternehmensmittel und die laufenden Geschäfte.
Diese unterschiedlichen Zuständigkeiten gehen grundsätzlich einher mit unterschiedlichen Kriterien und Maßstäben der Entscheidungsfindung.

---

21 *Gosch*, DStR 1995, 1863, 1864.

22 BFH v. 30.08.1995 I R 155/94, BFHE 178, 371, DStR 1995, 1873, FR 1995, 905, DB 1995, 2451.

23 Vgl. oben 1.3.6.8, S. 27 ff..

24 Vgl. oben 3.1.2.2.1, S. 109 ff..

25 *K. Schmidt*, Gesellschaftsrecht, § 36 III 1., S. 908.

26 Der Zuständigkeitskatalog der §§ 46 ff GmbHG ist weitestgehend dispositiv und kann im Gesellschaftsvertrag näher ausgestaltet werden.

Da aber die Gesellschafterversammlung gleichfalls Kontrollorgan über die Geschäftsführung ist, wird sie dem Geschäftsführer nur Entlastung erteilen, wenn dieser sich - gemessen am Gesellschaftszweck - ordentlich und gewissenhaft verhalten hat. In diesem Fall also laufen die Maßstäbe parallel, so daß inhaltlich keine Divergenzen zu erwarten sind. Die Bezugnahme des BFH auf den ordentlichen und gewissenhaften Geschäftsleiter dürfte sich damit regelmäßig in einer lediglich formellen Ungenauigkeit erschöpfen.

4.3.2 Betrachtungsperspektive

Eine zweite Abweichung von dem bekannten Maßstab eines ordentlichen und gewissenhaften Geschäftsleiters verbirgt sich in der Betrachtungsperspektive.

Im Rahmen des präventiven Wettbewerbsverbotes stellt der BFH darauf ab, ob ein ordentlicher und gewissenhafter Geschäftsleiter den fraglichen Vorteil gleichfalls einer Person, die nicht Gesellschafter ist, unter sonst gleichen Umständen gewährt hätte.[27]
Wird hier das Verhalten des Geschäftsführers einem Vergleich unterzogen, so geschieht dies vor dem Hintergrund der Vertretungsmacht dieses Organs. Diese Perspektive ist auch folgerichtig, denn der Beurteilungsmaßstab eines ordentlichen und gewissenhaften Geschäftsleiters verfolgt den Sinn, das tatsächlich erzielte Einkommen mit dem zu vergleichen, das ein ordentlicher und gewissenhafter Geschäftsleiter hypothetisch erzielt hätte. Diese Verfahrensweise dient der Beurteilung gesellschaftlich veranlaßter Aufwendungen und, aufgrund der Korrektur gemäß § 8 Abs. 3 Satz 2 KStG, letztlich der Ermittlung des objektiv richtigen Gewinns der Gesellschaft als maßgebliche Besteuerungsgrundlage. Ist die GmbH Steuerschuldner, so ist es nur folgerichtig, für die Beurteilung einer gesellschaftlichen Veranlassung die Verfahrensweise der GmbH, vertreten durch ihren Geschäftsführer, dem Fremdvergleich zu unterwerfen.

Im Zusammenhang mit der Überlassung von Geschäftschancen und Informationen an den Gesellschafter aber stellt der BFH nicht auf den Geschäftsführer als Vertretungsorgan der GmbH ab, sondern auf diesen in seiner Position als Vertragspartner bzw. Konkurrent der Gesellschaft. Er fragt nicht danach, wie sich die GmbH gegenüber einem fremden Dritten verhalten hätte, ob sie diesem die Geschäftschance bzw. Information gleichfalls unentgeltlich überlassen hätte. Der BFH stellt hier vielmehr darauf ab, ob der Geschäftsführer kein Entgelt als Gegenleistung für die Überlassung gezahlt hat, während aber ein fremder Dritter eine Gegenleistung erbracht haben würde. Damit wird entscheidend auf sein Verhalten als ordentlicher und gewissenhafter Geschäftspartner abgestellt.

---

[27] Vgl. oben 1.3.6.2, S. 17 ff..

Diese Sichtweise aber erscheint paradox und kann in diesem Sinne vom BFH nicht gemeint sein.
Denn auch von einem ordentlichen und gewissenhaften Geschäftspartner kann nicht ernsthaft erwartet werden, daß er selbstlos bereit wäre, eine Gegenleistung zu erbringen. Vielmehr würde gerade ein ordentlicher und gewissenhafter Geschäftsmann, der nach wirtschaftlichen Gesichtspunkten handelt und seinerseits eine Gewinnerzielung oder -maximierung, zumindest langfristig im Auge hat, nur dann ein Entgelt für eine Leistung erbringen, wenn diese nicht unentgeltlich zu erhalten ist. Keinesfalls aber würde er "freiwillig" ein Entgelt entrichten.
Diese Sichtweise würde die Konsequenz nach sich ziehen, daß auch unter eigenständiger steuerlicher Betrachtung - unabhängig von der Existenz eines zivilrechtlichen Anspruchs auf Vorteilsherausgabe und/oder Schadensersatz wegen Verstoßes gegen ein Wettbewerbsverbot - eine verdeckte Gewinnausschüttung niemals verwirklicht werden würde.

Die vorstehenden Ausführungen verdeutlichen aber gleichfalls, welche Sichtweise der BFH, angesichts des paradoxen Ergebnisses, offensichtlich nur gemeint haben kann: Maßgeblich ist auch hier die Verhaltensweise der GmbH als Steuerschuldnerin im Rahmen des § 8 Abs. 3 Satz 2 KStG.
Es kann nur darauf ankommen, ob die GmbH eine Geschäftschance bzw. Information ihrem Gesellschafter zur Eigenverwertung überlassen hat, während sie von einem fremden Dritten ein Entgelt verlangt haben würde.[28]

Hier zeigt sich auch der Zusammenhang mit der zuvor[29] aufgezeigten Ungenauigkeit des BFH. Hätte er korrekt auf die Gesellschafterversammlung, als dem für den Freigabebeschluß zuständigen Organ, abgestellt, hätte er deren Entscheidung dem Fremdvergleich unterziehen müssen. Eine schablonenhafte und zumindest mißverständliche Übertragung des Fremdvergleichsmaßstabes eines ordentlichen und gewissenhaften Geschäftsleiters wäre zu vermeiden gewesen.
Der BFH hätte demzufolge formulieren müssen, daß eine gesellschaftliche Veranlassung anzunehmen ist, wenn dem Gesellschafter die Geschäftschance oder Information unentgeltlich überlassen wurde, während eine ordentliche und gewissenhafte Gesellschafterversammlung von einer Person, die nicht Gesellschafter ist, unter sonst gleichen Umständen ein Entgelt verlangt haben würde.

4.3.3 Fremdvergleich in concreto

Nachfolgend nun bedarf es der Untersuchung, in welchen Fällen bzw. unter welchen Voraussetzungen eine ordentliche und gewissenhafte Gesellschafterver-

---

[28] In diesem Sinne auch *Gosch*, DStR 1995, 1863, 1864.
[29] Vgl. zuvor 4.3.1, S. 176 ff..

sammlung von einem fremden Dritten verständlicherweise ein Entgelt für die Freigabe von Geschäftschancen bzw. Informationen verlangt haben würde.

Unter objektiv vernünftigen Gesichtspunkten wird eine ordentliche und gewissenhafte Gesellschafterversammlung nur dann ein Entgelt verlangen können, wenn die Geschäftschance oder Information auf dem Markt gehandelt wird, diese also einen konkretisierbaren wirtschaftlichen Wert verkörpert.[30]
Ein konkretisierbarer, wirtschaftlicher Wert ist jedoch keine feste Maßgröße, für die es allgemeingültige Bewertungskriterien gibt. Er ist vielmehr einzelfallabhängig und, da es bei Chancen und Informationen um den schnellstmöglichen Zugriff geht, es sich um "verderbliche Ware" handelt, existiert unter Umständen sogar ein täglich schwankender Marktwert.

Damit ist nicht nur die Frage aufgeworfen, wie sich der konkretisierbare wirtschaftliche Wert ermitteln läßt, sondern auch nach der Angemessenheit eines etwaig zu verlangenen Entgelts gefragt.
Zwar stellt der BFH in seinem Urteil vom 30.08.1995[31] nur auf ein Entgelt an sich ab, spricht also nicht ausdrücklich an, daß dieses auch angemessen sein muß. In Anlehnung an die Rechtsprechung zur Befreiung von einem präventiven Wettbewerbsverbot aber wird hier nicht "irgendein" Entgelt ausreichen, wie beispielsweise ein symbolischer Preis von DM 1,00. Da vielmehr auch eine ordentliche und gewissenhafte Gesellschafterversammlung ein angemessenes Entgelt verlangen würde, wenn sie die Freigabe von einer Gegenleistung abhängig macht, stellt sich unwillkürlich die Frage nach der Bewertung einer Geschäftschance oder Information.

4.3.4 Konkretisierbarer wirtschaftlicher Wert

Ein wirtschaftlicher Wert wird der Geschäftschance bzw. Information nur beizumessen sein, wenn es einen Markt gibt, auf dem mit diesen Insiderinformationen Handel betrieben wird. Dies wird regelmäßig nicht ein isolierter eigenständiger Markt sein. Die Geschäftschancen und Informationen werden vielmehr dem Markt zuzuordnen sein, dessen Bereich bzw. Gegenstand sie betreffen. So werden beispielsweise Informationen über die Erwerbsmöglichkeit eines Industriegeländes dem Immobilienmarkt zuzuordnen sein.

---

[30] In diesem Sinne gleichfalls FG Rheinland-Pfalz v. 22.4.1996 - 5 K 2401/95, EFG 1996, 1123, DStRE 1996, 30; *Pezzer*, FR 1995, 906, 907.

[31] BFH v. 30.08.1995 I R 155/94, BFHE 178, 371, DStR 1995, 1873, FR 1995, 905, DB 1995, 2451; vgl. auch BFH v. 22.11.1995 I R 45/95, BFH NV 1996, 645, HFR 1996, 591; FG Rheinland-Pfalz v. 22.04.1996 - 5 K 2401/95, EFG 1996, 1123, DStRE 1997, 30.

Dieser Markt wird Geschäftschancen oder Informationen aber nur dann einen handelbaren Wert beimessen, wenn diese einen greifbaren, hinreichend konkreten Inhalt haben. Eine lediglich vage, fernliegende Möglichkeit, dessen Realisierbarkeit vollkommen offen ist, wird regelmäßig keinen Wettbewerbsvorteil gegenüber anderen Marktteilnehmern und Interessenten eröffnen und damit wirtschaftlich wertlos sein.
Demgegenüber wird von einem greifbaren und hinreichend konkretisierten Inhalt zweifelsohne auszugehen sein, wenn bei einer Erwerbsmöglichkeit sämtliche für einen Vertragsabschluß wesentlichen Modalitäten im Hinblick auf Gegenstand und Menge bzw. Größe des Gegenstandes, Vertragspartner und Konditionen des Abschlusses bekannt sind. Bei einem neuentwickelten Herstellungsverfahren sind dies neben dem herzustellenden Gegenstand die erwarteten, prognostizierten Verbesserungen in technischer oder preislicher Hinsicht, wie auch der Erfinder bzw. das entwickelnde Unternehmen.
Gewisse Unwägbarkeiten, Unsicherheiten oder Unbekannte stehen einem wirtschaftlichen Wert der Insiderkenntnisse dann nicht entgegen, wenn diese ausgeräumt werden können oder zu überwinden sind. Je größer jedoch diese Unsicherheiten sind und je höher die Anzahl der Unbekannten, desto tiefer wird der wirtschaftliche Wert anzusetzen sein.

Damit angesprochen sind bereits die Kriterien, nach denen sich der wirtschaftliche Wert konkretisieren und bewerten läßt.
Als Faktoren lassen sich zunächst allgemeine unternehmenspolitische Gesichtspunkte anführen, wie die Bedeutung der Geschäftschance für die Gesellschaft, insbesondere im Hinblick auf die Nähe zu deren gewöhnlichen Geschäftskreis, die gegenwärtige wirtschaftliche Lage der Gesellschaft, deren Betriebsauslastung, Kostenstruktur und Investitionsplanung. Ebenso werden auf die Abschlußmöglichkeit bezogene Faktoren, wie das Ausmaß der mit der Erwerbschance verbundenen Nachteile, Risiken und Vorteile für die Gesellschaft bei einem Verzicht, wie auch bei eigener Wahrnehmung, von Bedeutung sein. Ferner werden Gewinnerwartung[32], Umsatzprognosen, Nutzungsdauer der Erwerbsmöglichkeit für die Gesellschaft[33] und auch bisher getätigte Aufwendungen[34] eine maßgebliche Rolle spielen.
Diese Aufzählung möglicher Faktoren für die Konkretisierung eines wirtschaftlichen Wertes verdeutlicht, daß es sich um individuelle Kriterien handelt, die nicht nur von der jeweilig interessierten Gesellschaft abhängen, sondern ebenso von der einzelnen Geschäftschance oder Information. Diese außerordentlich hohe

---

32 Vgl. BFH v. 14.10.1992 I R 69/88, BFH NV 1993, 269.

33 Eine einmalige Abschlußmöglichkeit wird regelmäßig nicht so interessant sein, wie ein in Aussicht stehendes Dauerrechtsverhältnis oder eine laufende Geschäftsbeziehung.

34 Vgl. BFH v. 14.10.1992 I R 69/88, BFH NV 1993, 269.

Einzelfallrelevanz ist aber weder in allgemein gültigen Richtwerten noch in Bemessungsrichtlinien faßbar.[35]
Es kann daher nur als eine unlösbare Aufgabe bezeichnet werden, eine gerechte und nachvollziehbare, einem Vergleich standhaltende[36] Maßgröße zu finden. Damit erweist sich der Fremdvergleich im Zusammenhang mit der Freigabe von Geschäftschancen oder Informationen als ungeeignet.[37]

Gleiches gilt für die Ermittlung eines erzielbaren Entgelts im Wege der Schätzung (§ 162 Abs. 1 AO); auch diese erweist sich als nicht handhabbar und damit als untauglich.
Eine Schätzung versteht sich als Schlußfolgerung aus Indizien. Lassen sich Besteuerungsgrundlagen mangels zureichender Beweismittel nicht mit Sicherheit ermitteln oder berechnen, sind Werte zugrunde zu legen, die der größtmöglichen Wahrscheinlichkeit auf Richtigkeit entsprechen.[38] Eine Schätzung basiert somit auf Wahrscheinlichkeitsschlüssen durch Kalkulieren und Abwägen von Möglichkeiten.
Diese Methode wirft die Frage auf, wie angesichts fehlender allgemeingültiger, aussagekräftiger Richtwerte für die Bewertung von Geschäftschancen und Informationen Schlußfolgerungen gezogen werden sollen, die auch noch die größtmögliche Wahrscheinlichkeit auf ihrer Seite haben. Es mangelt also bereits an einer Schätzungsgrundlage, so daß wirtschaftlich vernünftige Ergebnisse, die ein hinreichendes Maß an Möglichkeit und Wahrscheinlichkeit verkörpern, nicht zu erzielen sind.[39]

Ergänzend sei noch auf folgenden Gedanken hingewiesen:
Will der BFH nicht erneut einer Fiktion unterliegen, kann von einer verhinderten Vermögensmehrung berechtigterweise nur ausgegangen werden, wenn die Gesellschaft das ermittelte Entgelt am Markt auch mit Sicherheit hätte erzielen können.[40] Erst unter diesen Voraussetzungen liegt eine gesicherte vermögenswerte Position vor, deren Verzicht eine Vermögensmehrung verhindert. An-

---

[35] Eine Ausnahme mag bei der Erwerbschance von Grundstücken in Betracht kommen: hier erscheint es vertretbar, in Anlehnung an die Provisionsgrößen der Makler anzuknüpfen, die jedoch aufgrund der regionalen Verschiedenheit nur einen groben Anhaltspunkt bieten können, ein fester Wert kann auch ihnen nicht entnommen werden.

[36] Dies insbesondere im Hinblick auf die Grundsätze der Gleichheit und Vorhersehbarkeit der Besteuerung.

[37] In diesem Sinne auch *Röhricht*, WPg 1992, 766, 783.

[38] RFH v. 29.11.1918 V A 86/21, RFHE 7, 259; RStBl 25, 257; BFH v. 31.08.1967 V 241/64, BStBl 1967 III 686; v. 13.10.1976 I R 67/75, BStBl 1977 II 260, 261; v. 02.02.1982 VIII R 65/80, BStBl 1982 II 409; v. 11.12.1984 VIII R 131/76, BStBl 1985 II 354, 358.

[39] *Tipke/Kruse*, § 162 AO, Rn. 8.

[40] BFH v. 12.06.1997 I R 14/96, DStR 1997, 1360, 1362 spricht insoweit von einem gegenüber dem Geschäftspartner „durchsetzbaren“ Anspruch.

dernfalls würde der Besteuerung ein fiktiver Gewinn zugrunde gelegt, den die Gesellschaft am Markt durch Geschäfte mit fremden Dritten nicht hätte erzielen können.[41] Keinesfalls aber darf der höchste, für eine vergleichbare Geschäftschance oder Information am Markt je erzielte Preis bei der Freigabe einer Geschäftschance oder Information an den Gesellschafter-Geschäftsführer als maßgeblich zugrunde gelegt werden und in Höhe der Differenz zu einem etwaig tatsächlich verlangten Entgelt eine verdeckte Gewinnausschüttung angenommen werden.

Ist somit kein Maßstab ersichtlich, mit dessen Hilfe sich hinreichend sicher bestimmen ließe, ob und in welcher Höhe ein Dritter für die Überlassung einer Geschäftschance bzw. Information ein Entgelt entrichtet hätte, kann sich die Finanzverwaltung also nicht auf das Indiz eines Fremdvergleichs[42] berufen; sie hat gemäß § 88 Abs. 1 AO die gesellschaftliche Veranlassung zu ermitteln und positiv darzulegen. Gelingt ihr dies nicht, so greifen die Regeln der objektiven Beweis- oder Feststellungslast ein.

4.3.5 Zusammenfassung

Die gesellschaftliche Veranlassung einer Zuwendung an den Gesellschafter ist anhand des Fremdvergleichs eines ordentlichen und gewissenhaften Geschäftsleiters zu ermitteln. Die übliche Formulierung „für deren Überlassung ein fremder Dritter ein Entgelt gezahlt haben würde", ist ungenau und auslegungsbedürftig. Es ist danach zu fragen, ob die Gesellschafterversammlung von einem Dritten ein Entgelt gefordert hätte. Anerkennung finden wird nur die Vereinbarung eines angemessenen Entgelts als Gegenleistung. Geschäftschancen und Informationen sind einer Wertzumessung nicht zugänglich. Es lassen sich keine allgemeingültigen und über den konkreten Einzelfall hinaus geltenden Bewertungsmaßstäbe aufstellen. Auch für eine Schätzung fehlt es an einer zuverlässigen Schätzungsgrundlage. Jeder Bewertungsversuch läuft Gefahr, in eine Fiktion zu münden. Die Darlegungslast für die gesellschaftliche Veranlassung der Vorteilszuwendung obliegt der Finanzverwaltung.

41 Vgl. FG Niedersachsen v. 30.03.1989 VI 200/87, nicht veröffentlicht.

42 Vgl. oben 1.3.6.1, S. 16 ff..

4.4 Objektive Beweislast

4.4.1 Meinungsstand

Existiert, wie überwiegend im Steuerrecht[43], keine subjektive Beweislastverteilung und läßt sich der Sachverhalt nicht mit hinreichender Gewißheit aufklären, unterliegt im Steuerprozeß der Beteiligte, der die objektive Beweislast (Feststellungslast) trägt.[44] In Anlehnung an die Rosenberg'sche Normentheorie[45] trägt im Steuerrecht jeder Beteiligte die Beweislast für das Vorhandensein aller positiven und negativen Voraussetzungen derjenigen Normen, ohne deren Anwendung sein Prozeßbegehren keinen Erfolg haben kann.[46] Danach obliegt also dem Steuergläubiger, vertreten durch das Finanzamt, die objektive Beweislast für die den Steueranspruch begründenden Tatsachen; dem Steuerpflichtigen für die Tatsachen, die Steuerbefreiungen, -ermäßigungen oder (sonstige) Steuervergünstigungen begründen oder den Steueranspruch aufheben oder einschränken.[47]

Entsprechend dieser Risikoverteilung soll nach Auffassung des BFH[48] und weiter Teile der Literatur[49] dem Finanzamt die objektive Beweislast für das Vorliegen einer verdeckten Gewinnausschüttung obliegen.
Der BFH beruft sich hierbei auf einen allgemeinen Grundsatz[50], ohne diesen jedoch näher zu begründen.

---

43 *Tipke/Kruse*, AO, § 88 Rn. 11a.

44 *Tipke/Kruse*, AO, § 96 FGO Rn. 17.

45 Vgl. BFH v. 05.11.1970 V R 71/67, BStBl 1971 II 220, 224 mit Verweis auf Rosenberg, Beweislast, 1965, 11 f..

46 *Tipke/Kruse*, AO, § 96 FGO Rn. 17c, m.w.N..

47 Vgl. BFH v. 05.11.1970 V R 71/67, BStBl 1971 II 220; v. 24.06.1976 IV R 101/75, BStBl 1976 II 562, 563; v. 13.12.1978 I R 39/78, BStBl 1979 II 482, 487; v. 16.11.1982 VIII R 108/77, BStBl 1983 II 226.

48 BFH v. 16.03.1967 I 261/63, BStBl 1967 III 626, 627; v. 20.03.1974 I R 197/72, BStBl 1974 II 430, 431; v. 16.02.1977 I R 94/75, BStBl 1977 II 568; v. 26.07.1978 I R 138/76, BStBl 1978 II 659, 660; v. 27.10.1992 , BStBl 1993 II 569; vgl. auch KStR 1995 Abschn. 31 Abs. 8 a, S. 1.

49 *Döllerer*, DStR 1989, 331, 332; *ders.*, Verdeckte Gewinnausschüttung, S. 95 f; *Frotscher/Maas*, KStG, Anh. zu § 8, Anm. 142 a; *Janssen*, DStR 1994, 314, 315; *Lempenau*, in: FS Ludwig Schmidt, S. 605, 613; *Ritter*, FR 1985, 34, 36; *Streck*, KStG, § 8 Anm. 102; *ders.*, DStR 1991, 1645, 1648; Schneider, DB 1993, 1992, 2000.

50 BFH v. 20.03.1974 I R 197/72, BStBl 1974 II 430, 431.

Eine Gegenauffassung in der Literatur[51] vertritt demgegenüber den "Dualismus der Beweislast"[52]. Danach trägt - in Übereinstimmung mit der Auffassung des BFH - die Finanzverwaltung das Risiko der Beweislosigkeit für verdeckte Gewinnausschüttungen wegen verhinderter Vermögensmehrung; für verdeckte Gewinnausschüttungen wegen Vermögensminderung dagegen die Kapitalgesellschaft.
Diese Auffassung basiert im wesentlichen auf der These, daß eine verdeckte Gewinnausschüttung in Form der Vermögensminderung nichts anderes sei als die Kehrseite einer versagten betrieblichen Veranlassung von Aufwendungen: die Körperschaft berufe sich auf das Vorliegen einer Betriebsausgabe und damit auf die für sie günstige, weil steuermindernde Norm des § 4 Abs. 4 EStG i.V.m. § 8 Abs. 1 KStG. Daher obliege ihr - ebenso wie bei Betriebsausgaben - die Beweislast für das Nichtvorliegen einer verdeckten Gewinnausschüttung.[53] Die Regelung des § 8 Abs. 3 Satz 2 KStG habe in diesem Zusammenhang nur deklaratorischen Charakter.

Hingegen sieht *Eppler*[54] auch für den Fall einer verhinderten Vermögensmehrung § 8 Abs. 3 Satz 2 KStG nicht als konstitutive Regelung an, da sich das Finanzamt auf eine durch weitere (unterbliebene) Betriebseinnahmen bewirkte Einkommenserhöhung berufe (§ 4 Abs. 1 EStG i.V.m. § 8 Abs. 1 KStG); es damit nicht des Rückgriffs auf § 8 Abs. 3 Satz 2 KStG bedürfe.

4.4.2 Stellungnahme

Gibt nach den Ausführungen des BFH[55] die einschlägige Rechtsnorm und ihre Zweckbestimmung Aufschluß über die Feststellungslast im Einzelfall, so führt dies im Fall einer verdeckten Gewinnausschüttung nicht weiter, da es einen speziellen positiv rechtlichen Steuertatbestand nicht gibt. Die den Begriff der verdeckten Gewinnausschüttung nennenden Vorschriften der § 8 Abs. 3 Satz 2 KStG und § 20 Abs. 1 Nr. 1 Satz 2 EStG sind vielmehr nur deklaratorischer Natur. Die Besteuerung verdeckter Gewinnausschüttung folgt aus dem steuerlichen Veranlassungsprinzip.[56]

---

[51] *Pezzer*, Verdeckte Gewinnausschüttungen, S. 87 f; *Eppler*, DStR 1988, 339; *Kempermann*, FR 1990, 437, 441 f; *Seeger*, StVj 1992, 249, 255; *Tipke/Kruse*, AO, § 96 FGO, Rn. 18; *Wassermeyer*, DStR 1987, 484, 489; *ders.*, DB 1987, 1113, 1118; *ders.*, Handbuch, Kap. G, Rn. 486.

[52] Vgl. *Pezzer*, Verdeckte Gewinnausschüttungen, S. 88.

[53] So *Pezzer*, Verdeckte Gewinnausschüttungen, S. 88; *Eppler*, DStR 1988, 339, 340; *Wassermeyer*, FR 1989, 218, 223.

[54] *Eppler*, DStR 1988, 339, 341.

[55] BFH v. 5.11.1971 V R 71/67, BStBl 1971 II 220, 224.

[56] Vgl. oben 1.3.1, S. 5 ff..

Trägt aber der Steuergläubiger die Feststellungslast für steuerbegründende Tatsachen, der Steuerschuldner hingegen für Tatsachen, die Steuerbefreiungen oder -ermäßigungen begründen oder den Steueranspruch aufheben bzw. einschränken[57], so ist dieser allgemeine Grundsatz Ausdruck des Vorbehaltes des Gesetzes gemäß Art. 20 Abs. 3 GG.
Gemäß Art. 20 Abs. 3 GG bedürfen belastende Maßnahmen - und als solche insbesondere die Erhebung von Abgaben[58] - einer gesetzlichen Ermächtigung. Eine Besteuerung ist danach nur zulässig, sofern ein gesetzlicher Tatbestand erfüllt ist, an den als Rechtsfolge eine Steuer geknüpft ist; sogenannter Grundsatz der Gesetzmäßigkeit der Besteuerung.[59] Kann sonach eine für die Entscheidung des Streitfalles erhebliche Tatsachenvoraussetzung nicht zur Überzeugung des Gerichts nachgewiesen werden, darf die Steuer nicht erhoben werden.
Anders verhält es sich hingegen bei begünstigenden Maßnahmen, wie die Anwendung von Steuernormen, die die Bemessungsgrundlage reduzieren oder den Steueranspruch aufheben. Hier findet der Vorbehalt des Gesetzes keine Anwendung, da in den Rechtskreis des Steuerpflichtigen nicht eingegriffen wird; es geht vielmehr um dessen Erweiterung. Es ist daher gerechtfertigt, die objektive Beweislast für steuerliche Vergünstigungen dem Steuerpflichtigen aufzuerlegen.

Macht die Finanzbehörde eine verdeckte Gewinnausschüttung in Form einer verhinderten Vermögensmehrung geltend, behauptet sie, die Körperschaft habe zugunsten eines Gesellschafters aus gesellschaftlichen Motiven auf eine Einkommensmehrung verzichtet. Sie macht also eine steuererhöhende Tatsache geltend. Der streitige Betrag wäre bei Obsiegen der Finanzbehörde dem Einkommen der Körperschaft hinzuzurechnen und der Körperschaftsteuer zu unterwerfen. Für eine derartig belastende Maßnahme trifft die Finanzbehörde die objektive Beweislast.
Gleiches gilt für eine verdeckte Gewinnausschüttung in Form einer Vermögensminderung. Auch hier beruft sich die Finanzbehörde mit der gesellschaftlichen Veranlassung von Aufwendungen auf eine steuererhöhende Tatsache. Denn entgegen *Eppler*[60] und *Wassermeyer*[61] sind verdeckte Gewinnausschüttungen keine Nicht-Betriebsausgaben. Eine versagte betriebliche Veranlassung ist nicht notwendigerweise eine gesellschaftliche.[62] Das Risiko der Beweislosigkeit trägt auch hier die Finanzbehörde.

---

57 BFH v. 5.11.1971 V R 71/67, BStBl 1971 II 220, 224.

58 Öffentliche Abgaben als Oberbegriff für alle Geldleistungen, die der Bürger an den Staat oder eine sonstige Körperschaften des öffentlichen Rechts abzuführen hat, umfassen neben Gebühren und Beiträgen auch Steuern; *Tipke/Lang*, § 3, Rn. 12 ff..

59 *Tipke/Lang*, § 4, Rn. 150 ff..

60 *Eppler*, DStR 1988, 339, 340 f..

61 *Wassermeyer*, FR 1989, 218, 223.

62 Vgl. oben 1.3.1, S. 5 ff..

Auch im Besteuerungsverfahren gegen den Anteilseigner obliegt der Finanzbehörde die objektive Beweislast.[63] Verdeckte Gewinnausschüttungen führen beim Gesellschafter zu einer zusätzlichen Steuerschuld, da die Bemessungsgrundlage für die Einkommensteuer nach § 20 Abs. 1 Nr. 3 Satz 1 EStG um die anzurechnende Körperschaftsteuer erhöht wird. Dies selbst dann, wenn der Gesellschafter die Vorteilszuwendung unter einer anderen Einkunftsart bereits versteuert hat.[64]

Zusammenfassend ist festzuhalten, daß die Finanzbehörde im Falle einer behaupteten verdeckten Gewinnausschüttung durch Vermögensminderung, wie auch durch verhinderte Vermögensmehrung, die objektive Beweislast trägt. Gleichfalls obliegt ihr die objektive Beweislast auf Gesellschafterebene.
Eine Bestätigung mag dieses Ergebnis darin finden, daß in den bisher bekannt gegebenen Entscheidungen die Sache an das jeweilige Finanzgericht zurückverwiesen und diesem aufgetragen wurde, entsprechende Feststellungen zu treffen. Dies läßt die Schlußfolgerung zu, daß die Feststellungslast nicht beim Steuerpflichtigen liegt.

Die Finanzbehörde müßte somit zur Überzeugung des Gerichts belegen können, daß der Gesellschafter eine Konkurrenztätigkeit ausübte, ob diese durch sämtliche Gesellschafter gestattet war und der GmbH vermögenswerte, konkrete Geschäftschancen entzogen wurden.
Hierbei wird sich die Finanzbehörde regelmäßig vor eine unlösbare Aufgabe gestellt sehen. Denn nicht nur, daß es keine allgemein gültigen Richtlinien oder Kriterien für die Bewertung von derartigen immateriellen Gütern gibt[65], mit der Folge, daß die Höhe einer verdeckten Gewinnausschüttung nicht zu belegen ist. Hinzu kommt vielmehr noch, daß es sich bei Geschäftschancen und Informationen um Gesellschaftsinterna handelt, die dem ungehinderten Zugang Dritter und damit auch der Finanzbehörde entzogen sind.[66] Denn gerade die Geheimhaltung macht diese Interna so wertvoll und verschafft gegenüber unwissenden Konkurrenten den erstrebten Wettbewerbsvorteil. Die Finanzbehörde wird also bereits Schwierigkeiten haben, eine unentgeltliche Überlassung von Geschäftschancen oder Informationen aufzuspüren und nachzuweisen. Probleme bereitet also bereits eine verdeckte Gewinnausschüttung dem Grunde nach, nicht erst der Höhe nach. Die Finanzverwaltung wird hier angewiesen sein auf die Mithilfe Dritter, wie sich benachteiligt fühlende Minderheitsgesellschafter, die etwa im Zivil-

[63] Die nach der Auffassung v. "Dualismus der Beweislast" bei einer behaupteten Vermögensminderung folgenden widersprechenden Ergebnisse bei der Beweislastverteilung auf den Ebenen von Gesellschafter und Gesellschaft nimmt *Wassermeyer*, FR 1989, 218, 223, ausdrücklich in Kauf.

[64] BFH v. 24.3.1987 I B 117/86, BStBl 1987 II 508 im Leitsatz.

[65] Vgl. 3.2.5, S. 162 ff..

[66] Vgl. *Gosch*, DStR 1995, 1863, 1864; in diesem Sinne auch *Pezzer*, FR 1995, 906, 907.

rechtswege Schadensersatzansprüche geltend machen. Seitens der Beteiligten wird jedenfalls verständlicherweise keine Unterstützung zu erwarten sein, da insbesondere ihre Mitwirkungspflicht gemäß § 90 AO nicht so weit reicht.[67]

Infolgedessen wird in der Praxis zumindest eine gesellschaftliche Veranlassung nicht nachzuweisen sein, so daß dies das "Aus" für eine verdeckte Gewinnausschüttung wegen Überlassung von Geschäftschancen oder Informationen bedeuten wird, noch bevor diese neue Rechtsprechung zur Anwendung gekommen wäre.
Diese für die Tatsacheninstanz nahezu unüberwindlichen Schwierigkeiten der Sachverhaltsermittlung hat auch der BFH gesehen und im dritten Leitsatz des Urteils I R 97/95[68] eine entsprechende Vermutungsvorgabe aufgestellt: "Unterhält der Gesellschafter-Geschäftsführer kein Einzelunternehmen, so kann das FG in Ermangelung anderer Beweismittel die Geschäftschance entsprechend den Unternehmensgegenständen den in Betracht kommenden Gesellschaften zurechnen."
Weitere Vermutungssätze gibt *Gosch* [69] an die Hand. Seinen Ausführungen zufolge ist die Branchennähe grundsätzlich ohne Bedeutung. Betreibt der Gesellschafter selbst keinen Eigenbetrieb, werde sich im Zweifel daraus schließen lassen, daß er sein Wissen als Geschäftsführer erworben habe.
Die Einführung derartiger Vermutungssätze würde sicherlich die beschriebenen Beweisschwierigkeiten der Finanzbehörde erleichtern, wenn dem Steuerpflichtigen eine erhöhte Darlegungslast auferlegt wird. Würde eine Vermutungsregelung greifen, so hätte der Steuerpflichtige deren Grundlage durch Gegenbeweis oder Indizien zu erschüttern.[70] Erst wenn ihm dieses gelänge, wäre seitens des Steuergläubigers der volle Beweis zu erbringen.
Vermutungen aber basieren auf allgemeiner Lebenserfahrung oder auf Regeln der Sachkunde.[71]
Weder aber existieren, wie festgestellt, allgemein gültige Kriterien oder Richtlinien für die Bewertung von Geschäftschancen und Informationen, noch Erfahrungssätze, wann oder unter welchen Umständen eine Gesellschaft diese Chancen nicht selbst nutzen, sondern ihrem (geschäftsführenden) Gesellschafter zur Eigenverwertung überlassen würde. Dies obliegt vielmehr ihrer freien unternehmerischen Entscheidung im Einzelfall, so daß sich keine Erfahrungssätze oder Regeln der Sachkunde aufstellen lassen, nach denen eine verdeckte Ge-

---

67 *Tipke/Lang*, § 22 Rn. 172 ff, 193 ff..
68 BFH v. 11.06.1996, DStR 1996, 1769.
69 *Gosch*, DStR 1995, 1863, 1864; *ders.*, in: Steuerrechtsprechung mit Beratungsrelevanz 1995/96, 27.
70 Vgl. BFH v. 13.11.1979 VIII R 93/73, BStBl 1980 II 69; v. 19.11.1985 VIII R 4/83, BStBl 1986 II 289, 290 f.; v. 27.07.1988 I R 104/84, BStBl 1989 II 274; v. 07.11.1990 I R 116/86, BStBl 1991 II 342, 344; v. 28.01.1992 VIII R 7/88, BStBl 1993 II 84, 86.
71 Vgl. *Tipke/Kruse*, AO, § 96 FGO, Rn. 4 e.

winnausschüttung als verwirklicht anzunehmen wäre. Eine derartige Vorgehensweise würde sich letztlich in haltlosen Fiktionen erschöpfen, die mit dem Grundsatz der Gesetzmäßigkeit der Besteuerung nicht zu vereinbaren wären.

Erlaubt sei folgende vorausschauende Anmerkung: In der Praxis wird es häufig darauf ankommen, daß die Geschäftschancen gerade nicht der GmbH, sondern einem daneben von dem Gesellschafter betriebenen Unternehmen zuzuordnen sind. Um dieses Ziel gegenüber der Finanzverwaltung und -rechtsprechung hinreichend sicher zu erreichen und durchzusetzen können, rät *Gosch* zu von vornhinein getroffenen klaren und schriftlichen Abgrenzungsvereinbarungen.[72] Dann aber fragt sich, was gegenüber der alten und ausdrücklich aufgegebenen Rechtsprechung gewonnen wurde; lassen sich willkürliche Zuordnungen von Geschäftschancen im Ergebnis doch nur mittels dieser Vereinbarungen vermeiden. Gewonnen wurde sicherlich der neue Ansatz der Geschäftschancenlehre. Inhaltlich aber steht die Praxis - diesem Ratschlag folgend - weiterhin vor dem Problem der Geschäftsabgrenzung.

Zusammenfassend bleibt damit festzuhalten, daß eine verdeckte Gewinnausschüttung wegen Überlassung von Geschäftschancen oder Informationen in der Praxis nicht nachzuweisen ist. Diesem Tatbestand kann damit regelmäßig keine rechtliche Bedeutung zukommen.

---

[72] So auch *Gosch*, DStR 1995, 1863, 1864; *ders.*, in: Steuerrechtsprechung mit Beratungsrelevanz, 1995/96, 27.

5 Tätigkeiten für die Gesellschaft (Fallgruppe 3)

Im Zusammenhang mit dem präventiven Wettbewerbsverbot und der Wahrnehmung von Geschäftschancen der Gesellschaft durch einen Gesellschafter überprüft der BFH die Beauftragung des Gesellschafters als Subunternehmer im Hinblick auf die Verwirklichung einer verdeckten Gewinnausschüttung im Sinne des § 8 Abs. 3 Satz 2 KStG.[1]

Wird der Gesellschafter (-Geschäftsführer) für seine Gesellschaft tätig, indem er für diese - entgeltliche oder unentgeltliche - Subunternehmerleistungen erbringt[2], hat diese Tätigkeit weder mit dem präventiven Wettbewerbsverbot noch mit den Grundsätzen der Geschäftschancenlehre etwas zu tun; selbst wenn der Gesellschafter damit im Geschäftsbereich der Gesellschaft tätig wird.

Eine Wettbewerbssituation liegt nicht vor, weil kein Konkurrenzverhältnis zwischen Gesellschaft und Gesellschafter vorliegt. Diese bemühen sich - nicht gegenseitig ausschließend - um Geschäftsabschlüsse auf dem Markt. Vielmehr besteht ein Gleichlauf der Interessen: auch der Gesellschafter profitiert als Subunternehmer von dem Zuschlag zugunsten der Gesellschaft. Es ist mit seiner Treuepflicht bedenkenlos vereinbar, wenn er gegenüber der Gesellschaft Leistungen erbringt und diese damit hinsichtlich ihrer Verpflichtung zur Vertragserfüllung gegenüber Dritten unterstützt. Durchaus gerechtfertigt ist es dann dem Grunde nach[3], wenn sich der Gesellschafter für seine Tätigkeit eine Vergütung versprechen bzw. auszahlen läßt.

Ebenso kann nicht von einem Verstoß gegen die Treuepflichten nach den Grundsätzen der Geschäftschancenlehre die Rede sein.
Soweit der Gesellschafter Aufträge von der GmbH erhält, ist - ungeachtet seiner entgeltlichen bzw. unentgeltlichen Tätigkeit - von einer Geschäfts-chance der GmbH auszugehen, die auf einem Vertragsverhältnis zwischen ihr und dem

---

1 BFH v. 12.10.1995 I R 127/94, BFHE 179, 258, DStR 1996, 337; v. 13.11.1996 I R 149/94, DStR 1997, 323, DB 1997, 506, BB 1997, 508, GmbHR 1997, 315.

2 So die Sachverhalte in BFH v. 13.11.1996 I R 149/94, DStR 1997, 323, DB 1997, 506, BB 1997, 1997, 508; v. 12.10.1995 I R 127/94, BFHE 179, 258, DStR 1996, 337.

3 Zur Vergütung „der Höhe nach“ sogleich.

Dritten beruht.[4] Hier kann aber schon begrifflich nicht mehr die Rede sein von einer Geschäftschance als einer sich auf dem Markt bietenden tatsächlichen Möglichkeit oder Aussicht ohne jeglichen Rechtsanspruch. Durch das Vertragsverhältnis zwischen der GmbH und dem Dritten, das notwendige Voraussetzung für eine nachfolgende Beauftragung des Gesellschafters als Subunternehmer ist - andernfalls wären der Vertragsgegenstand sowie die weiteren Modifikationen noch gar nicht hinreichend konkretisiert -, hat sich diese allgemeine Chance bereits zu einer gesicherten Rechtsposition der GmbH verdichtet, aus der Primär- und Sekundäransprüche erwachsen, und zu deren vertragsgemäßer Erfüllung die GmbH sich des Gesellschafters als Subunternehmer bedient.

Bei einer solchen Konstellation sind somit zwei Vertragsbeziehungen zu unterscheiden: einerseits die zwischen dem Dritten und der GmbH, andererseits zwischen GmbH und dem Gesellschafter. In dem hier interessierenden und zu erörternden Zusammenhang mit einer verdeckten Gewinnausschüttung im Sinne des § 8 Abs. 3 Satz 2 KStG ist nur das zweite Rechtsverhältnis von Interesse.

Allein diese Vertragsbeziehung zwischen GmbH und Gesellschafter ist Gegenstand der steuerrechtlichen Würdigung und im Hinblick auf den Tatbestand einer verdeckten Gewinnausschüttung im Sinne des § 8 Abs. 3 Satz 2 KStG danach zu fragen, ob Leistung und Gegenleistung in einem ausgeglichenen Verhältnis zueinander stehen. Eine zu korrigierende Gewinnminderung würde nur unter der Voraussetzung vorliegen, daß die Leistung der Gesellschaft höherwertiger ist gegenüber der Leistung des Gesellschafters.

Es gilt nach dem Maßstab eines ordentlichen und gewissenhaften Geschäftsleiters zu beurteilen, ob der Gesellschafter konkrete Geschäftschancen genutzt hat, die die GmbH im eigenen Namen und auf eigene Rechnung hätte nutzen müssen oder für deren Freigabe sie zumindest ein Entgelt hätte verlangen müssen. Entscheidend soll es dabei darauf ankommen, ob die GmbH nach ihrer tatsächlichen Aufgabenstellung und nach ihrer finanziellen, sachlichen und personellen Ausstattung die Geschäftschance mit größerem Gewinn selbst hätte durchführen können bzw. preisgünstiger hätte ausführen lassen können, als vergleichsweise unter Einbeziehung eines Subunternehmers.[5] Wäre durch unmittelbare Leistungserfüllung unmittelbar durch die GmbH ein höherer Gewinn zu erzielen gewesen, so ist eine verhinderte Vermögensmehrung in Höhe des entgangenen Gewinns bzw. eine Vermögensminderung in Höhe des an den Gesellschafter zu entrichtenden Entgelts anzunehmen. Sollte diese steuerliche Beurteilung zu dem Ergebnis führen, daß die Beauftragung des Gesellschafters als Subunternehmer auf wirtschaftlich vernünftigen Gesichtspunkten basierte, so ist das an diesen zu entrichtende Entgelt einer Angemessenheitsüberprüfung zu unterziehen. Hierbei

---

[4] Vgl. BFH v. 13.11.1996 I R 149/94, DStR 1997, 323, 325, DB 1997, 506, 507, BB 1997, 508, GmbHR 1997, 315.

[5] Vgl. BFH v. 13.11.1996 I R 149/94, DStR 1997, 323, 325, DB 1997, 506, 507, BB 1997, 508, GmbHR 1997, 315; v. 12.10.1995 I R 127/94, BFHE 179, 258, DStR 1996, 337.

ist insbesondere bei einem Gesellschafter-Geschäftsführer zu berücksichtigen, ob der Anstellungsvertrag eine Verpflichtung zur "unentgeltlichen" Tätigkeit im Einzelfall insofern begründet, als das Entgelt bereits durch das entsprechend höher bemessene Geschäftsführergehalt abgegolten wurde.
Maßstab dieser Prüfung im Hinblick auf eine gesellschaftliche Veranlassung der Zuwendung an den Gesellschafter bildet zu recht der ordentliche und gewissenhafte Geschäftsleiter, denn hier handelt es sich um den "Normalfall" einer verdeckten Gewinnausschüttung. Mit der zivilrechtlichen Geschäfts-chancenlehre, wie auch mit dem präventiven Wettbewerbsverbot, hat dies nichts zu tun.

6 Abschließende Betrachtung

Die Arbeit setzte sich mit der aktuellen Rechtsprechung des BFH zur verdeckten Gewinnausschüttung im Zusammenhang mit dem Verstoß gegen ein Wettbewerbsverbot auseinander. Aus der Erkenntnis heraus, daß § 8 Abs. 3 Satz 2 KStG lediglich eine Gewinnkorrekturvorschrift und keine Zurechnungsnorm ist, hält der BFH die zivilrechtlichen Rechtsverhältnisse und Wertungen für die steuerrechtliche Beurteilung im Hinblick auf den Tatbestand einer verdeckten Gewinnausschüttung - jedenfalls zunächst - maßgeblich und bindend. Eine verdeckte Gewinnausschüttung bedingt danach, daß der konkurrierend tätige Gesellschafter einem Wettbewerbsverbot unterliegt, von dem im Einzelfall nicht befreit wurde und aus dessen Verletzung der GmbH Schadensersatzansprüche erwachsen.
Hinsichtlich dieser zivilrechtlichen Vorfragen bestehen weitgehend Unsicherheiten. Es kann noch immer nicht als geklärt bezeichnet werden, welche Rechtsgrundlage das satzungsunabhängige Wettbewerbsverbot des GmbH-Gesellschafters hat, in welchem Umfang es besteht, wie ein Gesellschafter wirksam vom Verbot befreit werden kann und welche zivilrechtlichen Rechtsfolgen der Verstoß gegen das Verbot mit sich bringt.

Die vorliegende Arbeit hat sich mit diesen gesellschaftsrechtlichen Fragen befaßt und führt die erarbeiteten Ergebnisse einer anschließenden steuerrechtlichen Würdigung im Hinblick auf den Tatbestand einer verdeckten Gewinnausschüttung im Sinne des § 8 Abs. 3 Satz 2 KStG zu.
Die Untersuchung hat zunächst die dogmatische Grundlage des nicht in der Satzung festgeschriebenen Wettbewerbsverbotes aufgezeigt. Das Wettbewerbsverbot des GmbH-Gesellschafters hat seine Grundlage mangels analoger Anwendbarkeit gesetzlicher Wettbewerbsverbote in der Treuepflicht.
Die Treuepflicht des GmbH-Gesellschafters gegenüber den Mitgesellschaftern findet seine Grundlage in der mitgliedschaftlichen Sonderverbindung, die eine gegenseitige Rücksichtnahme verlangt. Die Treuepflicht gegenüber der GmbH entsteht als Nebenpflicht aus der Satzung selbst. In dem hierin niedergelegten Unternehmensgegenstand kommt das Verbandsinteresse zum Ausdruck, das als Zusammenfassung der Einzelinteressen der Gesellschafter beschrieben werden kann; deren Verfolgung willen die GmbH gegründet wurde. Da in der Einpersonen-GmbH andere, von dem Willen des Alleingesellschafters zu trennende Interessen nicht zu erkennen sind, besteht hier auch kein Wettbewerbsverbot. In einer Mehrpersonen-GmbH begründet nicht allein die Verbandsmitgliedschaft ein Wettbewerbsverbot des Gesellschafters. Dieses besteht vielmehr in Abhängigkeit von den - seine mitgliedschaftliche Stellung im Innenverhältnis eröffnenden -

Informationsrechten und Einwirkungsmöglichkeiten auf die Geschäftsführung. Einem Konkurrenzverbot unterliegt daher der geschäftsführende Gesellschafter wie auch der die GmbH beherrschende. Dem Mehrheitsgesellschafter stehen Gesellschafter gleich, die sich - bewußt und zielorientiert - in Stimmrechtszusammenschlüssen vereinigen.
Seinem Umfang nach erstreckt sich das Wettbewerbsverbot vornehmlich auf den Geschäftsbereich der Gesellschaft, für dessen Bestimmung der statutarische Unternehmensgegenstand jedoch nur einen ersten Anhaltspunkt bietet. Auf Gebieten außerhalb des Unternehmensgegenstandes ist dem Gesellschafter eine konkurrierende Tätigkeit gestattet, wenn und soweit die Gesellschaftermehrheit nicht eine Ausweitung des Unternehmensgegenstandes beschlossen hat. In Bereichen, die zwar vom Unternehmensgegenstand umfaßt werden, von der Gesellschaft aktuell jedoch nicht geschäftlich genutzt werden, ist dem Gesellschafter eine Tätigkeit verwehrt, solange jedenfalls, als die Gesellschaft diese Bereiche zumindest noch latent anvisiert.

Eine Befreiung vom Wettbewerbsverbot ist zulässig. Eine wirksame Wettbewerbsgestattung bedarf grundsätzlich einer Satzungsregelung; sei es durch ursprüngliche Aufnahme einer Klausel, sei es durch späteren satzungsändernden Beschluß; eine Öffnungsklausel ist ausreichend. Anzuerkennen ist gleichfalls ein satzungsdurchbrechender Beschluß, der einer Handelsregistereintragung bedarf, soweit er zustandsbegründenden Charakter hat. Satzungsänderungen und -durchbrechungen bedürfen der in § 53 Abs. 2 Satz 2 GmbHG vorgesehenen Mehrheit. Ein Beschluß in Ausfüllung einer Öffnungsklausel kann mit einfacher Mehrheit gefaßt werden. Der zu befreiende Gesellschafter unterliegt dem Stimmrechtsverbot des § 47 Abs. 4 GmbHG. Eine wirksame Befreiung bedingt keine Aufgabenabgrenzung; sie muß jedoch die Interessen der Minderheitsgesellschafter hinreichend berücksichtigen und demgemäß sachlich gerechtfertigt sein. Nur in Einzelfällen wird eine Entgeltzahlung als Ausgleich für schwerwiegende Nachteile der überstimmten Minderheit zu verlangen sein. Aufgrund ihrer Treuepflicht können die Gesellschafter verpflichtet sein, einer Befreiung vom Wettbewerbsverbot zuzustimmen. Aus dieser Verpflichtung erwächst dem betreffenden Gesellschafter ein Anspruch auf Befreiung.

Im Rahmen der Behandlung der Verletzungshandlungen wurde ein besonderes Augenmerk auf die Eigenverwertung von der Gesellschaft gebührender Geschäftschancen und Informationen durch den Gesellschafter gerichtet. Als Rechtsgrundlage der Geschäftschancenlehre wurde - ebenso wie bei dem Wettbewerbsverbot - die Treuepflicht benannt. In Abgrenzung zum Konkurrenzverbot innerhalb des Geschäftskreises der GmbH schützt die Geschäfts-chancenlehre die Gesellschaft außerhalb ihres gewöhnlichen Geschäftsbereichs vor der Aneignung einzelner, ihr zuzurechnender, Geschäftsmöglichkeiten. Hier sind Geschäftschancen jedoch nicht per se der Gesellschaft zuzurechnen. Vielmehr bedarf es konkreter Umstände und Kriterien im Einzelfall, um das zunächst neutrale und allgemein zugängliche Geschäft der GmbH zuzuordnen. Erlangt der Gesellschafter von einer Geschäftschance Kenntnis, hat er diese zunächst der Gesellschaft zur Eigenverwertung anzubieten und ihre Freigabe abzuwarten.

Aus der treuwidrig konkurrierenden Tätigkeit des Gesellschafters stehen der GmbH nichtvermögenswerte und vermögenswerte Ansprüche zu. Im Hinblick auf den Tatbestand einer verdeckten Gewinnausschüttung im Sinne des § 8 Abs. 3 Satz 2 KStG können jedoch nur letztgenannte Bedeutung erlangen; nur diese begründen bilanzierungsfähige Rechtspositionen und können daher Einfluß auf das Betriebsergebnis der Gesellschaft haben. Namentlich sind dies Eintrittsrechte, Schadensersatzansprüche und Ansprüche auf Vorteilsherausgabe. Hat die GmbH diese Ansprüche nicht aktiviert, ist die Bilanz zu berichtigen; mit dem Tatbestand einer verdeckten Gewinnausschüttung hat dies zunächst nichts zu tun. Eine Vermögensminderung durch Verzicht auf einen Anspruch ist nur dann anzunehmen, wenn die GmbH - zivilrechtlich wirksam und bindend - auf den Anspruch verzichtet. Eine verhinderte Vermögensmehrung kann darin liegen, daß die GmbH auf die klageweise Durchsetzung des Anspruchs verzichtet, sofern sie ein obsiegendes Urteil erstritten hätte.

Überläßt die Gesellschaft einem Gesellschafter unentgeltlich eine Geschäftschance oder Information zur Eigenverwertung, ist nur ausnahmsweise eine Vermögensminderung anzunehmen. Namentlich dann, wenn die GmbH dieses immaterielle Wirtschaftsgut selbst zuvor entgeltlich erworben hatte. Andernfalls ist aufgrund des Bilanzierungsverbots des § 5 Abs. 2 EStG i.V.m. § 8 Abs. 1 KStG ein Vermögensbezug ausgeschlossen. Regelmäßig wird in Höhe des erzielbaren Entgelts für die Geschäftschance oder Information eine verhinderte Vermögensmehrung in Betracht zu ziehen sein. Eine verdeckte Gewinnausschüttung wird in der Praxis jedoch aufgrund erheblicher Beweisschwierigkeiten nur selten festzustellen sein. Denn die Feststellungslast für die tatsächlichen Grundlagen einer verdeckten Gewinnausschüttung obliegt der Finanzverwaltung. Bei Geschäftschancen und Informationen aber handelt es sich um Betriebsinterna, die begriffsnotwendig in der Sphäre der GmbH liegen; sie allein wäre zur Aufklärung zwar in der Lage, ist hierzu jedoch nicht verpflichtet. Zudem gibt es keine allgemein gültigen Kriterien oder Richtwerte für die Bemessung eines angemessenen Entgelts, so daß sich die Finanzbehörde nicht mit Erfolg auf das Indiz eines Fremdvergleichs stützen kann.

Die letztlich vom BFH genannte Fallgruppe der entgeltlichen Unterbeauftragung eines Gesellschafters als Subunternehmer steht weder mit dem präventiven Wettbewerbsverbot noch mit der treuwidrigen Aneignung von Gesellschaftschancen in einem Zusammenhang. Zum einen besteht aufgrund einander ergänzender Interessen kein Konkurrenzverhältnis; zum anderen kann schon begrifflich nicht mehr von einer Geschäftschance die Rede sein, wenn die GmbH gegenüber einem Dritten die rechtsgeschäftliche Verpflichtung bereits eingegangen ist. Dies aber ist begriffsnotwendig Voraussetzung einer Unterbeauftragung des Gesellschafters als Subunternehmer. Im Hinblick auf den Tatbestand einer verdeckten Gewinnausschüttung kann somit nur das, dem Gesellschafter als Gegenleistung, gewährte Entgelt auf seine Angemessenheit überprüft werden.

Resümierend lassen sich aus der vorliegenden Arbeit zwei wesentliche Ergebnisse zusammenfassen: Die Anerkennung des zivilrechtlichen Primats und die daraus von der Rechtsprechung des BFH gezogenen Folgerungen in den bisher entschiedenen Fällen für den Tatbestand einer verdeckten Gewinnausschüttung im Zusammenhang mit dem Verstoß gegen das Wettbewerbsverbot sind - zunächst jedenfalls - konsequent. Mit der Anknüpfung einer verdeckten Gewinnausschüttung an die Geschäftschancenlehre aber ist gegenüber der bisherigen Rechtsprechung nichts gewonnen. Sie hat vielmehr neue Verwirrung gestiftet.
Eine geordnete Dogmatik ließe sich zunächst erreichen, würde der BFH an die Treuepflicht als gemeinsame Rechtsgrundlage des Wettbewerbsverbotes wie auch der Geschäftschancenlehre anknüpfen. Inhaltlich aber wird die Finanzrechtsprechung erneut über ihre eigenständige - von dem zuvor neu entdeckten zivilrechtlichen Primat losgelöst - steuerrechtliche Betrachtung stolpern. Die letztlich alles entscheidende Frage, ob eine Geschäftschance der GmbH zuzuordnen war oder ob sie tatsächlich dem Gesellschafter in Verfolgung eigener Interessen zustand, beurteilt sich nach dem BFH ausschließlich nach steuerrechtlichen Maßstäben.
Die Tatsacheninstanz wird hier vor letztlich unlösbare Probleme der (Wissens-) Zurechnung gestellt. Auch der BFH hat diese Schwierigkeiten der Sachverhaltsermittlung gesehen und im dritten Leitsatz des Urteils vom 11.06.1996 I R 97/95[1] eine Vermutungsregel aufgestellt: "Unterhält der Gesellschafter-Geschäftsführer kein Einzelunternehmen, so kann das FG in Ermangelung anderer Beweismittel die Geschäftschance entsprechend den Unternehmensgegenständen den in Betracht kommenden Gesellschaften zurechnen." Zweifel aber werden in der Praxis nie auszuschließen sein. Wollen die Beteiligten sichergehen, daß eine Geschäftschance bzw. das Wissen um diese - auch im Anschluß an eine Außenprüfung - noch bei dem Gesellschafter (-Geschäftsführer) verbleibt, so werden sie auf die altbekannte Abgrenzungsvereinbarung zurückgreifen müssen. Dann aber stellt sich die Frage, ob nicht der Rechtszustand aus der Zeit vor der Rechtsprechungsänderung weitgehend wieder auflebt oder erhalten bleibt. Wo liegt de facto der Unterschied, ob eine verdeckte Gewinnausschüttung im Verstoß gegen das Wettbewerbsverbot oder in der Vereitelung von Geschäftschancen bzw. in der unentgeltlichen Weitergabe von Wissen gesehen wird ? Und ist es nicht das Gleiche, wenn zwar die Befreiung vom Wettbewerbsverbot einer Aufgabenabgrenzung nicht bedarf, weil eine solche zivilrechtlich nicht existiert; dafür aber ebenso klar die Aufgabengebiete und damit die Geschäftschancen aufgeteilt werden müssen ?

---

1 BFH v. 11.06.1996 I R 97/95, DStR 1996, 1769.

Nicht nur die Diskussion beruhigen, sondern vorrangig der Einzelfallgerechtigkeit und Rechtssicherheit dienen würde der ausnahmslose Verzicht des BFH auf eigenständige steuerrechtliche Betrachtungen und eine ausnahmslose Anknüpfung der Besteuerung an das Subjekt der Einkünfteerzielung.[2]
Nach der allgemeinen Zurechnungsregelung des § 2 Abs. 1 EStG[3] werden Einkünfte bei dem Rechtssubjekt der Besteuerung unterworfen, das sie "erzielt", d.h. erwirtschaftet. Erwirtschaftet werden sie von dem, der die Einkünfte aufgrund seiner Betätigung oder seines Vermögenseinsatzes unter Beteiligung am wirtschaftlichen Verkehr erhält. Hierzu ermöglicht das Zivilrecht - explizit die Vorschriften über die Stellvertretung - eine eindeutige Zuordnung des jeweiligen Geschäfts: Hat der Gesellschafter (-Geschäftsführer) für die GmbH gehandelt, ist dieser der Geschäftserfolg[4] zuzurechnen. Hat er nicht im Namen der GmbH gehandelt, führt er mangels Offenkundigkeit (§ 164 BGB) ein eigenes Geschäft, dessen Erfolg auf seinem Konto zu verbuchen ist. Für eine willkürliche Zuordnung von Geschäften ist kein Raum, so daß es insbesondere des Kunstgriffs einer vorherigen und klaren Abgrenzungsvereinbarung nicht bedarf. Geht es dem BFH letztlich um eine Mißbrauchsbekämpfung bzw. -verhinderung in dem Sinne, Gesellschaft und Mitgesellschafter vor der Gefahr zu schützen, daß ein Gesellschafter seinen Einfluß auf die Gesellschaft zu eigennützigen Zwecken mißbraucht und Informationen und Kenntnisse in Bezug auf die Geschäftstätigkeit des Unternehmens, die er kraft seiner Gesellschafterstellung erlangt, unter Verletzung seiner Förderungs- und Treuepflicht im eigenen Interesse verwertet[5], so ist die Konstruktion einer verdeckten Gewinnausschüttung hierzu nicht das richtige Mittel. Insbesondere hat diese Zielsetzung nichts mit der Forderung nach einem - wie auch immer zu ermittelnden - angemessenen Entgelt als Gegenleistung für die Befreiung vom präventiven Wettbewerbsverbot wie auch für die Überlassung von Gesellschaftschancen zu tun; vor allem dann nicht, wenn sich die übrigen Mitgesellschafter diese Gegenleistung gar nicht ausbedungen haben.

Auch aus steuerpolitischer Sicht ließen sich keine gewichtigen Gründe gegen eine Besteuerung der Gewinne bei dem Subjekt anführen, das die Geschäfte durchgeführt hat und bei dem die Gewinne tatsächlich entstanden sind. Aufgrund des Anrechnungsverfahrens hat der Gesellschafter den verdeckt ausgeschütteten Betrag zuzüglich der Ausschüttungsbelastung bei der Kapitalgesellschaft als Beteiligungsertrag im Sinne von § 20 Abs. 1 Nr. 1 Satz 2 EStG[6] mit seinem

---

2 In diesem Sinne auch *Hoffmann*, WiB 1996, 15, 16.

3 In Verbindung mit § 8 Abs. 1 KStG auch für die Besteuerung von Körperschaften maßgeblich.

4 Und ebenso der Mißerfolg.

5 Vgl. *Ulmer*, in: Großkommentar, HGB, § 112 Anm. 1 zum Wettbewerbsverbot des persönlich haftenden Gesellschafters.

6 Dies, sofern er seine Beteiligung im Privatvermögen hält; vgl. oben 1.4.2, S. 36 ff..

individuellen Steuersatz zu versteuern. Das gleiche Resultat würde erzielt, würde man das Ergebnis des Geschäfts - ohne den Umweg über eine Zurechnung zur Gesellschaft gemäß § 8 Abs. 3 Satz 2 KStG - sogleich bei dem Gesellschafter belassen und in der jeweiligen Einkunftsart der Einkommensteuer unterwerfen.

Hält der Gesellschafter seine Beteiligung im Privatvermögen, ergäbe sich lediglich im Hinblick auf die Gewerbesteuer und Umsatzsteuer eine Abweichung im Sinne einer Einbuße des Steueraufkommens.
Der verdeckt ausgeschüttete Gewinn würde keine Einbeziehung in den Bemessungsfaktor des Gewerbeertrages (§ 7 GewStG) erfahren. Gewerbeertrag bezeichnet den nach den Vorschriften des Einkommen- und Körperschaftsteuergesetzes zu ermittelnden Gewinn aus dem Gewerbebetrieb. Gemäß § 2 Abs. 2 GewStG gelten[7] Tätigkeiten einer Kapitalgesellschaft - unabhängig von ihrer Art im Einzelfall - stets und in vollem Umfang als Gewerbebetrieb. Auf die verdeckte Gewinnausschüttung würde damit keine Gewerbesteuer erhoben werden.
Ein weiterer Unterschied gegenüber der Zurechnung der verdeckten Gewinnausschüttung zur GmbH wäre die Nichtberücksichtigung des entsprechenden Betrages im Rahmen der Umsatzsteuer. Nach § 1 Abs. 1 Nr. 3 UStG unterliegen der Umsatzsteuer auch unentgeltliche Lieferungen und Leistungen der Kapitalgesellschaft an ihre Gesellschafter. Darunter fallen regelmäßig auch verdeckte Gewinnausschüttungen.[8]

---

[7] BFH-Beschluß v. 25.06.1984 GrS 4/82, BStBl 1984 II 751, 763 spricht insofern von einer Fiktion.

[8] Vgl. KStR 1990 Abschn. 11 Abs. 1 Satz 2, die jedoch nach der dort vertretenen Auffassung gleichfalls unter den Eigenverbrauch fallen können, der nach § 1 Abs. 1 Nr. 2 b UStG ebenfalls der Umsatzsteuer unterliegt.

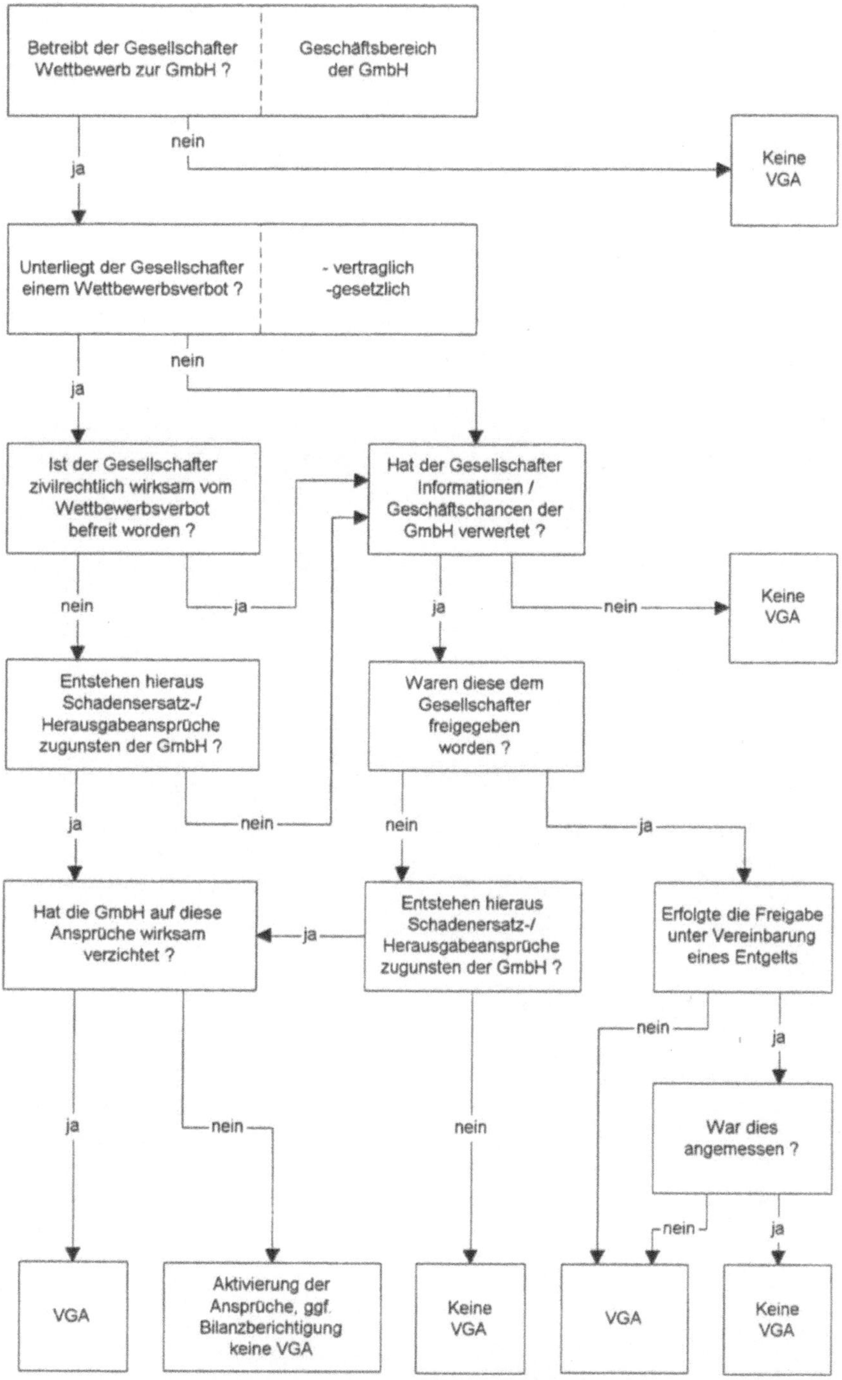
Betreibt der Gesellschafter Wettbewerb zur GmbH ?
Geschäftsbereich der GmbH
ja
nein
Keine VGA
Unterliegt der Gesellschafter einem Wettbewerbsverbot ?
- vertraglich
-gesetzlich
ja
nein
Ist der Gesellschafter zivilrechtlich wirksam vom Wettbewerbsverbot befreit worden ?
Hat der Gesellschafter Informationen / Geschäftschancen der GmbH verwertet ?
nein
ja
ja
nein
Keine VGA
Entstehen hieraus Schadensersatz-/ Herausgabeansprüche zugunsten der GmbH ?
Waren diese dem Gesellschafter freigegeben worden ?
ja
nein
nein
ja
Hat die GmbH auf diese Ansprüche wirksam verzichtet ?
ja
Entstehen hieraus Schadenersatz-/ Herausgabeansprüche zugunsten der GmbH ?
Erfolgte die Freigabe unter Vereinbarung eines Entgelts
nein
ja
War dies angemessen ?
ja
nein
nein
nein
ja
VGA
Aktivierung der Ansprüche, ggf. Bilanzberichtigung keine VGA
Keine VGA
VGA
Keine VGA

Literaturverzeichnis

Aretz, Elmar / Bühler, Ralf

Anmerkungen zu BFH v. 30.08.1995 I R 155/94, in: BB 1995, 2628 ff.

Assmann, Heinz-Dieter

Gläubigerschutz im faktischen GmbH-Konzern durch richterliche Rechtsfortbildung - Teil 2, JZ 1986, 928 ff.

Ballerstedt, Kurt

Kapital, Gewinn und Ausschüttung bei Kapitalgesellschaften, Tübingen 1949

Balmes, Frank

Steuerklauseln und Steuermißbrauch, DStZ 1993, 620 ff.

Baumbach, Adolf / Hefermehl, Wolfgang

Gesetz gegen den unlauteren Wettbewerb, Kommentar, 19. Auflage, München, Stand: März 1996

Baumbach, Adolf / Hopt, Klaus

Kommentar zum Handelsgesetzbuch, 29. Auflage, München 1995

Baumbach, Adolf / Hueck, Alfred

Kommentar zum GmbH-Gesetz, 16. Auflage, München 1996

Beck'scher Bilanz-Kommentar

Der Jahresabschluß nach Handels- und Steuerrecht, Das Dritte Buch des HGB, 3. Auflage, München 1994

Becker, Michael

Der Ausschluß aus der Aktiengesellschaft, ZGR 1986, 383 f.

Beckmann, Günter

Die Satzungsklausel gegen verdeckte Gewinnausschüttungen, BB 1967, 532 ff.

Bellstedt, Christoph

Die verdeckte Gewinnausschüttung - neue Definition, neue Tendenzen, internationale Auswirkungen, FR 1990, 65 ff.

Beuthien, Volker

Gesellschaftsrecht und Kartellrecht, ZHR 142 (1978), 259 ff.

Bitz, Horst

Belastung von Kapitalgesellschaft und Gesellschaftern durch verdeckte Gewinnausschüttungen aus EK 45 bzw. aus EK 01-03 im Vergleich zu offenen Ausschüttungen anhand einer Beispielrechnung, GmbHR 1995, 108 ff.

Blümich

Einkommensteuergesetz, Körperschaftsteuergesetz, Gewerbesteuergesetz, Kommentar, Band 1: §§ 1-8 EStG, 15. Auflage, Stand: 54. Erg.Lieferg., September 1996

Boesebeck, Ernst

"Satzungsdurchbrechung" im Recht der AG und GmbH, NJW 1960, 2265 ff.

Borst, Günther

Die zivilrechtlichen und steuerrechtlichen Rechtsfolgen der geschäftlichen Betätigung eines Gesellschafters außerhalb seiner GmbH, BB 1990, 2236 ff.

Brezing, Klaus

Überlegungen zum Zufluß, Abfluß und Rückfluß verdeckter Gewinnausschüttun-gen, StbJb 1983/84, 215 ff.

Brezing, Klaus

Replik zu Andreas Knolle, Ein Urteil des Bundesfinanzhofs zur Rückgängig-machung verdeckter Gewinnausschüttungen, DB 1985, 1265 ff, in: DB 1985, 1266

Bundesministerium der Finanzen

Gutachten der Steuerreformkommission 1971, Schriftenreihe des Bundes-ministeriums der Finanzen, Heft 17, Bonn

Bundesministerium der Finanzen

Pressemitteilung Nr. 13/89 vom 26.05.1989, DStZ/E 1989, 183

Bundesministerium der Justiz (Hrsg.)

Bericht über die Verhandlungen der Unternehmensrechtskommission, Köln 1980

Buyer, Christoph

Ist die Minderung des Gesellschaftsvermögens Tatbestandsmerkmal der verdeckten Gewinnausschüttung ?, BB 1990, 1809 ff.

Buyer, Christoph

Die verdeckte Gewinnausschüttung bei Verletzung des Wettbewerbsverbots durch den Gesellschafter-Geschäftsführer oder den Nur-Gesellschafter einer GmbH, BB 1993, 2057 ff.

Buyer, Christoph

Verdeckte Gewinnausschüttungen bei Verletzung der gesellschafter- und mitgliedschaftlichen Treuepflichten, GmbHR 1996, 98 ff.

Canaris, Claus-Wilhelm

Feststellung von Lücken im Gesetz, 2. Auflage, Berlin 1983

Centrale für GmbH (Hrsg.)

Das neue GmbH-Recht in der Diskussion: zugleich Bericht über die Centrale-Arbeitstagung in Köln am 08.09.1980, Köln 1981

Classen, Andrea

Minderung der Einkünfte durch Rückzahlung verdeckter Gewinnausschüttungen ?, BB 1984, 327 ff.

Deutscher Bundestag

Beschlußempfehlung des Petitionsausschusses - 21. Sitzung vom 16.02.1995 - Pet.2-12-08-6110-56705-Anl.14 z. Prot. Nr. 13/4 - Drucks. 13/427, in: BB 1995, 1019 ff.

Döllerer, Georg

Fragen der verdeckten Gewinnausschüttung der Aktiengesellschaft, BB 1967, 1437 ff.

Döllerer, Georg

Verdeckte Gewinnausschüttungen und verdeckte Einlagen nach neuem Körperschaftsteuerrecht, BB 1979, 57 ff.

Döllerer, Georg

Die verdeckte Gewinnausschüttung und ihre Rückabwicklung nach neuen Körperschaftsrecht, DStR 1980, 395 ff.

Döllerer, Georg

Zur Rechtsnatur der neuen Körperschaftsteuer, BB 1983, 1 ff.

Döllerer, Georg

Der ordentliche Kaufmann bei Aufstellung der Bilanz, BB 1986, 97 ff.

Döllerer, Georg

Verdeckte Gewinnausschüttungen, verdeckte Einlagen - neue Rechtsprechung, neue Fragen, DStR 1989, 331 ff.

Döllerer, Georg

Anmerkung zu BFH Urteil v. 22.02.1989 - I R 44/85, in: BB 1989, 1174 ff.

Döllerer, Georg

Die Rechtsprechung des Bundesfinanzhofs zum Steuerrecht der Unternehmen, ZGR 1989, 500 ff.

Döllerer, Georg

Verdeckte Gewinnausschüttungen und verdeckte Einlagen bei Kapitalgesell-schaften, 2. Auflage, Heidelberg 1990 (zitiert: Verdeckte Gewinnausschüttungen)

Döllerer, Georg

Anmerkung zu BGH v. 28.09.1992 - II ZR 299/91, BB 1992, 2384, in: BB 1993, 1498

Dötsch, Ewald / Eversberg, Horst / Jost, Werner / Witt, Georg

Die Körperschaftsteuer, Kommentar, Band 2, Stand: 29. Erg.Lieferg., Februar 1997, Stuttgart

Elze, Hans

Lücken im Gesetz, Leipzig 1916

Emmerich, Volker / Sonnenschein, Jürgen

Konzernrecht, 5. Auflage, München 1993

Endemann, Wilhelm

Handbuch des deutschen Handels-, See- und Wechselrechts, Band 1, 1. Buch: Die Personen des Handelsrechts, Leipzig 1881

Engisch, Karl

Einführung in das juristische Denken, 8. Auflage, Stuttgart 1983

Eppler, Gerold

Die Beweislast (Feststellungslast) bei der verdeckten Gewinnausschüttung, DStR 1988, 339 ff.

Eppler, Gerold

Zur verdeckten Gewinnausschüttung durch überhöhte Anschaffungskosten für ein aktivierungspflichtiges Wirtschaftsgut, DStR 1990, 136 ff.

Eppler, Gerold

Der Geschäftsführer und der beherrschende Gesellschafter als Konkurrent der GmbH, DStR 1990, 198 ff.

Fleck, Hans-Joachim

Neueste Entwicklungen in der Rechtsprechung zur Vor-GmbH, GmbHR 1983, 5 ff.

Flick, Hans / Wassermeyer, Franz / Becker, Helmut

Kommentar zum Außensteuergesetz, Band I: §§ 1-5, Stand: 38. Erg.Lieferg., Dezember 1996, Köln

Flume, Werner

Allgemeiner Teil des Bürgerlichen Rechts, Erster Band, Erster Teil: Die Personengesellschaft, Berlin, Heidelberg, New York 1977; Zweiter Teil: Die juristische Person, Berlin, Heidelberg, New York 1983

Flume, Werner

Besteuerung von Untreue, Unterschlagung oder Diebstahl als verdeckte Gewinnausschüttung ?, DB 1993, 1945 ff.

Flume, Werner

Die Steuerklausel und die steuerliche Kautelarjurisprudenz, DB 1970, 77 ff.

Flume, Werner

Der Gesellschafter und das Vermögen der Kapitalgesellschaft und die Problematik der verdeckten Gewinnausschüttung, ZHR 144 (1980), 18 ff.

Flume, Werner

Zur Enträtselung der Vorgesellschaft, NJW 1981, 1753 ff.

Friedewald, Rolf

Die personalistische Aktiengesellschaft, Köln, Berlin, Bonn 1991

Frotscher, Gerrit / Maas, Ernst

Kommentar zum Körperschaftsteuergesetz, Stand: 49.Erg.Liefg. Dezember 1996

Furkel, Rüdiger

Zur Rückgängigmachung verdeckter Gewinnausschüttungen, BB 1973, 1541 ff.

Gaffron, Klaus

Verdeckte Gewinnausschüttungen und Satzungsklauseln im Handels- und Steuerrecht, GmbHR 1971, 38 ff.

Ganßmüller, Helmut

Zum Recht der Vor-GmbH, insbesondere im Falle ihrer Liquidation, GmbHR 1963, 101 ff.

Gemeinschaftskommentar zum Handelsgesetzbuch,

hrsg. von Georg W. Bandasch, Band 1, 4. Auflage, Neuwied, Darmstadt, Stand 1991

Gessler, Ernst / Hefermehl, Wolfgang / Eckardt, Ulrich / Kropf, Bruno

Kommentar zum AktG, Band I, München 1984; Band II, München 1974; 10. Lieferung, München 1986

Gessler, Ernst

Zur handelsrechtlichen verdeckten Gewinnausschüttung, in: Festschrift für Robert Fischer, Berlin, New York 1979, S. 131 ff.

Glassner, Bruno

Brennpunkte der Beratung - Rückgewähr verdeckter Gewinnausschüttungen auf Grund von Satzungsklauseln, DStZ 1985, 204 ff.

Gleiss, Alfred / Hootz, Christian

Die kartellrechtliche Zulässigkeit des gesellschaftsrechtlichen Wettbewerbsverbots im Recht der oHG, NJW 1963, 1338 ff.

Godin, Freiherr von / Wilhelmi, Hans / Wilhelmi, Sylvester

Kommentar zum AktG, Band I, 4. Auflage, Berlin, New York 1971

Gosch, Dietmar

Wettbewerbsverbot und vGA - Anmerkung zur Änderung der BFH-Recht-sprechung durch das Urteil vom 30.08.1995, I R 155/94, in: DStR 1995, 1863 ff.

Gosch, Dietmar

Steuerrechtsprechung mit Beratungsrelevanz 1995/96, 25 ff.

Gosch, Dietmar

Wettbewerbsverbot, Geschäftschancenlehre und verdeckte Gewinnausschüttung: Checkliste und Prüfungsschema, DStR 1997, 442 ff.

Groh, Manfred

Zur Bilanztheorie des BFH, StbJb 1979/80, 121 ff.

Großkommentar zum Handelsgesetzbuch, Hermann Staub (Begr.),

1. Band, §§ 1-104, 4. Auflage, Berlin 1995; 2. Band, 1. Halbband, §§ 105-144, 3. Auflage, Berlin, New York 1973 Großkommentar zum Aktiengesetz, 3. Auflage, Berlin, New York 1973

Grottke, Sybille

Die Vorgründungsgesellschaft der GmbH - Rechtliche Struktur und Haftungs-fragen, Bochum 1992

Haarmann, Wilhelm

7. Generalthema: Kapitalerhaltung, B. Steuerrechtliche Konzepte, JbFSt 1988/89, 369 ff, 387 ff.

Habammer, Christoph

Die verdeckte Gewinnausschüttung, Regensburg 1995

Hachenburg, Max / Ulmer, Peter (Hrsg)

GmbH-Gesetz, Großkommentar, Band 1, Allgemeine Einleitung, §§ 1-34, 8. Auflage, Berlin, New York 1992

Hager, Johannes

Die verdeckte Gewinnausschüttung in der GmbH, ZGR 1989, 71 ff.

Hartmann, Bernhard

Schadensersatzanspruch der GmbH gegenüber einem Gesellschafter für die Nut-zung ihres Fachwissens und ihrer Geschäftsverbindungen außerhalb der GmbH, DB 1981, 1073 ff.

Helmrich

Stenographische Berichte der Verhandlung des Deutschen Bundestages, 8. Wahlperiode 1976, Band 115, S. 17366 A

Herrmann, Carl / Heuer, Gerhard / Raupach, Arndt
Einkommensteuer- und Körperschaftsteuergesetz, Kommentar, 21. Auflage, Köln, Stand: Oktober 1995

Heymann, Ernst (Begr.)
Kommentar zum Handelsgesetzbuch, Band 1, §§ 1-104 HGB, Berlin, New York, 1989; Band 2, §§ 105-237 HGB, Berlin, New York 1989

Hoffmann, Wolf-Dieter
Der Griff in die Gesellschaftskasse als verdeckte Gewinnausschüttung, DStR 1993, 352 ff.

Hoffmann, Wolf-Dieter
Wettbewerbsverbot und verdeckte Gewinnausschüttung - Zur Neuausrichtung der BFH-Rechtsprechung, WiB 1996, 15 ff.

Hopt, Klaus J. / Hehl, Günther
Handels- und Gesellschaftsrecht, Band II: Gesellschaftsrecht, 4. Auflage, München 1996

Hopt, Klaus J. / Mössle, Klaus
Handelsrecht, München 1985

Hueck, Alfred
Der Treuegedanke im Recht der offenen Handelsgesellschaft, in Festschrift für Rudolf Hübner, Jena 1935, S. 72 ff.

Hueck, Alfred
Der Treuegedanke im modernen Privatrecht, 1947

Hueck, Alfred
Das Recht der oHG, 4. Auflage, Berlin, New York 1971

Hueck, Götz
Vorgesellschaft, in: Festschrift 100 Jahre GmbHG, Köln 1992, S. 127 ff.

Hüffer, Uwe
Zur gesellschaftsrechtlichen Treuepflicht als richterlicher Generalklausel, in: Festschrift für Ernst Steindorff, Berlin, New York 1990, S. 59 ff.

Hüffer, Uwe
Aktiengesetz, 2. Auflage, München 1995

Hüffer, Uwe
Das Gründungsrecht der GmbH - Grundzüge, Fortschritte, Neuerungen, JuS 1983, 161

Immenga, Ulrich
Die personalistische Kapitalgesellschaft, Bad Homburg 1970

Immenga, Ulrich

Anmerkung zu BGH v. 05.12.1983 - II ZR 242/82, in: JZ 1984, 578 ff.

Immenga, Ulrich / Mestmäcker, Ernst-Joachim

Gesetz gegen Wettbewerbsbeschränkungen, Kommentar, 2. Auflage, München 1992

Ivens, Michael

Das satzungsmäßige Konkurrenzverbot des GmbH-Gesellschafters, Hamburg 1986 (zitiert: Das satzungsmäßige Konkurrenzverbot)

Ivens, Michael

Das Konkurrenzverbot der GmbH-Gesellschafter und § 1 GWB, DB 1988, 215 ff.

Jakob, Wolfgang

Einkommensteuer, 2. Auflage, München 1996

Janssen, Bernhard

Beweislast bei der verdeckten Gewinnausschüttung, DStR 1994, 314 ff.

Joost, Detlev

Grundlagen und Rechtsfolgen der Kapitalerhaltungsregeln in der GmbH, ZHR 148 (1984), 27 ff.

Kanzleiter, Rainer

Schranken der Zulässigkeit von Wettbewerbsverboten in Gesellschaftsverträgen, DNotZ 1989, 195 ff.

Kapp, Reinhard

Einfluß nicht erwarteter steuerlicher Folgen auf Schenkungen, BB 1979, 1207 ff.

Katterbe, Burkhard

Der Vorteilsausgleich bei Liefergeschäften im Konzern, DB 1983, 365 ff.

Kempermann, Michael

Amtsermittlung, Mitwirkungspflichten und Beweislast bei Auslandssachverhalten, FR 1990, 437 ff.

Kirchhof, Paul

Steuerumgehung und Auslegungsmethode, StuW 1983, 173 ff.

Kirchhof, Paul /Söhn, Hartmut

Einkommensteuergesetz, Kommentar, Heidelberg, Stand: Juli 1994

Knobbe-Keuk, Brigitte

Bilanz- und Unternehmenssteuerrecht, 9. Auflage, Köln 1993, 7. Auflage, Köln 1989

Knobbe-Keuk, Brigitte

Der Tatbestand der verdeckten Gewinnausschüttung und branchengleiche Tätigkeit des Gesellschafter-Geschäftsführers, GmbHR 1992, 333 ff.

Knolle, Andreas

Die verdeckte Gewinnausschüttung im Schnittpunkt von GmbH-Recht, Bilanzrecht und Steuerrecht, Frankfurt a.M. 1984

Knolle, Andreas

Ein Urteil des Bundesfinanzhofs zur Rückgängigmachung verdeckter Gewinnausschüttungen, DB 1985, 1285 f.

Kölner Kommentar zum Aktiengesetz,

hrsg. von Wolfgang Zöllner, Band 2: §§ 76-117, 2. Auflage Köln, Berlin, Bonn 1996

Kottke, Klaus

Abschn. 41 Abs. 3 EStR als Präzedenzfall für die Anerkennung von Steuer-klauseln ?, DStR 1967, 446 ff.

Krebs, Hans-Joachim

7. Generalthema: Kapitalerhaltung, B. Steuerrechtliche Konzepte, JbFSt 1988/89, 369 ff, 397 ff.

Kübler, Friedrich

Erwerbschancen und Organpflichten, Überlegungen zur Entwicklung der Lehre von den "corporate opportunities", in Festschrift für Winfried Werner, Berlin, New York 1984, S. 437 ff.

Kübler, Friedrich / Waltermann, Jens

Geschäftschancen der Kommanditgesellschaft, ZGR 1991, 162 ff.

Lange, Joachim

Verdeckte Gewinnausschüttungen, 6. Auflage, Herne, Berlin 1993

Lange, Joachim

Wettbewerbsverbot und verdeckte Gewinnausschüttung, NWB Nr. 15 vom 06.04.1992, Fach 4, S. 3749 ff.

Larenz, Karl

Methodenlehre der Rechtswissenschaft, 6. Auflage, Berlin, Heidelberg, New York 1991

Lawall, Lars

Wettbewerbsverbot des Einmann-Gesellschafters, DStR 1996, 605 ff.

Lempenau, Gerhard

Verdeckte Gewinnausschüttung - Sorgenkind der Körperschaftsteuerreform, BB 1977, 1209 ff.

Lempenau, Gerhard

Begründet die Verpflichtung zur Rückzahlung einer verdeckten eine Einlage ?, BB 1991, 1095 ff.

Lempenau, Gerhard

Verdeckte Gewinnausschüttung an beherrschende Gesellschafter - Gesellschaftsrechtliches Strukturprinzip oder steuerliches Sonderrecht, in: Ertragsbesteuerung: Zurechnung, Ermittlung und Gestaltungen, Festschrift für Ludwig Schmidt, München 1993, S. 605 ff.

List, Heinrich

Privatrecht und Steuerrecht, in: Handelsrecht und Steuerrecht, Festschrift für Georg Döllerer, hrsg. von Brigitte Knobbe-Keuk, Frank Klein, Adolf Moxter, Düsseldorf 1988, S. 369 ff.

Löffler, Joachim

Zur Reichweite des gesetzlichen Wettbewerbsverbots in der Kommanditgesellschaft, NJW 1986, 223 ff.

Lutter, Marcus

Zur Treuepflicht des Großaktionärs, JZ 1976, 225 ff.

Lutter, Marcus

Theorie der Mitgliedschaft, AcP 180 (1980), 84 ff.

Lutter, Marcus

Zur inhaltlichen Begründung von Mehrheitsentscheidungen, ZGR 1981, 169 ff.

Lutter, Marcus / Hommelhoff, Peter

GmbH-Gesetz, 14. Auflage, Köln 1995

Lutter, Marcus / Timm, Wolfram

Konzernrechtlicher Präventivschutz im GmbH-Recht, NJW 1982, 409 ff.

Maas, Ernst

Die neue Rechtsprechung des BFH zur verdeckten Gewinnausschüttung, StVj 1990, 42 ff.

Martens, Klaus-Peter

Die GmbH und der Minderheitenschutz, GmbHR 1984, 265 ff.

Martens, Klaus-Peter

Mehrheits- und Konzernherrschaft in der personalistischen GmbH, Köln 1970

Maunz, Theodor / Dürig, Günter / Herzog, Roman / Scholz, Rupert

Kommentar zum Grundgesetz, Band II, Art. 12 a-37, München, Stand: Dezember 1996

Meier, Norbert

Steuerliche Behandlung des Verstoßes gegen das Wettbewerbsverbot durch den Gesellschafter-Geschäftsführer einer GmbH, GmbHR 1990, 229 ff.

Meier, Norbert

Hat der Gesellschafter-Geschäftsführer einer Kapitalgesellschaft ein Entgelt für die Dispenserteilung vom Wettbewerbsverbot zu zahlen ?, GmbHR 1990, 586 ff.

Meier, Norbert

Das Wettbewerbsverbot des Gesellschafter/Geschäftsführers einer GmbH, DStR 1992, 344 ff.

Meilicke, Heinz

Verdeckte Gewinnausschüttung ohne Ausschüttung bei Rückgewährpflicht ?, BB 1990, 1231 ff.

Mertens, Hans-Joachim

Das Recht des Geschäftsführers der GmbH, Berlin, New York 1979

Mertens, Hans-Joachim

Die Geschäftsführerhaftung der GmbH und das ITT-Urteil, in Festschrift für Robert Fischer, Berlin, New York 1979, S. 461 ff.

Mertens, Hans-Joachim

Deliktsrecht und Sonderprivatrecht des deliktischen Schutzes von Vermögensinteressen, AcP 178 (1978), 227 ff.

Mertens, Hans-Joachim / Cahn, Andreas

Wettbewerbsverbot und verdeckte Gewinnausschüttung im GmbH-Konzern, in: Festschrift für Theodor Heinsius, Berlin, New York 1991, S. 545 ff.

Mestmäcker, Ernst-Joachim

Verwaltung, Konzerngewalt und Rechte der Aktionäre, Karlsruhe 1958

Meyer-Arndt, Lüder

Leistungsverhältnisse zwischen nahen Angehörigen - von der Rechsprechung diskriminiert ?, StbJb 1987/88, 167 ff.

Meyer-Arndt, Lüder

Inhalt und Bedeutung von § 41 Abs. 1 AO, dargestellt an Hand von drei Fallgruppen, in: Betriebswirtschaftliche Steuerlehre und Steuerberatung, Festschrift für Gerd Rose, Wiesbaden 1991, S. 373 ff.

Meyer-Arndt, Lüder

Wettbewerbsverbot und verdeckte Gewinnausschüttung, StbJb 1991/92, 67 ff.

Meyer-Arndt, Lüder

Wettbewerbsverbot und verdeckte Gewinnausschüttung, BB 1992, 534 ff.

Möschel, Wernhard

Das Recht der Wettbewerbsbeschränkungen, Köln 1983

Mössner, Jörg Manfred

Altes und Neues zur verdeckten Gewinnausschüttung, in: Harzburger Protokoll '90, 29. Fachtagung Bad Harzburg des Steuerberaterverbandes Niedersachsen e.V., Hannover 1991, S. 277 ff.(zitiert: Gewinnausschüttung)

Mössner, Jörg Manfred

Anmerkung zu FG Niedersachsen VI 379/89 vom 14.05.1991, in: GmbHR 1991, 600 f.

Mössner, Jörg Manfred / Seeger, Siegbert F.

Körperschaftsteuergesetz, Kommentar, Stand: 24. Erg.Lieferg., September 1996, Herne, Berlin

Moxter, Adolf

Zur wirtschaftlichen Betrachtungsweise im Bilanzrecht, StuW 1989, 232 ff.

Münch, Christoph

Befreiung vom Wettbewerbsverbot im Recht der GmbH, NJW 1993, 225 ff.

Münch, Christoph

Befreiung von satzungsunabhängigen Wettbewerbsverboten im GmbH-Recht, MittBayNot 1991, 147 ff.

Münchener Kommentar zum BGB,

Band 1, 3. Auflage, München 1993; Band 2, 3. Auflage München 1994; Band 3, 2. Halbband, 2. Auflage, München 1986

Niehues, Karl

Das Wettbewerbsverbot der GmbH als Steuerproblem, DB 1992, 496 ff.

*Osten, Dinnies von d*er

Das Wettbewerbsverbot von Gesellschaftern und Gesellschafter-Geschäftsführern in der GmbH, GmbHR 1989, 450 ff.

Palandt

Bürgerliches Gesetzbuch, Kommentar, 56. Auflage, München 1997

Paus, Bernhard

Unterschlagungen als verdeckte Gewinnausschüttungen, DStZ 1993, 595 ff.

Paus, Bernhard / Wassermeyer, Franz

Unterschlagungen als verdeckte Gewinnausschüttungen, DB 1993, 1258 ff.

Pelka, Jürgen / Wüst, Joachim

Verletzung des Wettbewerbsverbotes und verdeckte Gewinnausschüttung, DStR 1992, 597 ff.

Pezzer, Heinz-Jürgen

Die verdeckte Gewinnausschüttung im Körperschaftsteuerrecht, Köln 1986 (zitiert: Die verdeckte Gewinnausschüttung)

Pezzer, Heinz-Jürgen

Verdeckte Gewinnausschüttung und Wettbewerbsverbot, StuW 1992, 270 ff.

Pezzer, Heinz-Jürgen

Anmerkung zu BFH v. 30.08.1995 I R 155/94, in: FR 1995, 906 ff.

Priester, Hans-Joachim

Satzungsänderung und Satzungsdurchbrechung, ZHR 151 (1987), 40 ff.

Priester, Hans-Joachim

Befreiung vom Wettbewerbsverbot und GmbH-Satzung - Öffnungsklausel oder konkrete Regelung, DB 1992, 2411 ff.

Priester, Hans-Joachim

Aktuelle Gestaltungsfragen bei GmbH-Verträgen, DStR 1992, 254 ff.

Priester, Hans-Joachim

Die eigene GmbH als fremder Dritter - Eigensphäre der Gesellschaft und Verhaltenspflichten ihrer Gesellschafter, ZGR 1993, 512 ff.

Priester, Hans-Joachim (Hrsg.) / Mayer, Dieter

Münchener Handbuch des Gesellschaftsrechts, Band 3, Gesellschaft mit beschränkter Haftung, München 1996

Rademacher, Martin

Wettbewerbsverbote für Gesellschafter und Geschäftsführer der GmbH, NWB F. 18, 3191 ff.

Raiser, Thomas

Wettbewerbsverbote als Mittel des konzernrechtlichen Präventivschutzes, in Festschrift für Werner Stimpel, Berlin, New York 1992, S. 855 ff.

Raiser, Thomas

Recht der Kapitalgesellschaften, 2. Auflage, München 1992

Ranft, Eckart

Aktuelle Fragen zur Besteuerung von Kapitalgesellschaften, StbJb 1972/73, S. 269 ff.

Ranft, Eckart

Rückgängigmachung von verdeckten Gewinnausschüttungen, GmbHR 1974, 13 ff.

Rehbinder, Eckard

Minderheiten- und Gläubigerschutz im faktischen GmbH-Konzern, AG 1986, 85 ff.

Rehbinder, Eckard

Treuepflichten im GmbH-Konzern - Besprechung der Entscheidung BGHZ 65, 15, ZGR 1976, 386 ff.

Reiss, Wolfram

Das Steuerrecht als Erkenntnisquelle des Gesellschaftsrechts und des Untreuestrafrechts am Beispiel der verdeckten Gewinnausschüttung, StuW 1992, 233 ff.

Riegger, Bodo

Unterliegt die Komplementär-GmbH dem gesetzlichen Wettbewerbsverbot ?, BB 1983, 90 ff.

Röhricht, Volker

Das Wettbewerbsverbot des Gesellschafters und des Geschäftsführers, Wpg 1992, 766 ff.

Röhrkasten, Burkhard

Die verdeckte Gewinnausschüttung im Gesellschaft- und Steuerrecht, Hamburg 1976

Rose, Gerd

Bemerkenswerte Entwicklungen in der Rechtsprechung des Bundesfinanzhofs zur verdeckten Gewinnausschüttung, DB 1968, 1874 ff.

Rosenberg, Leo

Die Beweislast auf der Grundlage des Bürgerlichen Gesetzbuchs und der Zivilprozeßordnung, 5. Auflage, München 1965

Roth, Günter

Gesetz betreffend die Gesellschaften mit beschränkter Haftung (GmbHG), Kommentar, 2. Auflage, München 1987

Rowedder, Heinz

Gesetz betreffend die Gesellschaften mit beschränkter Haftung (GmbHG), Kommentar, 2. Auflage, München 1990

Salfeld, Rainer

Wettbewerbsverbote im Gesellschaftsrecht, Frankfurt, Berlin, New York, 1987

Schiessl, Maximilian

Die Wahrnehmung von Geschäftschancen der GmbH durch ihren Geschäftsführer, GmbHR 1988, 53 ff.

Schilling, Wolfgang

Grundlagen eines GmbH-Konzernrechts, in: Strukturen und Entwicklungen im Handels-, Gesellschafts- und Wirtschaftsrecht, Festschrift für Wolfgang Hefermehl, München 1976, S. 383 ff.

Schlegelberger, Handelsgesetzbuch, Kommentar von Ernst Geßler, Wolfgang Hefermehl, Wolfgang Hildebrandt, Georg Schröder,

2. Band, §§ 48-104, 5. Auflage, München 1973; 3. Band, 1. Halbband, §§ 105-160, 5. Auflage, München 1992; 3. Band, 2. Halbband, §§ 161-177a, 335-342 (230-237 n.F.), 5. Auflage, München 1986

Schmidt, Karsten

Kartellverbot und "sonstige Wettbewerbsbeschränkungen". Begriff und Funktion des "gemeinsamen Zwecks" im GWB, Köln, München 1978 (zitiert: Kartellverbot)

Schmidt, Karsten

Konzernrecht, Minderheitenschutz und GmbH-Innenrecht, GmbHR 1979, 121 ff.

Schmidt, Karsten

Rechtsgrundlagen der Mitunternehmerschaft im Vorgründungsstadium der GmbH, GmbHR 1982, 6 ff.

Schmidt, Karsten

Anmerkung zu BFH v. 24.05.1989 I R 166/78, FR 1984, 540, in: FR 1984, 543

Schmidt, Karsten

Vertragliche Wettbewerbsverbote im deutschen Kartellrecht, ZHR 149 (1985), 1 ff.

Schmidt, Karsten

Gesellschaftsrecht, 2. Auflage, Köln, Berlin, Bonn 1991

Schmidt, Ludwig

Einkommensteuergesetz, Kommentar, 15. Auflage, München 1996

Schneider, Helmut

Wettbewerbsverbot und verdeckte Gewinnausschüttung, BB 1991, 1681 ff.

Schneider, Helmut

Wettbewerbsverbot und verdeckte Gewinnausschüttung - Ein Lösungsversuch, DB 1993, 1992 ff.

Scholz, Franz

Kommentar zum GmbH-Gesetz, I. Band, §§ 1-44, 8. Auflage, Köln 1993; II. Band, §§ 45-85, 8. Auflage, Köln 1995

Scholz, Rolf-Detlev

Zur verdeckten Gewinnausschüttung - eine oder vier Definitionen, FR 1990, 321 ff.

Schütte, Michael

Die Familiengesellschaft im Einkommensteuerrecht, Baden-Baden, 1986

Schulze-Osterloh, Joachim

Ersatzansprüche gegen Gesellschafter und verdeckte Gewinnausschüttung im Recht der GmbH unter besonderer Berücksichtigung von Verstößen gegen Wettbewerbsverbote, FR 1993, 73 ff.

Schulze-Osterloh, Joachim

Gläubiger- und Minderheitenschutz bei der steuerlichen Betriebsaufspaltung, ZGR 1983, 123 ff.

Schwedhelm, Rolf

Wettbewerbsverbot und Betriebsabgrenzung, DStR 1993, 245 ff.

Seeger, Siegbert F.

Anmerkung zum BFH-Urteil vom 13.9.1989 - I R 41/86, in: FR 1990, 53 ff.

Seeger, Siegbert F.

Zur Rückgängigmachung verdeckter Gewinnausschüttungen, StVj 1992, 249 ff.

Sina, Peter

Die Befreiung des GmbH-Geschäftsführers vom Wettbewerbsverbot, DStR 1991, 40 ff.

Soergel, Hans Theodor (Begr.)

Kommentar zum BGB, Band 2, 12. Auflage, Stuttgart, Berlin, Köln 1990

Söffing, Günter

Wettbewerbsverbot und verdeckte Gewinnausschüttung, FR 1993, 699 ff.

Spiegelberger, Sebastian

Das GmbH-Wettbewerbsverbot - ein Bumerang für den BFH, GmbHR 1992, 727 ff.

Spiegelberger, Sebastian

Verdeckte Gewinnausschüttung bei Verletzung des Wettbewerbsverbots durch den beherrschenden Gesellschafter oder Geschäftsführer einer GmbH, Beratungsempfehlungen für die GmbH, 12.10.1992, Verbandstage 1992, Rosenheim 1992 (zitiert: Beratungsempfehlungen)

Staudinger, Julius von (Begr.)

Kommentar zum Bürgerlichen Gesetzbuch, Einl. zu §§ 241 ff, 241, 242, 12. Auflage, Berlin 1983

Steindorff, Ernst

Gesetzeszweck und gemeinsamer Zweck des § 1 GWB, BB 1977, 569 ff.

Streck, Michael

Körperschaftsteuergesetz, Kommentar, 4. Auflage, München 1995

Streck, Michael

Der "Vertrag" zur Vermeidung verdeckter Gewinnausschüttungen bei beherrschenden Gesellschaftern aus Beratersicht, DStR 1991, 1645 ff.

Teichmann, Arndt

Gestaltungsfreiheit in Gesellschaftsverträgen, München 1970

Tiedtke, Klaus

Zur steuerlichen Bedeutung der bürgerlich-rechtlichen Wirksamkeit von Verträgen zwischen der GmbH und ihrem beherrschenden Gesellschafter, DStR 1993, 933 ff.

Thiel, Jochen

Verdeckte Gewinnausschüttung bei Verletzung des Wettbewerbsverbots durch Gesellschafter/Geschäftsführer einer GmbH, GmbHR 1992, 338 ff.

Thiel, Jochen

Die verdeckte Gewinnausschüttung im Spannungsfeld zwischen Zivil- und Steuerrecht, DStR 1993, 1801 ff.

Thiel, Rudolf

Die Besteuerung der verdeckten Gewinnausschüttung - ein Denkfehler im KStG 1977, DB 1976, 1542 ff.

Tietze, Jörg

Die Informationsrechte des GmbH-Gesellschafters, Rechtsfragen der Handelsgesellschaften, Köln 1985

Tillmann, Bert

Konkurrierende Tätigkeit des beherrschenden Gesellschafter-Geschäftsführers, in: Herausforderungen - Steuerberatung im Spannungsfeld der Teilrechtsordnung, Festgabe für Günther Felix, Köln 1989, S. 507 ff.

Tillmann, Bert

Wettbewerbsverbot des Gesellschafter-Geschäftsführers einer GmbH, GmbHR 1991, 26 ff.

Timm, Wolfram

Wettbewerbsverbot und "Geschäftschancen" - Lehre im Recht der GmbH, GmbHR 1981, 177 ff.

Tipke, Klaus

Steuerrecht und bürgerliches Recht, JuS 1970, 149 ff.

Tipke, Klaus

Steuerklauseln, NJW 1968, 868 ff.

Tipke, Klaus / Lang, Joachim

Steuerrecht, 14. Auflage, Köln 1994

Tipke, Klaus / Kruse, Wilhelm

Abgabenordnung, Finanzgerichtsordnung, Kommentar, Teil I, §§ 1-154 AO, Liefg. 80., Stand; 12/96; Teil II, §§ 155-368 AO, 16. Auflage 1996; Teil III, §§ 1-184 FGO, 16. Auflage 1996

Tries, Hermann-Josef

Verdeckte Gewinnausschüttungen im GmbH-Recht, Köln 1991

Ulmer, Peter

Abschied vom Vorbelastungsverbot im Gründungsstadium der GmbH, ZGR 1981, 593 ff.

Ulmer, Peter

Der Gläubigerschutz im faktischen GmbH-Konzern bei Fehlen von Minderheitsgesellschaftern, ZHR 148 (1984), 391 ff.

Ulmer, Peter

Verlustübernahmepflicht des herrschenden Unternehmens als konzernspezifischer Kapitalerhaltungsschutz, AG 1986, 123 ff.

Ulmer, Peter

Schutz der GmbH gegen Schädigung zugunsten ihrer Gesellschafter ?, in: Strafrecht, Unternehmensrecht, Anwaltsrecht, Festschrift für Gerd Pfeiffer, Köln, Berlin, Bonn 1988, S. 853 ff.

Verhoeven, Thomas

GmbH-Konzern-Innenrecht, Bonn 1978

Voges, Hans-Joachim

Zum Verhältnis der gesellschaftsrechtlichen Wettbewerbsverbote zum Kartellrecht, DB 1977, 2081 ff.

Wallis, Hugo von

Fragen des Bilanzsteuerrechts bei Kapitalgesellschaften in der Rechtsprechung des Bundesfinanzhofs, GmbHR 1968, 87 ff.

Wallis, Hugo von / Brandmüller, Gerhard / Schulze zur Wiesche, Dieter

Besteuerung der Personen- und Kapitalgesellschaft, 4. Auflage, Heidelberg 1991

Walz, Rainer

Die steuerrechtliche Herausforderung des Zivilrechts, ZHR 147 (1983), 281 ff.

Wassermeyer, Franz

Das Erfordernis objektiver und subjektiver Tatbestandsmerkmale in der ertragsteuerlichen Rechtsprechung des Bundesfinanzhofs, StuW 1982, 352 ff.

Wassermeyer, Franz

Die Auswirkungen der verdeckten Gewinnausschüttung auf die Steuerbilanz, DStR 1987, 484 ff.

Wassermeyer, Franz

Einige grundsätzliche Überlegungen zur verdeckte Gewinnausschüttung, DB 1987, 1113 ff.

Wassermeyer, Franz

Zur Rechtsprechung des Bundesgerichtshofs bei Steuerhinterziehung wegen verdeckter Gewinnausschüttung, BB 1989, 1382 ff.

Wassermeyer, Franz

Zur Rechtsprechung des Bundesgerichtshofs bei Steuerhinterziehung wegen verdeckter Gewinnausschüttung im Konzern, BB 1989, 1731 ff.

Wassermeyer, Franz

20 Jahre BFH-Rechtsprechung zu Grundsatzfragen der verdeckten Gewinnausschüttung, FR 1989, 218 ff.

Wassermeyer, Franz

Zur neuen Definition der verdeckten Gewinnausschüttung, GmbHR 1989, 298 ff.

Wassermeyer, Franz

Verdeckte Gewinnausschüttungen und verdeckte Einlagen, DStR 1990, 158 ff.

Wassermeyer, Franz

Handbuch der Unternehmensbesteuerung, IDW, Düsseldorf 1990 (zitiert: Handbuch)

Wassermeyer, Franz

Verdeckte Gewinnausschüttungen im Zusammenhang mit Gesellschafter-Geschäftsführers, DStR 1991, 1065 ff.

Wassermeyer, Franz

Überlegungen zur BFH-Rechtsprechung zum Wettbewerbsverbot, DB 1992, 2410 ff.

Wassermeyer, Franz

Verdeckte Gewinnausschüttung rechtssystematisch gesehen, StVj 1993, 208 ff.

Wassermeyer, Franz

Das Wettbewerbsverbot des Gesellschafters und des Gesellschafter-Geschäftsführers einer GmbH, GmbHR 1993, 329 ff.

Wassermeyer, Franz

Replik zu Wichmann, GmbHR 1993, 635 ff., in: GmbHR 1993, 639 f.

Wassermeyer, Franz

Replik zu Bernhard Paus, Unterschlagungen als verdeckte Gewinnausschüttungen, DB 1993, 1258 ff, in: DB 1993, 1260.

Weisser, Johannes

Gesellschafterliche Treuepflicht bei Wahrnehmung von Geschäftschancen durch de facto geschäftsführenden Gesellschafter, DB 1989, 2010 ff.

Wellnhofer, Bernhard

Zivil- und steuerrechtliche Aspekte der Bereicherung des Empfängers einer verdeckten Gewinnausschüttung um die Steuergutschrift (KStG 1977), FR 1978, 257 ff.

Westerfelhaus, Herwarth

Verdeckte Gewinnausschüttung als Verletzung des Wettbewerbsverbots, GmbHR 1993, 21 ff.

Westermann, Harm Peter

Vertragsfreiheit und Typengesetzlichkeit im Recht der Personengesellschaften, Berlin, Heidelberg, New York 1970 (zitiert: Vertragsfreiheit)

Wichmann, Gerd

Bilanzierungsfragen im Zusammenhang mit einer verdeckten Gewinnausschüttung, BB 1992, 26 ff.

Wichmann, Gerd

Das Wettbewerbsverbot des Gesellschafters und des Gesellschafter-Geschäftsführers einer GmbH, GmbHR 1993, 635 ff.

Wichmann, Gerd

Probleme bei Rückforderung von verdeckten Gewinnausschüttungen, GmbHR 1993, 337 ff.

Wichmann, Gerd

Aktivierung von Ersatzansprüchen auf Grund von verdeckten Gewinnausschüttungen ? Stbg 1993, 116 ff.

Wiedemann, Herbert

Verantwortlichkeit und formale Unternehmensziele in einer zukünftigen Unternehmensverfassung. Eine rechtsvergleichende und rechtspolitische Studie, in: Festschrift für Carl Hans Barz, Wirtschaftsfragen der Gegenwart, Berlin, New York 1974, S. 561 ff.

Wiedemann, Herbert
Gesellschaftsrecht I, München 1980
Wiedemann, Herbert
Unternehmensrecht und GmbH-Reform, JZ 1970, 593 ff.
Wiedemann, Herbert / Hirte, Heribert
Die Konkretisierung der Pflichten des herrschenden Unternehmens, ZGR 1986, 163 ff.
Wilhelm, Jan
Konzernrecht und allgemeines Haftungsrecht, DB 1986, 2113 ff.
Winter, Martin
Mitgliedschaftliche Treuebindungen im GmbH-Recht, München 1988
Winter, Martin
Verdeckte Gewinnausschüttungen im GmbH-Recht, ZHR 148 (1984), 579 ff.
Winter, Willi
Verdeckte Gewinnausschüttungen, GmbHR 1992, 32 ff.
Winter, Willi
Vorteilsausgleich bei Leistungsaustausch zwischen GmbH und Gesellschaften, GmbHR 1992, 294 ff.
Woerner, Lothar
Verdeckte Gewinnausschüttungen an beherrschende Gesellschafter einer Kapitalgesellschaft - Auflockerungstendenzen der Rechtsprechung des I. Senats ?, in: Festschrift für Hugo Wallis, Bonn 1985, S. 327 ff.
Wrede, Friedrich
Die Reform der Körperschaftsteuer, DStR 1976, 327 ff.
Zöllner, Wolfgang
Die Schranken mitgliedschaftlicher Stimmrechtsmacht bei den privatrechtlichen Personenverbänden, München, Berlin 1963

Batch number: 10844675

Printed by Printforce, the Netherlands